平和年鉴

2023

中共平和县委党史和地方志研究室 编

方志出版社
Publishing House of Local Records

图书在版编目（CIP）数据

平和年鉴. 2023 / 中共平和县委党史和地方志研究室编. —北京 : 方志出版社, 2023.12

ISBN 978-7-5144-3896-3

Ⅰ. ①平… Ⅱ. ①中… Ⅲ. ①平和县－2023－年鉴 Ⅳ. ①Z525.74

中国国家版本馆CIP数据核字(2023)第253109号

责任编辑：王娜
责任校对：张玉霞
责任印制：梅中英
出 版 者：方志出版社
地　　址：北京市朝阳区潘家园东里 9 号（国家方志馆4层）
邮　　编：100021
网　　址：http://www.zgfzcb.cn
发　　行：方志出版社图书营销中心（010-67110500）
印　　刷：福州大坤彩色印刷有限公司
开　　本：889毫米×1194毫米　1/16
印　　张：19.25
字　　数：549千字
版　　次：2023年12月第1版
印　　次：2023年12月第1次印刷
定　　价：280.00元

《平和年鉴（2023）》编纂委员会

《平和年鉴（2023）》编辑部

编辑说明

一、《平和年鉴》是由中共平和县委、平和县人民政府主办，中共平和县委党史和地方志研究室负责编纂的地方综合年鉴。2014 年首次公开出版，以年度为卷号，2023 卷为第十卷。

二、《平和年鉴》以马克思列宁主义、毛泽东思想、邓小平理论、“三个代表”重要思想、科学发展观、习近平新时代中国特色社会主义思想为指导，坚持辩证唯物主义和历史唯物主义的立场、观点和方法，客观记载平和县上年度自然、政治、经济、文化、社会和生态等的发展情况。

三、《平和年鉴（2023）》记述时限为 2022 年 1 月 1 日至 12 月 31 日。采用分类编辑法，主体内容分为类目、分目、条目 3 个层次，以条目为基本记述单元，少数包含多方面资料的条目在文内用楷体标题标明各段资料的主题。全书设专文、大事记、县情概貌、中共平和县委员会、平和县人民代表大会、平和县人民政府、政协平和县委员会、纪检 监察、群众团体、法治、军事、外事 侨务 台港澳事务、经济管理、城乡建设、生态环境、农业 农村、柚茶产业、工业、商贸流通、金融业、交通、邮政 通信、教育 科技、文化、体育 旅游、卫生健康、社会生活、应急管理、乡镇、人物、附录。卷首设置彩页专辑以突显平和的年度特色和地方特色。条目文体以记述体为主，兼具说明体。

四、《平和年鉴（2023）》在保持框架相对稳定的基础上，为充分体现平和县的新发展、新变化，对部分内容进行调整和充实。设“专文”类目，收录平和县年度成就事项资料。增设“柚茶产业”类目，下设“综述”“柚类产业”“茶叶产业”3 个分目，反映平和县特色产业的发展情况。将原“文化 体育 旅游”中“文化”分目升格为“文化”类目，下设“公共文化”“群众文化”“文化遗产保护”“文化创作演出”“融媒体”5 个分目，反映平和县文化建设、文化传承发展情况。

五、《平和年鉴（2023）》中“党”或“党的”特指中国共产党，其他党派名称用全称或规范化简称。各单位名称根据有关文件规定使用规范化简称。

六、《平和年鉴（2023）》中数字用法、标点符号用法分别采用国家标准《出版物上数字用法》（GB/T 15835—2011）、《标点符号用法》（GB/T 15834—2011），计量单位采用国家技术监督局 1993 年 12 月发布的《量和单位》系列国家标准，农村土地面积仍沿用“亩”作为计量单位。

七、《平和年鉴（2023）》所采用的资料主要来自全县机关、群众团体、企事业单位，部分内容由编辑人员采编于公开出版的报纸杂志。采用的数据以县统计局提供为准，不属于县统计局统计范围的数据，以各供稿单位提供的数据为准。

八、为方便查阅，本卷在卷首设有目录，卷后配有索引，采用内容分析法，内容按汉语拼音字母顺序排列。

编制单位：福建省地图出版社 审图号：漳S〔2023〕050号 资料截至：2022年12月

平和名片

国家生态县

国家农产品质量安全县

中国特色农产品优势区

全国重点产茶县

全国绿化先进集体

全国农业现代化示范区创建名单

国家电子商务进农村综合示范县

全国“互联网 + 农产品”出村进城试点县

第三批全国农村创业创新典型县

全国创建无邪教示范县

全国电商示范百佳县

全国茶业百强县

平和县城夜景

数知平和 2022

全境面积	2309.54 平方千米	一般公共预算总收入完成	10.44 亿元
全县林地面积	117987.19 公顷	地方一般公共预算收入完成	8.02 亿元
全县海拔 1000 米以上的山	64 座	农林牧渔业总产值	114.45 亿元
户籍人口总数	60.05 万人	社会消费品零售总额	109.11 亿元
地区生产总值	302.89 亿元	城镇居民人均可支配收入	39540 元
规模以上工业产值	248.91 亿元	农村居民人均可支配收入	25134 元
固定资产投资	104.69 亿元		

（李润南 摄）

平和县城鸟瞰图

平和县古为扬州之域，周为七闽之地，毗邻厦门、汕头 2 个经济特区，与闽粤 8 个县区毗邻，素有“八县通衢”“五江之源”“漳州水塔”之称，自明正德十三年（1518）设县以来，至今已逾 500 年。平和县是原中央苏区县，是福建省重点侨乡之一，也是台胞的重要祖籍地。平和县拥有国家 AAAA 级旅游景区 2 个：平和县三平风景区和高峰谷景区；国家级风景名胜区、国家地质公园 1 个：平和县灵通风景区。

（李润南 摄）

2022 年 12 月 12 日，位于平和县大溪镇的国家地质公园、国家级风景名胜区灵通山再添新“名片”，入选 2022 年“清新福建·气候福地”第二批“气候康养福地”。图为摄于2022年5月17日的灵通山悬空寺 （卢达鹏 摄）

2022 年，平和县对国家 AAAA 级旅游景区三平寺基础设施、绿化亮化、生态保护、文物保护等方面进行提升，全面推进景区提档升级。图为摄于 2022 年 5 月 3 日的三平祖师文化园 （李润南 摄）

2022 年 12 月 29 日，平和县高峰谷景区被评定为国家 AAAA 级旅游景区。图为摄于 2022 年 11 月 18 日的高峰谷风景区内的玻璃栈道桥（李润南 摄）

经济发展

2022 年，平和县坚持以产业转型升级为先导，加快建设现代化产业体系，推进经济结构调整更优化。建立全省首个“审管互动”系统、“助企纾困”专栏，设立“模拟审批办”、台商台胞政务服务专窗，优化“百名干部挂百企”活动，全力服务重点项目、企业。坚持突出工业、突破工业，全年新增新上规模以上企业 24 家，完成规模以上工业总产值 248.91 亿元，大工业用电量同比增长 11.94%。推进现代农业提质增效，全年新增市、县级农业产业化龙头企业共 22 家。建设生态果园 1.15 万公顷，优化柚类种植结构 1.33 万公顷以上，平和农业现代化示范区成功入选全国创建名单，琯溪蜜柚入选农业农村部“2022 年农业品牌精品培育名单”。白芽奇兰茶品牌价值突破 32 亿元，相关茶产业技术体系获全国“农业技术推广成果奖一等奖”。

2022 年 9 月 5 日，农业农村部、财政部、国家发展改革委发布 2022 年农业现代化示范区创建名单公示公告，平和县榜上有名，是漳州市唯一入选县。图为摄于 2022 年 10 月 12 日的平和琯溪蜜柚深加工生产车间　（卢达鹏 摄）

2022 年，平和白芽奇兰茶品牌价值突破 32 亿元，相关茶产业技术体系获全国“农业技术推广成果奖一等奖”。图为摄于 2022 年 4 月 9 日的茶王谷种植基地　（曾炎山 摄）

2022 年，位于平和县小溪镇的中宝（福建）食品科技有限公司新增 6 条冻干生产线，新增冻干产品生产能力 800 吨。图为摄于 2022 年 2 月 17 日的中宝公司生产车间

（林泽霖 摄）

2022 年 1 月，福建鑫富创实业有限公司投入生产。图为摄于 2022 年 1 月 17 日的公司生产车间

（林泽霖 摄）

2022 年 10 月 28 日，平和县生活垃圾焚烧发电厂点火试运行

（城投公司 供图）

2022年，平和县推进乡村振兴孵化中心项目建设。图为摄于2022年2月28日的项目施工现场

（小溪镇 供图）

2022年6月21日，平和工业园区宝丽发人造石项目竣工投入生产。图为项目生产车间内景

（县工业园区 供图）

2022年4月1日，工业园区卓信硅酸锆项目竣工投入生产。图为车间内景　　（县工业园区 供图）

2022 年，平和县建立全省首个审管互动系统。图为摄于 2022 年 6 月 28 日的平和县行政服务中心大厅　　（县行政审批局 供图）

2022 年 6 月 1 日，官峰水库项目先行试验段开工。图为开工仪式　（福建兴和集团 供图）

2022 年 9 月 1 日，闽粤联网换流站（福建侧）500 千伏送出工程正式送电。图为平和县长乐乡境内的电力基塔　　（县发改局 供图）

乡村振兴

2022 年，平和县完成 72 个乡村振兴试点村规划编制，实施 15 个省级试点示范村项目建设。实施“园改耕”占补平衡 383.4 公顷、耕地“进出平衡”321 公顷，成为全省“土地整治补充耕地”试点县。开展“我在平和有亩田”认领开耕暨推进花山溪流域退果还耕行动，142 个市县直单位部门签订认种协议，认领面积 107.87 公顷。新建高标准农田 26.67 公顷，芦溪“蛙田米”获“全国优质渔米评比生态优质奖”。积极参与“全闽乐购”“乐购漳州”等活动，小溪镇、山格镇、霞寨镇、坂仔镇心田村等入选中国淘宝镇、村。深化与福建农林大学合作，成立“平和蜜柚研究院”，蜜柚科技小院荣获中国农技协“最美科技小院”称号。举办“福建省 2022 中国农民丰收节平和分会场”等活动。

2022 年 9 月 22 日，平和县在坂仔镇举办“福建省 2022 年中国农民丰收节平和分会场”活动。图为活动现场特色现代农业招商项目及农产品供销合作签约（林泽霖 摄）

2022 年 9 月 22 日，福建省 2022 年中国农民丰收节平和分会场在平和县坂仔镇开幕，活动邀请全国各地的网红达人通过抖音、快手、视频号等平台，让平和琯溪蜜柚从原产地直销全国。图为分会场上网红达人直播销售平和琯溪蜜柚

（林泽霖 摄）

2022 年 6 月 21 日，平和县举行"我在平和有亩田"认领开耕暨推进花山溪流域退果还耕行动启动仪式。图为启动仪式现场

（县直机关工委 供图）

2022 年，平和县实施“园改耕”，成为福建省“土地整治补充耕地”试点县。图为摄于 2022 年 6 月 13 日的霞寨镇种植结构调整后的建设村七彩稻田 （林泽霖 摄）

2022 年，平和县城小溪镇实施城区饮用水取水口上游两侧“退果还耕”项目。图为摄于 2022 年 8 月 11 日的联光村百亩红薯种植片区 （林泽霖 摄）

2022 年，平和县南胜镇与省农科院携手打造优新水果苗木种植推广基地。图为摄于 2022 年 3 月 9 日的法华村千亩生态百果园示范片　（南胜镇 供图）

2022 年，平和县五寨乡实施县级土地开发项目。图为摄于 2022 年 6 月 23 日的蜜柚种植园改种后的水稻田

（林泽霖 摄）

2022 年，平和县芦溪镇芦溪“蛙田米”获“全国优质渔米评比生态优质奖”。图为摄于 2022 年 4 月 14 日的秀芦村“稻田蛙”生态立体循环农业基地一角　（林泽霖 摄）

2022 年，平和县蜜柚科技小院获中国农技协“最美科技小院”称号。图为 2022 年 9 月 19 日，平和蜜柚科技小院责任专家深入田间地头开展技术指导

（县科协 供图）

2022 年，平和县建成“平和橘柚”全国邮政农品基地。图为 2022 年 12 月 12 日，中国邮政平和分公司快递员到产坑村葡萄柚种植园揽收快递，实现柚果现采现发 （中国邮政平和分公司 供图）

2022年12月30日，平和县关工委举办省市县“种子工程”平和县中高级评茶员职业技能等级培训班。图为考核活动现场 （县关工委 供图）

2022年，越来越多的平和青年选择返乡创业。图为摄于2022年3月10日，南胜镇外出青年回乡创办的乳鸽养殖场 （林泽霖 摄）

文体事业

2022 年，平和县举办“福见平和——喜迎党的二十大美术名家邀请展”“喜庆二十大助力乡村振兴”书法作品展等一系列丰富多彩的文艺展演展览活动。潮剧（平和）和漳州白皮饼制作技艺入选省级非物质文化遗产代表性项目名录。南胜窑址列入第二批省级考古遗址公园立项名单。完成全县 492 处不可移动文物定线落图并纳入县国土空间平台。举办 15 场福建省全民健身运动会（平和赛区），组织 11 个项目运动队参加漳州市省运会选拔赛，其中 23 人取得省运会参赛资格，向上级体校输送运动员 8 人。实施建设平和县智慧体育公园项目，全年新增体育场地 236 个，其中，基础大项场地 1 个，球类场地 121 个，体育健身场地 114 个。

2022 年 1 月 12 日，平和县举行文化科技卫生“三下乡”集中服务活动。图为活动现场（县委宣传部 供图）

2022 年 12 月 23 日，漳州市社科普及宣传周在平和县崎岭乡启动。图为启动仪式现场 （县委宣传部 供图）

2022 年，潮剧（平和）入选省级非物质文化遗产代表性项目名录。图为 2022 年 2 月 14 日，平和县潮剧传承保护中心在县文博中心非遗展厅举办主题为“福”见平和“鸿”运满城的非遗专场展演

（林泽霖 摄）

2022 年 7 月 21 日，平和县秀峰乡举办 2022 平和好时节——“喜迎二十大 · 看我畲乡新变化”秀峰乡畲族文化旅游节暨移风易俗农民运动会

（张芯昕 摄）

2022 年 2 月 14 日，平和县在县文博中心举办“福见平和——闽派七零七子书法精品展”
（林泽霖 摄）

2022 年，平和县举办“喜迎二十大”篮球邀请赛。图为摄于 2022 年 10 月 30 日的比赛现场
（周炎生 摄）

2022 年，平和县举办首届平和县教育系统教职工气排球联赛。图为摄于 2022 年 5 月 22 日的比赛现场

（周炎生 摄）

2022 年，平和县举行“中国梦・劳动美——喜迎二十大 建功新时代”全县职工乒乓球比赛。图为摄于 2022 年 9 月 18 日的比赛现场

（周炎生 摄）

乡村旅游

2022 年，平和县打造多条乡村旅游精品线路，坂仔镇林语堂故居、霞寨镇高寨村、霞寨镇高峰谷、芦溪镇绳武楼入选“稻花香里说丰年”全国乡村旅游精品线路名单，大溪镇入选福建省“全域生态旅游小镇”名单，灵通风景区入选福建第二批“气候康养福地”名单，高峰谷景区获批为国家 AAAA 级旅游景区。整合红色旅游资源，新修缮革命遗址 8 处，打造乡村旅游红色景点。

2022 年 11 月 17 日，平和县大溪镇入选福建省“全域生态旅游小镇”名单。图为摄于 2022 年 8 月 2 日的大溪镇大松梯田
（大溪镇 供图）

位于大溪镇境内海拔千米以上的大芹山上，由台胞企业家创办的大陆第一家单一麦芽威士忌酒厂——福建大芹陆宜酒业景区。图为摄于 2022 年 8 月 2 日的陆宜酒厂一角
（大溪镇 供图）

位于大溪镇的世界最大的方形土楼——庄上大楼，摄于 2022 年 1 月 18 日
（大溪镇 供图）

2022 年 9 月，文化和旅游部、共青团中央联合推出 128 条全国乡村旅游精品线路，平和县坂仔林语堂故居与霞寨镇高寨村、高峰谷、芦溪镇绳武楼一同入选“稻花香里说丰年”全国乡村旅游精品线路名单。图为摄于 2022 年 5 月 28 日的霞寨镇高寨村万亩生态果观光园 （卢达鹏 摄）

2022 年，平和县整合红色旅游资源，打造红色文化旅游景区。图为摄于 2022 年 7 月 7 日的平和县乡村振兴党建学院 （林泽霖 摄）

2022 年，平和县新修缮革命遗址 8 处，打造乡村旅游红色景点。图为摄于 2022 年 12 月 8 日的平和县革命委员会旧址 （蔡雍盛 摄）

社会民生

2022年，平和县完成为民办实事项目10个，推进延寿山公园等“六路三楼一公园”十大城建攻坚项目，加快县医院迁建、平和职校迁建等一批医疗、教育项目建设，有序推进前岭小学教学楼、新星幼儿园第二分园等项目建设。新修缮革命遗址8个，建成15家卫生院中医馆，全面推进AED（自动体外除颤器）群众性应急救护项目，建设村级生命公园4个。全县有1家县社会福利中心，11家乡镇敬老院，3家区域性养老服务中心，17个社区居家养老服务站，3个养老服务照料中心，22个城镇社区服务中心。

2022年12月28日，平和县新星幼儿园第二分园工程施工现场

（平和城投公司 供图）

2022年12月30日，平和县医院门诊医技楼工程施工现场

（福建兴和集团 供图）

2022 年 5 月 27 日，平和县举行“创新争先 自立自强”2022 年全国科技者工作日系列活动人工智能科普进校园活动。图为活动现场（县科协 供图）

2022 年 5 月 10 日，平和县防灾减灾宣传周 防震减灾宣传月活动启动。图为启动仪式

（县地震办 供图）

2022 年 4 月 28 日，平和县多个部门组成应急救援力量在坂仔镇开展军地联合防汛救灾综合演练 （县应急局 供图）

2022 年 2 月 18 日，平和县在文峰镇举行 2022 年“春风送岗·就业援助月”暨企业用工招聘会。图为招聘会现场
（卢绍荣 摄）

2022 年，平和县新增坂仔镇心田村、五寨乡埔坪村 2 个“海峡两岸交流基地（同名同宗村）”。图为 2022 年 8 月 19 日在坂仔镇心田村举行的授牌仪式
（县台联 供图）

2022 年 6 月 16 日，平和县水利局、教育局、河长制办公室到平和县育英小学联合开展“节水平和，你我同行”保护母亲河花山溪宣导活动 （张浩 摄）

2022 年，平和县建成 15 家卫生院中医馆。图为摄于 2022 年 9 月 28 日的霞寨镇中心卫生院中医馆内景（县卫健局 供图）

专 文

平和蜜柚科技小院打造全国“最美科技小院”纪实……1
平和县连续 3 年创建“全国综合减灾示范社区”工作纪实……3
平和县创建“全国绿化先进集体”纪实……5
平和县创建国家级农业现代化示范区纪实……7

大事记

1 月……9
2 月……10
3 月……11
4 月……11
5 月……12
6 月……13
7 月……14
8 月……15
9 月……15
10 月……17
11 月……18
12 月……19

县情概貌

自然地理……20
位置面积……20
地貌……20
气候……20
资 源……21
土地资源……21
水资源……21
植物资源……21
动物资源……21
矿藏资源……21
旅游资源……22
文物古迹……22
人文地理……23
建置沿革……23
行政区划……24
人口……24
民族……26
宗教……26
城市特色……26
红色平和……26
绿色平和……26

文化平和……26
经济社会发展……26
概况……26
农业……27
工业和建筑业……27
固定资产投资……27
招商引资……27
旅游……27
金融……27
交通和邮电……28
教育……28
卫生……28
民生保障……28

中共平和县委员会

综 述……29
政治建设……29
党的建设……29
重要决策部署……30
全面从严治党……31
县委重要会议……32
县第十四届委员会全体会议……32
县委常委会会议……32
综合党务……34
概况……34
办文办会……34
督查督办……34
参谋辅政……34
保密工作……34
组织工作……35
概况……35
基层党组织及党员队伍状况……35
教育培训基地提升……35
干部教育培训……35
干部选拔任用……35
干部全链条梯次培养工程……36
干部监督管理……36
干部作风“五不”问题专项整治……36
干部人事档案管理……36
基层党建……36
基层党员服务技能提升……37
党员先锋模范作用……37
人才工作……37
人才服务保障机制落实……37
“平和青创”省级人才驿站……37
宣传工作……38
概况……38
理论学习……38
舆论引导……38
文化活动……39
平和“1+2+17”支宣讲队伍……39
福文化建设……39
阳明文化研究推进……39
统一战线工作……39
概况……39
非公有制经济领域统战工作……39
新的社会阶层人士及党外人士统战工作……40
台港澳联络联谊……40
机构编制……40
概况……40
重点领域机构改革……41
乡镇综合行政执法改革……41
机构编制资源配置……41
事业单位登记管理……41
机关党建……41
概况……41
机关党组织建设……42
“大学习、大研讨”专项行动……42
全面从严治党主体责任检查……42
党建述职评议考核……42
“琯溪有点田”党员志愿活动……42
巡察工作……42
概况……42
常规巡察……42
县级交叉巡察……42

专项巡察……42
巡审联动……43
巡察整改督查督办……43
老干部工作……43
概况……43
老干部待遇落实……43
老干部思想学习……43
离退休干部党建……44
关心下一代工作……44
概况……44
青少年思想道德建设……44
青少年奖学助学……45
青少年关爱帮扶……45
精神文明建设……45
概况……45
文明创建……45
移风易俗……45
新时代文明实践……46
志愿者服务……46
未成年人思想道德建设……46
“六一”志愿服务活动……46
党校工作……46
概况……46
教学培训……47
理论宣讲……47
科研咨政……47
党史和地方志工作……48
概况……48
史志编研……48
史志宣传教育……48
史志服务乡村振兴……48
档案工作……49
概况……49
档案查阅服务……49
档案征集……49
档案宣传……49
档案安全管理……49
档案规范化管理和执法检查……49

平和县人民代表大会

综 述……50
人大代表构成……50
决议决定……50
关注民生福祉改善……50
“双联”工作深化……50
县人大重要会议……51
概况……51
县第十九届人民代表大会第二次会议……51
县第十九届人大常委会会议……51
依法监督……52
法律监督……52
工作监督……52
视察调研……52
人事任免……53
县十九届人大常委会第一次会议人事任免事项……53
县十九届人大常委会第二次会议人事任免事项……53
县十九届人大常委会第三次会议人事任免事项……53
县十九届人大常委会第四次会议人事任免事项……53
县十九届人大常委会第五次会议人事任免事项……53
县十九届人大常委会第六次会议人事任免事项……54
县十九届人大常委会第七次会议人事任免事项……54
代表工作……54
概况……54
履职平台建设……54
代表建议督办……54

平和县人民政府

综 述……55
产业发展……55
项目建设……55
城乡建设……56
民生事业……56
生态优化……56
政府门户网站建设……57

县政府重要会议 ……57
县政府常务会议 ……57
县政府专题会议 ……60
为民办实事 ……61
概况 ……61
新时代电力“双满意”工程推进 ……61
市政生活污水管网建设 ……61
道路交通安全隐患路段整治 ……61
城镇老旧小区改造 ……61
城市口袋公园建设 ……61
学校近视防控教室照明改造 ……61
全民健身工程提升 ……61
残疾人“两项补贴”政策落实 ……61
城乡居民基本养老保险基础养老金标准提高 ……62
“深化科技特派员服务百企千村工程”实施 ……62
政务协调服务 ……62
概况 ……62
文电办理 ……62
后勤保障 ……62
政务公开 ……62
政务督查 ……62
机关效能建设 ……62
效能督查 ……62
绩效管理 ……63
诉求受理 ……63
政务服务督导 ……63
行政服务 ……63
概况 ……63
相对集中行政许可权改革 ……63
行政审批制度改革 ……64
营商环境优化举措 ……64
审管互动系统完善 ……64
县级“助企纾困”专栏开设 ……64
“跨省通办”新模式探索 ……64
基层政务服务建设 ……64
企业登记一窗办 ……64
模拟审批办公室成立 ……65
公共资源交易全程电子化 ……65
信访工作 ……65
概况 ……65
领导接访 ……65
积案化解 ……65
矛盾排查 ……65
乡镇信访工作联席会议制度健全 ……65
信访督查督办 ……65
信访秩序维护 ……66
信访宣传 ……66

政协平和县委员会

综　述 ……67
政协委员构成 ……67
委员职能发挥 ……67
团结联谊 ……67
县政协重要会议 ……67
县政协十一届二次全体会议 ……67
县政协十一届常委会会议 ……68
民主监督 ……68
司法监督 ……68
提案监督 ……68
行政监督 ……68
视察调研 ……69
茶产业绿色高质量发展专题协商 ……69
委员企业营运情况视察 ……69
农用车厂片区改造提升调研 ……69
托育服务机构建设情况调研 ……69
全域旅游发展调研 ……69
传统古村落保护与开发工作调研 ……69
食品安全管理工作调研 ……69
全县农业产业种植结构调研 ……70
城乡公共体育设施建设调研 ……70
工业园区土地资源盘活工作调研 ……70
全国重点文物保护单位南胜窑维护、保护、利用情况视察 ……70
城市精细化管理工作视察 ……70
提案工作 ……70

概况 ……70
“打造平和生态木业产业集群的建议”提案办理 ……70
“关于推进平和县全域旅游发展的建议”提案办理 ……71

纪检 监察

综 述 ……72
县纪委十四届二次全会 ……72
重点工作整治 ……72
纪检监察队伍建设 ……72
反腐肃纪 ……73
案件办理 ……73
专项整治 ……73
干部纪律作风整肃 ……73
监督执纪 ……73
日常监督 ……73
巡察监督 ……73
“四多”村提级监督 ……73
“两把钥匙管理村级公章”制度 ……74
村级“四员”联动监督 ……74
廉政建设 ……74
廉政教育基地建设 ……74
廉政宣传教育 ……74
“平和县廉洁文化地图”启用 ……74

群众团体

平和县总工会 ……75
概况 ……75
职工技能培养 ……75
职工权益维护 ……75
职工关爱活动 ……75
职工文体活动 ……76
基层工会组织建设 ……76
平和县 2022 年“安康杯”劳动技能竞赛举办 ……76
平和县职工乒乓球比赛举办 ……77
共青团平和县委员会 ……77
概况 ……77
青春家园行动 ……77
青春护航行动 ……78
青春新风行动 ……78
青春振兴行动 ……78
平和县妇女联合会 ……78
概况 ……78
巾帼宣讲活动 ……78
妇女儿童公益服务 ……79
维权法治宣传 ……79
基层妇联组织建设 ……79
“巾帼红 绿色行”志愿服务活动 ……79
“碳汇＋女科技特派员联盟”平和小分队成果 ……80
平和县科学技术协会 ……80
概况 ……80
科技志愿服务 ……80
科技助力乡村振兴 ……80
青少年科教 ……81
学会服务建设 ……81
科技慰问宣传 ……81
平和县工商业联合会 ……81
概况 ……81
商会组织建设 ……81
“爱乡爱企促发展 同心同行兴万村”行动启动 ……82
平和县社会科学界联合会 ……82
概况 ……82
社科知识普及 ……82
社科活动 ……82
平和县归国华侨联合会 ……82
概况 ……82
侨建宣传 ……83
侨商投资 ……83
侨益维护 ……83
侨文化研究 ……83
基层侨联组织建设 ……83
平和县台湾同胞联谊会 ……83
概况 ……83

台胞服务……84
档案文献征集……84
同名同宗村授牌……84
平和县文学艺术界联合会……84
概况……84
文艺活动……84
文艺服务……85
文艺成果……85
平和县残疾人联合会……85
概况……85
残疾人证办理……85
残疾人权益保护……85
残疾人社会保障……86
残疾人康复……86
残疾人就业……86
残疾人文体活动……86
平和县红十字会……86
概况……86
救助慰问……86
应急救护培训……87
“99公益日”网络募捐……87
平和县计划生育协会……87
概况……87
计生家庭帮扶……87
儿童早教服务……87
计生健康宣传……88
“红五月”人口文化宣传……88

法 治

政法委与综治……89
概况……89
扫黑除恶斗争常态化……89
公共安全防控……89
法治服务保障……90
养老诈骗整治……90
乡村治理模式创新……90
矛盾化解机制创新……90
平安平和创建……90
法治政府建设……91
概况……91
行政规范性文件监督管理……91
综合行政执法体制改革……91
行政执法监督……91
普法宣传……91
公 安……92
概况……92
违法犯罪打击……92
警务机制创新……92
服务效能提升……92
校园安全保卫……93
道路交通安全管理……93
检 察……93
概况……93
刑事检察……93
民事检察监督……94
公益诉讼检察……94
未成年人检察……94
生态检察……94
检察监督……94
社会监督……94
未成年人司法保护……95
检察助力营商环境优化……95
检察助力乡村振兴……95
检察助推社会治理……95
法 院……95
概况……95
刑事审判……95
民商事审判……96
案件执行……96
金融解纷……96
智能化交通审判……96
司法行政……96
概况……96
人民调解……97
社区矫正……97

安置帮教……97
法律援助……97
公证事务……97

军 事

人民武装……98
概况……98
军事训练……98
征兵宣传……98
国防教育……98
拥军优属……99
武装警察……99
概况……99
战备工作……99
部队建设……99
人民防空……99
人防工程……99
人防宣传……99
人防演练……99
人防警报设备维护管理……100
退役军人事务……100
概况……100
退役军人就业服务……100
优抚褒扬……100

外事 侨务 台港澳事务

外 事……101
概况……101
涉外营商环境优化……101
对外合作交流……101
侨 务……101
概况……101
涉侨公共服务……101
华侨联络联谊……101
台港澳事务……102
概况……102
台港澳同胞企业服务……102
乡建乡创合作项目服务……102
对台协调服务……102
平和与台湾民间交流……102

经济管理

宏观经济管理……103
概况……103
重点项目管理……103
服务业发展……103
能源交通项目建设……103
数字经济发展……104
营商环境建设……104
外贸新业态新模式发展……104
企业创新支持……104
“校地合作”“校企对接”战略合作……104
国有资产管理……105
概况……105
福建兴和投资发展集团有限公司……105
福建平和城市建设投资开发有限公司……106
平和县交通发展有限公司……107
福建平和旅游投资开发有限公司……108
审 计……109
概况……109
政策落实跟踪审计……109
预算执行情况及决算草案审计……110
经济责任审计……110
自然资源资产离任审计……110
民生资金和项目审计……110
公共投资审计……110
国有企事业单位财务审计……111
财 政……111
概况……111
产业升级保障……111
基建投资保障……111
乡村振兴保障……111
“三保”落实……112

民生支出……112
绩效管理……112
风险防范……112
税　务……112
概况……112
减税降费……112
税收征管……113
依法治税……113
统　计……113
概况……113
统计执法……113
“四上”企业新增入库……113
常规调查培训和指导工作……114
统计宣传……114
价格管理……114
概况……114
价格监测……114
农产品成本监审……114
社会救助和保障标准与物价上涨挂钩联动机制启动……114
市场监督管理……115
概况……115
商事登记制度改革……115
企业信用监管……115
质量监督管理……115
食品安全监管……115
“两品一械”安全监管……116
特种设备安全监管……116
知识产权保护……116
商标品牌建设……116
消费者权益保护……116
行政执法……116
农资市场专项执法行动……117

城乡建设

城乡规划……118
概况……118
空间规划编制……118
村庄规划编制……118
城乡建设管理……118
概况……118
道路网格优化……118
农村人居环境提升……119
自建房安全保障……119
安全生产监管……119
建筑业……119
概况……119
建筑企业培育……119
工程质量提升……120
房地产业……120
概况……120
房地产市场监管……120
保障性住房管理……120
住房公积金管理……120
概况……120
住房公积金归集管理……120
住房公积金支取审批……121
住房公积金贷款管理……121
城市管理……121
概况……121
“两违”综合治理……121
市容市貌整治……121
城区卫生保洁……122
农贸市场管理……122
园林绿化提升……122
小区物业管理……122
城镇燃气管理……122
数字城管建设……122
“静夜守护”专项行动……123
供排水管理……123
概况……123
供水……123
排水……124

县城区污水处理项目建设……124
乡镇镇区污水治理……124
平和县水务有限公司划归福建漳龙集团有限公司……124

生态环境

环境质量……125
空气质量……125
水环境质量……125
土壤环境质量……125
自然资源管理……125
概况……125
矿产资源管理……125
土地执法……125
不动产登记服务……125
“引入社会资本参与土地整治补充耕地”省级试点县……126
“园改耕”项目……126
生态建设……126
概况……126
水源地保护……126
矿山生态环境保护……126
生态环境监管执法……126
主要流域项目化管理……126
花山溪饮用水水源地综合整治……127
污染治理……127
大气污染防治……127
水环境治理……127
土壤污染防治……127

农业 农村

综　述……128
农业执法……128
农业监测……128
农产品质量安全监管……128
农业信贷担保工程实施……128
农业结构转型升级……128
新型农业经营主体发展……129
福建省2022年中国农民丰收节平和分会场活动举行……129
种植业……129
概况……129
水果种植……129
粮食种植……130
种子工程建设……130
植物病虫防治……130
测土配方施肥……130
“园改耕”项目实施……131
林　业……131
概况……131
林长制工作……131
林政管理……131
森林病虫害防治……131
松林改造提升……131
野生动植物保护……131
退果还林……132
平和护农狩猎队成立……132
畜牧业……132
概况……132
禽畜疫病预防……132
禽畜检疫管理……132
农业机械……132
概况……132
农机购置补贴政策……133
新机具推广应用……133
农机化作业……133
水利建设……133
概况……133
官峰水库项目建设……133
城乡供水一体化项目……133
水土保持……133
流域综合整治……133
水源地保护……134
农村饮水安全……134

河湖长制落实……134
水政执法与灾害防御……134
库区移民后期扶持……134
乡村振兴……135
农村人居环境整治……135
特色乡镇和试点村创建……135
脱贫攻坚成果巩固……135
“琯溪有点田”项目建设……136
安厚农场……136
概况……136
农场工作……136
“引入社会资本参与土地整治补充耕地”县级实施试点……136

柚茶产业

综 述……137
现代农业提质增效……137
“化肥增效减量”行动……137
平和县国家现代产业园入选“国家级农业现代化示范区创建名单”……137
柚类产业……138
概况……138
生态柚园建设……138
福建农林大学平和蜜柚研究院成立……138
平和蜜柚科技小院获2022年中国农技协“最美科技小院”称号……138
“漳字号”鲜果标准化基地建设……138
茶叶产业……139
概况……139
茶农茶企技术培训……139
白芽奇兰茶春茶品鉴购销会举行……139
第十五届平和白芽奇兰茶王赛举行……139
农村青年致富“种子工程”……140
“柚香奇兰茶”品牌……140

工 业

综 述……141
概况……141
工业企业培育……141
行业监管……141
改制企业后续服务……141
木业产业……144
概况……144
西蝉木业……144
鑫源祥木业……144
新型建材产业……144
概况……144
福建省华诚陶瓷发展有限公司……144
福建彩联陶瓷有限公司……144
纸制品产业……145
概况……145
福建优诺包装有限公司……145
漳州市益达纸业有限公司……145
凤竹（漳州）纸业有限公司……145
电 力……145
概况……145
项目建设……145
电力服务……146
经营管理……146
工业园区……146
概况……146
工业园区招商引资……146
工业园区生态环境保护……147
“平和县工业园区职工法律服务一体化基地”投用……147

商贸流通

商 贸……148
概况……148
招商引资……148
住宿餐饮业……148
电子商务……148
电子商务交易……148
农村电子商务服务站体系建设……149
促消费活动……149

供销合作 …… 149
概况 …… 149
农资经营管理 …… 149
农业社会化服务 …… 149
安全生产监管与宣传 …… 149
粮食和物资储备 …… 150
概况 …… 150
储备粮管理与轮换 …… 150
粮储应急保障 …… 150
绿色仓储提升行动 …… 150
烟草专卖 …… 150
概况 …… 150
烟草市场监督执法 …… 150
数字转型 …… 150
零售终端建设 …… 151
烟草企业管理 …… 151

金融业

综 述 …… 152
货币政策工具管理 …… 152
外汇服务管理 …… 152
金融服务管理 …… 152
金融风险管控 …… 153
金融纠纷多元化解 …… 153
金融监管 …… 153
概况 …… 153
信贷投放 …… 153
金融服务乡村振兴 …… 153
金融监管督导 …… 153
银 行 …… 154
概况 …… 154
中国农业发展银行平和县支行 …… 154
中国农业银行股份有限公司平和县支行 …… 154
福建平和农村商业银行股份有限公司 …… 155
中国银行股份有限公司平和支行 …… 155
中国建设银行平和支行 …… 156
中国邮储银行平和县支行 …… 157
中国工商银行股份有限公司平和支行 …… 157
保 险 …… 158
概况 …… 158
中国人民财产保险股份有限公司平和支公司 …… 158
中国人寿保险股份有限公司平和县支公司 …… 158

交 通

综 述 …… 159
交通基础设施建设 …… 159
交通安全生产管理 …… 159
内河水上安全整治 …… 160
公路建设 …… 160
概况 …… 160
公路养护 …… 160
公路整治 …… 160
路政执法 …… 160
公路运输 …… 161
物流运输 …… 161
客运运输 …… 161
维修驾培行业 …… 161
交通违法打击 …… 161
路域整治专项行动 …… 161
道路交通管理 …… 161
交通秩序整治 …… 161
交通隐患整治 …… 162
交通安全宣传 …… 162

邮政 通信

邮政业 …… 163
概况 …… 163
邮政惠农合作 …… 163
农产品寄递 …… 163
邮政普服转型 …… 164
通信服务 …… 164
概况 …… 164
中国电信股份有限公司平和分公司 …… 164
中国移动通信集团福建有限公司平和分公司 …… 164
中国联合网络通信有限公司平和县分公司 …… 165

福建广电网络集团平和分公司……165

教育 科技

教　育……166
概况……166
学前教育……166
义务教育……167
普通高中教育……167
职业教育……168
特殊教育……168
成人教育……168
师资队伍建设……169
责任督学……169
教育设施建设……169
校园安全……169
校外培训机构监管……169
科　技……170
概况……170
科技管理……170
科技宣传……170
科技动员……170
科特派工作……170
产学研成果转化……170
气候品质认证……171
气象防灾减灾……171
农业气象服务……171

文 化

公共文化……172
概况……172
图书馆……172
博物馆……172
文化馆……173
新华书店……173
文化市场综合执法……173
群众文化……174
概况……174
“福”文化主题系列活动……174
非物质文化遗产活动……174
文化艺术作品交流展……174
潮州大锣鼓《福鼓福音》在中央电视台少儿频道播出……174
文化遗产保护……175
概况……175
非遗代表性项目申报……175
非遗传承人培养……175
潮剧（平和）和漳州白皮饼制作技艺入选第七批省级非物质文化遗产代表性项目……175
文物修缮……175
文化创作演出……177
概况……177
潮剧《辞郎洲》……177
非遗潮剧进校园……177
融媒体……178
概况……178
政务宣传报道……178
对外宣传……178
新闻作品创优……178

体育 旅游

体　育……179
概况……179
体育设施建设……179
全民健身运动会……179
老年体育……179
青少年体育……180
首届平和县教育系统教职工气排球联赛举办……180
平和县“中建·大世界杯”篮球邀请赛举办……180
旅　游……180
概况……180
旅游业态……180
乡村旅游……180
旅游宣传营销……181

大溪镇被评为2022年福建省“全域生态旅游小镇” …… 181
三平风景区管理 …… 181
灵通风景区管理 …… 182

卫生健康

综 述 …… 183
公立医院综合改革 …… 183
医疗卫生资源补短板 …… 183
医政管理 …… 184
中医药工作 …… 184
卫生人才队伍建设 …… 184
妇幼保健 …… 184
概况 …… 184
优生优育 …… 185
妇幼公共卫生服务 …… 185
妇幼健康教育 …… 185
公共卫生 …… 185
基本公共卫生服务 …… 185
爱国卫生运动 …… 185
老龄健康 …… 185
群众性应急救护 …… 186
疾病防控 …… 186
概况 …… 186
结核病防治 …… 187
艾滋病防治 …… 187
麻风病防治 …… 187
免疫规划 …… 187
鼠疫监测 …… 187
地方病防治 …… 187
慢性病防治 …… 187
卫生监测 …… 188
健康教育宣传 …… 188
新冠疫情防控 …… 188
概况 …… 188
疫苗接种 …… 189
院感防控全闭环 …… 189
医疗服务 …… 189
概况 …… 189
公立医院上下联动 …… 189
乡村医生保障 …… 189
卫生监督 …… 190
家庭医生签约 …… 190

社会生活

人口与家庭 …… 191
概况 …… 191
人口流动 …… 191
婚姻收养登记 …… 191
人口监测与家庭发展 …… 191
劳动就业 …… 191
就业创业 …… 191
惠企惠民政策 …… 192
重点群体就业 …… 192
技能培训 …… 192
劳动维权 …… 192
收入与支出 …… 192
概况 …… 192
居民收入 …… 192
居民消费 …… 193
社会保险 …… 193
职工养老保险 …… 193
机关事业养老保险 …… 193
城乡居民养老保险 …… 193
失业保险 …… 193
工伤保险 …… 193
人才资源管理 …… 193
人事管理 …… 193
人才档案管理 …… 194
工资福利 …… 194
医疗保障 …… 194
概况 …… 194
基本医疗保险 …… 195
医保基金监管 …… 195

巩固医保扶贫 …… 195
医保服务 …… 195
民政事务 …… 195
概况 …… 195
社会救助 …… 195
儿童福利保障 …… 196
残疾人保障 …… 196
临时救助 …… 196
殡葬服务 …… 196
基层政权和社区建设工作 …… 196
区划地名管理 …… 196
社会组织登记管理 …… 197
社工服务 …… 197
养老服务 …… 197
民族宗教 …… 198
概况 …… 198
少数民族工作 …… 198
宗教事务管理 …… 198
老区发展 …… 198
概况 …… 198
红色文化遗存保护与利用 …… 198
老区助学 …… 199
慈善事业 …… 199
概况 …… 199
阳光助学 …… 199
情暖万家活动 …… 199
慈善阳光救助 …… 199
慈善一日捐 …… 199
慈善助力乡村振兴 …… 199

应急管理

综　述 …… 200
应急体系建设 …… 200
救灾和物资保障 …… 200
自然灾害综合风险普查 …… 200
地质灾害防治 …… 200
安全生产管理 …… 200
概况 …… 200
安全风险源头治理体系建设 …… 200
隐患排查整治 …… 201
重点领域整治 …… 201
安全文化公园建设 …… 201
防汛抗旱 …… 201
概况 …… 201
防汛备汛 …… 201
人工增雨 …… 202
森林防灭火 …… 202
概况 …… 202
机制保障 …… 202
森林防火宣传与巡查 …… 202
消防救援 …… 203
概况 …… 203
消防基础设施建设 …… 203
火灾隐患整治 …… 203
消防宣传教育 …… 204
消防演练 …… 204
防震减灾 …… 204
概况 …… 204
地震监测 …… 204
地震灾害风险防治 …… 204
地震应急疏散演练 …… 205
防震减灾宣传 …… 205

乡　镇

文峰镇 …… 206
概况 …… 206
招商引资 …… 206
项目建设 …… 206
生态建设 …… 206
社会事业 …… 207
“一村一品”产业建设 …… 207
平和县文峰镇获评“全省乡村治理示范乡镇” …… 207
山格镇 …… 207

概况 ……207
农业发展 ……208
招商引资 ……208
项目建设 ……208
乡村振兴 ……208
生态环境整治 ……208
平安建设 ……209
社会事业 ……209
城乡建设 ……209
敬老院“医养结合”模式成为漳州市唯一改革试点单位 ……209

小溪镇 ……209
概况 ……209
经济建设 ……209
项目建设 ……210
民生建设 ……210
生态建设 ……210
基层治理 ……210
“退果还耕”项目 ……210

南胜镇 ……211
概况 ……211
项目建设 ……211
乡村振兴 ……211
生态建设 ……211
民生保障 ……212
“云上欧寮·清凉南胜”乡村旅游节举办 ……212

五寨乡 ……212
概况 ……212
农业种植结构调整 ……212
招商引资 ……213
项目建设 ……213
生态建设 ……213
社会保障 ……213
平安建设 ……214

坂仔镇 ……214
概况 ……214
招商引资 ……214
项目建设 ……214
人居环境整治 ……215
“生态河道”管护 ……215
农业面污染源治理 ……215
社会保障 ……215
基层治理 ……215
“西坑品牌”打造 ……215
“一事一议”村级公益事业 ……215

国强乡 ……215
概况 ……215
项目建设 ……216
招商引资 ……216
民生保障 ……216
生态建设 ……216
产业升级 ……216
平安建设 ……217

安厚镇 ……217
概况 ……217
工业发展 ……217
现代农业 ……217
生态环境 ……217
脱贫攻坚成果巩固 ……218
人居环境 ……218
社会事业 ……218
平安建设 ……218

大溪镇 ……218
概况 ……218
项目建设 ……218
现代农业 ……218
产业建设 ……219
全域旅游 ……219
镇村建设 ……219
民生工程 ……219
平安建设 ……219
“青年氧吧”平台成立 ……219

霞寨镇 ……220
概况 ……220
现代农业 ……220
城乡建设 ……220

生态环境……221
招商引资……221
民生保障……221
社会治安……221
“百亩富硒生态产业园”项目……221

芦溪镇……221
概况……221
项目建设……221
乡村振兴……222
平安建设……222
人居环境……222
“稻田蛙”生态立体循环农业……222

崎岭乡……222
概况……222
现代农业……223
项目建设……223
城乡建设……223
生态环境……223
脱贫攻坚成果巩固……223
社会治安……224
民生保障……224

九峰镇……224
概况……224
农业发展……224
工业发展……224
文化旅游……224
项目建设……224
民生保障……225
乡村振兴……225
社会事业……225
综合整治……225
生态环境……226
社会治理……226
基层组织建设……226
“公调对接”多元调处……226

长乐乡……226
概况……226
农业发展……226
红色文化建设……227
民生保障……227
乡村振兴……227
生态环境……227
民生项目……228
社会事业……228
平安建设……228

秀峰乡……228
概况……228
产业发展……228
项目建设……228
人居环境整治……229
民生事业……229
平安建设……229

人 物

2022年平和县获省部级以上表彰先进单位一览表……230
2022年平和县获市厅级表彰先进单位一览表……230
2022年平和县获省部级以上表彰先进个人一览表……234
2022年平和县获市厅级表彰先进个人一览表……234
2022年平和县机关部门、乡镇（场、区）和企事业单位正副职领导干部名录……236

附 录

文献选编……246
媒体关注平和……259
平和县各级文物保护单位一览表……265
资料提供单位……276

索 引……278

平和蜜柚科技小院打造全国“最美科技小院”纪实

中国农技协平和蜜柚科技小院（简称“科技小院”）于2019年6月在平和县坂仔镇五星村揭牌成立。科技小院通过政产学研用一体化创新，发展绿色可持续农业，推动蜜柚产业升级转型，将科学研究与生产实践相结合，科技助推乡村振兴，推动平和县蜜柚产业的绿色可持续发展，打造绿色农业品牌。2019—2022年，科技小院通过建立长期示范基地，在土壤酸化调控、养分综合管理、品质调控等方面开展系列研究工作；与企业、柚农开展紧密合作，坚持科技小院“零距离、零时差、零费用、零门槛”的服务原则，进行科学普及、科技服务和示范推广工作，各项工作取得良好成效。

一、组建全国蜜柚产业首个科技小院

2019年6月，由中国科学技术协会、中国农村专业技术协会主导，由福建省科学技术协会、福建农林大学国际镁营养研究所、福建省农村专业技术协会、漳州市科学技术协会、中国农业大学和平和县坂仔镇政府共同组建，依托平和县科协和平和县坂仔镇五星村民委员会，成立中国农技协平和蜜柚科技小院。这是中国农技协在福建省成立的首批5家科技小院之一，也是全国蜜柚产业首个科技小院。科技小院入驻指导老师8名，每年常驻学生6—9人。

二、科技小院工作推进情况

（一）科研工作

自成立以来，科技小院通过建立长期示范基地，在土壤酸化调控、养分综合管理、品质调控等方面开展系列研究工作。通过调研掌握平和县的施肥现状和土壤养分状况，特别是土壤pH值和可交换性镁浓度的分布；通过分析调研结果明确蜜柚生产中氮磷钾养分投入过量，导致环境风险增加；针对平和蜜柚种植业现存的问题，提出蜜柚养分综合管理技术体系，通过化肥减量、调整施肥位置、土壤酸化改良和生草覆盖来综合管理柚园，达到减“肥”不减产的效果。

（二）科普工作

科技小院通过线上与线下相结合方式开展蜜柚绿色提质增效技术推广工作。

1. 依托科技小院示范区开展科普

科技小院推进基于测土配方施肥和养分资源综合管理的化肥减量工作，综合集成土壤酸化改良、整形修剪、有机肥替代、土壤调理和镁肥增效等提质增效技术措施，在坂仔镇五星村开展长期定位试验示范工作。同时，通过对蜜柚的整根挖掘直观展示根系生长分布情况，提出向树冠内施肥的科学做法，纠正一直以来农户传统滴水线施肥的做法，有效地提高养分的吸收利用效率。受到科技小院工作启发，大批农户积极地将绿色提质增效综合管理技术应用到自家的柚园里。将科研成果转化到成通俗易懂的展板和技术手册上，在科技小院旁边的田间地头设立“科技长廊”供大众学习和交流，更新、制作宣传展板60余块，发放《蜜柚绿色提质增效技术手册》约7000册。共接待政府领导、经销商、种植大户等参观交流人员110余次，累计800余人次。

2. 开展农民科普培训活动

科技小院不定期组织果农到示范试验地现场观摩科技小院蜜柚减肥提质增效试验效果，现场与果农交流并解疑答惑；不定期组织开展农民科普培训会，通过课件、视频等手段，用通俗易懂的语言向广大柚农讲解蜜柚绿色提质增效科学种植技术，展示科技小院的示范试验成果；到平和县全县各乡镇开展蜜柚绿色提质增效技术培训会，内容涵盖蜜柚绿色质增效养分综合管理技术、柚园土壤酸化现状及改良技术和蜜柚绿色高效病虫害防治技术三个方面。树立农民带头人，多途径发现挖掘思想开放、种植技术先进、乐于学习的农户，以点带面辐射柚农开展化肥减量工作。共在全县15个乡镇开展技术培训会140场，总受众达13000余人次，并“一对一”指导柚农1100余人次；举办五星村优质柚果评选活动2届，服务农户120余人次。

3. 依托科普推广站推广科技小院成果

平和县琯溪蜜柚科普推广站位于霞寨镇高寨村，由平和县科学技术协会、霞寨镇人民政府、高寨村村委会和公益组织共同发起成立。科普推广站以推广旅游文创产品为特色，依托高寨这个旅游景点、往来游客量大的优势，与平和蜜柚科技小院携手开展蜜柚产业的科学研究和科普推广，并开展广泛的社会服务，共同推出科普文章与科普视频等。2021年，与西坑党校共建科研和科普推广示范点，与国强乡乾岭村共建福建平和蜜柚科技小院国强试验基地，以党建引领科技小院工作，服务平和县域农业绿色发展。

4. 与企业联合开展科普工作

科技小院与德国钾盐集团（K+S集团）、云南云天化股份有限公司、厦门江平生物基质技术有限公司等企业联合开展田间观摩会、农民培训会等，共同助推平和县蜜柚产业提质增效、绿色发展。其中，云南云天化股份有限公司、厦门江平生物基质技术有限公司先后在平和县成立云天化·中国农大｜中国现代农业科技小院、江平生物·中国农大平和科技小院，与平和蜜柚科技小院开展科研和社会服务合作，共建示范地、共同开展田间观摩培训会和蜜柚绿色提质增效交流会等，一同扎根一线、探索蜜柚产业发展新模式，为农民提供实时、实地、无忧的服务。

5. 大学生“三下乡”社会服务团队开展科普

福建农林大学国际镁营养研究所多年来坚持组织大学生“三下乡”社会服务团队到平和县开展社会服务工作，在农村一线开展畜禽养殖、土壤、水体污染等现状调研，通过发放科普宣传单页，向广大农民开展土壤、大气、水体等方面的科普知识。

6. 组织举办中国农技协平和蜜柚科技小院研修班

2020年12月27—30日，中国农技协蜜柚绿色优质高效栽培技术研修班在福建平和举办，来自全国科技小院联盟的师生代表、平和柚农和农化技术服务人员90余名学员参加此次研修班。此次研修班有效提升广大学员的种植理念和实操技能，使蜜柚绿色优质高效栽培技术获得较大推广，加快培育有文化、懂技术、善经营、会管理的高素质农业人才，推进一、二、三产业融合发展，为柚乡振兴和现代蜜柚农业发展提供人才和智力保障，得到广大学员与社会各界的一致好评与强烈反响。

7. 坚持做好线上科普工作

科技小院依托公共媒体、自媒体等知识传播渠道和平台，结合技术培训、田间观摩和宣传活动有效开展技术传播，打通技术推广的“最后一公里”。其间，科技小院接受央视、地方媒体等采访报道；通过微信公众号推出科普文章与科普视频；借助网络直播平台讲解科学种植管理蜜柚技术；通过微信群聊集专家学者、企业农资人员、柚农、研究生等于一体，共同交流讨论蜜柚生产中遇到的问题和解决对策，同时也转发相关的科普知识供大家学习。在微信公众号发送推文180篇，总阅读量达13万余人次。平和蜜柚科技小院相关工作接受中央电视台财经频道《经济半小时》栏目、农业农村频道《三农群英汇》栏目等媒体专访报道30余次，其中2021年7月10日于央视农业农村频道《三农群英汇》栏目播出的《蜜柚减“肥”记》创央视农业农村频道2021年当天开播收视率新高。

三、科技小院主要工作成效

截至2022年，科技小院参与开展蜜柚相关课题研究的研究生38人，其中毕业硕士研究生21名，在国内外期刊上发表与平和蜜柚相关学术论文50余篇。创新并集成“减肥压酸，补镁增效”的蜜柚减肥增效技术和“蜜柚改土专用有机肥+冬种油菜+禁用除草剂”的提质增效技术模式，就相关技术建立核心示范区2300余亩，辐射带动技术科普面积近5万亩，两项技术模式在平和县开展技术推广和示范工作。经过科技小院与政府的联合推广，2022年全县蜜柚种植户化肥投入量较2010—2018年减少58.7%，折合全县减肥成本11.64亿元。蜜柚减肥增效技术列入福建省主要作物化肥投入定额标准，制成农户果园施肥指导卡下发给3.2万位果农。2019年与2020年，平和蜜柚科技小院连续荣获中国农技协“选树农技协十佳行动”中的“中国农技协十佳科技小院”荣誉称号。2021年平和蜜柚科技小院获福建省科协“年度优秀科技小院”荣誉称号；首席专家吴良泉老师获2021年中国农技协“最美科技工作者”、中国农技协小院联盟2021年度“最美科技工作者”等荣誉称号。2022年，平和蜜柚科技小院荣获2022中国农技协“最美科技小院”称号；平和蜜柚科技小院项目“蜜柚绿色提质增效技术助力平和县乡村振兴”荣获“拼多多杯”中国研究生乡村振兴强农+创新大赛第一届科技小院大赛特等奖。科技小院学生获中国农技协科技小院联盟2019年度、2020年度、2021年度“优秀研究生”“优秀工作日志”等荣誉14次。

（供稿：县科协）

平和县连续3年创建“全国综合减灾示范社区”工作纪实

平和县应急管理局以创建“全国综合减灾示范社区”为契机，成立防灾减灾救灾工作领导小组，建立健全应急制度体系，增强应对自然灾害及突发公共事件的能力，2019—2021年期间组织减灾委成员单位45人次下沉到行政村、社区对接减灾救灾示范社区建设工作。2022年12月，国家减灾委员会、应急管理部、中国气象局、中国地震局联合对2021年度“全国综合减灾示范社区”进行评选授奖，平和县国强乡延山村上榜。

一、主要经验做法

1. 构建防灾减灾救灾救援工作格局

平和县及时调整平和县减灾委员会进行机构，2019—2021年期间3次下发构建防灾减灾救灾救援工作的文件，进一步完善并明确各成员单位工作职责、组织指挥程序和保障推进措施，明确各成员单位职责，构建统筹应对各灾种、有效覆盖防灾减灾救灾救援各环节的自然灾害防治体系。强化与气象、水利、农业农村、自然资源等涉灾部门的会商研判，共享相关信息，2019—2021年期间3次组织涉灾部门会商研判及时汇总平和县气候、洪涝、台风、地震、地质灾害等主要自然灾害情况，2019—2021年期间3次下发会商研判后指导的文件；针对机构改革后基层灾情管理人员新人多、业务基础薄弱的实际情况，2019—2022年4次组织各乡镇、有关涉灾县直单位160人次参加救灾和物资保障培训，让参训人员熟悉了解救灾的政策和自然灾害灾情管理系统的应用，提升灾情管理和信息报送水平，逐步形成“政府主导、多方参与、协调联动、共同应对”的工作格局。

2. 推进自然灾害综合风险普查

依托第一次全国自然灾害综合风险普查工作，摸清辖区内灾害风险隐患底数，组织开展公共服务设施和减灾能力数据核查，完成包括学校、医院等356条公共服务设施承灾体和救援队伍、乡镇、社区等1826条减灾能力数据核查工作，为平和县开展自然灾害防治、保障经济社会可持续发展提供灾害风险信息和科学决策依据。其中，平和县第一次全国自然灾害综合风险普查工作的清查、家庭减灾能力普查经验两次得到国普办、省应急厅官方报道推广，并在2021年12月代表漳州市通过福建省普查办的省级核查组核查验收工作（差错率为1.82%，低于福建省差错率1.96%）。

3. 强化安全风险源头治理体系建设

结合平和县实际，县安委办牵头开展平和县安全风险源头治理体系建设项目，牢牢树立全市一盘棋思想，坚决落实市委、市政府安全风险源头治理体系建设工作部署，把项目牢牢抓在手上，强化统筹协调，依托第三方技术力量，全程跟踪，攻坚克难，通过科学的调研、评估，将平和县城市安全风险源的准确数据和信息摸清摸透，有效掌握平和县域内风险点的分布。平和县在漳州城市安全风险管控信息平台电脑端填报的企业694家，编制完成平和县《城市安全风险评估报告》《城市风险源清单》《城市安全风险评估管控实施方案》，于2022年7月6日开展平和县安全风险源头治理体系建设项目专家评审会工作，相关成果方案在进一步完善中，项目完成进度居于全市前列。

4. 树牢群众防灾减灾救灾意识

以全国防灾减灾日和国际减灾日等重点时段为契机，始终坚持“人民至上、生命至上”的安全发展理念，为群众打开幸福的门，关上灾难的窗。2020—2022年6次定期开展应急实战演练，组织协调地震办、消防救援大队、武装部、各乡镇等30余家单位5500余人次参与演练，切实提高应对各类突发公共事件的协同作战能力，进一步健全应急联动机制。同时通过组织协调多部门联动，联系县减灾委成员单位，开展科普知识进农村、进校园、进企业、进社区、进家庭等一系列活动，通过发放宣传册、设置宣传栏、应急救护培训等多种形式开展宣传，并联合新闻媒体加大防灾减灾救灾宣传力度，对防灾减灾宣传周活动以及各部门防灾减灾工作成效进行报道，强化宣传效果。2020—2022年期间，“平和新闻”微信公众号推送各有关部门防灾减灾宣传稿件20余篇，更广泛地宣传防灾减灾知识，同时利用手机短信主动推送、到达率高、覆盖面广的优势，适时向公众发布宣传公益短信，宣传覆盖面达10万余人次。

5. 完善防灾减灾救灾工作体系

一是抓好救灾救助政策落实，做好灾情统计。灾情发生后，及时组织联络县减灾委成员单位、各乡镇（2019—2022年期间50人次）及时奔赴受灾现场，对房屋、道路、农田、河岸、电等设施开展灾情摸排，查看受灾情况，了解灾害详情，第一时间处置灾情，向上级有关部门积极申请专项资金，会同财政部门5次下发中央自然灾害救灾资金文件，2019—2022年期间争取中央自然灾害救灾资金202.7万元，用于应急抢险、受灾群众救助工作和排危除险等应急处置工作，并于2019—2020年期间争取避灾点提升资金55万元，用于避灾点基础设施和物资保障建设。平和县在2022年7月，救灾响应的过程中快速响应、处置得当，为此省应急厅、市应急局官网有报道此次救灾的经验。二是强化党风廉政建设，严格落实“党政同责、一岗双责、齐抓共管、失职追责”。通过逐步建立完善防灾减灾救灾督促检查体系，及时公布救灾政策，明确救灾资金、物资管理使用规定，2020—2022年期间6次下发救灾工作督导服务及通报文件，组织80人次（仅2022年联合纪检监察机关40人次）下沉乡镇，通过查阅台账、实地查看等方式开展救灾资金督导服务，加强救灾资金管控使用，落实灾害防范救助各项措施，全力保障受灾群众基本生活，有效防止受灾群众因灾致贫返贫。三是探索风险分担机制，促进农村住房风险保障水平不断提高。2021年漳州市第一个完成组织全县各乡镇农房排查摸底工作，总共摸底出140206户农户并完成政策性农房叠加保险168.2472万元（其中农户自缴38.2278万元、省级财政补贴101.9782万元、县级财政补贴28.0412万元），并为全县所有农户推出全省第一个灾后安置险32.9484万元。2022年，摸底出141592户农户组织并完成平和县政策性农房保险169.9104万元（其中农户自缴38.4918万元、省级财政补贴103.1002万元、县级财政补贴28.3184万元）、城乡居民自然灾害公众责任险69.54万元的社会保障任务，2020—2022年期间3次协调落实政策性农房保险和城乡居民自然灾害公众责任险监管工作，回应受灾群众关切问题，提高受灾群众切身利益。

二、主要工作成效

平和县通过强化榜样的作用，抓住关键，明确工作思路，各级联动，以点带面，形成国家级示范点为引领的减灾救灾救援及物资保障工作长期规划，连续三年探索创建“全国综合减灾示范社区”取得成效：长乐乡联三村（2019年度）、山格镇新陂村（2020年度）、国强乡延山村（2021年度）相继获评“全国综合减灾示范社区”。据统计，在福建省连续三年获评的县（市、区），仅有平和县和福州市罗源县。平和县应急管理局以点带面进一步健全完善综合防灾减灾救灾体系，并通过开展创建以漳州市劳模、漳州工匠汪德全为带头人，由省市级应急（消防）管理专家、消防技能专业人才、有关县直单位及乡镇防灾减灾救灾业务骨干等组成的汪德全“劳模创新工作室”，推动形成示范效应，有效提升基层防灾减灾救灾管理水平。

（汪德全 张涛）

平和县创建“全国绿化先进集体”纪实

在平和县委、县政府的正确领导下，在上级林业主管部门的关心指导下，平和县林业局领导班子团结合作、拼搏进取，带领全局干部职工坚持以习近平新时代中国特色社会主义思想为指导，认真学习贯彻习近平生态文明思想，坚决执行党和国家有关国土绿化的方针、政策，积极践行“绿水青山就是金山银山”发展理念，致力改善人民的生活环境，创造人与自然和谐发展空间，让人民群众有更多的获得感、幸福感。2022年，平和县林业局获“全国绿化先进集体”称号。

一、森林资源保护持续加强

一是加大打击违法犯罪行为力度。平和县林业局规范开展林业行政执法，联合县森林分局、基层派出所积极开展专项行动，2016—2020年累计受理涉林案件445起，严厉打击破坏森林资源违法犯罪行为，确保森林资源安全和林区和谐稳定。二是科学防控林业有害生物。平和县林业主要病虫害为松材线虫病，平和县林业局根据年度目标责任防控任务积极开展松材线虫病春季普查，加强技术指导，秉持绿色防治理念，坚持以生物、物理等无公害措施进行综合防治，实现有虫无灾，有害生物测报率、防治率100%，成功保护森林资源，实现防治与环保同步，保护与发展并重的防护目标，2016—2020年森林病虫害无公害防治面积49685亩，预防面积9036亩，无公害防治率100%。三是森林防火工作常抓不懈。坚持“预防为主，积极消灭”的工作方针，始终把防火工作放在森林资源保护的首要位置来抓，实行防火网格化管理，建立起防火工作责任制。加强森林防火宣传教育和巡查力度，采取悬挂横幅、张贴标语、修建宣传碑，印发通知、通告，发布电视公告等多种方式加强森林防火宣传，通过系列措施，森林防火工作中取得良好成效，全县多年来发生森林火灾案例不超过省定指标，2016年以来没有发生大的森林火灾。四是保护挖掘古树名木文化。开展古树名木普查，造册建档，挂牌保护，纳入福建省古树名木管理信息系统，615株古树名木得到妥善保护。

二、森林资源总量稳步提升

一是扎实推进造林绿化。始终坚持以科学发展为本，采取多种形式开展造林绿化，2016—2020年完成造林绿化12.82万亩、森林抚育22.95万亩、封山育林8.84万亩。推广人工林生态经营措施，引导林农采取不炼山方式清理林地，注重保留林下幼苗幼树，进一步维护地力，保持生物多样性，加大树种结构调整力度，推进乡土、珍贵和阔叶树种造林，完成珍贵用材树种造林8632亩；加强重点生态区位稀疏林分的生态修复，积极推进林业产业结构调整，2016—2018年完成重点生态区位林分修复3100亩。二是推进城乡绿化美化。按照“苗木容器化、树种多样化、品种乡土化、色彩季相化”要求，以阔叶景观树种为主，以美化、花化、彩化树种为辅，因地制宜开展城镇片林、乡村风景林、小微公园建设，广泛种植观赏效果好、经济价值高、群众喜闻乐见的景观树、珍贵树及乡土树等，进一步提升城乡绿地总量。2016—2020年完成乡村生态景观林及村庄绿化335亩。三是突出抓好“三沿一环”森林质量景观提升。鼓励种植乡土、珍贵的花化、彩化、绿化树种，彰显本土特色及景观效果，增加民众绿色福祉。2019年完成“三沿一环”森林景观改造1500亩（全市任务的100%）；2020年完成“三沿一环”森林景观改造1100亩（占全市任务1500亩的73%），新造500亩（占全市任务800亩的62%）。四是组织开展义务植树活动。积极组织全县领导干部和企事业单位开展义务植树活动。全县各级领导身体力行，率先垂范，充分调动全民爱绿，护绿、建绿、义务植树的积极性，带动全县广大干部群众积极投入到造林绿化活动中来，形成全县人人参与造林绿化的浓厚氛围。2016—2020年有115.41万人次参加义务植树，植树451.16万株，尽责率达92.33%。五是着力发展花卉苗木。加大花卉苗木产业的发展力度，依托现有的花卉市场资源，进一步扩展规模，完善功能，积极打造一定规模的花卉苗木市场，创新思路，努力做大做强花卉产业。为“十三五”期间平和县造林绿化提供5860万株的造林苗木，特别是黄枝润楠、沉香、红豆杉、火力楠、红锥等苗木的培育，为珍贵树种造林提供优质种苗。同时培育蓝花楹、香樟、重阳木、紫薇、碧桃、小叶榄仁、日日春、假连翘，红花檵木和巴西野牡丹等园林绿化树种，为乡村绿化美化提供苗木保障。

三、国家级森林城市积极创建

自2015年平和县获省级森林县城以来，大力倡导“让森林走进城市，让城市拥抱森林”理念，在巩固森林县城成果的基础上，着力开展生态文明提升建设，形成“点、线、面、环”相结合、布局合理、功能齐全的城市绿化格局和“水清、河畅、岸绿”的城市森林。2018年，在基本实现实现森林城市建设与城市建设、经济建设、生态建设协调发展的基础上，县委县政府提出创建国家森林城市的要求，并获国家林草局批复，正式启动国家森林城市创建工作，着手编制《福建省平和县国家森林城市建设总体规划》。把绿化作为推进美丽乡村建设的重要抓手，以创建国家级森林城市为契机，积极开展森林城镇、森林村庄创建工作，截至2020年，全县成功创建8个“福建省森林村庄”、1个“福建省森林城镇”，极大改善农村人居环境，夯实创建国家森林城市的基础。

四、生态文明思想广泛宣传

始终把传播生态文化、弘扬生态文明、增强生态意识作为国土绿化建设的重要任务。一是利用“植树节”“爱鸟周”“野生动物保护宣传月”“世界湿地日”等活动，出动宣传车、悬挂横幅、张贴标语、发放宣传图等广泛宣传，推动绿色发展，促进人与自然和谐共生。二是充分发挥灵通山风景区、三平风景区等生态文化教育基地作用，开展自然教育活动，鼓励广大群众走进自然，实现人与自然的有效联结，提升广大群众生态环保认知水平。

（陈耿鹏）

平和县创建国家级农业现代化示范区纪实

平和县国家现代农业产业园位于县域中东部，涵盖6个乡镇，面积1010.62平方千米，占全县土地总面积的43.4%，总人口28.07万人，主导产业为蜜柚。产业园建设总投资2.47亿元（其中，中央财政奖补资金1亿元，县财政资金1.5亿元，社会资本2.1亿元）。2022年，平和县以“种好柚，卖好价”为主线，夯实绿色高效基础，强化产业融合发展，继续推进产业园工作建设，促进蜜柚产业转型升级。2022年8月，农业农村部、财政部、国家发改委发布2022年农业现代化示范区创建名单公示公告，平和县榜上有名，是漳州市唯一入选的县份。

一、调整优化种植结构

针对高海拔、低效益蜜柚果园，采用政府财政补助每亩3000元，实施退果还耕、退果还林。确保粮食生产同时优化产业结构和生态环境。通过高接换种引进国内外优良柑橘新品种如火焰山、鸡尾葡萄柚、红美人、台湾沃柑和木瓜蜜丁等，近年来共嫁接换种面积20万亩，逐步形成以蜜柚为主多品种搭配的多元化产业品种结构，确保蜜柚产业的可持续发展。

二、推行绿色高效管理模式

（一）推进综合治理

切实转变传统栽培观念，从重数量向重质量转变，以质量优势做强产业。主要抓好三个方面：一是推行土壤治理。从土壤酸化治理入手，县财政每年投入500万元用于酸化调理剂采购，在相关乡镇实施酸化治理，有效改良果园土壤过于酸化现状，优化土壤地力结构。二是推行增施有机肥。从近期看，增施有机肥不仅能提高蜜柚品质，还增强蜜柚树势，提高抗病虫害能力，克服蜜柚黄化败树现象；从长远看，增施有机肥能够优化农业投入品使用比例，改善土壤品质，进而优化生态，保持良好的水质。2022年县财政投入1000万元用于有机肥补助，实现产业园区果园全面实施增施有机肥。三是推行“以地定产、以产定量”减量施肥。以增施有机肥为基础，推行蜜柚化肥施用定额制，大幅减少化肥使用量，实现节省生产成本，提升果实品质。

（二）建设高标准生态果园

采用有机肥+留种草、前埂后沟、高挂微喷、水肥一体化等管理模式。开展基地培训，普及蜜柚套袋、绿色防控技术、黄龙病防控技术带动果农管理技术水平提高。将沿花山溪两岸及周边3.2万亩蜜柚园改造成高标准生态果园示范片（带），打造绿色、高质量发展的生态蜜柚果园样板，示范带动全县蜜柚生产。推广水肥一体化技术。改变传统表施化肥方式，大力推广覆土或机械深施和水肥一体化技术，综合采用果园水肥（沼液）喷灌、滴灌、枪穴施及高挂式微喷等高效施肥技术，不断优化改进施肥方式，提高水肥利用效率，减少化肥用量。

（三）建设蜜柚可追溯平台

投资1500万元，建设平和蜜柚大数据云平台，利用大数据、云计算、卫星遥感、物联网等现代信息技术，集合平和琯溪蜜柚品质认证与检测体系、果园确权交易平台、平和琯溪蜜柚“一柚一码”追溯管理平台等模块，构建蜜柚种植、加工、销售等全产业链数据采集监测体系，提升蜜柚产业数据资源的汇聚、管理、分析能力。

三、提高加工水平

蜜柚初加工普遍采用自动化生产线，蜜柚重量分级、自动化包装机械研发制造处于国内领先水平，园区蜜柚初加工率达到100%。大力研发发展精深加工产品，园区内现有21家市级以上农业产业化龙头企业，市级以上示范家庭农场20家，规模以上蜜柚加工企业34家。蜜柚深加工在开发蜜柚果汁、果脯、罐头、果酒、精油、日用品等方面取得突破；加快研发外果皮、内果皮、果肉分离技术，提高果肉提取水平，加强以果皮、果肉、柚花等蜜柚产品开发，不断提升产品质量，增加产品附加值。

四、创新产销结合新模式

（一）创新产销结合模式，推行优质优价

建设蜜柚产业绿色联盟，即以“公司＋科学技术团队＋保险＋农户”模式，从市场需求端来引导规范蜜柚生产端，强化质量自我管理意识。创新“种好柚，卖好价”产销结合模式的思路：一是合作双方拟定一个为底价收购，即营销方在市场现行价低于“最低收购价”时，必须以“最低收购价”收购种植户蜜柚；当现行价高于“最低收购价”时，营销方高以现行价1—2毛的价格收购蜜柚果实；二是当蜜柚果实达到营销方优质果要求时，营销方在优质果销售利润空间让利给果农，每斤相对加价的进行收购优质果，形成利益共享机制，从市场倒逼农户推行蜜柚优质栽培。三是加大政府投入力度，通过保险投保，一旦出现市场现行价低于“最低收购价”时，为营销方承担0.3元的风险投保。

（二）推进电商发展

巩固传统批发市场，积极发展线上电商、供应链营销和直播带货。平和蜜柚电商蓬勃发展，电子商务模式销售蜜柚网络零售额10多亿元，较上一年度提高10%。入选阿里巴巴“电子商务促进乡村振兴”全国十佳案例、“中国电商示范百佳县”和全国快递服务现代农业金牌称号；2021年全年蜜柚网销交易超过20亿元，农产品销售额位居全省前列，小溪镇荣获2019年度中国“淘宝镇”；2020年入选农业农村部“互联网＋”农产品出村进城工程试点县。新成立的平和数字乡村有限公司打响“漳字号”的品牌，打造琯溪蜜柚优质高价的新方向。

五、培育发展柚文化旅游新业态，推进三产融合发展

结合三平寺、灵通山、王阳明、林语堂纪念馆、平和地热景区、长乐乡“八闽第一枪”、土楼等本土元素、红色元素的深度融合，进一步深挖文化、气象、地质、地热等同休闲农业之间的有机联系，打造文化、气象、地质等与柚花柚香、柚子采摘、农家乐、亲子采摘等休闲农业高度融合的概念休闲线路，加强基础设施建设配套，加大宣传力度，提高吸引力和知名度，全面推动农业休闲观光游高质量、快速发展。推广“柚海布达拉宫”模式，建设平和琯溪蜜柚文化园、习柚农业文化旅游项目、霞寨“柚惑”小镇、南胜镇蜜柚养生小镇、坂仔文化镇旅游小镇等项目，逐步形成一批以柚园为基础，集循环农业、创意农业、文化柚业、农事体验于一体的田园综合体，每年吸引230万人次以上的游客，休闲农业收入达到10亿元。

（曾志雄）

大事记

1月

3日，平和县举行重点项目集中开竣工活动。全县集中开竣工12个项目，其中，开工项目6个，竣工项目6个。项目总投资43亿元，年度投资6亿元。其中，工业项目8个，总投资21亿元；民生项目4个，总投资22亿元。项目涉及小溪、山格等乡镇和工业园区。

新南大桥正式通车。该桥是平和县最长的市政大桥，路线全长386.187米，其中桥梁全长约302米，起于新南路与东环路交叉口，止于新南路与河滨路交叉口，设计速度40千米/时，工程概算投资9007万元。

6日，党史学习教育省委第二巡回指导组到平和县开展指导评估工作并召开座谈会。

11日，省人大常委会党组副书记、副主任周联清带领省市人大常委会宣讲调研组到平和县开展宣讲调研活动，前往南胜镇欧寮村看望慰问部分困难党员、困难群众；到坂仔镇的平和蜜柚原产地官方监管仓和小溪镇的中宝（福建）食品科技有限公司开展调研，了解企业投资规模、生产规模、销售情况，与企业负责人开展座谈。

同日，由省退役军人事务厅、省卫健委等单位联合主办的“八闽拥军健康行”义诊活动走进平和县，为退役军人、军属及现场群众开展癌症早期筛查、老年疾病检查、眼病筛查等“一站式”看诊服务。

12日，2022年平和县文化科技卫生“三下乡”集中服务活动启动仪式在霞寨镇举行。

13日，平和县组织开展“军事日”活动。县委书记蔡绿璇、县长黄永健、县人大常委会主任朱新丰、县政协主席李瑞林等县处级领导和县国动委各办主要领导集体到某旅体验军事生活。

14日，全县党史学习教育总结会召开。会议全面总结平和县党史学习教育开展以来取得的成效和经验，研究部署、巩固拓展党史学习教育成果工作。

同日，在漳州市党史学习教育总结会上，漳州市“我为群众办实事”实践活动典型案例评选“十佳典型案例”“十佳提名典型案例”名单正式公布，平和县西坑党校成为“网红打卡点”，获评“十佳提名典型案例”。

19日，平和县乡村振兴研究促进会在平和县农业农村局揭牌。

同日，省计生协会和北京联慈健康扶贫基金会联合开展的福建省“关爱新生命——儿童营养改善”公益项目启动暨捐赠仪式在平和县坂仔镇举行。

同日，平和县举行首届“琯溪蜜柚杯”乡村网红大赛颁奖仪式。首届“琯溪蜜柚杯”乡村网红大赛以“柚见平和，家有好柚”为主题，有195名选手参与，评选出带货王3名、流量王5名、最佳流量王1名、金牌推介员1名、最佳风采奖及最佳组织奖各1个集体。

20日，平和县举行2021年平和白芽奇兰茶（秋季）品鉴会活动颁奖大会。

21日，平和县召开省、市驻村工作座谈会。

23日下午，平和县委书记蔡绿璇、县长黄永健带队到漳州召开生态木业产业招商推介大会。

25日，福建兴和投资发展集团有限公司和漳州鑫信建设投资有限公司签订《移交协议》（漳州投资集团有限公司子公司）并举办移交仪式；根据《漳州市国资委关于市属国有企业结构布局优化调整涉及漳龙集团有关事项的通知》，福建漳龙集团有限公司承接漳州投资集团有限公司所持有的漳州鑫信建设投资有限公司100%股权。

28日，中共平和县纪委十四届二次全会在县城县委会议厅召开。

2月

5日，市委副书记黄水木到福建大芹陆宜酒业有限公司走访慰问，现场协调解决企业面临的发展问题和困难。

10日，县委书记蔡绿璇带队调研花山溪饮用水水源地风险整治及河长制落实情况。

11日，由平和县委人才办、团县委、县人社局联合主办的"'就'在平和"企业开放日暨返乡大学生职业体验活动，30名大学生近距离参观企业，并开展交流活动。

同日，平和县召开省外返乡"双一流"院校优秀学子新春座谈会，邀请优秀学子为家乡发展献计献策。

14日，"福见平和——闽派七零七子书法精品展"在平和县文博中心举行。展出时间2月14—21日，为期7天。

15日，省台联会长江尔雄、副会长梁志强一行到平和县就台胞参与乡村振兴相关情况开展调研。调研组前往五寨乡埔坪林氏大宗调研，实地察看涉台交流点雾峰林家宗祠建筑群、思永楼等；前往大溪镇大芹山考察台资企业陆宜酒业，了解企业发展，项目进展情况以及需求等。

同日，平和县政企联合在侯山宫管委会开展文化科技卫生"三下乡"暨元宵猜灯谜活动，欢度元宵佳节。

16日，副市长兰万安带领市农业农村局、水利局等部门主要负责人先后来到官峰水库项目现场及花山溪流域治理点、生态果园示范片等地，深入现场办公，实地调研推进花山溪流域综合整治及县城第二水源项目建设相关工作。

同日，平和县山水林田湖草沙一体化保护修复项目推进会在坂仔镇召开。

17日，副市长余向红带领市直有关单位先后到平和县三平风景区及其周边地块，五寨乡寨河村无名土楼、南胜古窑址，坂仔镇东风村宾阳楼、林语堂故居等地，就旅游开发工作开展调研。

同日，平和举行模拟审批办公室揭牌仪式，并启动模拟审批工作。

18日，福建平和农村商业银行股份有限公司揭牌开业，省农信联社党委书记、理事长李卫民出席开业仪式。平和农商银行由平和县农村信用合作联社改制产生。

同日，副省长郑建闽带领省直有关单位负责人到平和县调研中央生态环保督察反馈问题整改工作。郑建闽一行先后调研黄井工业园区侨丰陶瓷公司"煤改气"、霞寨镇寨北村蜜柚种植污染防治情况，实地察看花山溪饮用水水源地取水口，详细了解县城饮用水保障情况，现场协调解决存在的问题。

同日，福建省人民政府公布2020年度福建省科学技术奖获奖名单，由平和县农业科学研究所与集美大学等共同承担的"柚类水果采后高值化加工关键技术及产业化"项目获得科技进步奖一等奖。

19日，省水利厅副厅长黄明聪带领省水利厅农水水电处负责人、市水利局主要负责人先后到安厚镇东川水库中型灌区续建配套与节水改造在建项目、坂仔镇生态水系项目，通过实地察看、听取相关负责人情况汇报等形式，就推进农村水利水电工作开展调研。

21日，平和县在新桥村举办2022年第一期琯溪蜜柚提质增效、绿色发展技术培训会。培训会邀请平和县琯溪蜜柚科技小院院长雷仁清作“平和蜜柚绿色提质增效技术”专题讲座。

23日，平和县召开白芽奇兰茶协会2021年度工作总结会议。

同日，平和县召开生态环境突出问题整改工作专题会。

24日，漳州市市场监管局督导组到平和县召开花山溪饮用水水源地肥料市场整治推进会。

25日，平和蜜柚科技小院国强示范基地揭牌成立。该基地将通过线上与线下相结合方式，向蜜柚种植户开展政策方针解读、实际生产问题研讨和解答，围绕蜜柚绿色提质增效技术开展科普服务工作。

26日，漳州市城镇污水处理厂运行管理技术交流会在平和北控水质净化有限公司举行。

28日，平和县官峰水库建设工作推进会在崎岭乡召开。

3月

2日，省林业局局长王智桢到小溪镇厝坵村古树名木保护示范点、坂仔镇东坑村浮山造林点、西蝉木业有限公司、鑫源祥木业有限公司等地调研造林绿化和生态木业产业发展情况。

3日，省人大常委会原副主任、省乡村振兴研究会会长潘征到坂仔镇科技小院、西坑村，以及国强乡新建村，开展乡村振兴调研活动。

7日，省生态环境厅党组书记、厅长许碧瑞到平和县黄井工业区的侨丰陶瓷公司和县城饮用水水源地取水口调研生态环境保护工作。

9日，平和县城乡供水一体化工程（一期）开工。该工程建设工期24个月，采用水质、水量较有保证的管道配水方式，向小溪镇、山格镇、坂仔镇及南胜镇提供优质原水，工程包括更新改造管网、延伸原有供水干管、新建加压泵站、新增信息化建设系统等项目。

14日，县委书记蔡绿璇到县医院、小溪镇旧县村防疫物资储备仓库、山格镇卫生院等地开展疫情防控工作调研。

26—27日，市委副书记黄水木、副市长兰万安到平和县督导推进花山溪中央生态环境保护督察反馈问题整改，实地察看退果还耕还林、流域治理、生态果园建设等情况，并召开工作推进会。

29日，国家卫生健康委研究确定首批纳入“千县工程”县医院综合能力提升工作的县医院名单，平和县医院位列其中。

同日，漳州市市长王进足到平和霞寨镇开展工作调研，督导花山溪饮用水水源地风险突出问题整改。

31日，市人大常委会副主任林俊德带领市人大常委会调研组到平和县实地察看花山溪饮用水水源地小溪镇取水口并召开座谈会，就土壤污染防治立法暨《漳州市饮用水水源保护办法》执法情况开展调研。

4月

6日，平和县召开（花山溪流域）农业种植结构调整推进会，认真贯彻落实市领导到平和县督查花山溪流域环保问题整改讲话精神，分析存在的问题，就平和县农业种植结构调整工作进行再强调再部署。

7日，市委常委、常务副市长侯为东带领市直有关部门到平和县调研突出生态环境问题整改工作。

11日，县委书记蔡绿璇带队到坂仔镇、平和工业园区等地调研粮食安全和项目建设。

14日，平和县妇联、小溪镇党委政府联合在小溪镇联光村举行“巾帼红 绿色行”志愿服务活动授旗仪式。全县成立15支巾帼志愿服务队，旨在动员全县妇女发挥巾帼志愿者在花山溪饮用水水源地综合整治宣传工作上的独特优势和积极作用，营造整治工作的浓厚氛围。

15日，副市长崔为磊到平和县中宝（福建）食品科技有限公司和南胜镇法华村的克拉克瓷展览馆、DIY体验馆以及田坑窑遗址公园，就涉外企业发展和海丝文旅产业开展工作调研。

同日，平和县银行业保险业金融消费者权益保护服务中心平和工作站、平和县金融纠纷多元化解中心、平和县涉农金融审判与司法服务中心揭牌成立。

同日，县长黄永健带队到小溪镇、南胜镇、坂仔镇、霞寨镇实地调研花山溪流域综合整治的拦截沟、湿地公园项目。

17日，漳州市委书记张国旺带队深入平和县，深入寨北村、中润果园等地，实地了解截污处理、退果还林、有机肥施用等情况，并在霞寨镇人民政府召开座谈会，就推进花山溪饮用水水源地风险突出问题整改进行督导。

19日，市人大常委会副主任沈茂欣率调研组到平和县南胜镇杨清朝烈士墓、林坚烈士墓、平和县烈士陵园等地，就英雄烈士纪念设施保护管理工作情况开展调研。

同日，市政协副主席陈跃鸿带领调研组到平和县，先后深入小溪镇新东社区和安厚镇综治中心，开展市域社会治理现代化专题调研。

同日，以“奇香奇兰·福建福茶”为主题的2022年平和白芽奇兰茶开采仪式暨第一届柚香奇兰节活动在崎岭乡彭溪村举行。

20—21日，省农业农村厅党组成员、总畜牧兽医师吴顺意到平和县小溪镇、霞寨镇、坂仔镇、南胜镇、崎岭乡等地调研花山溪饮用水水源地综合整治工作。

23日，福建省农业农村厅、福建省乡村振兴局公布2022年度福建省乡村振兴示范乡镇、示范村创建名单，平和县九峰镇黄田村、南胜镇欧寮村、五寨乡前岭村、文峰镇三坪村、小溪镇厝丘村、大溪镇壶嗣村入选“2022年度全省乡村振兴示范村创建名单”。

24日，平和县举行退役军人、其他优抚对象优待证首发仪式，为3位退役军人代表发放优待证，标志着平和县退役军人、其他优抚对象优待证发放工作正式开始。

26日，平和县召开安全生产暨第二季度防范重特大生产安全事故分析会议，传达贯彻省市会议精神，就平和县安全生产工作进行再部署再落实。

28日，平和县防汛抗旱指挥部组织民兵骨干在平和县坂仔镇军营大桥花山溪水域进行应急抢险演练。

5月

6日，平和县召开党员干部带头落实化肥减量增效行动推进会，全县开设264个直播点，4236名党员群众收听收看会议。福建农林大学教授吴良泉围绕“琯溪蜜柚减肥增效技术”进行授课，高级农艺师黄东来以视频的形式，针对蜜柚如何做到减肥减药、降成本、少污染、提高品质、增加效益进行授课指导。

7日，平和县工商联举办平和县2022年民营经济人士培训。50余名青年企业家参加培训会。

同日，中国农技协平和蜜柚科技小院基地被中国农技协认定为“2021—2025年中国农村专业技术协会科普教育基地”。

10日，平和县以“减轻灾害风险，守护美好家园”为主题，在县第四实验小学开展“平和县2022年防灾减灾宣传周、防震减灾宣传月启动仪式暨学校地震应急疏散演练主场活动”。

11日，平和县委统战部联合团县委在平和青创人才驿站举行平和县2022年青年环保志愿服务活动启动仪式，并成立平和县“河小青”青年志愿服务队。

同日，副市长林少金到平和县调研根治拖欠农民工工资工作。

同日，市人大常委会副主任李亚树带领市人大财经委员会到平和县调研2021年度专项债券项目。

13日，平和县家庭教育指导站在平和县进修学校揭牌成立。该站以服务社会、服务家长、服务儿童为宗旨，以推进平和县家庭教育科学化、规范化、法治化为目标，以“儿童为本”“家长主体”“多向互动”为原则，通过开展家庭教育科学研究、宣传培训、指导服务、示范推广工作，促进平和县家庭教育发展。

13—22日，平和县在平和一中举行2022年全民健身运动会暨首届平和县教育系统教职工气排球联赛。平和一中代表队获第一名，平和二中代表队、大溪中心小学代表队分别获第二名、第三名。

14—15日，崎岭乡举行白芽奇兰茶春茶品鉴购销会，88家茶企参会，137个茶样同台竞技，评选出“十佳品质最优的茶”和“十佳老百姓消费得起的好茶”。

17日，市人大常委会副主任李亚树到平和县开展“盘活闲置工业用地，提高亩均发展效益”专题调研。

18日，漳州市“打击治理洗钱违法犯罪三年行动”宣传活动在平和县安厚镇启动。

同日，平和县水务有限公司正式划转至福建漳龙集团有限公司。

同日，平和县在县农业农村局举办“种好柚、卖好果”技术再培训暨出口工作推进会。

21日，“醉美茶缘·香约平和”白芽奇兰之旅主题旅游季活动暨“引客入平”踩线活动在高峰谷启动

24日，市、县供销社在霞寨镇开展以“情系三农·生态平和”为主题的供销社农资科技文化下乡活动。

同日，市人大常委会党组副书记、副主任林俊德到平和县黄井工业园区西蝉西部垃圾焚烧发电项目、县城饮用水水源地保护区等地，就贯彻实施《中华人民共和国环境保护法》情况开展执法检查活动。

25—26日，省政协提案委到平和县开展工业调研。调研组到中宝（福建）食品科技有限公司、福建宏绿食品有限公司、福建西蝉木业有限公司了解企业生产经营、运行发展和项目建设推进情况，进一步掌握企业存在的困难与需求，并提出指导性意见。

26日，平和县实施乡村振兴战略暨农村建设品质提升工作现场推进会在五寨乡召开。

26—27日，省第三方监督评估组到平和县县城自来水厂、水源地取水口、霞寨镇寨北、黄庄、中润等小流域治理项目现场，实地考察花山溪饮用水源地综合整治实施情况，就中央生态环境保护督察反馈问题整改情况开展工作调研。

27日，平和县在县第四实验小学开展以“创新争先、自立自强”为主题的2022年全国科技者工作日活动。并授牌“机器人工作室”。

28日，市委书记张国旺带队赴平和县督导推进花山溪饮用水水源地风险突出问题整改，张国旺一行先后到霞寨镇黄庄村、寨北村和国强乡白叶村、南胜镇云后村，深入田埂、果园、溪畔，实地察看小流域综合治理、生态滤床项目建设、退果还林还耕等方面情况，与当地乡镇村干部、技术人员深入交流，现场帮助协调解决具体问题。

31日，平和县举行青年志愿者协会第一届会员代表大会暨协会授牌授旗仪式。

是月，平和县祥丰佳苑工程质量获福建省建设工程省级优质工程。

6月

1日，官峰水库工程（试验段）项目在崎岭乡合溪村下午斗举行开工仪式。该项目包括导流洞应急工程及引水系统先行试验段，静态投资合计1.21亿元，其中，引水系统先行试验段长7700米，导流洞长296米，2号施工支洞长471米，总工期912日历天。

6日，在高考前夕，省、市巡视组到平和县开展高考考点综合检查工作。

8日，平和县与福建农林大学签订战略合作协议，成立“平和蜜柚研究院”。

8—9日，省人大常委会党组副书记、副主任，省总工会主席周联清到平和县开展挂钩帮扶工作，现场推动解决有关问题。

13日，平和县“第十五届平和白芽奇兰暨第一届柚香奇兰茶王赛”颁奖大会在县城小溪镇举行。平和县阳山茶叶专业合作社所选送的茶样获“第十五届平和白芽奇兰茶王赛”茶王称号。

同日，副市长兰万安到平和县霞寨镇寨北村、群英村和崎岭乡下午斗村等地，实地察看花山溪流域河道蜜柚种植清退、退果还林、有机肥替代、土壤酸化改良、水土流失治理、官峰水库建设等情况，并召开现场推进会。

15日，平和县召开县委民族工作会议暨全县宗教工作会议。

17日，平和工业园区职工法律服务一体化基地在平和黄井工业园区揭牌成立。

21日，“我在平和有亩田”认领开耕暨推进花山溪流域退果还耕行动在山格镇白楼村上坂山田启动。

21—22日，县长黄永健带队到江西寻乌县开展招商引资活动。

22—23日，省督导检查组到平和县开展第二季度安全生产工作督导检查。

23日，平和县卷烟打假集中统一行动在文峰镇启动。

24日，中共平和县委驻福州工作委员会在福州揭牌。

同日，市委常委、宣传部部长、统战部部长吴卫红到平和县五寨、坂仔等乡镇调研文旅产业发展工作，听取有关土楼保护措施、配套设施改造管理等报告，并就如何进一步做好文化旅游融合发展提出意见。

同日，平和县禁毒委在小溪镇润和广场举办“6·26”国际禁毒日禁毒宣传活动。

同日，平和县在新东社区开展安全生产月应急演练活动。

27日，“迎七一·跟党走，漳州青年在行动”——万名“新农人”素质提升工程启动仪式在平和县国强乡举办。乡村振兴青年专家服务团专家代表、平和县青年农民代表等近90人参加活动。开展漳州青年田间创业基地入驻签约仪式，水果玉米和东篱菊生态种植项目与平和县国强乡政府签约；为乡村振兴青年专家服务团专家代表颁发聘书。

同日，市委书记张国旺、市长王进足带队到平和县，深入崎岭乡、霞寨镇、山格镇，实地察看小流域综合治理、退果还耕、稻菜轮作、官峰水库及生态拦水坝、阶梯式活性炭滤池、生态滤床建设等情况，并在山格镇人民政府召开座谈会，认真听取花山溪饮用水水源地风险突出问题整改工作推进、督导情况，与市县乡三级有关负责人研究加快解决问题的办法举措，对做好下一步工作提出具体要求。

29日，平和县重点产业招商推介会在厦门市举办。现场签约九龙礤旅游开发、大芹山红色旅游项目、神摇漂流民宿项目、药王谷项目、臻夫子食品、中海启航供应链等10个项目，总投资11.9亿元。

同日，平和县组织开展2022年反恐应急处突演练，公安、消防救援、卫健、气象、生态环境等部门参加演练。

30日，平和县“牢记总书记嘱托强国复兴有我”演讲比赛决赛在县人民大会场举行。比赛最终评出一等奖1名，二等奖2名，三等奖3名，优秀奖6名。

7月

1日，市政协副主席陈仁朝到平和县调研山水林田湖草沙一体化保护和修复工程进展情况。

1—2日，平和县文化体育和旅游局、平和县旅投公司、建发国旅集团，向厦漳泉以及潮汕各大旅行社发出邀请，启动2022平和县文化旅游暨“引客入平”文旅推广踩线活动。

4日，由平和县文体旅局、平和县文化馆选送，平和县潮剧传承保护中心老师和彭溪小学、南湖小学学生共同表演的非遗节目潮州大锣鼓《福鼓福音》在中央电视台少儿频道展播。

6日，闽侯县县长王建生，县委常委、副县长赵兴到平和县五寨乡开展对口帮扶调研。

8日，平和县召开县第三季度项目集中签约、产业大招商现场推进会。会上举行项目集中签约，现场签约群强木业、少云木制品加工项目、亚炎木制品加工项目、林兴新能源等10个项目，总投资269908万元。

12日，市委副书记黄水木、副市长兰万安、市政协副主席戴鹏飞到平和县小溪镇、山格镇督导推进花山溪饮用水水源地综合整治工作。督导组实地察看平和县城取水口上游退果还耕和水土保持项目、高际溪支流生态滤床项目，并在山格镇召开座谈会。

14日，林语堂文学馆与厦门大学嘉庚学院英语语言文化学院共建教学实习暨“三创”实践基地授牌签约。

21日，2022年秀峰乡畲族民

族文化节暨移风易俗农民运动会举行。

22日，平和县首个村级侨联组织在平和县小溪镇新桥村成立。

26日，平和县党外代表人士“喜迎二十大·同心跟党走”主题活动启动，活动为期2天。

28日，县委书记蔡绿璇到芦溪、霞寨等乡镇调研耕地“进出平衡”和生态环境保护工作。

是月，平和县被中共福建省委、福建省人民政府、福建省军区授予“双拥模范县”称号，实现“省级双拥模范县”三连冠。

8月

3日，平和县举行西三线闽粤支干线和漳州液化天然气外输管道联通工程天然气管道建设合作协议签约仪式。

4日，华能（平和）整县屋顶分布式光伏发电项目开工仪式在县文博中心广场举行。该项目由华能（平和）清洁能源有限责任公司在平和县辖区内开发建设，利用平和县辖区内现有党政机关、学校、医院、工商业、农户等水泥建筑物或彩钢瓦屋顶安装光伏发电系统，包含以公建、户用为主体的121所学校、262家户用项目。

5日，第八届海峡（漳州）茶会在漳州宾馆水仙楼宴会厅举行，平和县在第八届海峡（漳州）茶会名茶品鉴推介会推介白芽奇兰茶。

同日，平和县“喜迎二十大”平和县“中建·大世界杯”篮球邀请赛在平和一中开幕。全县15个乡镇及县直机关单位27支参赛队伍390多名干部职工参加开幕仪式。

9日，市委副书记黄水木到平和县五寨乡侯门村、芦溪镇“稻田蛙”生态立体循环农业基地、秀峰乡龙岭村畲族村落、长乐乡联三村等地，调研乡村振兴、基层党建、社会治理、疫情防控、花山溪饮用水水源地问题整改和企业生产等工作，并召开座谈会。

同日，农业农村部、财政部、国家发展改革委发布“2022年农业现代化示范区”创建名单公示公告，平和县榜上有名，是漳州市唯一入选县份。

11日，平和县妇联在坂仔镇开展首场“巾帼红 绿色行”平和蜜柚绿色提质增效技术培训暨漳州市万名“新农人”素质提升工程巾帼科技活动。

17—19日，福建省台联常务理事会暨迁台记忆专项工作会在平和县召开。

18日，全国绿化委员会、人力资源和社会保障部、国家林业和草原局表彰全国绿化先进集体298个，平和县林业局名列其中。

18—19日，省台联会长江尔雄，副会长梁志强、陈严辉、林鸿榕，漳州市委统战部二级巡视员沈诏坤一行到平和县调研，并分别在坂仔镇、五寨乡为海峡两岸民间交流基地（同名同宗村）心田村、埔坪村授牌。

22—24日，县长黄永健带队赴深圳、东莞开展招商引资考察活动。

23日，省人大代表（漳州团）“助力产业招商共促漳州发展”专题调研和集中视察活动走进平和县。

24日，县长黄永健到珠三角开展招商活动，在深圳的波顿科技园向有关专家、企业家推介柚香奇兰茶。

25日，国家林草局驻福州专员办专员孟广芹、省林业局副局长林旭东到平和县调研生态木业产业发展情况，并提出指导意见。

29日，平和县三绿果蔬有限公司被农业农村部办公厅认定为116个“2022年农业国际贸易高质量发展基地名单”之一。福建有7家企业入选。

31日，市政协副主席、市发改委主任蔡兴州到平和县坂仔镇东坑粮库扩建项目现场调研督导粮食储备库扩建项目。

9月

3日，漳州市委书记张国旺到平和县，深入九峰、安厚、长乐等地，分别就“公调对接”矛盾纠纷化解机制工作、“五联五同”片区治理试点工作、红色文化传承、生态立体循环农业工作等开展调研。

5日，平和开放大学举行揭牌仪式，平和电大正式更名为平和开放大学。

同日，平和县被福建省自然资源厅列为“引入社会资本参与土地整治补充耕地”试点县，被确定为“土地整治推进补充耕地”党建品牌“三级联创”点。

同日，农业农村部、财政部、国家发展改革委发布2022年农业现代化示范区创建名单公示公告，平和县榜上有名，是漳州市唯一入选县。

6日，市人大常委会主任李东河到平和县走访联系市人大代表，开展乡村振兴工作调研。在福建西蝉木业有限公司，市领导向市人大代表林海波详细了解企业生产经营状况和应对疫情影响所做的积极努力。

同日，平和县喜迎二十大“医”心跟党走文艺会演在县人民大会堂举行，并表彰十位“五个最美”医务工作者。

8日，省人大监察司法委主任委员卢厚实到平和县开展《福建省公安机关警务辅助人员管理条例》立法和五年立法规划调研。

同日，平和县参加第二十二届中国国际投资贸易洽谈会·乡村振兴产业展，县长黄永健应邀参加开馆仪式暨主旨论坛，并作“柚香奇兰·福茶新秀”的主题推介及展示，向与会嘉宾朋友们、投资方等详细介绍“柚香奇兰”。

8—11日，在厦门国际会展中心举行的第二十二届“中国国际投资贸易洽谈会”，平和县6家企业参加“乡村振兴产业展”。

11日，台湾女孩赖赖在社交媒体上发布消息，称自己在网友和宗亲的帮助下，通过父亲给的一个清朝时期的地址，找到自己的祖籍地——福建省漳州市平和县心田宫村。

14日，平和县与京东集团签订蜜柚产业带合作框架协议，共同启动“京东生鲜产业带——2022福建平和·琯溪蜜柚购物节”。

同日，副市长郑立敏到平和县实地走访平和数字乡村农业科技有限公司、柚多多果业有限公司，就蜜柚产业及出口情况开展调研，并召开座谈会。

20日，农业农村部公布“2019—2021年度全国农牧渔业丰收奖”获奖名单。平和县天醇茶叶专业合作社张国雄作为第12位完成人的“福建现代茶产业技术体系提质增效关键技术集成创新与示范推广”项目获“农业技术推广成果奖一等奖”。

21日，平和县城关社区卫生服务中心新院举行揭牌仪式。城关社区卫生服务中心新院于2022年8月完成整体装修，用地面积13000多平方米，总建筑面积3053平方米，建设总投资1200多万元。

22日，平和县举行琯溪蜜柚气候品质认证授牌仪式。梦享柚生态果园基地、漳字号生态果园基地、福建中润农业开发有限公司、平和福祺源电子商务有限公司、漳州市正厚农业开发有限公司、福建天意红肉蜜柚开发股份有限公司6个气候优质农产品所属单位通过认证。

同日，福建省2022年中国农民丰收节平和分会场活动在平和县坂仔镇开幕。开幕式上，平和县与3所院校举行校地战略合作签约。福建农林大学与平和县人民政府签订深化校地合作科研平台实践基地建设项目，福建省农业科学院果树研究所与南胜镇人民政府签订建设优新水果苗木种植示范基地项目，漳州职业技术学院与崎岭乡人民政府签订校地合作共建实践基地项目。

同日，平和蜜柚提质增效现场观摩会在坂仔镇五星村召开。

同日，省人大常委会党组副书记、副主任、省总工会主席周联清在平和县召开挂钩帮扶工作协调会，研究平和县挂钩帮扶项目和需要协调解决的问题。

同日，省委老干部局、省老科协，省卫健委、省人社厅、省科协、省民政厅（老区办）、省医保局、省老促会、省乡村振兴基金会等9家单位组织省内各大医院17个学科20名退休老专家到平和县开展“送医药、送科普、送技能、送健康”大型义诊活动。省政协副主席、省老科协会长薛卫民参加活动。

23日，市委常委、宣传部部长、统战部部长吴卫红到平和县九峰镇朱德接见朱积垒旧址、九峰镇新时代文明实践所、国家级文保单位城隍庙、县衙旧址、文庙以及黄田村等地开展阳明文化、文物保护工作、志愿服务调研。

同日，文化和旅游部联合共青团中央推出128条“稻花香里说丰年”全国乡村旅游精品线路，平和县坂仔林语堂故居与霞寨镇高寨村、高峰谷以及芦溪镇绳武楼一同入选。

26日，2022鲜丰水果突破500万千克红肉柚发车仪式在平和县举行。20辆装满数万斤平和蜜柚的重型货车从平和运往鲜丰水果全国2400多家门店。

27日，平和县“喜迎二十大”平和县“中建·大世界杯”篮球邀请赛决赛。九峰镇代表队、教育系统代表队获冠军，小溪镇代表队、宣传系统代表队获亚军，安厚镇代表队、政法系统代表一队获季军。

28日，省政协副主席、乡村振兴促进会会长许维泽，省乡村振兴促进会、基金会常务副会长兼秘书长王敏，省乡村振兴促进会、基金会副秘书长陈韫哲到平和县数字农村科技有限公司、平和蜜柚科技小院和中国农大平和科技小院调研乡村振兴工作。

10月

8日，平和县人民法院坂仔人民法庭落成揭牌。坂仔人民法庭位于坂仔镇宝南村学府路地段，占地面积6399.3平方米，建筑面积1930平方米，总投资1200万元。该项目于2020年奠基。

12日，市委常委、宣传部部长、统战部部长吴卫红到平和县国强乡新建村生态示范点、新建村新时代文明实践站、坂仔镇东湖农产品有限公司等乡镇和企业，开展乡村振兴、文明创建、民营企业发展调研。

12—13日，省民政厅副厅长欧阳晓波到平和县长乐乡联三村平和暴动纪念馆、秀峰乡福寿堂、大溪镇大芹村红军洞革命遗址开展老区苏区工作调研。

13日，市政协副主席陈仁朝到平和县督导山水林田湖草沙保护和修复项目，组织召开平和县山水林田湖草沙保护和修复项目工作推进会。

同日，平和县总工会与县文体旅局联合命名平和县三平风景区管理委员会、漳州九龙江阳明投资有限公司、福建省灵龙谷康养文化旅游有限公司、漳州名峰山旅游开发有限公司、漳州印象大芹山旅游发展有限公司5家单位为首批平和县职工疗休养示范基地。

18日，市政协副主席卢力到平和县小溪镇、山格镇开展柚茶深加工调研。

20日，市政协副主席何伟燕到平和县医院、县疾控中心、城关社区卫生服务中心开展市传染病防控体系建设情况调研。

同日，市长王进足到平和县调研土楼文旅经济。王进足先后考察大溪镇庄上大楼、坂仔镇林语堂故居，就土楼保护开发、配套设施建设等情况开展工作调研。

22日，平和县木业商会成立，并召开平和县木业商会第一届第一次会员大会。

同日，首届红美人、葡萄柚产业供需收购商推介会暨第二届“美甜杯”优品柑橘丰收博览会在平和举行。

26日，农业农村部办公厅发布2022年农业品牌精品培育名单，“平和琯溪蜜柚”榜上有名，为福建省4个纳入2022年农业品牌精品培育计划品牌之一。

28日，漳州西部（平和县）生活垃圾焚烧发电厂开始点火试运行。该项目于2019年3月开工建设，总投资5.68亿元，每天可处理1100吨垃圾。项目采用PPP模式运营，该厂后续主要服务范围包括平和县、南靖县和漳州高新区。

31日至11月1日，市委副书记黄水木到平和县长乐乡建南村、乐北村，九峰镇黄田村，文峰镇三坪村和中宝食品、乐其家俬等企业，宣讲党的二十大精神，并调研推进乡村振兴、疫情防控等工作。

31日，阿里巴巴研究院公布2022年中国淘宝镇和中国淘宝村名单，平和县小溪镇、山格镇和霞寨镇成功入选“2022年中国淘宝镇”；坂仔镇心田村和霞寨镇西安村入选“2022年中国淘宝村”。

11月

1日，平和县中小学生田径动会暨教师趣味运动会在广兆中学举行。

同日，农业农村部发布“2022年全国乡村特色产业超十亿元镇超亿元村”名单公示，福建省漳州市平和县小溪镇（琯溪蜜柚）位列其中。

1—2日，市委常委、政法委书记张慧德到平和县开展基层社会治理工作调研。

2日，2022年中国农技协“最美科技小院”名单公布。中国农技协评选出中国农技协北京平谷甜玉米科技小院等28个中国农技协最美科技小院，“中国农技协福建平和蜜柚科技小院”榜上有名。

4日，平和县举办首届乡村振兴论坛，学习宣传贯彻党的二十大精神，以产业振兴为重点，坚持党建引领，立足新发展阶段、贯彻新发展理念、构建新展格局，全面推进乡村振兴发展。

5—6日，2022年平和县篮球锦标赛暨小学生阳光篮球联赛在第三实验小学举行。

7—9日，平和县残联组织平和县残疾人代表队参加漳州市第五届残疾人职业技能竞赛，获团体第三名。

8日，市委副书记黄水木、副市长兰万安到平和县小溪镇溪州村、豆坪村督导推进花山溪饮用水水源地综合整治，并召开现场办公会。

9日，市委书记张国旺到平和县，张国旺实地察看位于坂仔镇五星村的平和蜜柚科技小院，与驻点科研人员深入交流，详细了解科技小院的成立背景和运作情况。

10日，福建省妇联公布全省“三百五有”创建活动达标基层妇联组织和优秀基层妇联主席名单。其中，九峰镇妇联、安厚镇妇联、小溪镇妇联入选“全省达标的乡镇（街道）妇联名单”，大溪镇下村村妇联、霞寨镇建设村妇联、文峰镇南霞村妇联入选“全省达标的村（社区）妇联”，芦溪镇树林村妇联主席叶兰入选“全省优秀妇联主席名单”。

同日，市人大常委会副主任林俊德到平和县开展农用地土壤污染防治立法调研。

同日，省委统战部副部长李家荣到平和县山格镇平和县科技产业园区、鸿源昌（平和）金属科技有限公司、福建茶王谷茶叶有限公司开展工作调研。

同日，福建省农业农村厅、中国邮政集团有限公司福建省分公司公布2022年“福农优品·邮政惠农”优质农产品生产基地名单，平和县正尖山家庭农场、平和县科源果蔬专业合作社位列其中。

11日，漳州市与龙岩市间县级界线联合检查暨“平安边界”建设第二次联席工作会在平和县召开。

同日，平和县残疾人联合会第七次代表大会召开。全县各界100名正式代表及12名列席代表参加大会。大会选举产生平和县残联第七届主席团委员和出席市残联第七次代表大会代表。

同日，厦门市平和商会在厦门悦华酒店举办第三届理（监）事会就职典礼。全国工商联原副主席、全国政协参政议政人才库特聘专家庄聪生，文化部原副部长周和平出席仪式。

17日，市政协副主席陈仁朝到平和县督导山水项目工程建设进展情况。

同日，平和县大溪镇入选福建省“全域生态旅游小镇”。

23日，平和汽车站至南靖动车站公交线路开通。平和汽车站至南靖动车站公交线路为502路，投入4辆新能源公交车，采用分段式收费，起步价2元，全程10元。线路设置站点34个，始发站为平和汽车站，终点站为南靖动车站，途经山格、南靖山城、南靖丰田等地区。

25—26日，平和县举行2022年白芽奇兰茶（秋季）品鉴会，有245个茶样参赛，评选出金奖8名、银奖10名、铜奖12名。

30日，福建省农业农村厅、福建省财政厅、福建省林业局、福建省海洋与渔业局联合公布293个家庭农场为“2022年度省级示范家庭农场”名单，平和县锦青家庭农场有限公司、平和县正尖山家庭农场、平和县格瑞林家庭农场位列其中。

12月

1日，国家邮政局快递大数据平台实时监测数据显示，一箱从平和县发往厦门市的蜜柚，成为2022年第1000亿件快件。

4日，平和县首个生命公园项目——“南胜镇龙心村公益性生命公园”开工建设。该项目总投资76.1万元，项目分为2期。项目一期拟定完成5亩的园区道路、绿化、围栏等建设和500个穴位建设。

6日，福建省农业农村厅确定179个村为2022年度省级“一村一品”专业村。漳州市平和县九峰镇三坑村（白芽奇兰茶）、漳州市平和县崎岭乡彭溪村（白芽奇兰茶）、漳州市平和县山格镇新陂村（设施蔬菜）、漳州市平和县文峰镇龙山村（蜜柚）位列其中。

7日，中国共产党平和县第十四届委员会第四次全体会议召开。全会由县委常委会主持，县委书记蔡绿璇作讲话。全会听取和讨论蔡绿璇受县委常委会委托作的工作报告，审议通过《中共平和县委关于深入学习宣传贯彻党的二十大精神，加快新时代新平和现代化建设的决定》。

8日，平和县国强乡延山村被国家减灾委员会、应急管理部、中国气象局、中国地震局联合命名为2021年度“全国综合减灾示范社区”。

12日，2022年全国稻渔综合种养优质渔米评比推介活动公布获奖名单，平和县芦溪山里印象家庭农场有限公司“蛙田米”获“生态优质奖”。

同日，福建省气象、文旅两个部门联合发布“清新福建·气候福地”第二批“气候康养福地”名单，全省35个乡镇、村落、景区被认定为2022年“气候康养福地”，平和县灵通风景区榜上有名。

13日，省农业农村厅党组成员、总畜牧兽医师吴顺意到平和县坂仔镇山边村退果还耕示范片、南胜镇梨仔坑水库项目、山格镇新陂村高优蔬菜产业园示范区现场，调研督导花山溪饮用水水源地综合整治工作。

14日，省人大常委会党组副书记、副主任，省总工会主席周联清到平和县推进挂钩帮扶工作。

15日，平和县文峰学校揭牌。平和县文峰学校为文峰中学、文峰中心小学合并，改制为一所九年一贯制学校。

同日，省计生协会专职副会长陈友茂到平和县开展党的二十大精神宣讲和工作调研。

19日，副市长郑立敏到平和县召开《市政府工作报告》征求意见会。

19—21日，平和县政协十一届二次会议在县城县委会议厅召开。会议期间，政协委员们列席县第十九届人民代表大会第二次会议。

20—22日，平和县十九届人大二次会议在县城人民会场召开。大会选举县人大常委会副主任1名，委员2名。张连清当选平和县人民代表大会常务委员会副主任。

20—22日，平和县红十字首次在全县公共场所配置23台自动体外除颤器（简称“AED”）。

22—23日，第六届海峡两岸（漳州）青年交流周系列活动走进平和县山格镇、坂仔镇、五寨乡，50名在漳台湾青年代表、漳州青年代表参与活动。

23日，2022年漳州市（平和）社科普及宣传周在平和县崎岭乡天湖堂文化园启动。

同日，全县政银企座谈会暨签约仪式在平和农商银行举行。

26日，平和县蜜柚科技小院获中国农技协“最美科技小院”称号。

27日，教育部、共青团中央、全国少工委公布2022年度“全国优秀少先队员”“全国优秀少先队辅导员”“全国优秀少先队集体”表彰名单，平和县第五实验小学荣获“全国优秀少先队集体”称号。

29日，漳州市平和县高峰谷景区获批国家AAAA级旅游景区。

30日，平和县关工委承办省市县“种子工程”评茶员培训考核活动。

自然地理

【位置面积】 平和县地处福建省闽南金三角的漳州市西南部，介于厦门、汕头两个经济特区之间，与闽粤两省八县（市）毗邻，素有“八县通衢”之称。平和县是福建省重点侨乡之一，也是台胞的重要祖籍地，是原中央苏区县、省重点革命老区县。县城小溪镇，距漳州市47千米，国道官九线、东东线及沈海复线高速公路贯穿全县境地，地理坐标为北纬24°02′—24°35′、东经116°54′—117°31′，全境面积2309.54平方千米。2022年，平和县常住人口45.41万人，辖17个乡镇（场、区）。

【地貌】 平和县处于南岭山脉东西向复式构造带与新华夏系第二复式隆起带这两个巨型构造体系的复合部位，境内出露的地层有侏罗系、第四系、白垩系、三叠系，历经多次地壳运动，构造断裂复杂，是一个以北东向褶皱为主干、多组断裂交织一起的网格状断裂构造格局。境内的大芹山和双尖山纵贯南北，把全县分为东南、西北两大部分，地势中部、西部高，向东南和西北倾斜。地貌主要有中山、低山和丘陵等3个类型。其中以丘陵地为主，占全县总面积的65.2%，多分布于东南部花山溪畔两侧河谷地带和山间盆地；其次为低山，占全县总面积的26.3%，主要分布在中部和东南部陡坡地外围；再次为中山，占全县总面积的8.5%，主要分布于境内中部和西北部。全县海拔1000米以上的山有64座，海拔1544.8米的九峰镇大芹山，是漳州市最高峰；工业园区的黄井村海拔20米，是全县最低点。

【气候】 平和县地处南亚热带，东南部的南亚热带海洋性季风气候和西北部的中亚热带潮湿气候共存是平和县生态环境优势的中心环节。县域内光热资源丰富，雨量充沛，终年温暖湿润。2022年，平和年平均气温22.0℃，比历年平均值高0.3℃，属正常年份；年极端最高温度39.9℃，出现在7月23日；年极端最低气温1.1℃，出现在12月19日。年总降水量1654.3毫米，比历年平均值少88.4毫米，属正常年份。年总日照时数1905.4小时，比历年平均值多141.0小时，属正常年份。县域气候高温日数53天，大风日数3天，暴雨日数5天。

年内，无台风影响。2022年有7次暴雨过程如下：3月23日受低层切变影响，全县出现大到暴雨，局部大暴雨，以三平寺景区101.3毫米为最大，平和国家基本气象站降雨量57.6毫米。5月10日20时至14日8时受低层西南急流和切变影响，全县38个自动站有25个自动站雨量超过100毫米，其中3个自动站雨量超过200毫米，强降水落区主要位于大溪、安厚、国强，以大溪镇灵通山 229.3 毫米为最大。6 月 3 日全县普降中雨到大雨，部分乡镇暴雨，统计 6 月 2 日 20 时至 3 日 20 时累计雨量，全县有 6 个自动站降雨量超过 50 毫米，其中 2 个自动站降雨量超过 100 毫米，以芦溪镇的 101.3 毫米为最大。6 月 5—16 日受低层西南急流和切变影响，全县出现持续性较强降水，统计 6 月 4 日 20 时至 16 日 20 时累计雨量，全县有 34 个自动站雨量超过 250 毫米，其中 26 个自动站雨量超过 300 毫米，强降水落区主要位于芦溪、小溪、霞寨、安厚、山格、秀峰、大溪、崎岭等乡镇，以芦溪镇西新村 393.3 毫米为最大。6 月 30 日 20 时至 7 月 7 日 8 时，全县普降暴雨到大暴雨，局部特大暴雨，统计 6 月 30 日 20 时至 7 月 7 日 8 时累计雨量，全县有 37 个自动站雨量超过 100 毫米，其中 6 个自动站雨量超过 250 毫米，以大溪镇下村村的 345.6 毫米为最大。8 月受热带云团影响，8 月 3 日 20 时至 4 日 20 时，全县出现大雨到暴雨，有 13 个自动站雨量超过 50 毫米，最大为南胜镇 95.6 毫米。11 月 22 日 8 时至 26 日 20 时，全县普降大到暴雨，部分乡镇大暴雨，统计 11 月 22 日 8 时至 26 日 20 时累计雨量，全县有 34 个自动站雨量超过 50 毫米，其中 5 个自动站雨量超过 100 毫米，以芦溪镇西新村的 116.4 毫米为最大。

资 源

【土地资源】 平和县全境土地总面积 2309.54 平方千米，其中湿地面积 131.84 公顷；耕地面积 3514.03 公顷，占 1.52%；园地面积 93210.43 公顷，占 40.36%；全县林地面积 117987.19 公顷，其中乔木林地面积 98943.56 公顷、竹林地面积 4313.95 公顷、灌木林地面积 265.86 公顷、其他林地面积 14463.82 公顷；草地面积 320.29 公顷；城镇村及工矿用地面积 7989.96 公顷；交通运输用地面积 1493.77 公顷；水工建筑用地面积 83.55 公顷；水域用地面积 3108.49 公顷；其他土地面积 3114.34 公顷。

【水资源】 平和县地处闽粤交界的漳州西南部，境内河流众多，是九龙江南溪、鹿溪、漳江、东溪、韩江等闽南粤东 5 条江河的发源地，素有“五江之源”“漳州水塔”之称，全县重点水源地保护 20 处。境内溪涧纵横，河流集雨面积 3 平方千米以上的有 137 条，其中集雨面积 10—100 平方千米的河流 69 条，100 平方千米以上的河流 9 条，主要有花山溪、芦溪溪、九峰溪、安厚溪、大溪溪、文峰溪、五寨溪等。全县水资源总量 27.78 亿立方米，占全市水资源总量的 15.6%，人均拥有水量 4811 立方米，是全国人均拥有水量（2700 立方米）的 1.78 倍。全县水能资源理论蕴藏量 16.6 万千瓦，可开发量 14.94 万千瓦，建成投产的电站装机容量为 12.23 万千瓦。县内地下水总量为 4.08 亿立方米，探明地下热水 11 处。其中，山格镇宝丰村地热 72℃，日出水量 259.2 立方米；南胜镇溪埔楼汤鼎地热 62℃，日出水量 408.7 立方米；坂仔镇桂阳楼南面地热 60℃，日出水量 345.9 立方米。

【植物资源】 全县森林覆盖率 73.02%、森林蓄积量 1184.80 万立方米。原生植被为亚热带雨林和亚热带常绿阔叶林、针阔混交林，植物群落类型繁多，层次结构复杂，具有浓厚的南亚热带雨林景观的色彩，主要有针叶林、阔叶林、针阔混交林、竹林、灌木和草坡等 6 种植被类型，15 个群系纲、165 个群系、408 个群丛。

【动物资源】 平和县境内兽类有 8 目 24 科 38 属 57 种。被列为国家一级保护的有 7 种，二级保护的有 6 种，三级保护的有 2 种。鸟类有 14 目 38 科 83 属 276 种。鱼类有 15 科 41 属 44 种，其中鲤科 25 属，27 种，均为淡水鱼。昆虫有 11 目 55 科 222 种，蜱螨 8 科 22 种。

【矿藏资源】 平和县矿藏资源丰富，主要有金属矿和非金属矿两大类，探明的矿产有 15 种（不含建筑用石料），包括铜、铅、锌、钼、金、银、铍、轻稀土矿8种金属矿种；明矾石、硫铁矿、叶蜡石、玻璃用脉石英、饰面用石料、矿泉水等7个非金属矿种以及地热。

【旅游资源】 平和县拥有国家AAAA级旅游景区2个：平和县三平风景区、高峰谷景区；国家级风景名胜区、国家地质公园1个：平和县灵通风景区。

三平风景区　2005年12月，被国家旅游景区质量等级评定委员会评为国家AAAA级旅游景区。位于漳州市西南的平和县境内，方圆20平方千米，以千年古刹三平寺为中心。包括三平祖师文化园、如意谷、广济园、汉白玉祖师公雕像、尚书阁、侍郎亭、毛氏洞、龙瑞瀑布、红军三平会师纪念馆等景点。古代与现代文化相融合，自然与人文景观相映衬，处处蕴藏着扣人心弦的故事传说，是闽南旅游朝圣的胜地，也是瞻仰革命先烈的红色教育基地。2014年11月11日，三平祖师信俗被国务院被列入第四批国家级非物质文化遗产代表性项目名录。

高峰谷景区　2022年12月，被国家旅游景区质量等级评定委员会评为国家AAAA级旅游景区。景区位于平和县霞寨镇，距漳州市区75千米，毗邻2000公顷生态林，景区占地面积240.12公顷，海拔高900米，属亚热带季风气候，平均气温20.8℃，群山环抱千亩茶园，负氧离子含量均在每立方厘米2万个左右，入选全国优选旅游项目名录，并获评全国三十座最美茶园、全国百条红色茶乡旅游精品路线、福建省“十三五”旅游重点项目、福建省避暑清凉福地、福建省品牌茶企、福建省国有企业爱国主义教育基地等。

灵通风景区　位于平和县西南部的大溪、安厚、国强3个乡镇交界处，规划面积约32.32平方千米（包含地质公园面积约7.46平方千米），平均海拔500—600米，主峰擎天峰海拔1281.8米。景区以险峰、奇石、飘云、清泉为四大特色，主要景点包括“灵通七峰”“灵通十寺”“灵通十八景”等，尤其以“天然大佛头像”、“珠帘化雨”飞瀑和一座被称为中国南方“悬空寺”之灵通寺为景区独特的风貌。景区内有1200多种的亚热带植物。明代黄道周在《梁峰二山赋》中称其峰“三十有六，一一与黄山相似，当无不及，或有过之”，是集观光度假、宗教朝圣、娱乐休闲、登山攀岩等于一体的旅游胜地。

【文物古迹】 平和县有全国重点文物保护单位4处：南胜窑址、绳武楼、庄上大楼、平和城隍庙；省级文物保护单位19处：平和文庙、三平寺塔殿、天湖堂、薰南楼、中湖宗祠、侯山宫、报本堂、铜陵黄氏宗祠、九峰追来堂、九峰崇福堂、黄田土楼群、前山胡氏家祠、埔坪林氏宗祠建筑群、福塘建筑群、平和暴动遗址、林语堂故居、中共平和县委旧址、平和向文书院、小芦溪点编旧址秀芦陈氏家庙；县级文物保护单位107处。

南胜窑址　南胜窑址是指明清时期分布在平和县境内，以生产青花、五彩、素三彩、色釉瓷等瓷器的窑场总称，是中国华南沿海地区明清时期一处重要的外销瓷生产基地和漳州海上丝绸之路陶瓷贸易的重要窑场。2006年5月被公布为第六批全国重点文物保护单位。2012年11月，“南胜窑址”作为海上丝绸之路的组成部分被纳入世界文化遗产预备名单。2016年7月，南胜窑址被国家文物局确定为“海上丝绸之路·中国史迹”首批申遗遗产点。南胜窑址的产品在明末清初大量销往海外，现在东亚、东南亚、西亚、东部和西部非洲、欧洲、美洲等地都有大量发现和收藏，在当地民众中拥有较高地位，备受珍爱，被冠为“汕头器”“吴须手”“吴须赤绘”“吴州赤绘”“交趾香合”等名称。数百年来，海内外学术界对这些名称的瓷器或不明其产地，或有错误的认识，南胜窑址的发现解决了学术界长期研究、悬而未决的产地问题。其窑业技术代表“漳州窑”前期的最高水平。南胜窑址产品具有独特的青花瓷、彩绘瓷和素三彩瓷器型和纹饰特色，既洋溢着东方文化的浓郁气息，又蕴含西方元素的艺术韵味，对于欧洲乃至世界的文明进程起到一定的促进作用。

绳武楼　位于福建省漳州市平和县芦溪镇蕉路村南，为第五批全国重点文物保护单位。建于清嘉庆年间（1796—1820），光绪元年（1875）竣工入住，系芦溪叶氏第十八代孙叶处侯营建。绳武楼平面为圆形，直径43.8米，占地面积1691平方米，建筑占地面积1266平方米，总建筑面积2480.21平方米。该楼坐西朝东，内外两环，外环3层，内环1层；有26开间，其中门道1间，正厅（议事厅）1间，其余为住房。住房采用单元式布局，每两开间为一个单元，从内环房进入。一层是厅堂、厨房和次要卧室，每间有楼梯通往第二层；二层是主卧室；第三层为仓房，用于储粮存物。绳武楼外围结构为厚重的夯土墙壁，一、二层无窗，仅在朝东方向辟大门，三层隔间开方形小窗。内侧，出于主人隐私保护和安全的需求，二层围廊按单元分割，各不相通；二、三层之间没有直通楼梯，在一层大门门道设楼梯直通三层，三层设内通廊，可通全楼。绳武楼装饰艺术为福建土楼装饰艺术的集中体现。它包括泥塑、彩画、书法、木雕等四个方面，囊括了土楼装饰艺术的各种手法。楼内面墙均以青砖干砌而成，天井埕面，以不规则砾石组成吉祥图案。楼内各层各单元的楹联、门窗、厅面、楼梯通道，保存有初建时的精细木雕近700处，各单元木雕花样均不雷同。墙头泥雕堆塑、壁画、彩绘百处以上。保存较好的各类木雕达六百余处。福建省建筑设计研究院原院长黄汉民在《福建土楼》一书中，评价“平和县芦溪绳武楼的装饰艺术为福建土楼最为华丽的土楼”。

庄上大楼　位于福建省平和县大溪镇鸿溪西岸的庄上村。庄上大楼是庄上村叶姓客家人聚居地，是目前发现的世界最大、居住人数最多的土楼。建于清顺治十一年（1654）至康熙十九年（1680）间，是第六批全国重点文物保护单位。“楼中有山，山外有楼”是其最大特色。庄上大楼为近似方形的不规则土楼，占地面积及建筑面积均为现存土楼之最。大楼平面呈前方后圆，南北相距220米，周长700米，楼高9米，建筑面积9100平方米，庄上大楼占地面积3.46万平方米。楼为双环，外环3层，有东西南北4个大门及1个小东门，有147个单元（含5个进出通道）。第三层有通廊贯通。楼南面为岳钟楼，供奉关帝爷。楼内尚存永思堂、承德堂两座宗祠，保存完好。楼东南西北各保存始建时古井一口。建筑中保存有精美的石木雕刻，建筑类型除住房外，社会生活方面所需公共设施一应俱全，是福建土楼系列建筑最大面积的生土楼，并有“世界之最方形土楼”的美誉，也是研究福建客家民系历史文化的重要实物资料。

平和城隍庙　始建于明正德十三年（1518），是平和立县之初由官方统一修建的最主要礼制性建筑之一。整座建筑枕山而建，依地势前低后高，层层高起，气势恢宏。沿中轴线依次为大门、仪门（内接戏台）、拜亭、大殿、后殿等建筑，总长73.34米，两侧连以廊道，山墙围合，形成完整的四进廊院式格局。整个建筑具有浓厚的闽南客家和潮汕风格，又保留官式庙制建筑特点。2013年被公布为第七批全国重点文物保护单位。

人文地理

【建置沿革】 平和县古为扬州之域，周为七闽之地。两晋至南北朝，属绥安县。隋属龙溪县。唐垂拱二年（686），“开漳圣王”陈元光建置漳州郡后，平和属漳浦县。元至元十六年（1279），漳州郡改为漳州路。明洪武元年（1368），改漳州路为漳州府，属福建省布政使司，府治在龙溪县（今福建漳州市龙海区）。元至治年间（1321—1323），析龙溪、漳浦、龙岩县之部分地建置南胜县，辖今平和、南靖全境及云霄部分地，隶于漳州路。县治设于今平和南胜（后迁于今平和小溪镇旧县村）。元至正十六年（1356），县治迁于今南靖县靖城，更名南靖县。明正德十三年（1518），析南靖县之清宁、新安两里共十二图，建置平和县，属漳州府，治所设在河头大洋陂（今属九峰镇）。1949年夏，县治迁至小溪。

【行政区划】1949年9月17日，平和县和平解放后，历属龙溪专区（地区）、漳州市，治所设在小溪镇。1950年，全县分9个区，领125个乡（镇）。1954年10月，各区改冠以所在地名。1958年上半年撤区，划为45个大乡；下半年改区为人民公社，全县划分为山格、坂仔、南胜、五寨、国强、安厚、大溪、霞寨、芦溪、崎岭、九峰、长乐、文峰13个公社，辖241个生产大队。1984年底，改人民公社为乡（镇），全县设小溪、九峰2个镇及城关、山格、文峰、坂仔、南胜、五寨、国强、安厚、大溪、霞寨、芦溪、崎岭、长乐13个乡，共辖7个居委会、253个村。此后，行政区划及名称多次变更。2022年，全县设10个镇（小溪镇、九峰镇、山格镇、南胜镇、文峰镇、坂仔镇、大溪镇、霞寨镇、芦溪镇、安厚镇），5个乡（五寨乡、国强乡、崎岭乡、长乐乡、秀峰乡），1个国有农场（安厚农场），1个工业园区（平和工业园区），共240个行政村、22个社区居委会。

【人口】 2022年，平和县年末户籍总户数约18万户，总人口60.05万人，常住人口45.41万人。平和县旅居海外的侨胞，分布世界18个国家和地区，通行闽南方言厦门话。

2022年平和县行政区划情况一览表

表1　　单位：平方千米

乡镇名称	辖区内村（社区、居）委会个数		土地面积
	居（社区）委会	村委会	
平和县	22个	240个村	2309.54
文峰镇	龙文、西蝉、龟仔头	文洋、三坪、文美、龙山、南虾、前埔、柴船、龙东8个村	215.11
山格镇	山格	山格、白楼、新陂、平寨、宝丰、高磜、隆庆、前进、铜中、土田、三美、双田、双坑13个村	177.72
小溪镇	城东、建设、东大、东风、九一七、广宝、新东、城南	共和、古楼、联星、西林、高南、玉溪、宝善、新桥、豆坪、枫埔、旧楼、厝丘、金光、产坑、联光、五村、溪州、南寨、岩坂、湖田、内林、坑里、旧县23个村	137.19
南胜镇	南胜	南胜、义路、龙溪、子坑、法华、欧寮、糠厝、龙心、安石坑、云后、前山11个村	127.20
五寨乡	五农	优美、新塘、侯门、联盟、前岭、埔坪、寨河、新美、高峰9个村	91.78
坂仔镇	绿城	民主、宝南、东风、心田、东坑、联建、五星、山边、仁山、西坑、和平、梨洋、峨嵋、金京洋14个村	133.70
国强乡		高坑、延山、白叶、墘岭、古爽、泮池、碧岭、三五、凤山、松湖、梅仔、新建、白水、岩坑14个村	144.09
安厚镇	龙东、下坪	安厚、龙门、白石、莲塘、大坑、山口、东川、东寨、大径、马三、双马、下新楼、华美、田径、径内、龙头、三龙、汤厝、美峰、岐山、三马、顶楼22个村	122.34

续表 1

乡镇名称	辖区内村（社区、居）委会个数		土地面积
	居（社区）委会	村委会	
大溪镇	鸿滨	店前、大芹、大松、下村、溪口、新荣、橡林、新光、新农、新红、江寨、赤坑、三华、云中、硕卿、庄上、廖安、赤安、宜盆、峰山、石寨、山布、壶嗣、坪塘、大二 25 个村	139.30
霞寨镇	兴霞	群英、寨里、岩岭、洋坑、寨北、内坑、联荣、大湖、西安、建设、村东、古隆、墩里、坑内、彭林、三合、团结、后塘、红楼、高寨、长汀、黄庄、钟腾、高山、官峰、五美 26 个村	203.90
崎岭乡		合溪、桂竹、新南、南湖、浮坪、彭溪、际头、诗坑、时陂、下石、顶寨、崎南、溪头 13 个村	127.99
九峰镇	东街、西街	九峰、城东、城西、城中、三坑、苏洋、复兴、眉山、福坑、积垒、下坪、陈彩、黄田、澄溪、联峰、福田、平等、军溪、福山、新山、东富、振阳、下北、下西、上仓 25 个村	203.53
长乐乡		联三、联胜、建南、建三、葵山、南庭、乐北、秀山、农家 9 个村	60
秀峰乡		秀峰、龙岭、坝头、坪洄、坪东、三联、双塘、文田、南峰、福塘 10 个村	87.42
芦溪镇	东溪	东槐、村坑、新村、蕉路、芦丰、树林、连益、连新、连城、双峰、梨坑、华峰、秀芦、西新、漳汀、九曲、山岗 17 个村	307.40
工业园区		黄井村	31
安厚农场			

注：安厚农场的面积分布在各片区，没有单独汇总。

2022 年平和县人口及其变动情况统计年报表

表 2

乡 镇	年末总户数（户）	年末总人口（人）								
		合计	城镇人口	乡村人口	性别		年龄			
					男	女	0—17 岁	18—34 岁	35—59 岁	60 岁及以上
平和县	180055	600452	229320	371132	323011	277441	123269	136233	227441	113509
小溪镇	33255	103388	87239	16149	52139	51249	24166	22515	38847	17860
九峰镇	14086	48509	16226	32283	26397	22112	10179	10409	18730	9191
文峰镇	6529	20472	12625	7847	10997	9475	3742	4082	8414	4234
山格镇	13191	44704	27865	16839	23771	20933	8038	9369	17795	9502
坂仔镇	11859	39092	12841	26251	20880	18212	6732	8129	15872	8359
南胜镇	8449	26795	12024	14771	14393	12402	5063	5294	10901	5537
安厚镇	18660	66213	11332	54881	36839	29374	14517	17179	23363	11154
大溪镇	16728	63168	20641	42527	34877	28291	16170	15609	21911	9478
霞寨镇	16035	46118	16137	29981	24858	21260	7368	10161	17751	10838

续表 2

乡镇	年末总户数（户）	年末总人口（人）								
		合计	城镇人口	乡村人口	性别		年龄			
					男	女	0—17 岁	18—34 岁	35—59 岁	60 岁及以上
芦溪镇	12483	41938	9300	32638	23064	18874	7440	10513	15748	8237
五寨乡	6338	20760	1357	19403	11044	9716	4433	4464	8007	3856
国强乡	6779	22390	466	21924	12423	9967	4114	4982	8726	4568
崎岭乡	7113	24802	739	24063	13650	11152	4502	5721	9492	5087
长乐乡	3480	13184	178	13006	7264	5920	3036	2992	4876	2280
秀峰乡	5070	18919	350	18569	10415	8504	3769	4814	7008	3328

【民族】 2022 年，平和县绝大多数为汉族，少数民族主要为畲族，以及散居在全县各乡镇的因移民、婚嫁迁入的其他 20 多个少数民族。少数民族人口约 3000 人，占全县总人口的 0.49%；其中畲族约 2500 人，占少数民族总人数的 83.3%。

【宗教】 2022 年，平和县有佛教协会、道教协会、基督教协会 3 个宗教团体。信教群众主要信仰佛教、道教、基督教。全县有宗教活动场所 42 处（其中，佛教 3 处，道教活动场所有 22 处，基督教 8 个教堂、9 个聚会点），民间信仰普查登记 317 处，纳入县试点管理 72 处。

城市特色

【红色平和】 平和县是著名的革命老区，与永定、长汀、上杭并列为福建省 4 个重点老区县(区)。在革命战争年代，平和县是中央革命根据地闽西苏区和闽粤赣边区革命根据地的重要组成部分。从 1926 年 12 月平和建立以朱积垒为书记的中共平和支部至 1949 年 9 月 17 日平和成为漳州市最早解放的县份，23 年间平和的党组织从未断线，赢得“革命红旗 23 年不倒”的美誉。成立于平和县“中共闽粤边区特委机关”坚持三年游击战争，与“红军进漳”“平和暴动”一起成为漳州载入中国共产党历史的三件大事。2007 年 6 月，平和县正式被确认为“中央苏区县”。

【绿色平和】 平和县山清水秀，素有“五江之源”“漳州水塔”之称。现代农业发展走在全省前列，先后被命名为“中国琯溪蜜柚之乡”“中国坂仔香蕉之乡”“中国白芽奇兰茶之乡”“全国绿色食品原料标准化生产基地县”等。境内还有“国家地质公园”灵通山、“闽南第一高峰”大芹山、“全国最美茶园”高峰谷等风景名胜区。

【文化平和】 平和县人杰地灵，是世界文化大师林语堂、中国现代油画拓荒者周碧初的故乡，也是第十届全国政协副主席张克辉、著名经济学家林毅夫、国民党原副主席江丙坤等当代知名人士的祖籍地。平和文化底蕴深厚，千年古刹“三平寺”、“平和窑”古窑址远近闻名；境内还有明清土楼近 500 座，有世界最大的方形土楼“庄上大楼”，世界精美的土楼“绳武楼”，具有中国文化底蕴的太极土楼“清溪楼”等。

经济社会发展

【概况】 2022 年，平和县实现地区生产总值完成 302.89 亿元，增长 4.8%。其中，第一产业增加值 60.25 亿元，增长 6.1%；第二产业增加值 85.58 亿元，增长 2.6%；第三产业增加值 157.06 亿元，增长 5.5%。农林牧渔业总产值完成 114.45 亿元，增长 6.7%。

规模以上工业产值完成248.91亿元，增长0.5%，规模工业增加值增长0.2%。固定资产投资完成104.69亿元，增长9.4%。社会消费品零售总额完成109.11亿元，增长4.3%，新增限上贸易企业44家。实际利用外资569.75万美元。一般公共预算总收入完成10.44亿元，增长21.9%。地方一般公共预算收入完成8.02亿元，增长29.3%。公共财政预算支出完成30.41亿元，增长23.4%。城镇居民人均可支配收入完成39540元，增长7.0%；农村居民人均可支配收入完成25134元，增长9.3%。商品房销售面积10.84万平方米、增长3.9%，销售额6.66亿元、增长1.1%。出台购房补贴政策，受理购房补贴356户，发放补贴金额653.45万元。

【农业】 2022年，平和县农林牧渔业总产值114.45亿元，增长6.7%，增幅位居全市第三。推动国家现代农业产业园二期项目建设。推广廖红团队、蜜柚科技小院绿色种植技术，建设生态果园1.15万公顷，优化柚类种植结构1.33万公顷以上；扩大欧盟、恢复俄罗斯、新开拓美国等蜜柚销售市场，出口17万吨；蜜柚品质提升，价格为近几年最高。白芽奇兰茶品牌价值突破32亿元，相关茶产业技术体系获全国“农业技术推广成果奖一等奖”；发展壮大“柚香奇兰”茶，作为福建省“一县一品”典型代表参与厦门“9·8”乡村振兴产业展推介，产量突破5万千克，比上年同期增长翻番，在奶茶市场和电商平台打出知名度。打造稻田米、水果玉米等种植基地；新建高标准农田266.67公顷。出台“稳粮生产十四条措施”，退果还耕还粮732.13公顷，全县粮食生产总面积3981.33公顷，总产量2.36万吨。霞寨“五彩稻田”登上央视等主流媒体，芦溪“蛙田米”获全国优质渔米评比生态优质奖，“琯溪有点田”成为全省典型。举办“福建省2022中国农民丰收节平和分会场”活动、第十五届白芽奇兰暨首届柚香奇兰茶王赛。新增市、县级农业产业化龙头企业22家。全年培训高素质农民2269人次，其中专业技能型（蜜柚种植技术）38个班1814人次，生产经营型9个班455人次。

【工业和建筑业】 2022年，平和县规模以上工业产值248.91亿元，增长0.5%，规模以上工业增加值增长0.2%。协德高新建材等落地建设，宝丽发石业等建成投产，新增规模以上工业企业24家，比上年同期增长19.5%。建筑业产值完成6.979亿元，增长20.3%，居全市第二，新增建筑资质企业14家，比上年同期增长41%，一级建筑企业实现“零”的突破；推进建设工程电子数据化，推广应用BIM、电子档案、大数据和智能化等信息技术。

【固定资产投资】 2022年，平和县固定资产投资完成104.69亿元，增长9.4%。房地产开发投资6.34亿元，增长7.5%；工业投资44.13亿元，增长14.9%。新增入库项目229个，计划总投资95.54亿元。

【招商引资】 2022年，平和县开展“一把手”招商13次，编制产业链招商地图，举办生态木业、机械制造等专题招商推介会，新签约项目77个、总投资88.8亿元，引进新型锂电池、豌豆糖浆等生产项目。加强对外经济贸易，完成进出口总值3.65亿元，实际利用外资569.75万元。

【旅游】 2022年，平和县接待国内游客367.23万人次，比上年下降12.5%，旅游总收入38.39亿元，比上年下降14.3%。创建全域旅游示范县，制作智慧旅游地图，开发“云上平和”软件，举办主题旅游季、旅游讲解员培训竞赛活动；推进高峰谷创AAAA级旅游景区、灵通山创AAA级旅游景区，绳武楼等4个景点入选全国乡村旅游精品线路，大溪镇入选省“全域生态旅游小镇”，灵通风景区入选第二批“气候康养福地”名单。

【金融】 2022年，平和县有银行8家、52个营业网点。全辖银行业金融机构本外币各项存款余额215.34亿元，比年初增加

21.23亿元，增长11%；各项贷款余额147.91亿元，比年初增加16.32亿元，增长12%。全县保险机构15家，28个营业网点，原保费收入4.09亿元，比上年增加465.42亿元，其中，财产险原保费收入1.36亿元，人身险原保费收入2.73亿元。辖区不良贷款余额1.97亿元，占比1.34%。

【交通和邮电】 2022年，平和县货运量307万吨，货物周转量29785万吨千米；公路客运量11.89万人，旅客周转量1126万人千米。

2022年，全县邮政实现业务总收入7747万元，完成预算100%，比上年同期增长9.9%；实现利润2147万元，比上年同期增加317万元。金融收入5136万元，完成预算103.7%，比上年同期增长16.2%，收入占比66.3%；寄递业务实现收入1484万元，实现利润217万元；收入占比19.5%。电信业务用户26.3万户。

【教育】 2022年，平和县有幼儿园150所（班），其中，县直公办幼儿园2所，乡镇公办幼儿园22所，民办幼儿园64所，小学内附设幼儿班62所。在园幼儿14419人（公办8934人、民办5485人）；全县幼儿教师1001人。全县有各级各类示范性幼儿园25所，在园幼儿6765人，占比46.92%。义务教育阶段学校99所（小学83所、初级中学12所、九年一贯制学校4所）。义务教育阶段在校生48892人（小学35221人、初中13671人），公办学校教师3530人。普通高中6所，在校生8331人，教师664人。中职学校1所（平和职业技术学校），在校生1555人，教师116人。特殊教育学校1所（平和县开智学校），教师15人，学生126人。

2022年，平和县整合安厚镇大坑片区教育资源，合并设立九年一贯制学校——官洋学校；平和县教师进修学校通过省级标准化评估验收；平和电大工作站更名为平和开放大学；平和二中晋级省二级达标高中；发放各类补助资金1169万元，受益学生14268人次。

【卫生】 2022年，平和县有各级各类医疗卫生机构290家，其中：医院有5家（县医院、安康中医院、东方医院、康瑞医院、泰康医院），卫生监督所、妇幼保健院、疾控中心、优福血液透析中心各1家，乡镇卫生院15家（含城关社区卫生服务中心），公办村卫生所240家，护理站、门诊部、诊所、医务室26家；医务人员2393人（含公办村乡医401人），其中卫技人员1992人（医生558人、护士809人、其他卫技人员625人）。

【民生保障】 2022年，平和县新增就业1903人，净增498人，城镇下岗再就业229人，困难人员实现就业250人。全县有11家乡镇敬老院，1家县社会福利中心（南山仁爱院），3家区域性养老服务中心，17个社区居家养老服务站，3个养老服务照料中心。城镇社区服务中心22个。平和县慈善总会接收社会捐赠1317.62万元。为13144名城乡低保对象发放保障金6098.65万元；为2633名特困人员发放供养金3988.88万元；开展临时救助3565人次，支出救助金694.08万元；为孤儿及事实无人抚养儿童生活补贴402.35万元。年末城镇职工基本养老保险参保职工51049人，离退休人员14478人；城乡居民社会养老保险参保28.57万人，待遇发放9.74万人；机关事业单位养老保险单位338家，参保职工8726人，离退休人员4844人；工伤保险参保职工34362人，有678人次享受工伤保险待遇，工伤保险基金支出1192.33万元；失业保险参保14165人，失业保险基金支出183.75万元，其中失业保险金126.09万元、基本医疗保险费34.98万元、失业补助金22.68万元；丧葬补助金领取人数3051人，补助金额817.01万元；被征地农民养老金发放1063人，发放520.20万元；“困难群体”参保15997人，代缴保费7653人，代缴153.06万元；代发全县2838人次无力参保老年生活保障金198.61万元；代发全县62人次高龄职工老年生活保障金4.61万元。

（曾艺娇）

中共平和县委员会

综 述

【政治建设】 2022年，中共平和县委员会以习近平新时代中国特色社会主义思想为指导，贯彻落实党的十九大、十九届历次全会精神，学习宣传贯彻党的二十大精神，常态化开展“大学习、大研讨”活动，组织召开县委常委会会议“第一议题”，学习习近平总书记重要讲话重要指示批示精神58次。举办县管干部学习贯彻党的十九届六中全会精神、学习贯彻党的二十大精神专题研讨班。开展县委理论学习中心组学习18场次、涉及23个专题。组织专题党课、集中宣讲、现场培训120多场次。开设“学习宣传贯彻党的二十大精神”等专题专栏，以客家山歌、音乐快板等形式开展全覆盖、无缝隙、全员全域宣讲。落实上级各项部署要求，推进“提高效率、提升效能、提增效益”行动，实施“产业发展项目建设攻坚年”和“七比一看”（比征地拆迁与耕地保护、比项目招商、比工业攻坚、比项目攻坚、比争取资金、比乡村振兴与生态建设、比新增“四上”企业，看高质量发展成效）竞赛活动，突出“一季度一主题”。常态化开展落实督导，开展督查21次，办理领导批示件88件。

【党的建设】 2022年，平和县委召开专题会议研究推进管党治党方面工作。出台对县直部门、乡镇“一把手”及其领导班子监督的实施方案，针对村主干“一肩挑”新情况，探索构建“12345”基层监督体系。探索采用“巡审联动”方式推进巡察工作。落实党委（党组）意识形态工作责任制，用好“6112”（“6”指“六号”：“平和新闻”公众号、“平和新闻”抖音号、“平和知透透”头条号、“平和新闻”人民号、“平和新闻”视频号、“平和网”创作号；第一个“1”指“一网”：平和网；第二个“1”指“一报”：柚都平和；“2”指“两台”：平和县广播电视台、平和县广播电台）全媒体传播矩阵。实施年轻干部全链条梯次培养工程，相关经验做法在《八闽快讯》等刊载交流，得到市委领导批示肯定。纠治“四风”，统筹推进干部作风“五不”问题专项整治，开展“整肃纪律作风、优化营商环境”专项行动。分地域分领域创建提升“四大廉洁教育阵地”；探索家风家训馆“六个有”标准化建设，开展“十大家风家训馆”评选、授牌活动。推进肃纪反腐，运用“五单工作法”监督推动中央生态环境保护督察反馈平和花山溪问题整改工作；专项监督平和国家现代农业产业园项目，追责问责党员干部29人；强化纪法震慑，全县立案100件，其中科级立案15件；建立案后整改“四个一”机制；在全市率先出台惩腐打伞“三专班”工作机制。召开县委统战工作会议、民族工作及全县宗教工作会议，组建成立15个乡镇商会、7个异地平和商会。强化工会、共青团、妇联等群团工作，深化“双拥”共建工作。

【重要决策部署】 2022年，平和县委统筹发展和安全，贯彻落实“疫情要防住、经济要稳住、发展要安全”的重要要求，聚焦“提高效率、提升效能、提增效益”行动，开展“产业发展项目建设攻坚年”活动和“七比一看”竞赛，推进花山溪综合治理，推进新型工业聚集区、现代农业示范区、文化旅游度假区、生态闲适新城区“四区”建设，统筹开展县域经济发展“十佳县”、省级文明县城、全域旅游示范县、生态文明建设示范区、国家农业现代化示范区“五优”创建。

“整肃纪律作风、优化营商环境”专项行动　2022年1月4日，平和县委、县政府印发《平和县“整肃纪律作风、优化营商环境”专项行动实施方案》（简称《方案》），《方案》分析平和县营商环境存在的突出问题，提出主要整治措施，包括开展大学习、大研讨，大排查、大化解，大宣传、大教育，大交流、大轮岗，大督查、大整治五大专项行动，深化干部队伍作风建设，着力破解影响营商环境的痛点难点堵点，提振广大干部干事创业精气神。

创建福建省全域生态旅游示范县　2022年1月11日，平和县委办公室、县政府办公室印发《平和县创建福建省全域生态旅游示范县工作方案》（简称《方案》），《方案》包括指导思想、目标任务、发展模式、实施步骤、工作措施，明确平和县创建福建省全域生态旅游示范县重点任务、平和县全域旅游工作领导小组人员名单。《方案》提出，要以争创“省级全域生态旅游示范县”为总目标，大力实施“旅游+”“+旅游”战略，推动九项重点任务，构建平和旅游产业发展核心体系，促进多业态融合发展，完善旅游配套服务设施，补齐旅游业发展短板，推进全县旅游供给要素更齐全、产品结构更合理、服务体系更优质、作用机制更明显、品牌形象更响亮，逐步实现从景区旅游向全域旅游转变。

花山溪饮用水水源地风险突出问题综合整治　2022年3月4日，平和县委办公室、县政府办公室印发《平和县花山溪饮用水水源地风险突出问题综合整治工作方案》（简称《方案》），《方案》包括中央生态环境保护督察反馈问题、整改指导思想、整改总体目标、整改任务和措施、工作保障五部分内容，明确整治工作领导小组名单、专班人员及工作职责、官峰水库工程建设指挥部名单及工作职责。

花山溪生态环境突出问题整改“百日攻坚”行动　2022年3月16日，平和县委办公室、县政府办公室印发《平和县花山溪生态环境突出问题整改“百日攻坚”行动方案》（简称《方案》），行动时间为2022年3月1日至6月15日，具体措施包括加快官峰水库建设、推进化肥减量增效、实施土壤酸化治理项目、推进农业种植转型升级、加快推进“园改耕”项目，构建生态缓冲带、实施退果还林、果园赎买、商品林赎买、深入实施水土流失治理、开展农资市场监管，扎实推进平和县花山溪生态环境突出问题整改，切实保障平和群众饮水安全。

实施“三提三效”行动　2022年3月23日，平和县委印发《平和县实施“提高效率、提升效能、提增效益”行动工作方案》（简称《方案》）《方案》由指导思想、主要任务和组织实施三个方面组成，主要任务包括：一是提高效率要坚持“快”字为先，做到环境变化快应对，上级部署快贯彻，重点工作快推进。二是提升效能要坚持“优”字当头，切实强化管理优绩效，提升服务优环境，加强建设优作风。三是提增效益要坚持“实”字为重，切实在推动发展、守牢底线、改善民生上见实效，切实凝聚起“奋进平和、奋发平和、奋斗平和”的思想共识和强大合力。

践行“马上就办、真抓实干”优良传统作风　2022年3月23日，平和县委、县政府印发《平和县践行“马上就办、真抓实干”优良传统作风的实施办法》（简称《办法》），《办法》包括总体要求、贯彻落实习近平总书记重要讲话重要指示批示精神和党中央决策部署、落实省委、市委、县委工作部署、践行群众路线、提升工作效能、形成落实合力和附则7个方面内容。《办法》要求，全县各级各部门要认真抓好《办法》的学习、宣传、贯彻和落实，使全县广大党员、干部全面准确掌握“马上就办、真抓实干”的新要求，使“马上就办、真抓实干”成为新时代平和县广大党员、干部的自觉行动。要全面践行“马上就办、真抓实干”优良传统作风，聚焦“提高效率、提升效能、提增效益”，以开展“产业发展项目建设攻坚年”活动、实施“七比一看”竞赛为抓手，凝聚“奋进平和、奋发平和、奋斗平和”强大动力，奋力将平和建设为全省、全市高质量发展的“进步之星”“后起之秀”。

贯彻落实《关于加强新时代廉洁文化建设的意见》 2022年8月26日，平和县委办公室印发《平和县贯彻落实〈关于加强新时代廉洁文化建设的意见〉实施方案》（简称《方案》），《方案》包括总体要求、目标任务和组织保障，提出要立足全面从严治党新形势新任务，深入实施“思想崇廉、文化养廉、教育促廉、阵地育廉、融合倡廉”廉洁文化建设“五廉工程”，以理想信念强基固本，以先进文化启智润心，以高尚道德砥砺品格，惩治震慑、制度约束、提高觉悟一体发力，推动廉洁文化建设实起来、强起来，不断实现干部清正、政府清廉、政治清明、社会清朗，为加快新时代新平和现代化建设提供坚强保障。

开展干部作风“五不”问题专项整治 2022年9月19日，平和县委、县政府印发《关于深入实施“提高效率、提升效能、提增效益”行动开展干部作风“五不”问题专项整治的实施方案》（简称《方案》），《方案》提出要深入学习贯彻习近平总书记关于作风建设的重要讲话重要指示批示精神，持续深化“提高效率、提升效能、提增效益”行动，结合平和县开展的“整肃纪律作风、优化营商环境”专项行动，着力整治干部队伍中“履职不担当、工作不碰硬、落实不见效、能力不适应、内心不敬畏”等突出问题，进一步引导和推动全县干部主动担当、积极作为，确保扎实高效推进“产业发展项目建设攻坚年”活动、“七比一看”竞赛等重点任务。

深入学习宣传贯彻党的二十大精神 2022年12月7日，中共平和县委十四届四次全会通过《中共平和县委关于深入学习宣传贯彻党的二十大精神，加快新时代新平和现代化建设的决定》（简称《决定》），《决定》指出，学习宣传贯彻党的二十大精神，是当前和今后一个时期的首要政治任务。要在全面学习、全面把握、全面落实党的二十大精神上下功夫，坚持用新理论新思想武装头脑、指导实践、推动工作，加快新时代新平和现代化建设。《决定》内容包括12个方面，一是深入学习领会党的二十大精神，切实统一思想、统一意志、统一行动，二是深刻领悟“两个确立”的决定性意义，切实增强“四个意识”、坚定“四个自信”、做到“两个维护”。三是牢牢把握使命任务，在推进中国式现代化、新福建建设和现代化滨海城市建设中彰显平和担当。四是坚持新发展理念引领，全方位推进高质量发展。五是全面推进科教兴县，强化现代化建设人才支撑。六是不断发展全过程人民民主，凝聚团结奋斗的智慧和力量。七是扎实推进依法治县，加快建设法治平和。八是持续补齐民生短板，不断提高人民生活品质。九是持续推进生态县建设，筑牢平和生态安全屏障。十是坚决维护国家安全和社会稳定，建设更高水平的平安平和。十一是发挥对台独特优势，探索平台融合发展新路。十二是弘扬伟大建党精神，坚定不移全面从严治党。

【全面从严治党】 2022年，平和县委做好省委、市委主体责任检查反馈问题整改；开展对下一级党委（党组）主体责任落实情况检查。深化改革纵深推进，推进相对集中许可权、“一件事”等改革，深化“百名干部挂百企”帮扶活动。落实党委（党组）意识形态工作责任制。创新方式强化党员干部理论武装，成立县属国企全面运营平和乡村振兴党建学院，布局提升西坑党校、长乐红军党校等4个实践教学点并申报为市级党员教育培训示范基地。完善引才聚才机制，制定《平和县高层次人才分类评价认定和支持办法（试行）》。制定实施“整肃纪律作风、优化营商环境”专项行动方案，查处不担当、不作为问题13人；推进干部作风“五不”问题专项整治工作，推行“1+N”工作机制。查处违反中央八项规定精神9起15人，群众身边腐败和作风问题18起29人。

县委重要会议

【县第十四届委员会全体会议】 2022年，中共平和县委第十四届委员会召开2次全体会议。分别如下：

1月17日，召开中国共产党平和县第十四届委员会第三次全体会议。全会酝酿讨论、举手表决确定13名福建省出席党的二十大代表候选人推荐人选名单。

12月7日，召开中国共产党平和县第十四届委员会第四次全体会议。全会听取和讨论蔡绿璇受县委常委会委托作的工作报告，审议通过《中共平和县委关于深入学习宣传贯彻党的二十大精神，加快新时代新平和现代化建设的决定》。蔡绿璇就决定（讨论稿）向全会作说明。

【县委常委会会议】 2022年，中共平和县委先后召开28次常委会会议。

1月10日，召开县委常委会会议，传达学习贯彻习近平总书记在中共中央政治局党史学习教育专题民主生活会上的重要讲话精神，以及漳州市第十七届人民代表大会第一次会议和政协第十四届漳州市委员会第一次会议精神。

1月17日，召开县委常委会会议，传达学习贯彻习近平总书记对全国老干部工作、做好“三农”工作作出的重要指示精神，以及关于国家粮食安全系列重要讲话重要指示批示精神；传达学习贯彻《福建省弘扬“马上就办、真抓实干”优良传统作风若干规定》精神；提出平和县初步贯彻意见；研究落实市委第七专项工作小组《关于对平和县开展涉粮问题专题了解的反馈意见》整改方案。

1月24日，召开县委常委会会议，传达学习贯彻习近平总书记在省部级主要领导干部学习贯彻党的十九届六中全会精神专题研讨班开班式上的重要讲话精神、对政法工作作出的重要指示精神，以及中央政法工作会议精神；传达学习《中国共产党纪律检查委员会工作条例》和市纪委《关于漳州市2021年全面从严治党主体责任落实情况检查问责典型案例的通报》；传达学习贯彻国家、省、市安全生产会议精神。

3月23日，召开县委常委会会议，学习贯彻习近平总书记在中共中央政治局第三十七次集体学习、在中央党校（国家行政学院）中青年干部培训班开班式上

2022年12月7日，中国共产党平和县第十四届委员会第四次全体会议召开（林泽霖 摄）

的重要讲话精神，以及关于审计工作、生态文明建设系列重要讲话重要指示批示精神。

4月1日，召开县委常委会会议，学习贯彻习近平总书记在中央全面深化改革委员会第二十四次会议上的重要讲话精神，以及对“3·21”东航MU5735航空器飞行事故作出的重要指示精神。

4月7日，召开县委常委会会议，传达学习习近平总书记在参加首都义务植树活动时的重要讲话精神；传达学习省领导有关批示精神及省环保督察办工作要求和市委常委会会议精神，并提出平和县初步贯彻意见；研究调整充实平和县花山溪饮用水水源地风险突出问题综合整治工作领导小组及攻坚指挥部成员相关事宜。

5月7日，召开县委常委会会议，学习贯彻习近平总书记在4月29日中共中央政治局常务委员会、在中共中央政治局第三十八次集体学习时的重要讲话精神，以及对湖南长沙居民自建房倒塌事故作出的重要指示精神、关于生态文明建设系列重要讲话重要指示批示精神；学习贯彻市委主要领导六次深入平和督导推进花山溪饮用水水源地综合整治工作讲话要求，以及《闽南日报》评论员文章《治水见真章 攻坚显作风》。

6月29日，召开县委常委会会议，传达学习贯彻习近平总书记就研究吸收网民对党的二十大相关工作意见建议作出的重要指示精神，以及在四川考察时、在中共中央政治局第四十次集体学习、在致信祝贺六五环境日国家主场活动的重要讲话精神；传达学习贯彻中国共产党福建省代表会议精神。

7月18日，召开县委常委会会议，传达学习贯彻习近平总书记在湖北武汉考察时、在庆祝香港回归祖国25周年大会暨香港特别行政区第六届政府就职典礼上的重要讲话精神，以及给安徽省太和县种粮大户徐淙祥的回信精神；传达学习贯彻中央和市委关于全面深化改革有关会议精神，研究审议相关工作组名单，部署平和县全面深化改革工作。

8月26日，召开县委常委会会议，传达学习贯彻习近平总书记在中共中央政治局第四十一次集体学习、中央统战工作会议上、在辽宁考察时的重要讲话精神，给“中国好人”李培生、胡晓春回信精神，以及关于防汛救灾的重要指示精神。

9月23日，召开县委常委会会议，学习贯彻习近平总书记在8月30日中共中央政治局会议、在中央全面深化改革委员会第二十七次会议上的重要讲话精神，以及对四川泸定县6.8级地震作出的重要指示精神；传达学习省人大常委会党组副书记、副主任、省总工会主席周联清到平和县开展挂钩帮扶等工作的讲话精神；部署全县保密工作。

11月4日，召开县委常委会会议，传达学习贯彻习近平总书记在出席军队领导干部会议上、10月25日中共中央政治局会议和中共中央政治局第一次集体学习、瞻仰延安革命纪念地时、陕西延安和河南安阳考察时的重要讲话精神；传达学习贯彻《中共中央关于认真学习宣传贯彻党的二十大精神的决定》文件精神。

11月23日，召开县委常委会会议，传达学习贯彻习近平总书记在视察军委联合作战指挥中心时、在中共中央政治局常务委员会会议上的重要讲话精神，以及向2022年世界城市日全球主场活动暨第二届城市可持续发展全球大会致贺信、在第五届中国国际进口博览会开幕式上的致辞、在《湿地公约》第十四届缔约方大会开幕式上的致辞、向国际竹藤组织成立二十五周年志庆暨第二届世界竹藤大会致贺信、向世界互联网大会乌镇峰会致贺信、向“杂交水稻援外与世界粮食安全”国际论坛发表的书面致辞和给中国航空工业集团沈飞“罗阳青年突击队”队员的回信精神；传达学习贯彻《中共福建省委关于认真学习宣传贯彻党的二十大精神的通知》《中共漳州市委关于认真学习宣传贯彻党的二十大精神的通知》文件精神。

12月15日，召开县委常委会会议，传达学习贯彻习近平总书记在12月2日党外人士座谈会、12月6日中共中央政治局会议上的重要讲话精神，以及向国史学会成立30周年致贺信精神、对非物质文化遗产保护工作作出的重要指示精神。

综合党务

【概况】 2022年，中共平和县委办公室聚焦省委“提高效率、提升效能、提增效益”行动，市委“产业发展项目建设攻坚年”活动、“七比一看”竞赛，县委实施“四区”建设、“五优”创建以及花山溪综合整治等中心工作，抓精细化管理，推进县委各项工作。《平和创新“三个一”模式赋能金融纠纷诉源治理》在《福建改革财经情况》刊发，并报送中央改革办；《漳州市平和县聚焦‘三提三效’实现审管无缝衔接》经验做法被省推进政府职能转变和“放管服”改革协调小组办公室（职转办）作为深化“放管服”改革持续优化政务服务典型经验做法在全省推广。举办党政办公室干部专业化能力（公文写作专题）培训班。

【办文办会】 2022年，平和县委办改进和规范办文流程，做到收、发文处理规范化、科学化、系统化，全年接收办理来文2338份，起草审核各类文件82份。规范会议流程，精简环节，全年承办全县性会议（县委部分）13场。

【督查督办】 2022年，平和县委办围绕中心工作做好沟通协调，围绕决策部署做好督查检查，办理领导批示、交办件92件，按时办结率100%。开展“文山会海”整治工作，按季度汇总统计文件会议情况，全县制发文件652份（不含机构改革、请示报告、批复等相关文件），召开会议147场，均比上年同期有所下降。参与花山溪饮用水水源地风险突出问题整治情况、重点项目开工情况、空气质量提升工作、耕地“非农化、非粮化”等多项重点工作督查调研，开展工作督查23次，并每月跟踪反馈工作督查过程中发现的问题。

2022年8月30日至31日，平和县举办党政办公室干部素质提升培训暨公文写作竞赛活动。图为开班仪式　　（县委办 供图）

【参谋辅政】 2022年，平和县委办全年完成领导讲话稿、工作汇报、文件等各类文字综合材料100多篇、计40多万字，完成上级刊物署名文章和电视、报纸约稿9篇；参与制定《中共平和县委关于深入学习宣传贯彻党的二十大精神，加快新时代新平和现代化建设的决定》《平和县“大干一百天，环保见成效”活动工作方案》等重要文件；全年累计向省委办报送信息585条，采用85条，位列全省第四名；向市委办报送信息512条，采用150条，位列全市第四名；编辑下发《平和快讯》39期。

【保密工作】 2022年，平和县委保密委坚持“党管保密”和“依法保密”相结合，督促各乡镇（场、区）、县直各单位落实保密各项规章制度；检查指导各乡镇（场、区）工作，并配合完成相关县直单位接受市保密检查并落实好整改工作。把保密工作纳入县委巡察以及县委全面从严治党检查，通过保密培训班、保密讲座、保密党课、保密法律法规宣传等形式开展保密知识教育，先后邀请市委保密办作专题培训；结合《中华人民共和国保守国家秘密法》普法宣传活动，开展全县保密知识竞赛，分别到县人武部、大溪中学开展“2022年全民国家安全教育日普法进军营”“国家安全法进校园”等活动；运用“保密观”微信公众号；紧抓国家安全日、宪法宣传日等重要时点，通过发放保密法宣传折页、在平和电视台播放保密工作公益广告片等活动，向普通民众普及保密知识；提升密码通信保障服务能力，配齐配强机要密码干部，加强汉字录入和业务知识学习训练。

（王志晖）

组织工作

【概况】 2022年，中共平和县委组织部巩固拓展党史学习教育成果，结合党委（党组）理论学习中心组学习，落实“三会一课”制度，“七一”建党节活动期间开展“传红色基因、谋整治良策、促生态发展”等主题党日活动，推动全县党员领导干部带头为党员讲党课。2022年，颁发267枚“光荣在党50年”纪念章；县委组织部组工信息工作位列全省各县（区）组织部第14名，系漳州市县份第一，并获省委组织部感谢信表扬。

【基层党组织及党员队伍状况】 截至2022年底，平和县有党委40个，其中，乡镇党委15个，系统党委14个，二级党委6个，行业性质（挂牌及兼合）党委5个。党工委9个。38家单位设置党组（党委），其中，县人大、县政府、县政协和科局、群团组织党组33个、机关党组1个（县政府办）、党组性质党委4个（应急管理局，教育局，公安局，县总医院）。党支部764个，党总支30个，其中，282个建制村党支部，22个社区党支部，77个非公有制党支部，22个社会组织党支部，135个机关党支部，97个事业单位党支部，55个公有制企业党支部，16个返乡（青年）大学生党支部，21个流动党支部。

全县有党员22933名，其中，女党员5447名，占23.75%；少数民族党员66名，占0.29%；在岗干部职工党员5532名，占24.12%；离退休党员2420名，占10.55%；农牧渔民党员14779名，占64.44%；非公有制企业党员354名，占1.54%；社会组织党员168名，占0.73%；35岁及以下党员5586名，占24.36%；61岁及以上党员7023名，占30.62%；大专学历及以上文化程度党员9065名，占39.53%。

2022年，全县发展党员259名，其中女性78名，占比30.12%；35岁及以下152名，占比58.69%；具有高中及以上学历的165名，占比63.71%。

【教育培训基地提升】 2022年，平和县委组织部注重抓党建促乡村振兴，成立县属国企全面运营平和乡村振兴党建学院，布局提升西坑党校、长乐红军党校等4个实践教学点，挖掘一批线下教学点，开发线上教育平台，通过线上线下相结合的方式，丰富基层党组织“三会一课”内容，培养乡村振兴“领头雁”。2022年，学院4个教学点申报为市级党员教育培训示范基地。

【干部教育培训】 2022年，平和县委组织部常态化开展领导干部大培训活动，开设项目、国土、经济、生态等一系列全县各级干部专业化能力提升班，开展干部专业化能力“项目与发展专题”、党政办公室干部素质提升“公文写作专题”等培训5场次、培训干部675人次；组织驻村干部、“两新”组织党支部书记赴泉州等地培训学习；邀请省民政厅领导到平和县开展城市基层治理专题培训。

【干部选拔任用】 2022年，平和县委组织部聚焦“七比一看”竞赛、乡村振兴、项目发展、疫情防控等中心工作，深化《公务员职务与职级并行制度》，推进事业单位管理岗位职务与职级并

2022 年 9 月 23 日，平和县新录用公务员（含参公人员）试用期满后到基层锻炼动员会　（县委组织部 供图）

行工作，强化干部日常考察工作，把日常考察结果作为干部培养、使用和奖惩的重要依据。全县有 109 名来自乡村振兴、维稳处突、疫情防控等工作一线干部得到提拔使用或职级晋升。开展干部“大交流、大轮岗”专项行动，梳理并配备全县 61 家机关单位近 600 个股级岗位，分步推进在同一岗位任职超 5 年的股室负责人交流轮岗。

【干部全链条梯次培养工程】 2022 年，平和县实施年轻干部全链条梯次培养工程。加大年轻干部培养力度，有计划选派年轻干部到条件艰苦、任务繁重的岗位实践锻炼；加强年轻干部跟踪培育，召开新录用选调生座谈会，经常性深入乡镇、县直部门开展年轻干部专题调研；完善年轻干部综合评价系统，采集录入 407 名县直部门年轻干部评价数据，补充完善全县年轻干部“三龄两历”等个人基础信息。相关经验做法在《八闽快讯》等刊载交流，得到市委领导的批示肯定。

【干部监督管理】 2022 年，平和县委组织部建立健全与巡察机构工作协调机制，做好函请信息、沟通会商、干部抽调等工作，配合巡察组开展新一轮巡察工作，把巡察整改落实情况作为日常监督的重要内容。落实全省涉粮专项巡视整改任务，开展全县干部种植蜜柚和经营农资情况摸底、党员干部带头落实化肥减量增效专题培训会；组织县处级领导干部专题学习领导干部个人有关事项“两项法规”及《领导干部及时报告个人有关事项的通知》；抓好选人用人工作监督，严格执行“凡提四必”“带病提拔”倒查等制度。

【干部作风“五不”问题专项整治】 2022 年，平和县委组织部着力整治“履职不担当、工作不碰硬、落实不见效、能力不适应、内心不敬畏”等干部作风突出问题，推行“1+N”工作机制，组织全县各单位对照“五不”问题表现深入开展自查，结合各单位自查的问题清单和重点工作清单，定期跟踪整改情况和重点工作推进情况。

【干部人事档案管理】 2022 年，平和县委组织部完成新录用干部人事档案换盒、初审、复审 222 卷。初步完成事业管理岗干部人事档案专项审核 574 卷，梳理问题 118 项并移交县人社局审定。加强档案规范管理，建立和完善管理台账，实时登记、精细管理，接收需归档材料 16000 多份。加强对档案信息采集、材料收集补充和甄别整理，接收新录用、调入等干部人事档案 261 卷，整理并转递人事档案 60 卷，查阅人事档案 218 卷。推进干部人事档案数字化工作，完成 3500 卷干部人事档案数字化全部流程及纸质版验收工作。

【基层党建】 2022 年，平和县委组织部深化党支部“达标创星”活动，成立 15 个县级验收考核小组，开展乡镇间交叉互检互评，评定村级先进党组织 114 个、一般党组织136个、后进党组织12个。开展换届“回头看”和村干部适岗性研判，调整村（社区）“两委”37人。落实《抓党建促乡村振兴“五个提升”工程》30条措施，选派党政干部、医生、教师、律师等担任乡村振兴指导员，实现240个村全覆盖。举办为期5天的村（社区）党组织书记乡村振兴专题培训暨新一届村（社区）“两委”任职培训班，全县1800余名镇村干部参会培训。从7月开始，实行村干部绩效激励机制，将村干部报酬与发展集体经济、村级组织建设等工作绩效挂钩，每年多拿出1000万元激励村干部拼业绩、谋发展，经验做法在《八闽快讯》专期刊载。

平和县委组织部开展“党建品牌建设年”活动，实行党建工作“项目化”管理，推进基层党建“一镇一品”创建活动，15个乡镇分别探索打造1—2个符合本地实际、具有引领和辐射带动作用的基层党建品牌。深化近邻党建服务效能，打造康桥丽景、英才尚层2个市级示范点小区，搭建“邻里驿站”，解决群众急难愁盼问题131件；在山格镇长宏国际小区等建立党建联盟，构建社区与驻区单位互联互动机制，发动全县93家单位带动1258名党员参与共建活动23次。

【基层党员服务技能提升】 2022年，平和县委组织部用好“土专家”、基层党组织书记、农业技术人才等农村实用性人才队伍，采取“用身边人讲述身边事”的模式开展教学。围绕党建引领推动柚茶产业转型升级，开设“减肥增镁”“生态茶园建设”等专题课程近23节，吸引全县1.5万名农村党员开展线上线下学习，承接410多个党组织开展主题党日630多场次；建立基层党员视频直播培训“村村通”平台，实现262个村（社区）全覆盖，利用农闲时间开设“晚上8点钟课堂”。

【党员先锋模范作用】 2022年，平和县委组织部成立一线临时党支部73个、设立党员先锋岗413个、组建党员先锋队294支，分批次到一线岗位值班值守。动员全县党员干部在平和县花山溪水环境风险突出问题整改工作中发挥带头示范作用，开展“亮身份、做表率、践承诺”活动，党员干部蜜柚种植户设置公示牌1500多个，带头落实化肥减量要求，引领群众调结构、减肥量、净水质，花山溪“黄牌”警示如期解除，做法成效在《福建日报》头版头条报道。

【人才工作】 2022年，平和县强化人才工作保障，制定《县委人才工作领导小组工作规则》《县委人才工作领导小组办公室工作细则》。完善人才政策体系，对标《“万才聚漳”行动计划》，聚焦教育、医疗、农业等重点领域，制定出台《平和县高层次人才分类评价认定和支持办法（试行）》《平和县乡村振兴人才引进和培育若干支持办法（暂行）》《平和县医疗卫生人才引进支持办法》等。

建好育才用才平台，与福建农林大学签订战略合作协议，成立“平和蜜柚研究院”；与福建医科大学等院校和省市医院建立合作关系，引进名医名师，新成立6家名医工作室、1家名师工作室，吸引50余名专家到平和县工作。全年新增各类人才358名，省、市高层次人才达27名。

【人才服务保障机制落实】 2022年，平和县对引进人才在住房、医疗、子女就学等方面开辟“绿色通道”，办理省、市高层次人才安家补助和住房补贴申请7人次，为12名人才协调解决子女入转学问题。兑现人才优惠政策，发放各类人才奖励补助资金151万元。强化人才住房保障，对现有的72套人才公寓继续实行“零房租”入住政策。推进平和县人才孵化基地项目建设。

【“平和青创”省级人才驿站】 2022年，平和县发挥“平和青创”省级人才驿站在政治引领、信息共享、创业培育等方面的阵地功能，建设拴心留人的“人才之家”，开展各种青年创业交流活动34次，创业项目辅导15场次，覆盖青年430多名。

（卢琳琪）

宣传工作

【概况】 2022年，平和县宣传思想工作紧扣迎接和学习宣传贯彻党的二十大精神主线，聚焦“提高效率、提升效能、提增效益”，履行新时代宣传思想工作使命任务，推动理论武装、对外宣讲、舆论引导、文化事业等各项工作深入开展；讲好平和故事，组建具有平和特色的“1+2+17”支宣讲队伍，开展阳明文化研究，推广语堂文化、福文化等。2022年，县委宣传部在第三届漳州市文创设计大赛中获组织促进奖，作品《平和暴动（八闽第一枪）木刻版画系列》获红色文化类金奖、《林语堂卡通形象》获名人文化类最佳网络人气奖；在组织开展“喜迎二十大一起向未来”短视频大赛中获组织奖，2篇短视频获漳州市“喜迎二十大——现代滨海城富美新漳州”短视频二等奖，1篇获三等奖。

【理论学习】 2022年，平和县委理论学习中心组印发《2022年全县党委（党组）理论学习中心组专题学习重点内容安排》，通过集中学习、专题辅导报告、集中学习研讨等方式，围绕学习贯彻党的二十大精神和《闽山闽水物华新——习近平福建足迹》等四部图书、《习近平谈治国理政》第四卷等内容，开展学习23个专题。对全县各乡镇（场、区）党委（党工委）理论学习中心组学习开展巡听旁听工作。整合学习资源，组织全县各级党委（党组）开展“大学习、大研讨”专项行动，邀请各领域专家学者开展专题辅导报告，推动县乡视频联动学习，组织县乡联动学习6场，覆盖3850人次。开展“新思想耀八闽‘福小宣’在身边”宣讲活动，打造形成“一镇一品（理论+文艺）”宣讲品牌。发挥新时代文明实践中心（所、站）等基层阵地作用，开展党的二十大精神进企业、进农村、进机关、进校园、进社区、进网络等“六进”活动，利用100多个大屏幕转播党的二十大开幕会盛况，悬挂宣传横幅、LED屏滚动播放党的二十大相关宣传标语上万条；举办“牢记总书记嘱托 强国复兴有我”演讲比赛。

2022年11月23日，学习贯彻党的二十大精神漳州市委宣讲团报告会在平和县委会议厅召开　（县委宣传部 供图）

【舆论引导】 2022年，平和县完成“2022年福建省中国农民丰收节平和分会场”活动新闻宣传，在中央电视台新闻直播间、中央电视台天下财经频道、“学习强国”学习平台、新浪福建等媒体平台发布《福建平和在希望的田野上蜜柚丰收香满园观光采摘促增收》、《福建平和：蜜柚丰收时果农采收忙》、微博话题“丰收的平和”等，浏览量破千万人次；组织各媒体平台推出“开门红”相关主题专栏、专题“紧盯开门红”“奋力实现开门红”，开展专题采访报道；利用全景拍摄等技术，运用短视频、微动漫等新形式宣传“福文化”，制作个性化、可视化、互动化融媒体产品；宣传阐释相关政策，报道先进典型；制定《平和县2022年优化营商环境宣传工作实施方案》；宣传报道生态环境保护、实施乡村振兴战略等工作。

【文化活动】 2022年，平和县委宣传部组织开展群众性文化活动。以“百名作家讲百福”为平台推广语堂文化，依托平和林语堂故居，开展3场语堂文化交流活动；举办2022年平和县文化科技卫生“三下乡”集中服务活动启动仪式、秀峰乡畲族民族文化节暨移风易俗农民运动会；举办“2022年迎新春书画邀请展”“学习宣传贯彻党的二十大精神·意之大者——第九届福建省写意画大展”优秀作品平和巡展、“平和、上杭、永定文化馆摄影作品联展”“喜迎二十大暨福见苏区美术名家邀请展”等书画展览活动；组织“迎新年·百姓乐”文艺展演、“福佑中华迎新春·语堂故里品奇兰”品茶会、闽南文化圩日系列活动“非遗过大年”专场公益演出、“抖音热门话题挑战赛启动仪式”“品赏中华福文化，感受语堂幸福观”等文化展演活动。

【平和“1+2+17”支宣讲队伍】 2022年，平和县组建具有平和特色的“1+2+17”支宣讲队伍，即1个县委宣讲团、2支县直机关宣讲小分队、17支乡镇（场、区）宣讲小分队，“‘福小宣’·柚妹子”“‘福小宣’·奇兰姑娘”“‘福小宣’·茶小仙”等“福小宣”宣讲小分队将党的二十大精神融入歌词、快板词、三句半、客家山歌、潮剧台词等编写创作宣讲作品21个，开展百场宣讲活动；拍摄录制“福小宣”宣讲短视频20个，举办1场全县示范宣讲暨成果展演活动；“福小宣”开展对象化、互动化的宣讲活动300多场，受众3.4万多人次。

【福文化建设】 2022年，平和县委宣传部推广福文化，将“福”融入100多个公益广告造型中，制作《福味平和》《福艺平和》《福趣平和》《福游平和》《福乐平和》等“五福系列”短视频，开发“五福佑和邑”伴手礼纪念品，举办“福平和”十佳网红打卡点评选活动，推动“福”进百姓、“福”进文艺、“福”进产业、“福”进赛事。

【阳明文化研究推进】 2022年，平和县委宣传部以实施“闽南文化点亮千年漳州古城行动计划”，策划实施“五个一”推广阳明文化项目，编辑出版《闽中王学研究》。完成国家社科基金项目《晚清民国阳明学文献收集整理与研究（1840—1949）》阶段性成果文章，并发表于《文史天地》2022年第2期。拍摄1部《王阳明与平和》微电影，《闽中王学研究》《阳明先生道学钞》《王阳明读本“三字经”解读本》等3部阳明研究专著被国家图书馆收藏。

（张生辉）

统一战线工作

【概况】 2022年，中共平和县委统战部发挥县委统战工作领导小组职能作用，全年召开县委常委会会议暨县委统一战线工作领导小组会议4次；将各级党委（党组）对《中国共产党统一战线工作条例》和省委实施意见执行情况纳入县委全面从严治党主体责任检查和巡察范围，定期开展检查督导；牵头制定印发《平和县贯彻落实〈福建省委贯彻中国共产党统一战线工作条例的实施意见〉责任分解方案》。

【非公有制经济领域统战工作】 2022年，平和县委统战部打造助企纾困服务平台，制定印发《平和县民营企业家诉求平台工作方案》，建立民营企业家诉求平台机制、工业项目协调机制。联合工商联和行政审批局，在行政服务中心设立“助企纾困”可视化专栏，“线上线下”收集企业面临的困难问题和意见建议，并分类予以登记批办、限时答复。畅通政企交流渠道，联合县工商联先后组织召开平和县“七比一看”推进会暨民营企业家座谈会，召开产业发展项目建设招商会暨县工商联（商会）第十一届第一次

2022年6月8日，平和县新联会与城南社区签订共建协议、平和县新联会兼合式党支部与城南社区党支部共建签约仪式。图为共建现场

（县委统战部 供图）

主席（会长）联席会，全县木业、电商等行业企业家座谈会，听取企业对全县加快实体经济发展、优化营商环境等方面的意见建议；举办2022年民营经济代表人士理想信念教育培训班，开展“重走红军路”活动。发挥商会优势作用，发展865家会员企业及个体工商户，组建成立15个乡镇商会和7个异地平和商会；各商会共促进合作项目6个，涉及工业制造、农产品交易、食品加工、电子商务、文旅康养、建筑工程等领域。2022年1月，福州市平和商会党支部成立；10月，平和县木业商会成立。

【新的社会阶层人士及党外人士统战工作】 2022年，平和县委统战部组织县新联会开展“书写新时代、新春送祝福”送春联进畲家活动、参与承办平和青年创业经验交流暨蜜柚产业转型发展研讨会、开展主题活动；推动新联会与城南社区、新联会兼合式党支部与社区党支部开展共建活动；动员新的社会阶层人士参加2022年度社会工作者职业资格考试。组织3名无党派人士代表列席县委全委会、党外代表人士开展主题活动。

【台港澳联络联谊】 2022年，平和县委统战部深化平台交流合作，筹建“迁台记忆”展馆和“江丙坤生平事迹陈列室”；揭牌2个海峡两岸同名同宗村交流基地；成立平和县心田叔颖文化两岸研究会；举行“海峡两岸忆语堂”演艺会活动、大陆和台湾两岸赖氏宗亲合作编纂《心田赖氏大族谱》编修仪式；开展平台两岸叶氏宗亲线上视频祭祖活动；服务台胞寻根谒祖，接待平潭实验区两岸国学中心讲师赖政纬到平和祖地寻根、台湾中国海峡两岸农业协会秘书长龚世明博士一行到小溪镇山腰龚氏认亲拜祖。拓展海外联络联谊，通过香港平和同乡联谊会等平台加强与海外乡贤的沟通联系；指导香港平和同乡联谊会换届工作；香港平和同乡联谊会于11月20日召开第二届理事会，组织乡贤学习贯彻党的二十大精神。乡贤林广兆题写书法条幅点赞平和县花山溪饮用水水源地综合整治工作。以“学乡贤楷模，弘扬正气，喜迎二十大”为主题，依托平和县广兆中学林广兆先生事迹馆、林语堂文学馆、崎岭林广兆先生旧居宣传文化中心等平台，打造平和台港澳文化交流基地。

（胡毅慧）

机构编制

【概况】 2022年，中共平和县委机构编制委员会办公室开展机构编制管理和事业单位登记等工作。全年招考公务员（含参公）、选调生共90名，其中行政人员61名，参公人员29名；招考事业单位人员（含教育春季公开招聘）、定向培养医学类专业毕业生共212名，其中教育系统56名，卫生系统80名，其他事业单位76名。

【重点领域机构改革】 2022年，平和县调整优化政府机构职能，重新明确上市、金融机构协调、地方金融组织监管等业务职能统一归口县财政局。将原县金融办归口县财政局管理，县金融办设在县财政局，并在县财政局增设金融工作股。根据《平和县行政复议体制改革实施方案》，与县司法局对接完成行政复议制度改革工作，规范设置行政复议机构，统筹编制配置。

【乡镇综合行政执法改革】 2022年，平和县委编办落实乡镇“一支队伍管执法”改革，会同司法局，组织县直部门与乡镇进行对接，根据县直14家相关单位意见反馈稿，对赋权清单进行整理和修改，确定464条执法事项并征求乡镇意见建议；在此基础上，报县政府常务会议研究，确定6家赋权单位，201项第一批执法事项下放至各乡镇。

【机构编制资源配置】 2022年，平和县委编办健全完善同纪检监察、组织人社、财政、审计等部门的协作联动机制，约束增编、规范用编，盘活机构编制资源，推进党政群机关及事业单位控编减编工作。统筹配置重点领域机构编制资源，将挂牌机构“平和县未成年人救助保护中心”调整为县民政局下属正股级事业单位，核定财政核拨事业编制3名；新设立平和县花山溪流域整治中心为县委办下属事业单位，核定财政核拨事业编制5名；新设立平和县能源监测统计中心为县统计局下属事业单位，核定财政核拨事业编制2名；核增县财政投资评审中心财政核拨事业编制2名；新设立平和县政协委员履职服务中心为县政协下属事业单位，核定财政核拨事业编制2名；对教师进修学校现有编制数进行调整；根据2022年第25次县委常委会会议同意设立中国国际贸易促进委员会漳州市平和县委员会群团机关的决定，核定县贸促会机关其他编制3名。

【事业单位登记管理】 2022年，平和县委编办运行好事业单位登记管理线上系统，严格审批机关、群团、事业单位统一社会信用代码，完善和维护网上赋码和事业单位网上登记管理系统，厘清数据并按要求报送县事业单位登记管理相关情况统计表。完成206个事业单位法人证书年度报告公示工作、2家事业单位设立登记、21家事业单位变更登记、41家事业单位注销登记。

（杨佳佳）

机关党建

【概况】 2022年，中共平和县委县直机关工作委员会以“围绕中心、建设队伍、服务群众”为核心任务，以迎接、宣传、贯彻党的二十大为主线，以模范机关创建为抓手，加强机关党的政治建设和基层组织建设，推动党建

2022年12月22日，“学习贯彻党的二十大 开启机关党建新征程”暨县直机关党支部书记（党务干部）提升能力素质培训班开班。图为开班式

（县直机关工委 供图）

与业务融合，落实管党治党主体责任。县直机关党工委领导县直机关67家单位党建工作；辖县委直属党委2个（教育局、县总医院）、机关党委3个、系统党委9个，党员5150人。

【机关党组织建设】 2022年，平和县直机关工委做好县直机关单位党组织的设置调整、换届、委员会组成及书记、副书记的任免等工作。落实按期换届和调整充实班子人员的党组织114个。与县委党校联合举办为期2天的2022年“学习贯彻党的二十大开启机关党建新征程”暨县直机关党支部书记（党务干部）提升能力素质培训班，81名县直机关党支部书记（党务干部）参加培训。

【“大学习、大研讨”专项行动】 2022年，平和县直机关工委印发《关于在县直机关开展“大学习、大研讨”专项行动一季度一督查指导工作的通知》，每季度开展一轮县直单位实行“大学习、大研讨”专项行动暨周一夜读制度督查指导。督导单位110家次，重点督查周一夜读及“如何加快平和高质量发展”“花山溪饮用水水源地综合整治专题研讨”两个专题学习研讨情况。

【全面从严治党主体责任检查】 2022年，平和县直机关工委抓好2021年度39家县直单位党组（党委）全面从严治党主体责任检查发现问题的整改落实，开展2022年度48家县直单位党组（党委）全面从严治党主体责任检查。

【党建述职评议考核】 2022年，平和县直机关工委召开县直机关党组（党组织）书记2021年度抓基层党建工作述职评议考核暨2022年县直机关党的工作会议，对67个机关党组（党组织）书记2021年度抓基层党建工作情况进行述职评议考核，确定47家单位为“好”等次、19家单位为“较好”等次。

【“琯溪有点田”党员志愿活动】 2022年，平和县创新探索“琯溪有点田”项目，根据《“琯溪有点田”认领活动实施方案》，县直机关工委会同县委组织部印发《守护良田生态美，助农增收百姓富——关于开展“我在平和有亩田”党员志愿活动的倡议》，发动县直机关和各乡镇（场、区）91个党组织的党员干部带头认筹认种农田耕地5.81公顷。

（林易燕）

巡察工作

【概况】 2022年，中共平和县委巡察工作全面落实巡视工作方针，坚定政治巡察定位，深化巡视巡察上下联动和成果运用，采用常专结合、巡审联动、交叉巡察等方式，全年完成4批次常规巡察、2批次县级交叉巡察，巡察13家县直单位、6个乡镇及所辖的75个村（社区）。

【常规巡察】 2022年，平和县委巡察工作领导小组办公室开展4批次常规巡察，巡察县林业局、县市管局、县质量计量检验检测中心、县民政局、县住建局、县住房保障和房地产服务中心、县交通局、县运输综合服务中心、县交通综合行政执法大队、县发改局等10家县直单位，以及五寨乡、秀峰乡、霞寨镇、国强乡、崎岭乡等5个乡镇，发现问题583个，移交问题线索46条。

【县级交叉巡察】 2022年，平和县委巡察办开展2批次县级交叉巡察，巡察芦溪镇、县工信局、县二轻联社、县招商服务中心等4家单位，发现问题92个，移交问题线索16条。

【专项巡察】 2022年，平和县委巡察办聚焦工程项目建设、营商环境等重点领域开展专项巡察，其中，对县住建局、县发改局、县交通局、芦溪镇等4家单位开展工程项目建设专项巡察，发现问题67个，移交问题线索5条；对县工信局开展营商环境工作专项巡察，发现问题17个，移交问题线索4条。

2022 年 10 月 28 日，平和县委巡察办召开十四届县委第三轮巡察工作业务培训会 （县委巡察办 供图）

【巡审联动】 2022 年，平和县委巡察办采用“巡审联动”方式对县文体旅局、县市管局、县发改局、县交通运输局、五寨乡、国强乡等 6 家单位开展巡察，发现问题 75 个，移交问题线索 15 条。

【巡察整改督查督办】 2022 年，平和县委巡察办向十四届县委第一轮、第二轮常规巡察以及市委县级交叉巡察的芦溪镇、县工信局等 13 个被巡察党组织反馈巡察情况，反馈问题 651 个。推动巡察整改落实，完善日常监督和集中督查相结合的巡察整改监督模式，构建县纪委监委和县委组织部为主、派驻纪检监察组前置、巡察组协助、巡察办跟踪的“四方联动”监督格局。在落实巡察工作领导小组成员和县纪委监委、县委组织部班子成员参加反馈会的基础上，针对部分被巡察党组织认账积极、整改消极问题，建立分管县领导参加巡察情况反馈会议机制；建立四方联审机制，集中向被巡察党组织反馈审核意见；建立被巡察党组织主要负责人向县委巡察工作领导小组和县委常委会汇报整改进展情况机制。

（黄　强）

老干部工作

【概况】 2022 年，中共平和县委老干部局落实离退休干部政治待遇和生活待遇，抓好离退休干部思想政治建设、离退休党建、老年教育等工作。全县有离退休党支部 47 个（其中临时离退休党支部 1 个），26 名离休干部，6 名“5·12”退休干部。推荐的“靖和浦苏区革命历史纪念馆”入选第四批省级“离退休干部党员传承红色教育基地”；在“扬帆未来”青干讲堂漳州市老干系统“强国复兴有我·富美漳州添彩”主题宣讲赛中获“优秀组织奖”，1 名青年干部获演讲比赛二等奖。

【老干部待遇落实】 2022 年，平和县委老干部局规范落实老干部经济和生活待遇，提高 30 名离退休干部遗偶生活补助和 1 名离休干部病残护理费，为 10 个老干部遗属家庭发放一次性抚恤金。加强“四就近”服务老干部水平，定期采集更新维护和动态管理离退休干部基本情况；坚持“一人一策”，建立信息档案；协调社区、医疗机构、养老机构及志愿服务资源，为困难老干部提供心理慰藉、理发、代买生活用品等上门服务；政府购买服务均落实老干部先签名评价再支付报销。

【老干部思想学习】 2022 年，平和县委老干部局推广“离退休干部工作”“福建离退休干部”“漳州离退休干部”微信公众号，以及“福建老干部”App 等老干部网络学习平台。组织开展老干部集中学习 4 场次、走访慰问老干部 210 人次，参观党史学习教育基地 35 人次。举办老干部“建言二十大”“我看中国特色社会主义新时代”座谈会，参与“奋

2022年9月14日，平和县老干局到五寨乡埔坪村开展“平和县老年大学太极拳班送学下乡助力乡村振兴公益课堂”活动。图为太极拳表演 （县委老干局 供图）

进新时代”群众性等主题宣传活动。开展“平和县老年大学太极拳班送学下乡助力乡村振兴公益课堂”活动。

【离退休干部党建】 2022年，平和县委老干部局以开展省级离退休干部“示范党支部”创建活动为工作抓手，指导建设有组织、有制度、有活动、有阵地、有经费、有联络员等“六有”离退休党支部，在东风社区成立离退休党支部。召开并邀请县直机关离退休党支部书记、离退休干部代表参加“建言二十大”座谈会，走访并听取4名县处级退休干部对党的二十大的建言献策；举办“共庆‘七一’，喜迎二十大”主题党日活动。组织老干部、老年大学学员参加“喜迎党的二十大胜利召开”全省老年大学“金秋杯”书画摄影作品比赛和漳州市“喜迎二十大，永远听党话”征文活动，选送9件优秀作品，其中1件书法作品获“金秋杯”书画摄影作品比赛三等奖。老年大学学员党支部联合小溪镇东风社区离退休党支部开展“喜迎二十大，翰墨颂重阳”书画笔会主题党日活动。2022年，平和县大溪镇、崎岭乡、平和一中离退休党支部被省离退休干部工委、省委老干部局评为福建省第三批省级离退休干部示范党支部。

（甘振宁）

关心下一代工作

【概况】 2022年，平和县关心下一代工作委员会发挥各级关工委组织和“五老”队伍的作用，开展青少年思想道德建设活动，做好青少年奖学助学和关爱帮扶工作，打造农村青年致富“种子工程”升级版。截至2022年底，全县各级关工委机构316个，“五老”志愿者917人。

【青少年思想道德建设】 2022年，平和县关工委联合县教育局、团县委等部门，面向各中小学开展庆祝建党百年征文和红色故事演讲比赛46场次，选送优秀作品赴市一级参赛并获殊荣；发动各中小学组织参观红色教育基地、家风家教展；组织各校中小学生参与全国“中华魂”强国有我主题教育，平和县正兴学校高三学生周方媛获先进个人三等奖；平和一中七年级学生黄楠汐参加漳州市“大手牵小手·永远跟党走”青少年演讲（讲故事）比赛获二等奖。组织开展“关爱明天·普法先行”青少年普法教育活动专题讲座18场，向平和县中小学生赠送《中华人民共和国未成年人保护法》《中华人民共和国预防未成年人犯罪法》《强国有我》《中华好家风》等书籍200余本。组织“五老”进校园、进村（社区）开展传承红色基因、党史学习教育主题宣讲和“两法”宣传教育活动累计212场次，参加的青少年为45227人次；组织“五老”到高峰谷红军寮革命历史展示馆、平和暴动纪念馆开展党史宣讲、讲述革命故事。

2022年10月20日，平和县关工委举办福建省第二期“关爱成长微心愿”活动。图为捐赠仪式　（县关工委　供图）

【青少年奖学助学】 2022年，平和县关工委组织开展“元月送温暖”活动，慰问困境儿童116名，慰问金及慰问品价值4万多元；开展“金秋助学”活动，助学487人，总额223345元；奖学2219人，总额2585940元；奖教517人，总额650810元。落实困难学生奖学助学工作，完成省关工委与上海均和集团共同设立的“禾和助学金”第一年发放工作，为平和县5名大学生每人发放8000元。

【青少年关爱帮扶】 2022年，平和县关工委承办福建省第二期“关爱成长微心愿”活动，实现60名建档立卡贫困户家庭、低保家庭困难学子、留守儿童价值约1.2万元的实物微心愿。关爱帮扶“五失”青少年，指导各村（社区）关工委主任对辖区内的“五失”青少年开展不定期上门走访；针对“五失”青少年的不同类型，提供就业指导、帮助符合政策规定的对象办理临时困难救助或低保入户等分类帮扶。县关工委成员参与县检察院关于未成年人案件审理听证2次；作为未成年人代理监护人11次参与县公安局未成年人案件讯问工作。

（曾　钰）

精神文明建设

【概况】 2022年，平和县开展群众性精神文明创建，加强典型选树培育，以深入推进省级文明城市创建为抓手，深化移风易俗工作，推进新时代文明实践中心（所、站）建设，开展志愿服务活动，加强未成年人思想道德建设。“呵护明天，相伴成长”志愿服务项目获“福建省志愿服务项目大赛铜奖”。

【文明创建】 2022年，平和县细化分解创建省级文明城市任务，常态化开展多部门创城督查联合行动，深化市容市貌、交通秩序、公共卫生、市场秩序、市政设施、文化市场六大专项整治，深入督导检查平和县新上报点位、农贸市场及周边背街小巷、老旧小区等重点点位，发现问题20余个，整改完成率100%。召开创建省级文明县城工作加温会、工作会部署推进文明县城创建工作；召开创城工作培训会，培训创城网上申报材料业务；县领导组织创城督查组开展创城实地考察点督查、暗访；制作、发放以文明交通为主题的宣传提示卡片；召开县直机关文明交通工作会，开展文明交通劝导行动。

【移风易俗】 2022年，平和县深化移风易俗“一县一重点、一镇一治理”工作，将开展移风易俗工作情况纳入文明单位、文明村镇、文明校园、文明家庭测评体系；县委宣传部加大社会主义核心价值观公益广告投放力度，建设核心价值观主题街道、主题公园、主题社区，组织开展入户宣传4次；县委宣传部（文明办）指导262个村（居）修订、完善村规民约，设立“文明点评”“善

2022年6月1日，平和县开展"大手拉小手·逐梦向未来"庆"六一"志愿服务活动。图为主场活动启动仪式　（县委宣传部 供图）

行义举榜""好公婆好媳妇"等专栏，并定期开展评议活动；开展"和谐寺、观、教堂"和"优美民间信仰活动场所"创建活动；推动殡葬服务机构创新祭祀方式，推行不占土地、少耗资源的节地生态安葬方式，开展文明祭祀活动；推广城乡社区网格治理"2+N"模式暨"社区（乡村）110"工作。

【新时代文明实践】 2022年，平和县推进新时代文明实践中心（所、站）科学化、规范化、制度化建设。整合博物馆、文化馆、图书馆、平和暴动纪念馆、阳明传习堂、语堂书院等阵地资源，融合红色文化、海丝文化、语堂文化、闽南文化等文化资源，与乡村振兴、移风易俗、精神文明创建等工作结合，开展各类文明实践活动；打造文峰"新时代+道安"、山格"新时代+阳明"、坂仔"新时代+语堂"、五寨"新时代+廉政"、小溪"新时代+科普"、崎岭"新时代+土楼"等示范所，推出新建村"新时代+党建"、高寨村"新时代+产业"等示范站。

【志愿者服务】 2022年，平和县聚焦花山溪饮用水水源地综合整治、新冠疫情防控、省级文明城市创建、爱粮节粮，发起"保护母亲河""齐心防疫情""创建文明城""守护米袋子"系列志愿服务活动。培育志愿服务品牌，"助学""助残"志愿服务影响力提升，"七彩假期"等志愿服务活动备受好评。中国志愿服务网站上，平和县志愿者实名注册90839名，占全县常住人口的14%，开展服务活动1954场，总服务时长459695.68小时，超额完成省市文明创建要求。

【未成年人思想道德建设】 2022年，平和县落实"社会主义核心价值观进教材、进课堂、进头脑"和"爱学习、爱劳动、爱祖国"活动，运用各种宣传渠道和校园宣传阵地营造浓厚氛围；组织7万余名未成年人参与网上祭扫签名寄语献花活动；培育选树"新时代好少年"先进典型，金华小学学生李梓扬获漳州市"新时代好少年"荣誉称号；组织32个省级文明单位（文明校园）与16个乡村学校少年宫开展结对共建活动，推进爱国主义教育基地、图书馆、青少年宫等开放。

【"六一"志愿服务活动】 2022年，平和县新时代文明实践中心联合县委宣传部、团县委，组织全县262个新时代文明实践站集中发起关爱外来务工人员子女和留守儿童的"大手拉小手·逐梦向未来"庆"六一"志愿服务活动，开展赠送礼品、普法宣传、奖励先进、文艺展演、捐赠书籍等志愿服务。

（张生辉）

党校工作

【概况】 2022年，中共平和县委党校坚持"党校姓党"，从严治校，规范办学，发挥干部培训、思想引领、理论建设、科研咨政等作用。党校年度办学经费提升至50万元，着手实施新校园建设，高级讲师聘任比例提高至35%，增加1个专技人员编制。加强兼职师资队伍建设，聘请县内有理论功底和实践经验的党政领导干部、优秀专业技术人才担任外聘教师，其中县处级领导、部门主要领导8个；聘请5名上级党校、高校教师和市直部门人员到平和县授课。举办以“学习二十大精神”为主题的第四届党性教育精品课比赛。举办培训班22期，培训学员3205人；承接县外培训班次到平和县开展现场教学5次。在省委党校对县级党校质量线上评估工作中，获省委党校的认可。

2022年12月18日，平和县委党校讲师到国强乡新建村党支部开展“学习宣传贯彻党的二十大精神”宣讲活动。图为宣讲现场

（县委党校 供图）

【教学培训】 2022年，平和县委党校在谷文昌干部学院举办2022年科级干部培训班，培训学员41人；与县委组织部联合举办项目与发展专题干部专业化能力培训班，培训学员136人；与县委办联合举办公文写作干部专业化能力培训班，培训学员100人；与县委组织部联合举办2期乡村振兴主题培训班、6期党员发展对象培训班，培训学员分别为1802人、362人；与县直党工委联合举办2期入党积极分子培训班、县直机关党务干部提升能力素质培训班，培训学员分别为93人、81人；与平和乡村振兴党建学院联合举办高素质农民培训班8个班次410人。与平和乡村振兴党建学院、县旅投公司合作，联合成立平和县现代乡村教育科技有限公司。整合平和县党性教育资源，挖掘西坑党校、长乐红军党校、中共闽粤边特委机关旧址、高峰谷红军寮等现场教学点资源，串点成线，打造优质培训线路；采取“课堂建在现场上”的教学方式，分别由2名教师以AB岗形式负责各教学点解说，形成以县委党校为中心，以现场教学基地为支点的党性教育培训格局，全年组织开展现场教学8次、学员378名；承接漳州市委党校台投区科级干部培训班、东山县委党校2022年第3期科级干部培训班、闽侯县委党校2022年党外干部培训班、罗源县委党校科级培训班（2期）等5个县外培训班到平和县开展现场教学。

【理论宣讲】 2022年，平和县委党校开展送课下基层、集中宣讲等活动。印发党课课题菜单，面向乡镇、村（社区）、学校、县直单位等提供党课点单送课服务，包括花山溪饮用水水资源地综合整治、党史学习教育、党的十九届六中全会精神等内容。选派8名教师参加县委宣讲团，参与《闽山闽水物华新——习近平福建足迹》等4部图书、《习近平谈治国理政》第四卷、党的二十大精神等各个阶段的宣讲活动。全年开展送课和宣讲110场次，参训7190人次。

【科研咨政】 2022年，平和县委党校全体教师报送调研课题计划表12份，完成率达100%。全年申报课题22项，其中省委党校基地课题11项、市委党校校级课题10项、福建省乡村振兴研究会开放课题1项。课题立项13项，较上年同期有较大增长，立项数量和质量均保持在全市县级党校前列，其中，省委党校基地课题立项5项，比上年同期增长

67%，立项数量位列全市县（区）级党校第一名；邓思静老师的科研课题《论闽粤边特委的历史意义与现实启示》获福建省党校、行政学院系统中国特色社会主义理论体系研究基地2022年度研究项目优秀成果奖。市委党校校级课题立项7项，比上年同期增长70%，课题均结项并获奖；叶少敏老师的科研课题《习近平总书记新时代家风建设重要论述探析》、林智华老师的科研课题《多位视域下高质量发展促进共同富裕的内在逻辑及路径选择探析》获市委党校课题一等奖。省乡村振兴研究会开放课题立项1项。2篇论文入选福建省行政管理学会2022年年会论文汇编。

（杨舒静）

党史和地方志工作

【概况】 2022年，中共平和县委党史和地方志研究室加强党史编研、年鉴编纂，注重史志文化宣传、史志服务乡村振兴，完成全年工作目标和任务。配合市委党史方志室做好闽南（漳州）革命历史展馆平和板块资料征集工作、《红色文旅》资料汇编；开展馆藏革命文物摸底排查和革命文物征集活动等。协助市电视台做好平和党史人物革命事迹“微纪录”拍摄采访工作。联合县委组织部、县委宣传部、福建兴和投资发展集团有限公司开展的“‘静享书香’读书角助力乡村振兴”活动被评为平和县“我为群众办实事”实践活动十大典型案例之一；南胜镇欧寮村、长乐乡秀山村入选《福建“中央红军村”》（第一辑）。

【史志编研】 2022年，平和县委党史方志室推进史志书籍编纂工作。《中国共产党福建省平和县历史（1949—1978）》（第二卷）进入省级第三次审核阶段，《平和年鉴（2022）》付梓出版。与县农业农村局联合编纂的《平和蜜柚志》进入总纂统稿阶段。

【史志宣传教育】 2022年，平和县委党史方志室弘扬平和方志文化，讲好红色党史故事。以“从平和史志知平和”为基本定位，全方面、多角度深挖红色平和、文化平和、历史平和、风物平和，使“平和党史方志”微信公众号成为平和历史文化传播的新名片，发布或转发相关文章200多篇。在纪念红军进漳90周年之际，为县委办广大干部职工作《中央红军进漳对平和苏区发展的影响》专题党课辅导。把好意识形态关，协助老促会做好申报弘扬老区精神传承红色基因示范基地相关材料的审核。

【史志服务乡村振兴】 2022年，平和县委党史方志室把史志文化送入乡村。到国强乡老区基点村、省级乡村振兴试点示范村新建村开展红色文化调研，为新建村新时代文明实践站捐赠数十册史志书籍；借助以“学习贯彻二十大，

2022年4月28日，平和县委党史方志室配合漳州市电视台做好《陈彩芹》党史专题微视频录制工作。图为录制采访现场

（县委党史方志室 供图）

砥砺奋进新征程”为主题的2022年漳州市（平和）社科普及宣传周活动平台，到崎岭乡开展史志宣传，向基层群众赠阅史志书籍、杂志200多册。

（曾艺娇）

2022年7月27日，平和县档案馆组织干部到霞寨镇钟腾村榜眼府开展征集档案工作　　（县档案馆 供图）

档案工作

【概况】 2022年，平和县档案馆加强档案收集整理，提升馆藏利用，规范安全管理。全年接收6家单位的档案，共394卷又6705件、84枚旧印章。创建平和县书画档案创研室。

【档案查阅服务】 2022年，平和县档案馆接待社会各界档案利用者750余人次，查阅文书档案及婚姻档案672卷（件），复印文书档案3350张。

【档案征集】 2022年，平和县档案馆征集到开国将军杨永松关于革命烈士、中共平和县委第二任书记陈彩芹的采访实录以及采访过程的影像、照片等资料；原坂仔革命老区西坑村党支部书记赖四强捐赠的全国优秀党务工作者勋章、福建省劳动模范勋章等资料；“省级文物保护单位”侯山宫、福建省非物质文化遗产潮剧、榜眼府的相关资料；平和籍的中国书法家协会会员朱子辉、蔡劲松、杨炳龙，中国台湾书画名家程代勒、庄赐禄，以及曾在平和任职过的刘文标、黄文疆等人的书画档案作品，填补了县档案馆书画档案领域的空白。

【档案宣传】 2022年，平和县档案馆结合“6·9”国际档案日、“12·4”宪法宣传日，开展以“喜迎二十大·档案颂辉煌”“学习宣传贯彻党的二十大精神，推动全面贯彻实施宪法”为主题的宣传活动，通过悬挂横幅、LED显示屏滚动播放宣传标语，利用手机短信、微信等新型媒体普发10万条公益短信和6万条微信朋友圈宣传量。

【档案安全管理】 2022年，平和县档案馆完善档案安全管理制度和应急预案，每逢重要节日，开展安全大检查，推进隐患排查治理；健全完善《平和县档案馆消防安全管理制度》，加强档案馆消防安全排查整治工作自查自纠，完成县档案馆消防验收。对档案工作人员开展经常性的安全教育。抓好汛期档案安全检查，做好暴雨天气防范应对工作，准备防汛物资。

【档案规范化管理和执法检查】 2022年，平和县档案馆与县委办（档案局）联合开展档案检查指导工作，对若干家县直机关单位和各乡镇（场、区）档案管理情况进行检查。查看各立档单位档案室建设情况、档案工作制度制定情况、档案归档范围及保管期限表制定情况、文书档案归档整理情况。

（赖晓晖）

平和县人民代表大会

综 述

【人大代表构成】 截至2022年底，平和县第十九届人民代表大会共有代表275名，代表构成如下：男性197名，女性78名；党员178名，非党员97名；公务员81名，国企负责人3名，非公有制经济人士10名，工人5名，农民150名，专技14名，其他12名，部队1名。连任67名。

【决议决定】 2022年，平和县人大常委会听取和审议2021年县本级财政决算草案的报告、2021年度县本级财政预算执行和其他财政收支情况的审计工作报告、2022年上半年国民经济和社会发展执行情况以及下半年工作安排的报告、2022年上半年预算执行情况的报告、2021年度县本级预算执行和其他财政收支审计查出问题整改落实情况的报告、2022年第一批和第二批地方政府债券资金安排使用方案（草案）的报告、2022年第四批地方政府债券资金安排使用方案（草案）的报告、滞留债券资金收回重新安排使用方案（草案）的报告、2022年县本级财政预算调整方案（草案）的报告、2022年国民经济和社会发展计划调整方案（草案）的报告。

【关注民生福祉改善】 2022年，平和县人大常委会紧盯饮用水安全，多次深入镇村开展花山溪饮用水水源地风险突出问题综合整治调研视察和专项督查，持续跟踪整治工作和整治成效，发动全县人大代表共同推动花山溪流域生态环境综合整治；监督推动官峰水库立项建设。紧盯育人育才工程，坚持“五育并举”、全面育人，听取和审议减轻义务教育阶段学生作业负担和校外培训负担工作情况专项工作报告，组织开展普通高中教育高质量发展情况专题调研，扎实推进“双减”各项工作落地落实。紧盯银发人群保障，开展医疗养老工作情况调研，推进养老服务和医疗卫生的融合发展。紧盯民族宗教事务，开展宗教工作、“铸牢中华民族共同体意识，推动新时代民族工作高质量发展”调研活动，助推凝聚共识、汇聚力量、共促发展。紧盯爱国主义教育基地建设，开展革命遗址及英雄烈士纪念设施保护管理工作情况调研，推动红色资源保护机制更加完善、宣传运用更加充分、功能发挥更加显著。

【“双联”工作深化】 2022年，平和县人大常委会加强常委会组成人员和专门委员会、工作委员会同代表的联系，完善分工联系的原则、内容、方式，开展“下基层、访代表、听建议”活动，走访基层人大代表328人次；邀请省、市、县人大代表23人次列席常委会会议，组织代表参与调研视察、执法检查和专项督查等活；完善人大代表联系群众活动室建设，召开活动室建设现场推进会暨经验交流会。

县人大重要会议

2022 年 12 月 21 日，平和县第十九届人民代表大会第二次会议开幕 （县人大办 供图）

【概况】 2022 年，平和县人民代表大会常务委员会召开平和县第十九届人民代表大会第二次会议、平和县第十九届人大常委会会议 7 次，听取和审议专项工作报告 15 项，针对重大事项重大问题审议并作出决议、决定、审议意见 15 项，依法任免国家机关工作人员 108 人次。

【县第十九届人民代表大会第二次会议】 2022 年 12 月 20—22 日在平和县人民会场召开，237 名人大代表出席会议。大会听取和审议平和县人民政府工作的报告、平和县 2022 年国民经济和社会发展计划执行情况与 2023 年国民经济和社会发展计划草案的报告、平和县 2022 年预算执行情况和 2023 年预算草案的报告、平和县人大常委会工作的报告、平和县人民法院工作的报告、平和县人民检察院工作的报告；选举平和县人大常委会副主任 1 名、委员 2 名。

【县第十九届人大常委会会议】 2022 年，平和县人大常委会组织召开常委会会议 7 次。分别如下：

县第十九届人大常委会第一次会议　1 月 21 日召开。审议通过县人大常委会组成人员守则（草案）、县人大常委会关于设立平和县第十九届人民代表大会常务委员会代表资格审查委员会的决定（草案）、平和县第十九届人民代表大会常务委员会代表资格审查委员会名单；投票表决有关人事事项。

县第十九届人大常委会第二次会议　3 月 16 日召开。审议通过平和县人大常委会会议事规则；听取和审议县政府关于 2022 年第一批和第二批政府债券转贷资金安排使用方案（草案）的报告；投票表决有关人事事项。

县第十九届人大常委会第三次会议　5 月 17 日召开。投票表决有关人事事项；听取和审议平和县打击治理电信网络新型违法犯罪工作情况的报告；听取县人大调研组关于花山溪饮用水水源地风险突出问题综合整治落实情况、革命遗址及英雄烈士纪念设施保护管理工作情况、普通高中教育高质量发展情况的调研报告。

县第十九届人大常委会第四次会议　7 月 29 日召开。听取和审议县本级 2021 年财政决算草案的报告、县本级 2021 年预算执行和其他财政收支情况审计工作的报告、平和县 2022 年上半年国民经济执行情况和下半年工作安排的报告、平和县 2022 年上半年预算执行情况和下半年工作安排的报告、县政府关于 2022 年第四批地方政府债券转贷资金安排使用方案（草案）的报告、县政府关于平和县滞留债券资金收回重新安排使用方案（草案）的报告；听取 2021 年规范性文件备案审查工作情况的报告、县人大执法检查组关于《中华人民共和国森林法》“一法一条例”落实情况的执法检查报告；听取县人大调研组关于公调对接工作情况、“铸牢中华民族共同体意识，推动民族工作高质量发展”的调研报告；审议确认增选的当选县十九届人大代表资格；投票表决有关人事任免事项。

县第十九届人大常委会第五次会议　9月28日召开。听取和审议县监察委员会专项工作报告、平和县减轻义务教育阶段学生作业负担和校外培训负担工作情况的报告；听取县人大调研组关于公益诉讼工作情况的调研报告；投票表决有关人事任免事项。

县第十九届人大常委会第六次会议　11月24日召开。听取和审议县政府关于2021年度县本级预算执行和其他财政收支审计查出问题整改落实情况、2022年县本级财政预算调整方案（草案）、2022年国民经济和社会发展计划调整方案（草案）、2022年环境状况和环境保护目标任务完成情况、创建省级文明县城工作情况的报告；听取县人大执法检查组关于《漳州市市容和环境卫生“门前三包”责任区管理若干规定》落实情况的执法检查报告；听取县人大调研组关于医疗养老工作情况、河长制工作情况的调研报告；投票表决有关人事事项。

县第十九届人大常委会第七次会议　12月16日召开。审议确认增选和补选的当选县十九届人大代表资格；审议通过平和县第十九届人大第二次会议有关事项；投票表决有关人事事项。

依法监督

【法律监督】　2022年，平和县人大常委会开展《中华人民共和国森林法》和《福建省森林条例》实施情况、《漳州市市容和环境卫生“门前三包”责任区管理若干规定》执法检查；开展规范性文件备案审查工作并听取专项报告、县公安局打击治理电信网络新型违法犯罪工作情况调研。

【工作监督】　2022年，平和县人大常委会测评县政府各组成部门，县人民法院、县人民检察院，市垂直管理部门，非政府组成部门的有关单位年度工作。重点围绕“三提三效”行动、“产业发展项目建设攻坚年”活动、“七比一看”竞赛，统筹疫情防控和经济社会发展，开展农业产业转型升级、工业发展、乡村振兴、产业发展项目建设攻坚、全县生活污水收集处置、“创建省级文明县城”等工作监督。听取和审议县监察委员会关于开展廉政教育工作情况的专项工作报告。

【视察调研】　2022年，平和县人大常委会组织开展革命遗址及英雄烈士纪念设施保护管理、普通高中教育高质量发展、公调对接、“铸牢中华民族共同体意识，推动民族工作高质量发展”、公益诉讼、河长制、医疗养老、义务教育阶段“双减”、耕地保护暨“两违”整治、优化营商环境等调研视察。全年组织代表参加课题调研、执法检查、视察等活动176人次，撰写专题调研文章26篇。

2022年9月1日，平和县人大常委会组织人大代表到小溪镇开展耕地保护暨“两违”整治集中视察活动　　（县人大办 供图）

人事任免

【县十九届人大常委会第一次会议人事任免事项】 2022年1月21日，县十九届人大常委会第一次会议任命郭艺泓为平和县公安局局长，张万土为平和县人民政府办公室主任，杨武牧为平和县发展和改革局局长，卢和强为平和县教育局局长，陈建章为平和县工业和信息化局局长，罗少真为平和县民政局局长，陈耀勇为平和县司法局局长，赖志生为平和县财政局局长，吴金成为平和县人力资源和社会保障局局长，吴志育为平和县自然资源局局长，庄汉生为平和县住房和城乡建设局局长，曾乃君为平和县交通运输局局长，黄志雄为平和县水利局局长，李明聪为平和县农业农村局局长，卢胜为平和县文化体育和旅游局局长，陈苍山为平和县卫生健康局局长，叶俊城为平和县退役军人事务局局长，李林城为平和县应急管理局局长，周志平为平和县审计局局长，林立武为平和县林业局局长，卢林海为平和县市场监督管理局局长，林荣建为平和县统计局局长，张元清为平和县政府信访局局长，张少云为平和县行政审批局局长，龚奕斌为平和县城市管理局局长。

【县十九届人大常委会第二次会议人事任免事项】 2022年3月16日，县十九届人大常委会第二次会议任命朱伟才为平和县人民法院坂仔人民法庭庭长，张子立为平和县人民法院交通审判庭（综合审判庭）庭长。免去朱伟才的平和县人民法院霞寨人民法庭副庭长职务，张子立的平和县人民法院民事审判庭（生态环境审判庭）副庭长职务，庄文才的平和县人民法院交通审判庭（综合审判庭）庭长职务，李庆华的平和县人民法院审判员职务，卢忠信的平和县人民法院副院长、审判委员会委员、审判员职务。

【县十九届人大常委会第三次会议人事任免事项】 2022年5月17日，县十九届人大常委会第三次会议任命戴永福为平和县人民政府副县长，徐荣德为平和县人民政府副县长、县公安局局长，黄洪河为平和县退役军人事务局局长，赖警苗为平和县统计局局长，张元清为平和县应急管理局局长，卢鑫城为平和县人民政府信访局局长，李林城为平和县城市管理局局长，蔡劲楚为平和县监察委员会委员。免去郭艺泓的县公安局局长职务，张元清的县人民政府信访局局长职务，李林城的县应急管理局局长职务，叶俊城的县退役军人事务局局长职务，林荣建的县统计局局长职务，龚奕斌的县城市管理局局长职务，赖捷民的平和县监察委员会委员职务，周良的平和县监察委员会委员职务。决定接受郭艺泓辞去平和县人民政府副县长职务的请求，赖警苗、叶庆南辞去平和县第十九届人大常委会委员职务的请求，蔡劲楚辞去平和县第十九届人民代表大会监察和司法委员会委员职务的请求。

【县十九届人大常委会第四次会议人事任免事项】 2022年7月29日，县十九届人大常委会第四次会议任命赖贤平为平和县人民法院副院长，黄佳鑫为平和县人民检察院检察员、检察委员会委员、副检察长，朱惠珍为平和县人民法院刑事审判庭庭长。免去赖贤平的平和县人民法院刑事审判庭庭长职务，朱惠珍的平和县人民法院刑事审判庭副庭长职务，许渊俊的平和县人民检察院检察委员会委员、检察员职务，曾程伟的平和县人民检察院检察委员会委员、检察员职务。

【县十九届人大常委会第五次会议人事任免事项】 2022年9月28日，县十九届人大常委会第五次会议任命张少云为平和县工业和信息化局局长，陈振平为平和县交通运输局局长，赖建生为平和县水利局局长，蔡伟君为平和县人民法院审判员，郭晓贤为平和县人民法院审判员，卢秀婷为平和县人民检察院检察员。免去张少云的平和县行政审批局局长职务，陈建章的平和县工业和信息化局局长职务，曾乃君的平和县交通运输局局长职务，黄志雄的平和县水利局局长职务。决定接受蒋启财辞去平和县人民政府科技副县长职务的请求。

【县十九届人大常委会第六次会议人事任免事项】 2022年11月24日，县十九届人大常委会第六次会议任命谢钟琛为平和县人民政府科技副县长，蔡从龙为平和县监察委员会委员。

【县十九届人大常委会第七次会议人事任免事项】 2022年12月16日，县十九届人大常委会第七次会议任命张秀珠、吴惠玲、沈永生、叶光根、黄炜、张新燕、林玲、卢颖瑛、陈惠真、杨国宏、何松山、林金火、赖志毅、杨桂兰、游怀群、陈玉珍、曾荣德、黄小静、蔡信任、张跃平、吴学良、张燕华、吴智全、周美玲、游文智、陈建成、赖银来、叶明生、叶志坤、黄坤辉、周跃平、石涌泉、林景云、林志芳、曾长城、曾坤章、罗永生为平和县人民法院人民陪审员。免去曾银燕的平和县人民法院民事审判庭（生态环境审判庭）副庭长、审判员职务，杨培北的平和县人民法院审判员职务。

代表工作

【概况】 2022年，平和县人大常委会组织开展代表视察、专题调研、执法检查、旁听庭审、年度述职、列席人大常委会、参加各种类型的座谈会等活动。组织代表学习培训、参与县人大专委会对口工作。每年初召开议案建议办理工作会，评选表彰年度优秀代表建议和代表建议承办先进单位。全年开展工作视察、调研、执法检查49次，形成调研报告和执法检查报告13篇。

【履职平台建设】 2022年，平和县人大常委会加强代表履职工作平台和网络服务平台建设，召开各乡镇人大代表联系群众活动室创建工作交流会。强化代表履职服务中心建设，累计服务代表389人次，宣传报道代表履职情况362篇。

【代表建议督办】 2022年，平和县人大常委会做好平和县十九届人大一次会议代表建议办理工作，常委会筛选9件代表建议进行重点督办，开展建议办理工作满意度测评。平和县第十九届人民代表大会第一次会议，收到县人大代表提出的建议64件，涉及道路交通、教科文卫、农林水、城环、旅游等方面，均办理完毕并答复代表。

（吴霖）

平和县人民政府

综 述

【产业发展】 2022年，平和县地区生产总值完成302.89亿元，同比增长4.8%；农林牧渔业总产值114.45亿元，同比增长6.7%；固定资产投资104.69亿元，同比增长9.4%；社会消费品零售总额109.11亿元，同比增长4.3%；一般公共预算总收入10.44亿元，同比增长21.9%。工业经济平稳运行，完成规模以上工业总产值248.91亿元，同比增长0.5%；规模以上工业增加值比上年增长0.2%。促成协德高新建材等落地建设，宝丽发石业等建成投产，新增规模以上工业企业24家，同比增长19.5%。坚持“亩均论英雄”，盘活圣大、宝达等闲置厂房，引进新型锂电池、豌豆糖浆等重大生产项目。推进工业园区污水处理厂提标扩建、纵三路至上峰路道路改造等项目，持续加快安厚机械产业园、五寨生态木业产业园建设。建筑业产值同比增长20.3%，产值6.979亿元，居全市第二，新增建筑资质企业14家，同比增长41%，一级建筑企业实现“零”的突破。现代农业提质增效，推动国家现代农业产业园二期项目建设，构建“种好果、卖好价”新模式，推广廖红团队、蜜柚科技小院绿色种植技术，建设生态果园11466.67公顷，优化柚类种植结构13333.33公顷以上；全面扩大欧盟、恢复俄罗斯、新开拓美国等蜜柚销售市场，出口17万吨；白芽奇兰茶品牌价值突破32亿元，发展壮大“柚香奇兰”茶，作为福建省“一县一品”典型代表参与厦门“9·8”乡村振兴产业展推介，产量突破5万千克；新增市、县级农业产业化龙头企业22家。发展特色农业产业，打造稻田米、水果玉米等种植基地；新建高标准农田17.78公顷。全县粮食生产总面积3981.33公顷，总产量2.36万吨。商贸旅游融合发展，参与“全闽乐购”“乐购漳州”等活动；新增限上贸易企业44家；推动“蜜柚外贸企业回归工程”，县内自营出口企业增加11家，总额4200万元，比上年同期增长约3倍；小溪镇、心田村等入选中国淘宝镇、村。创建全域旅游示范县，高峰谷创建AAAA级景区，绳武楼等4个景点入选全国乡村旅游精品线路，大溪镇入选省“全域生态旅游小镇”，灵通风景区入选第二批“气候康养福地”名单。

【项目建设】 2022年，平和县实施“产业发展项目建设攻坚年”活动，开展“七比一看”竞赛，滚动推进“五个一批”项目，乡村振兴产业孵化中心、城乡供水一体化等181个县级以上重点项目完成投资100%，新增入库项目248个，总投资90亿元，项目数居全市前列。开展“一把手”招商13次，编制产业链招商地图，举办生态木业、机械制造等专题招商推介会，新签约项目77个，总投资88.8亿元，引进新型锂电池、豌豆糖浆等生产项目。深化

2022年2月11日，平和县召开2022年县委县政府工作会暨“产业发展项目建设攻坚年”动员大会　（县融媒体中心　供图）

“区地合一”改革，推进工业园区污水处理厂提标扩建、纵三路至上峰路道路改造等项目，加快安厚机械产业园、五寨生态木业产业园建设。深入推进相对集中许可权改革，承接划转事项234项。建立全省首个“审管互动”系统、“助企纾困”专栏，设立“模拟审批办”、台商台胞政务服务专窗，优化“百名干部挂百企”活动，服务重点项目、企业。与福建农林大学合作成立“平和蜜柚研究院”，新认定市高层次人才24名，引进“扬帆计划”大学生378人；兴和集团、城投公司分别参投和瑞央筑、生活垃圾焚烧发电厂，新组建平和现代农业发展有限公司。

【城乡建设】 2022年，平和县创建省级文明县城，实施城乡建设品质提升项目66个，完成投资27.34亿元，推进北环路延伸段道路工程一期、东环路一期等，生活垃圾焚烧发电厂建成投用；改造提升老旧小区2个，城区保洁面积扩展至121万平方米；强化“卫片图斑”整治，处置“两违”76.64万平方米。实施特色乡镇、试点村示范项目97个，完成投资1.8亿元；乡村振兴“串点连线成片”项目28个，完成投资3228万元；16个民生项目得到省总工会、省水利厅等省直单位及闽侯县的对口帮扶；编制村庄规划147个，改造危桥3座，新建改造农村公路61千米，整治裸房2229栋；创建5个省级森林村庄，芦溪镇秀芦村入选第六批中国传统村落名单。

【民生事业】 2022年，平和县完成为民办实事项目10个，推进前岭小学教学楼、新星幼儿园第二分园等项目建设；优先保障义务教育教师收入水平不低于公务员政策，追加奖励性绩效工资1.17亿元，推进力度在全市靠前。成立康乐养护中心，山格镇敬老院成为全市唯一“医养结合”模式改革试点单位，建设村级生命公园4个。加快庄上大楼修缮工程，建设“迁台记忆”馆。建成15家卫生院中医馆，全面推进AED（自动体外除颤器）群众性应急救护项目。推进常态化扫黑除恶斗争，深化“百日攻坚”行动，建立公安执法监督管理中心、智慧执法办案中心，“平安三率”居全市前列，社会治理全面提升。坚持依法治访，打击“非访”，化解一批信访积案。解决“南山花园”安置房遗留问题，开展道路交通、自建房等重点领域安全检查。回应人大、政协的监督和支持，68件人大代表议案建议、63件政协提案全部办复。

【生态优化】 2022年，平和县落实各级环保督察反馈问题整改，推进花山溪流域综合整治，全面落实“6+8+N”的水土兼治方法，开展“百日攻坚”专项行动，10月中旬起全县水质达标，官峰水库先行试验段开工建设，解除“黄牌”警示，形成流域整治“平和经验”。深入实施“碧水·蓝天·净土”工程，加强水环境综合整治，国省控断面水质全市排名前三。开展施工扬尘、渣土车、餐饮油烟等污染源管控，空气质量优良率99.6%。造林绿化596.67公顷，退果还林217.33公顷。争取“土地整治补充耕地”省级试点，实施“园改耕”项目82个、383.59公顷，耕地“进出平衡”流入净面积320.93公顷，超额完成247.67公顷。

【政府门户网站建设】2022年，平和县加强政府门户网站、政务新媒体管理运行和全县40个政府信息公开专栏的业务指导、技术维护工作；各乡镇、县直各部门分别指定1名领导分管、1名工作人员负责网站和政务新媒体内容保障工作；完善管理制度，组织相关分管领导、业务人员参加各类网络安全培训；制定《2022年全县政务公开工作主要任务分解表》。加强政务新媒体协作，与融媒体中心建立沟通协调机制，选登“平和新闻”等信息，做好信息发布、解读回应、政务服务等工作，分别针对粮食安全、乡村振兴、食安创城、优化营商环境、林业生态保护、控疫情、稳生产等热点、焦点问题，开展民意征集、网上调查和在线访谈等活动。加强信息系统安全保障，联合县保密局、网信办等单位，监督检查信息安全保密工作开展情况；加强值班读网制度、安全值班值守，完善应急机制，建立集态势感知、监测预警、应急处置于一体的网络安全应急处置机制；建立健全政务新媒体安全管理制度和应急预案，强化网络安全自查整改，对政府网站、政府新媒体信息系统安全工作开展自查。全年发布信息3828篇，受理回复依申请公开信息7条，解读政策性文件10篇。规范整合县域内政务新媒体，全县有“平和县人民政府”“平和公安”“平和交警”“平和文旅之声”4个微信公众号，平和县人民政府网站客户端1个，平和公安新浪微博1个，发布新媒体信息1201篇。

县政府重要会议

【县政府常务会议】2022年，平和县政府召开16次常务会议。

第一次常务会议　1月21日召开。研究新一轮县城区道路清扫保洁及垃圾转运一体化项目拟市场化运作方案相关事宜、蜜柚文化博览园选址论证报告等2个规划相关事宜、平和县“十四五”林业发展专项规划相关事宜、关于调动农民种粮积极性稳定粮食生产十四条措施相关事宜。

第二次常务会议　2月21日召开。研究2022年第一批新增政府债务限额使用方案相关事宜、《平和县城关社区卫生服务中心控制性详细规划》等3个规划相关事宜、机制砂“双净”前期费用相关事宜、平和县延寿路以北、宝祥路以西地块控制性详细规划批复事宜、关于平和县消防水源管理办法的相关事宜、关于平和电大更名转型为平和开放大学相关事宜、关于在平和一中设置奖励性高级教师岗位的相关事宜、关于平和县旧县路、正兴大道交叉口北侧地块综合性开发的相关事宜、关于高南村南山花园及宝善村安置房项目开发相关事宜。

第三次常务会议　3月22日召开。研究平和县工业用地综合地价调整报告相关事宜、平和县原党政主要领导经济责任审计发现问题整改工作方案相关事宜、《平和县落实省委涉粮专项巡视、市委涉粮问题专题了解整改推进绿色储粮、科学保粮三年行动方案》相关事宜、《漳州市创建国家食品安全示范城市平和县实施方案》相关事宜。

第四次常务会议　4月7日召开。研究关于《平和县官峰水库导流洞应急工程及引水系统先行试验段》审批、施工招标、监理招标以及施工用电代建等相关事宜、平和县正兴学校跨奇兰路人行天桥工程选址论证报告、平和县科技产业园正兴大道以北、山国线以西用地控制性详细规划、《平和县2022年县级以上重点项目实行分级管理和领导挂钩责任制表（征求意见稿）》相关事宜、关于《平和县2022年“产业发展项目建设攻坚年”活动实施方案和考评细则》相关事宜。

第五次常务会议　4月25日召开。研究《平和县人民政府工作规则》相关事宜、关于请求安置办公场所相关事宜、县教育局申请落实“以工代教”身份退休教师一次性退休补贴相关事宜、县农业农村局申请落实畜牧兽医医疗卫生津贴相关事宜、关于官峰水库工程项目征迁标准的相关事宜。

第六次常务会议　5月12日召开。研究《2022年县委和县政府为民办实事建议项目》相关事宜、平和县2022年第五批次县级土地开发项目引入社会资本（民间资本）相关事宜、《平和县三宝路—三林路交叉口调整论证报告》《平和县小溪镇三林路道路工程控制性详细规划》相关事宜、平和县小溪镇河滨路以北、新南路以西B地块控制性详细规划相关事宜、平和县东古岩地块通信基站控制性详细规划相关事宜、平和第二污水处理厂改造工程用地控制性详细规划相关事宜、福建平和职业技术学校迁建工程控制性详细规划相关事宜、平和县山格镇卫生院迁建工程项目用地控制性详细规划相关事宜、芦溪镇蕉路村村庄规划（2020—2035）（调整）相关事宜、平和县芦溪中心小学地块控制性详细规划相关事宜、平和县芦溪镇集贸市场地块控制性详细规划相关事宜、《平和县大溪镇镇区南片区网路控制性详细规划》批复事宜、文峰镇三坪村等37个村庄规划批复事宜、《关于深化集体林权制度改革推进平和林业高质量发展的实施意见》相关事宜、《平和县三平省级风景名胜区及门户区控制性详细规划（2020—2030）》相关事宜。

第七次常务会议　5月24日召开。研究关于《平和县迎宾南路（西环路—英才路）、宝葫路西段（西环路以西）道路工程控制性详细规划》相关事宜、关于《平和县工程项目招标投标领域突出问题专项整治工作方案》相关事宜、关于《2022年交通项目建设》相关事宜、关于《政府办过渡搬迁到临时办公场所》相关事宜。

第八次常务会议　6月14日召开。研究在中心城区停止个人建房相关事宜、《漳州市平和县琯城水厂工程用地选址论证报告》等5个规划相关事宜、新一轮县城区道路清扫保洁及垃圾转运一体化项目拟市场化运作方案相关事宜、《平和县林业生态保护工程》相关事宜。

第九次常务会议　7月12日召开。研究《平和县小溪镇三宝路以北、阳光路以西用地概念性城市设计及控制性详细规划》相关事宜、《平和县自建房安全专项整治实施方案》相关事宜、关于促进房地产市场平稳健康发展实施购房补贴相关事宜、《平和县品质提升2022年度实施方案》相关事宜、《平和县无障碍设施品质提升三年行动方案》相关事宜、《中共平和县委平和县人民政府关于成立平和县贯彻落实粮食安全责任制领导小组的通知》相关事宜、《“十四五”期间数字平和建设专项规划》相关事宜、《关于平和县人才发展有限公司组建方案》相关事宜、《2022年第二批新增政府债务限额和滞留债券资金回收重新安排项目使用方案》相关事宜、2022年上半年财政预算执行情况和下半年财政工作意见的汇报情况相关事宜、2021年本级财政决算草案的相关事宜、《平和县贯彻落实省生态环境保护例行督察反馈问题整改方案》相关事宜、关于推进平和工业园区“区地合一”工作相关事宜、关于教育建设项目委托平和城市建设投资开发有限公司实施相关事宜、关于平和现代农业发展有限公司组建方案相关事宜、《关于做好2022年全面推进乡村振兴重点工作的实施意见》相关事宜、《平和县事业单位管理岗位职员等级晋升制度实施方案》的相关事宜、《平和县妇女发展纲要（2021—2030）》《平和县儿童发展纲要（2021—2030）》等2个纲要相关事宜、平和县社会福利中心“夕阳红”公寓和爱心护理楼、乡镇敬老院实行“公建民营”“医养结合”管理模式改革相关事宜、关于认定2020—2021年度守合同重信用单位相关事宜。

第十次常务会议　8月4日召开。研究小溪镇豆坪村等32个村庄规划相关事宜、《平和县消防救援指挥中心用地控制性详细规划》等3个规划相关事宜、关于部分新增地方政府专项债券资金调整使用方案相关事宜、关于平和县人才孵化中心项目开发事项、调整县教师进修学校专任教师中高级职称岗位结构比例的事宜、平和县乡镇“一支队伍管执法”改革方案、福建省平和县国家森林城市建设总体规划（2021—2030年）、关于公开招聘平和现代农业发展有限公司高级管理人才和工作人员事宜、2021年度绩效考评结果及2022年度平和县经济社会运行高质量发展监测与绩效管理工作方案相关事宜。

第十一次常务会议　8月31日召开。研究《平和县西三线闽粤支干线和漳州LNG外输管道联通工程天然气管道建设征地拆迁补偿实施方案》、《关于成立西三线闽粤支干线和漳州LNG外输管道联通工程专项协调小组的通知》相关事宜、《平和县人民政府加强税费征管保障办法》相关事宜、平和县2022年本级财政预算调整（草案）相关事宜、提高新一届村（社区）“两委”基本报酬相关事宜、拟建平和县消防救援指挥中心相关事宜、平和现代农业发展有限公司前期工作相关事宜、福建省广播电视大学平和县工作站更名为平和开放大学相关事宜、平和公安交通指挥中心用地控制性详细规划等2个规划相关事宜、平和工业园区污水处理厂提标扩建工程建设方案相关事宜、2022年平和县农民丰收节活动方案相关事宜、平和县国家现代农业（蜜柚）产业园项目建设相关事宜、平和县梨仔坑小流域综合示范整治工程相关事宜。

第十二次常务会议　9月27日召开。研究关于科学种植经营桉树的实施意见、平和县花山溪流域生态林地蜜柚退果还林实施方案、平和县第二污水处理厂提标改造工程污水处理费调整等事宜、大溪镇大芹村等6个村庄规划、关于平和九峰基督教聚会点土地权属争议案件相关事宜的汇报材料、平和县引入社会资本（民间资本）推进县级旱地开发项目工作方案、平和县延寿山柚海文化生态园项目选址论证报告等3个规划、加强机关事业单位编外临聘人员管理的补充事项、关于拟建平和县公安指挥中心相关事宜。

第十三次常务会议　10月13日召开。研究关于印发《2022年平和县营商环境攻坚提升12345行动方案》的通知、关于平和县“十四五”教育发展专项规划相关事宜、关于平和县就业和社会保障服务中心国有资产调剂置换有关事项、关于继续借用县政府原驻榕办办公用房的汇报、关于平和县秀峰乡福塘村加油站用地选址论证报告等2个规划、关于《平和县法治政府建设实施方案（2021—2025年）》。

第十四次常务会议　10月31日召开。研究2022年利用限额空间发行新增专项债券额度使用方案、2018年省委巡视反馈财政出借资金问题整改、平和县2022年本级财政预算调整（草案）、《平和县县属国有粮食企业改革和股权划拨》相关事宜、关于调整东、西部片区乡村振兴项目内容的事宜、关于平和县集体所有制企业退休人员老年生活保障金发放问题有关事项、平和县“十四五”残疾人保障和发展规划、印发《平和县城市声功能区划（2022—2030年）》；并召开县政府与县总工会第11次联席会议。

第十五次常务会议　11月18日召开。研究《平和县2022年国民经济和社会发展计划调整方案（草案）》相关事宜、关于筹建平和县公立中医医院相关事宜、关于县就业和社会保障服务中心国有资产调剂使用相关事宜、《平和县重大决策社会稳定风险评估实施细则（试行）》相关事宜、《〈福建平和工业园区（黄井园区）控制性详细规划〉调整论证》等3个规划相关事宜、《平和县殡仪祭拜服务中心用地选址论证报告》相关事宜、《平和县文峰镇P2020—11地块控制性详细规划调整论证报告》等4个规划相关事宜、关于在全县全面推开引入民间资本推进县级土地开发项目、平和县组建常年猎捕野猪专门队伍工作方案相关事宜、关于提请县政府常务会研究出台平和县扶持产业发展奖励暂行办法。

第十六次常务会议　12月

12日召开。研究平和县2022年财政预算执行情况及2023年财政预算草案、《平和县2022年主要经济指标预计完成情况及2023年初步安排方案表》相关事宜、薪酬制度调整、员工招聘及增资城投等相关事宜、花山溪流域种植区土壤污染风险管控与治理修复工程相关事宜、平和县花山溪流域重点区域污染防控与综合施策修复工程一期、九峰溪流域霞寨段生态环境综合整治工程、漳州市县级峰头水库上游安厚流域水质安全保障工程、平和县琯城水厂工程等相关事宜、官峰水库及梨仔坑小流域综合示范整治工程征收补偿工作的相关事宜、漳州市平和生态环境局关于生态环境项目确定业主单位的请示、平和县域新陂地块四用地控制性详细规划等3个规划、平和县工程建设项目前期策划会商管理办法（草案）、坂仔镇西坑村、九峰镇复兴村村庄规划（修编）、平和县乡镇镇区生活污水处理设施建设、运行监督与市场化运维实施方案、平和县建立健全食品安全分层分级精准防控末端发力终端见效工作机制实施方案、审议政府工作报告、关于平和县国家现代农业产业园建设相关事宜的汇报。

【县政府专题会议】 2022年，平和县政府召开30次专题会议。

1月13日，研究扎实做好2022年冬季、2023年春季重要民生商品保供稳价工作。

1月17日，研究《平和县旧县路、正兴大道交叉口北侧地块概念性城市设计方案及控制性细规划》等3个规划方案事宜。

1月18日，研究《购买平和县2022—2023年驻点规划技术服务方案》事宜。

1月27日，研究益民燃气靖城综合调压站分输管线项目立项工作有关事宜。

2月25日，研究平和县2022年村庄规划编制方案事宜。

3月25日，研究花山溪流域突出生态环境整治工作事宜。

3月28日，研究平和县“农资市场整治”整改落实工作事宜。

4月24日，研究平和县官峰水库工程协调工作事宜。

4月25日，研究福建省平和职业技术学校迁建工作调研事宜。

5月23日，研究加快推进花山溪流域重点乡镇农业种植结构调整和化肥减量增效工作事宜。

5月25日，研究平和县工人文化宫、青少年宫及科技馆工程建设相关事宜。

5月25日，研究兴和集团项目建设推进事宜。

6月16日，研究国道355线文峰段路域整治提升有关事宜。

7月8日，研究平和工业园区万宝达等6家企业暂缓变更生产燃料工作事宜。

7月8日，研究花山溪主干流两侧200米基本农田退果还耕事宜。

7月14日，研究促进房地产市场平稳健康发展实施购房补贴工作事宜。

7月20日，研究福建省平和职业技术学校迁建工程项目推进事宜。

8月10日，研究落实耕地“进出平衡”资金补助事宜。

8月12日，研究平和山格科技园35千伏线路迁改工程项目事宜。

9月6日，研究平和县黄井和卧船山陈年垃圾无害化处理工作事宜。

11月14日，县政府与县总工会第11次联席会议。

11月23日，推进漳州华嘉威建材有限公司等2家企业项目落地事宜。

11月24日，研究县教育系统建设项目前期手续委托福建平和城市建设投资开发有限公司办理事宜。

12月5日，研究迎宾路（圆环红绿灯至驯水桥头段）等路段线路迁移下地事宜。

12月9日，研究研究芦溪镇芦丰村村庄规划（2022—2035）事宜。

12月15日，研究平和正兴学校开展分类登记工作有关事宜。

12月15日，研究南山花园安置小区一期工程（8号楼、9号楼、10号楼及地块一地下室）中间结算事宜。

12月19日，研究平和县税务局老旧或闲置房产调剂有关事宜。

12月27日，研究平和县山水林田湖草沙土壤稳定修复、酸化改良事宜。

12月30日，研究实施国道355线九峰互通至镇区路面改造事宜。

为民办实事

【概况】 2022年平和县委、县政府完成10个为民办实事项目，总投资17865.85万元，占年度投资计划的100.5%。为民办实事项目工作情况列入绩效考评。

【新时代电力“双满意”工程推进】 2022年，平和县累计投资1亿元推进新时代电力“双满意”工程。安装6.37万个智能电表，与262个村（社区）共建融合；新建、改造52个农村配电网台区；推动电网跨越升级，完成闽粤电力联网工程竣工投运，持续推进建设8个35—110千伏工程，147个10千伏及以下配电网工程。

【市政生活污水管网建设】 2022年，平和县累计投资2000万元推进市政生活污水管网建设。完成新建南山桥至污水处理厂污水管道3000米。

【道路交通安全隐患路段整治】 2022年，平和县累计投资34.1万元整治道路交通安全隐患路段。整改南胜镇前山村至龙心村11处交通安全隐患路口夜间照明不良问题。

【城镇老旧小区改造】 2022年，平和县累计投资158.45万元推进城镇老旧小区改造，节省投资资金39.06万元。完成果树园老旧小区改造提升，建设水管网修复、雨污水管网改造、道路改造、停车场改造等工程，居住环境大为改善。

2022年4月6日，平和县小溪镇灵通桥头污水管网建设施工现场（林泽霖 摄）

【城市口袋公园建设】 2022年，平和县累计投资2600万元建设城市口袋公园。完成宝善公园改造提升工程，建设微地形、照明、夜景以及给排水等工程，新建3千米绿道；实施驯水公园提升工程，新建1.5千米休闲绿道，新增公共停车位50个，缓解“停车难”问题。

【学校近视防控教室照明改造】 2022年，平和县累计投资310.8万元，完成全县27所学校近视防控照明改造工程，改造教室数259间，全县中职、中小学校教室照明卫生标准达标率100%。

【全民健身工程提升】 2022年，平和县累计投资77.8万元实施全民健身工程，超额完成计划投资的289%。举办15场全民健身赛事活动。

【残疾人“两项补贴”政策落实】 2022年，平和县落实残疾人“两项补贴”政策，累计拨付1453.2万元。执行困难残疾人生活补贴每人每月120元，累计发放补贴641.44万元；执行一级残疾人护理补贴每人每月生活补贴150元，二级残疾人护理补贴每人每月生活补贴100元，累计发放补贴811.76万元。

【城乡居民基本养老保险基础养老金标准提高】 2022年，平和县累计补助1000万元用于提高城乡居民基本养老保险基础养老金标准。全县9.34万人城乡居民基本养老保险基础养老金标准每人每月提高10元，调整后的基础养老金标准为每人每月145元。

【“深化科技特派员服务百企千村工程”实施】 2022年，平和县累计投资193.5万元，用于选派231名科技特派员服务企业10家和240个行政村，为产业转型和乡村振兴提供科技人才支撑。

政务协调服务

【概况】 2022年，平和县政府办立足参谋助手、统筹协调、办文办会、督查督办、服务保障等五大职能，适应新形势、新任务、新要求，履行各项职责。平和县政务信息在全市政务信息工作中始终保持先进行列，全年向省、市报送信息775条，被采用210条，编辑下发《平政要讯》14期。

【文电办理】 2022年，平和县政府办完成县政府工作报告，草拟县政府领导讲话和汇报等各类材料470余篇。提升公文办理效率和质量，出文214份，平政文83份，平政办35份，内部明电14份，平政函31份，平政办函12份，常务会纪要15份，专题会议纪要24份。办理上级各类文件458件。针对牵动全局的关键点、县领导的关注点、社会矛盾的突出点、群众意见的集中点，推动开展专题调研。

【后勤保障】 2022年，平和县政府办组织召开大型会议5次，中小型会议201次，常务会议15次。做好用车保障，协调用车1983次。落实值班制度，值班收文1302件。做好信访引导，接待帮助群众121人次。

【政务公开】 2022年，平和县政府办发布信息3428篇，受理回复依申请公开信息6条，发布新媒体信息648篇。平和县“12345”平台接件办结件数为14048件，及时查阅率100%，按期办结率100%，满意率为99.98%。

【政务督查】 2022年，平和县政府办跟踪督办上级政府领导的重要批示和县政府领导关注问题的解决落实情况。跟踪督办51件县长批示指示件。“互联网+督查”全年办理办结28件。完成答复市人大建议4件、市政协提案1件、县人大建议议案64件，县政协提案63件，在规定时限内全部办结，办复率、满意率均达100%。推动实施10个为民办实事项目。联合平和县委督查室、平和县效能办开展疫情防控、花山溪饮用水水源地综合整治、防汛应急准备、会风会纪等各类督查。

机关效能建设

【效能督查】 2022年，平和县效能办联合平和县委督查室、平和县政府督查室、平和县纪委、平和县党工委等单位，采取常态督查与动态跟踪相结合的方式，对重点项目建设、疫情防控工作、花山溪水源地整治、防控暴雨督查、“干部夜读”和工作纪律等开展跟踪督查。抓考勤纪律，围绕干部上下班工作纪律、请销假制度执行情况等开展明察暗访，督查4次，涉及28家单位；对少数上班迟到、请销假制度落实不到位的相关人员，现场进行批评教育，并责令单位及时整改到位。抓会风会纪，通过现场督查、视频监控督查等方式，对全县性大型会议开展会风会纪督查5次，对发现问题进行全县通报。抓便民窗口，联合平和县行政服务中心，通过视频监控查看行政服务中心、分中心、便民服务中心的上下班考勤情况等；责令相关乡镇对3名工作人员作出书面检查和问责处理。抓作风转变，对起草消极应对、审核敷衍了事、签发把关不严的人员进行诫勉教育

2022年8月3日，平和县效能办、政府督查室联合开展平和县医院迁建重点项目现场督导 （县效能办 供图）

效能问责；责令在“12345”平台投诉件办理中敷衍的人员作出书面检查。全年开展各类督查20次，督查项目65个次，督查单位152家次，效能问责10人。

【绩效管理】 2022年，平和县效能办紧扣市级考评要求，通过向乡镇（场、区）和县直单位广泛征求意见，科学制定全县性绩效考评方案、细则；在保证工作推动力度的基础上，改进数据采集方式方法，进一步完善绩效考评方案，减轻乡镇（场、区）和县直单位考评压力。完善工作效能四挂钩机制，实行工作效能与绩效考评扣分挂钩、与年度绩效奖金挂钩、与年度考核挂钩、与组织运用挂钩等“四挂钩”制度，奖优罚劣。

【诉求受理】 2022年，平和县效能办通过“12345”便民服务平台受理政务失信举报投诉，落实行政过错责任追究制度。通过拓宽效能投诉渠道，对企业群众投诉的重点、热点问题等，启用直查快办，及时响应解决群众企业诉求。全年处理投诉件4件，做到效能投诉办结率100%。

【政务服务督导】 2022年，平和县效能办推进省、市政府稳住经济一揽子政策措施，对各相关单位政策措施落实进展情况开展7次专项督查。深化“真抓实干、马上就办”、“放管服”改革，组织开展15次政务服务督查，定期跟踪问效影响全县营商环境的责任部门，对同一问题督查两次仍整改不到位或不整改的给予责任追究。

（刘小珠）

行政服务

【概况】 2022年，平和县行政审批局、行政服务中心深化改革创新，提升政务服务标准化、规范化、便民化水平。探索完善全省首个审管互动系统，相关经验做法获省职转办发文推广和省效能快车刊发；与平和县工商联联合开设全省首家县级“助企纾困”专栏，经验做法在“福建统战”微信公众号刊发。基层政务服务建设经验得到市级推广，平和县《推行“村村代办”打造升级服务样板》在漳州信息交流版刊发；《漳州平和全面实行代办员制度，打造“15分钟便民服务圈”》在《人民日报》、“学习强国”学习平台、新福建、今日头条等媒体刊登发表。制定《评选政务服务星级标兵、先进个人、红旗窗口、文明股室实施细则》，评选出星级标兵120名、红旗窗口16个、文明股室8个、先进个人32名。

【相对集中行政许可权改革】 2022年，平和县行政审批局推进事项划转，分期分批和相关科局签订划转备忘录，签订备忘录的有平和县发改局、平和县工信局、平和县人社局、平和县文体旅局、平和县水利局、平和县农业农村局、平和县市管局、平和县林业局、平和县教育局，承接划转事项234项（其中市场准入41项、投资建设91项、社会事务102项）。全年受理各类办件3895件，其中商事登记领域办理2662件，投资项目领域办理803件，社会事务领域办理430件。

【行政审批制度改革】2022年，平和县行政审批局、行政服务中心按要求绑定全县5523审批服务标准化事项目录清单。设立工业项目服务中心，建立专业队伍为企业提供“妈妈式”审批服务444件。梳理16个“一件事”主题套餐，涉及45个事项，实现跨部门、跨层级、跨区域无缝对接、集成办理，办理1623件。

【营商环境优化举措】2022年，平和县行政审批局围绕开展“产业发展项目建设攻坚年”活动，当天收件、当日办结15个乡镇乡村振兴项目，提前2天办理完成立项批复。为规工企业送服务，办理新设贸易类企业78家，包含规模以上工业企业新注册商贸公司3家。

【审管互动系统完善】2022年，平和县行政审批局完善审管互动系统，实现审管流程“一闭环”、审管监督“两到位”，推动审管衔接“三实现”。通过系统平台推送认领1065件条办件信息。相关经验做法获省职转办发文推广和省效能快车刊发。

【县级“助企纾困”专栏开设】2022年，平和县行政审批局与县工商联联合开设福建省首家县级“助企纾困”专栏，该专栏以企业需求为导向，实现企业“有诉求”政府“有呼应”的闭环服务模式。全年市场主体发展突破5万元，注册资金突破500亿元，服务25家企业，推进4个项目开工，收到企业诉求问题12个，解决9个。

【“跨省通办”新模式探索】2022年，平和县行政审批局开展医疗、社保、公安、商事登记等领域的厦漳泉地区“异地代收”试点，推行与潮州、汕头政务服务高频事项“跨省通办”，办理48件。

【基层政务服务建设】2022年，平和县行政审批局、行政服务中心推进县乡村三级便民服务体系，打造“乡镇便民服务中心围着县级政务服务中心转、村级便民服务站围着乡镇便民服务中心转、村级代办员围着办事群众转”的三级代办机制，形成代办服务“闭环管理”，拓展村级便民代办点服务，15个乡镇便民服务中心、262个村级便民服务站完成标准化建设。

【企业登记一窗办】2022年，平和县行政审批局设立企业开办专区、企业注册、食品经营等综合窗口，办理各类市场主体的核发、注销、备案、迁移登记和股权质押登记工作，核准登记2885笔，为95家企业提供免费代办服务。推行“审核合一，一人通办”制度，企业注册登记所有事项均在承诺的3个工作日内办结，其中设立、变更及注销登记实现马上就办，立等可取。完善企业注销“一网”服务，拓展简易注销程序适用

2022年2月17日，模拟审批办公室揭牌成立（县行政审批局 供图）

范围，办理企业简易注销登记226户、农民专业合作社简易注销登记16户、个体工商户简易注销登记140户。

【模拟审批办公室成立】 2022年，平和县行政审批局出台模拟审批办法，成立模拟审批办公室，抓好工业项目“模拟审批”工作，服务重点工程重大项目。开展3个项目的模拟审批预审。到黄井工业园区现场辅导漳州市恒海木业家具有限公司建设项目的前期报批工作。召开工程设计方案联审会7场，涉及总金额149921.61万元。对接工程项目13个，前期介入辅导上门服务156人次。

【公共资源交易全程电子化】 2022年，平和县行政审批局依托全市统一的电子招投标平台，推行“不见面”开标系统，实行远程不见面开标。平和县公共资源交易中心完成建设工程项目交易63宗，为14400家投标方提供远程开标服务，交易金额146203.53万元，节约政府资金35553.64万元，节约率19.56%；完成政府采购项目交易8宗，交易金额1322.8万元，节约政府资金348.69万元，节约率20.86%；完成产权交易88宗，交易金额26212.52万元，增加政府资金524.81万元，增资率2.04%。

（林湘华）

信访工作

【概况】 2022年，平和县人民政府信访局紧紧围绕“基础工作专业化、业务开展信息化、整体推进科学化”总体思路，抓好源头预防、畅通信访渠道、信访积案化解、体制机制创新等重点工作。建立健全分类负责机制，对初信初访、重信重访件实行分类办理，强化化解工作与便民服务、包村入户、首问负责制和村民监督委员会等制度的相结合。全年受理群众来信及网上信访932件次、受理群众到县及县级以上来访502批522人次。

【领导接访】 2022年，平和县信访局常态化畅通信访渠道。落实领导定期、定点接访制度，县、乡、村三级领导坚持每月15日、每周一定期在信访接待中心接访群众，并提前公示接访安排表，明确接访时间、地点等信息；重点时段增加领导干部接访的频率和次数。县领导全年接访56批，其中县主要领导接访24批28人次。常态化开展“四门四访”工作，县领导全年下访、约访24批26人次。引导群众通过“省长信箱”、各级网上信访平台及视频约访等途径表达诉求。

【积案化解】 2022年，平和县信访局分析研判遗留的信访积案，采用政策法律疏导、亲情感化、人文关怀等多元调解方法化解积案。完成省、市信访局交办的105件（省级交办26件、市级交办79件）重复信访积案。

【矛盾排查】 2022年，平和县信访局开展矛盾纠纷排查工作，针对重点领域、重点问题，进行逐一排查、建立台账，层层分解任务，就近就地化解。

【乡镇信访工作联席会议制度健全】 2022年，平和县推动县乡司法、信访、综治、公安派出所协调联动，结合人民调解、行政调解和司法调解。15个乡镇均建立乡镇信访工作联席会议，召开信访联席会议141次，研究解决重要信访事项32件次，协调化解矛盾纠纷54件次，督查督办信访问题12件次。

【信访督查督办】 2022年，由平和县联席办牵头，实地公开督查在工作中排查梳理汇总的“及时受理率、按期办结率、群众满意率”较低的初信初访、重信重访及不按规定要求办理、办理不及时的，以及在信访工作中办理不规范的信访件。重点推进“阳光信访”，建立健全信访工作考核制度。落实“六定五包”责任制，按县乡挂钩联系制度的方式，确定领导挂钩联系化解责任，明确“责任清单”。

【信访秩序维护】 2022年，平和县依法依规打击信访活动中的违法犯罪行为，平和县人民法院、平和县人民检察院、平和县公安局、平和县司法局、平和县人民政府信访局联合印发《平和县关于依法打击信访活动中违法犯罪行为的通告》。

【信访宣传】 2022年5月，平和县信访局组织开展《信访工作条例》宣传月系列活动。联合小溪镇城南社区、平和县公安局、各乡镇、平和县工业园区等单位开展《信访工作条例》进乡村、进社区、进校园、进企业、进单位宣传活动，发放宣传材料1500余份。

（吴小敏）

2022年5月18日，平和县安厚镇信访干部向群众宣传《信访工作条例》

（县信访局 供图）

政协平和县委员会

综述

【政协委员构成】 截至2022年底，平和县十一届政协委员有158人，来自17个界别。按界别分，中共党员10人，共青团3人，工会3人，妇联3人，工商联27人，侨联6人，台联4人，科技8人，文体6人，社科7人，经济23人，医卫6人，农林19人，教育9人，民宗5人，社保3人，特邀16人。

【委员职能发挥】 2022年，平和县政协召开1次全体会议、5次常委会会议、2次全体协商、3次重点协商会议、7次专题协商会议、4次提案办理协商会议。组织开展调研、视察活动16次，界别活动6次，举办政情通报会21场。运用提案形式参政议政、建言献策，形成助推经济高质量发展方面关于打造平和生态木业产业集群、推进平和县全域旅游发展的建议；城乡统筹发展方面关于加强乡村振兴整体规划助力乡村振兴、农业面源污染治理刻不容缓的建议；社会和谐发展方面关于尽快修复平和县小溪镇和平西路路面、新建小溪中心校区并更名为第七实小的建议。

【团结联谊】 2022年，平和县政协接待省内外政协客人15批275人次。配合省、市政协完成海峡两岸融合发展调研视察活动。做好回乡寻根谒祖、探亲旅游、文化交流、商贸考察的台港澳同胞及侨胞的联络交流。

县政协重要会议

【县政协十一届二次全体会议】 2022年12月20—22日在平和县

2022年12月20日，政协平和县第十一届委员会第二次会议开幕

（县政协办 供图）

城举行。会议听取并讨论中共平和县委蔡绿璇书记的讲话；听取并审议十一届县政协常委会工作报告和提案工作情况报告；表彰2022年度优秀提案和提案承办先进单位。会议期间，委员们还列席县人大十九届二次会议，听取并讨论县政府黄永健县长所作的政府工作报告以及其他工作报告。

【县政协十一届常委会会议】2022年，平和县政协十一届常委会召开5次会议。

十一届一次常委会会议2022年2月16日召开。会议传达学习省政协十二届五次会议、市政协十四届一次会议主要精神、县委县政府工作会暨“产业发展项目建设攻坚年”动员大会精神。会议协商通过《政协平和县第十一届委员会各专门委员会组成人员名单》《关于建立县政协常委会组成人员与委员联系制度的决定》《平和县政协委员履职考评办法（试行）》《平和县政协2022年工作要点》。

十一届二次常委会会议2022年8月3日召开。会上就平和县上半年经济运行和社会发展情况及下半年工作安排、上半年全县公安工作及下半年围绕党的二十大安保维稳主线工作安排作情况通报。常委们围绕县政府工作提出规划新县医院道路、加强城市管理、划定茶产业核心保护区、扶持生态木业等方面提出意见和建议，围绕公安工作，提出强化电信诈骗打击力度，乡镇调解员队伍、公安队伍建设等意见和建议。会议传达学习习近平总书记在7月25日中共中央召开的党外人士座谈会上发表的重要讲话精神和《中国共产党政治协商工作条例》，并协商通过《平和县政协全体会议议事规则》和《平和县政协常委会议议事规则》。

十一届三次常委会会议2022年10月27日召开。会议深入学习贯彻党的二十大精神和省、市、县委常委会（扩大）会议精神。听取县法院、县检察院关于2022年的工作情况通报。常委们围绕提升司法服务、化解执行堵点、推进司法改革等方面，提出意见和建议。协商通过有关人事任免事项，会议举手表决通过李建文为县政协农业和农村委主任。

十一届四次常委会会议2022年12月16日召开。会议协商通过县政协十一届《常务委员会工作报告(征求意见稿)》和《提案工作情况报告(征求意见稿)》、2022年度县政协优秀提案和提案承办先进单位名单（草案）、关于召开县政协十一届二次会议的有关事项。传达学习省、市、县委全会精神。

十一届五次常委会会议2022年12月21日召开。会议汇报委员讨论县委书记讲话、《平和县政府工作报告》和《平和县政协常委会工作报告》情况。协商通过《平和县政协2023年工作要点（草案）》。

民主监督

【司法监督】2022年，平和县政协推荐2名委员担任县法院特邀调解员，参与多起民事案件调解、现场庭审，维护当事人合法权益；组织开展少捕慎诉慎押专题视察、“检察开放日”、公益起诉听证会、“梅潭河流域水浮莲污染综合整治”等活动。

【提案监督】2022年，平和县政协办理提案63件，其中重点提案4件，促成出台《平和县旅游产业发展总体规划》《平和县城西林片区控制性详细规划》等政策措施。围绕道路交通安全问题，撰写《关于及早规划建设以县医院迁建新址为中心的周边市政道路的建议》《关于在安厚镇309省道和安马线十字路口设置交通管理设施的建议》等信息。

【行政监督】2022年，平和县政协围绕化肥减量增效、食品安全、古窑址保护、学龄前托儿机构建设、传统村落保护与发展等议题，组织民主监督活动11次；组织委员参加评议政风行风、义务教育阶段招生电脑派位、事业单位招考等活动。

视察调研

【茶产业绿色高质量发展专题协商】 2022年2月10日，平和县政协组织召开茶产业工作调研（新春）座谈会。会议邀请26户茶企、茶农和9个县直职能部门进行探讨、协商。调研期间，举办6场座谈会，走访13家茶叶基地和茶企，召集83家茶叶种植大户、营销大户和制茶企业参加座谈，重点围绕退果还茶政策落实情况、茶叶生产营销、品牌推广、配套设施建设等方面进行协商，广泛征求意见和建议。课题组提出划定一片核心保护区、办好园房院三件事、举办四项茶事大活动、精心做好五篇大文章等15条意见和建议。

【委员企业营运情况视察】 2022年2月16日，平和县政协组织常委视察委员创办的福建鑫源祥木业有限公司、福建卓意包装有限公司、福建省嘉嘉之福生物科技有限公司和福建领峰食品有限公司，了解企业规划建设、生产工艺、运营效益等情况。

【农用车厂片区改造提升调研】 2022年6月20日，平和县政协组织县政协经济委、县工信局、自然资源局、住建局、农用车厂等相关部门实地调研农用车厂厂区整体情况，并召开协调会议，采取分组入户、逐户调查，经过一个星期的调查摸底，基本摸清农用车厂的基本情况、房改房情况、集资租房、厂房租赁、债权债务情况，形成《关于平和农用运输车厂片区改造提升调查情况报告》，提出要“科学编制新区规划、高标准建设安置房、制定合理房改房补偿方案、妥善处理企业租赁、解决企业职工社保遗留、剥离债权债务”等建议，县委、县政府高度重视，并提上重要议事日程。

【托育服务机构建设情况调研】 2022年8月9日，平和县政协组织部分政协委员和县政协教科卫体委、卫健局、财政局、发改局、教育局、市管局等部门人员，通过实地走访、问卷调查、召开座谈会等形式，对平和县托育服务发展情况进行调研，提出“加强整体规划，强化发展引领；动员社会力量，促进多元服务；构建政策体系，完善要素保障；加强队伍建设，提升专业素养”等意见建议。

【全域旅游发展调研】 2022年8月10—11日，平和县政协组织班子成员和部分政协常委，前往五寨乡前岭村、寨河村，南胜镇欧寮民宿旅游、坂仔镇林语花溪、大溪镇灵龙谷、霞寨高峰谷、芦溪绳武楼、九峰镇印象半径等地，调研平和县全域旅游发展情况。8月31日，课题组赴南靖县考察土楼文化、康养、宗教旅游，学习借鉴其好经验、好做法。提出“整合各类资金，解决旅游投入问题；完善基础设施，提升公共服务质量；突出项目建设，打造旅游核心竞争力；建设人才队伍，提升旅游服务品质；强化旅游营销，拓展旅游客源市场”等意见建议。

【传统古村落保护与开发工作调研】 2022年9月8日，平和县政协组织部分县政协委员和县住建局、文体局等相关部门，到霞寨镇钟腾村和九峰镇黄田村，实地调研传统古村落保护与开发工作，提出“要完善机制，加强领导；要加强宣传，提高认识；要加大投入力度”等意见建议。

【食品安全管理工作调研】 2022年9月28日，平和县政协组织部分政协委员，开展平和县食品安全管理工作情况调研，调研组现场调研中宝食品公司、大世界润和超市、“饿了么”外卖平台、山格镇新陂村种植基地、领峰食品公司、和兴央厨等食品种植、生产、销售企业，并召开调研座谈会，参加调研的委员和与会的县市场监督管理局、农业农村局、卫生健康局、山格镇领导、食品行业从业者、群众代表等人员，围绕如何推动平和县食品安全管理水平进行交流、座谈，就平和县食品安全监管提出“进一步夯实食品安全基础、进一步加强食安创城宣传、进一步加大政府人财物投入力度、进一步构建社会共治局面”等意见建议。

【全县农业产业种植结构调研】 2022年10月14日，平和县政协组织部分政协常委、委员，先后深入小溪镇联光村地瓜种植示范片和山格镇新陂村蔬菜示范片及铜中村水稻示范片进行调研，通过现场察看，听取汇报，召开座谈会等形式，就全县农业产业种植结构现状，存在问题以及今后发展的思路，提出“强化政策宣传、做一次农业种植普查、强化指导督导、多渠道恢复还耕生产”等意见建议。

【城乡公共体育设施建设调研】 2022年10月19日，平和县政协组织部分县政协委员，调研平和县城乡公共体育设施建设情况，提出“加强全县现有体育设施的利用和管理；县政府规划，划拨体育用地；统筹规划，加强顶层设计”等意见建议。

【工业园区土地资源盘活工作调研】 2022年10月21日，平和县政协组织政协经济委，先后走访县工信局、自然资源局，广泛收集平和县工业园区土地资源的相关基础数据，实地调研深入三镇一区，并与镇（区）、企业负责人进行座谈研讨，广泛听取多方意见，提出要“盘清闲置现状；要加大盘活力度；要加强跟踪管理；要强化招商实效；要培育优势产业”等意见和建议。

【全国重点文物保护单位南胜窑维护、保护、利用情况视察】 2022年10月21日，平和县政协组织部分政协委员，视察全国重点文物保护单位南胜窑维护、保护、利用情况，视察组先后实地视察南胜镇田坑窑、五寨乡洞口陂沟窑，召开座谈会，提出“增加文化遗产保护管理人员、加大文物保护宣传力度、创建遗址公园建设”等意见建议。

【城市精细化管理工作视察】 2022年11月8日，平和县政协组织部分委员深入县城区开展城市精细化管理专项视察活动，视察组深入街道、市场、社区、小区、公园等进行调查了解城市管理工作现状，并召开座谈会，广泛听取意见，在听取多方意见和调研的基础上提出“要聚焦重点，精细精治市容市貌；要扩大面标，全面提升环境卫生；要夯实管控，营造安全、文明、有序的市场环境；要精细管护，提升园林绿化管理水平；要督促考核，强化路灯、夜景工程管护；要提升管理，促进物业管理上档次；要科技支撑，推进数字城管，提升县城品质，助力城市治理现代化发展”等意见建议。

提案工作

【概况】 2022年，平和县政协收到委员提案67件，经审查立案63件，合并提案1件，转社情民意信息1件，占提案总数的94%。分别交由29个（家）部门和单位办理，并在规定期限内全部办结，委员对提案办理结果满意率98%，表彰优秀提案10件，提案承办先进单位为平和县自然资源局、平和县城市管理局、平和县教育局、平和县交警大队等4家单位。向市政协两会提交11件提案，其中《关于加快推动生态木业产业高质量发展的建议》被市政协评为2022年度优秀提案。

【“打造平和生态木业产业集群的建议”提案办理】 2022年，平和县政协“关于打造平和生态木业产业集群的建议”提案由平和县主办。该提案得到县委县政府高度重视，明晰木业产业发展定位，科学制订全县生态木业产业集群发展规划，完善各项服务等措施，推动木业产业的可持续发展。提案认为，要加强规划布局，支持西蝉木业园区开展标准化、数字化、智能化转型升级，拓展木业产品多元发展，引导木业企业与大专院校、专业科研机构合作，推动木业产业技术创新和产品创新；培育龙头企业，加大对西蝉木业、志艺木业和鑫源祥木业等大型企业的扶持力度，引导和鼓励企业组建品牌联盟，形成生态木业产业集群；精准出台扶持政策，建立健全木业行业

2022 年度平和县优秀提案一览表

表 3

序号	提案名称	提案委员
1	关于推进平和县全域旅游发展的建议	陈良鑫
2	关于打造平和生态木业产业集群的建议	黄志艺、石艺伟
3	关于做大做强我县茶产业的建议	卢碧端
4	关于农业面源污染治理的建议	郑卫民
5	关于提升我县农村快递物流配送能力的建议	曾丽旋
6	关于加强我县餐饮业空气和噪音污染整治的建议	张琳
7	关于加强平和县中小学生心理健康教育的建议	林建安
8	关于加强县城校园门口交通安全管理的建议	庄志达
9	关于解决平和县城停车难问题的建议	叶春华
10	关于开展夜间行车滥用远光灯专项整治的建议	游秀华

贷款优惠政策，探索建立木业产业发展引导基金，加大对产业重点领域的技术创新和技术改造力度，建立木业产业发展领导小组，优化木业产业发展环境。

2022 年 11 月 22 日，平和县政协到平和县检察院开展落实“少捕慎诉慎押”刑事司法政策工作视察座谈会　　（县政协 供图）

【“关于推进平和县全域旅游发展的建议”提案办理】 2022 年，平和县政协“关于推进平和县全域旅游发展的建议”提案由平和县文体旅局、交通运输局、人社局承办。该提案得到平和县文化体育和旅游局的采纳，制定《平和县创建福建省全域生态旅游示范县工作方案》，助推全域旅游工作开展。提案认为，近年平和县注重旅游品牌创建，做大做强三平寺、灵通山、高峰谷三大景区，谋划“串点成线”旅游攻略，提升“五游”品质，打造平和特色“网红打卡点”，做活全域旅游。要突出产业化发展，搞好旅游用地规划。推进“串点成线”，推进生态、农业、康养、文化、教育、工业等与旅游的融合发展，延伸旅游产业链；建立县级旅游集散服务中心，完善景区景点旅游服务中心建设；开通旅游特色村的公交或专线客车，构建“快进”交通体系；推进厕所革命，加大旅游厕所建设和管理力度；加快智慧旅游建设，建立旅游产业运行监测和应急指挥平台，提高旅游信息化水平。重视人才引进和培养，宣传效应和员工的培训，加强旅游从业人员的培训教育，提高景区工作人员服务意识。

（杨锋滨）

纪检 监察

综 述

【县纪委十四届二次全会】 2022年1月28日，中共平和县纪委十四届二次全会召开。会议强调，要坚持以习近平新时代中国特色社会主义思想为指导，不折不扣落实中央纪委、省市纪委全会精神，持之以恒做好正风肃纪反腐工作，把从严从实管党治党要求落实在全过程、落实到各方面，为加快将平和打造成为高质量发展的“进步之星”“后起之秀”营造风清气正的政治生态，以优异成绩迎接党的二十大胜利召开。全县各级纪检监察机关和纪检监察干部要始终忠诚于党、忠诚于人民、忠诚于纪检监察事业，以更高的标准、更严的纪律要求自己，锤炼过硬的思想作风、能力素质，以党性立身做事，刚正不阿、秉公执纪、谨慎用权，主动接受监督，始终做党和人民的忠诚卫士。

2022年1月28日，中共平和县纪委十四届二次全会召开

（县纪委办 供图）

【重点工作整治】 2022年，平和县纪委监委聚焦“提高效率、提升效能、提增效益”行动、“产业发展项目建设攻坚年”活动、“七比一看”竞赛等重点工作，督促问题整改169个，给予通报、诫勉等责任追究62人次。深入开展“点题整治”，运用“五单工作法”全力跟进监督花山溪水源地综合整治，梳理水质改善提升、化肥减量增效等7个方面重点监督清单，成立专项监督领导小组和5个工作专班，开展5轮专项督导，发现并督促整改问题89个，问责追责60人次。协助县委开展全面从严治党主体责任落实情况检查，问责追责7人。

【纪检监察队伍建设】 2022年，平和县纪委监委在全系统开展“三比三看”活动，实施乡镇纪检监察工作“五个规范化”建设，坚持乡镇纪委书记、派驻纪检监察组长履职交流季度化。2名纪委监委班子获省纪委监委表彰。五寨乡纪委书记代表漳州市参加全省乡镇纪委书记履职交流。认真落实党建工作责任制、意识形态工作责任制，严格执行纪检监察机关工作人员“八小时以外”行为监督管理办法等制度。树立凭业绩用人导向，8名纪检监察干部得到县委提拔重用，2名原班子成员晋升四级调研员。

反腐肃纪

【案件办理】 2022年，平和县纪委监委深化粮储、政法、工程项目等领域腐败治理，全年立案100件，其中科级干部15件，派驻纪检监察组、乡镇纪委100%自办案件。树牢“全周期管理”意识，建立案后整改“四个一”机制，印发纪检监察建议书6份。深化“四访”活动，推进“三多”信访举报治理，全县纪检监察机关受理检控类初信初访65件，办结率居全市首位。出台纪检监察机关、检察机关、公安机关“惩腐打伞”“三专班”工作机制，协同配合县委政法委组织镇村党员、干部开展专项警示教育和自查自纠，推动“打伞破网”常态化。

【专项整治】 2022年，平和县纪委监委围绕平和国家现代农业产业园44个项目开展专项整治，发现问题17个，严肃问责追责党员干部29人，发出纪检监察建议书3份，督促职能部门健全完善项目建设制度机制。

【干部纪律作风整肃】 2022年，平和县纪委监委开展干部作风“五不”（履职不担当、工作不碰硬、落实不见效、能力不适应、内心不敬畏）问题专项整治和“整肃纪律作风、优化营商环境”专项行动，查处不担当、不作为、乱作为等问题7起13人。查处违反中央八项规定精神问题9起15人，通报典型案例7起8人，查处群众身边腐败和作风问题18起29人。落实失实检举控告澄清、回访教育等机制，为受到错告、诬告的干部澄清正名。平和县“整肃纪律作风”相关做法在中央纪委网站、省委《八闽快讯》刊发。

监督执纪

【日常监督】 2022年，平和县纪委监委探索构建“12345”基层监督体系。出台乡镇（场、区）、县直单位“一把手”监督方案，针对村主干“一肩挑”新情况，把监督延伸到村（社区）“一把手”和领导班子。实施“五个一”工程，推动监督下沉，建立“一本手册、两个清单”，推动解决一批群众急难愁盼问题，发现处置一批问题线索，派驻纪检监察组、乡镇纪委均实现100%自办案件。深化村级“四员”联动监督、“两把钥匙管理村级公章”做法，在全市“一县一品”现场会作交流。

【巡察监督】 2022年，平和县纪委监委动态跟进监督省委巡视、市委巡察反馈问题整改。运用“巡审联动”方式对县发改局等6个单位党组开展政治巡察。对县住建局等4个单位工程项目建设情况开展专项巡察。采取“巡乡带村”方式，同步推进镇村两级巡察。建立分管县领导参加巡察情况反馈会、被巡察党组织主要负责人向县委巡察工作领导小组和县委常委会汇报整改情况机制。全年开展4批次常规巡察、2批次县级交叉巡察，巡察县直单位党组13个、乡镇党委6个、村（社区）党支部75个，运用“四种形态”批评教育帮助和处理59人次。

【“四多”村提级监督】 2022年，平和县纪委监委探索开展村财收入多、资产资源多、项目建设多、信访举报多“四多”重点村提级监督，通过挂钩蹲点、提级查办信访件和问题线索等方式，构建上下联动、协同推进的监督体系，以点带面做强基层监督。实施“一域一题”行动，建立监督清单、问题清单、整改清单、问责清单四张清单，运用“五看”工作法，抓实试点村的日常监督；挂钩联系纪检监察室每月至少一次到试点村蹲点，收集群众诉求。加强对重点项目、重大资金、重要环节的监督检查，不定期会同财政、审计、农业农村、民政、自然资源、发改等部门开展专项监督。乡镇纪委及时上报发现的问题线索和受理的信访件，统一归口管理；案管室、信访室对试点村问题线索和信访件进行大起底，对未办结件实行清单管理，对账销号；联系纪检监察室对试点村相关问题线索和信访件提级督办。

2022年6月22日，平和县纪委监委召开平和县国有企业干部职工警示教育会议（县纪委监委 供图）

【“两把钥匙管理村级公章”制度】 2022年，平和县纪委监委把村级公章管理监督纳入基层监督和日常监督重点内容，紧盯村级公章私用、滥用、乱用等问题，加强对村级公章管理使用的监督检查，严查典型案例，把查办案件与堵塞漏洞、强化监管贯通起来，推行“两把钥匙（锁）管理公章”制度，规定由村级纪检委员、村报账员各执一把钥匙管理公章，按照“先审批、后用章”原则，实行公章管理人章分开、审管分开、监管分开“三个分开”，推动村级公章管理规范化、制度化。

【村级“四员”联动监督】 2022年，平和县纪委监委整合村级纪检委员、党风监督员、村务监督委员会主任、监察联络员等“四员”监督力量，打通基层监督“最后一公里”。采取“协作片区”模式，通过抽调村级监督人员组成专项检查组，开展村与村之间的交叉监督检查。全年开展片区协作监督检查182次，推动问题整改144个，查处47人。深化“五有五见”入户走访机制，推动村级“四员”深入田间地头、街头巷尾、施工现场，在拉家常、话里短中发现监督对象违纪违法问题线索，及时向乡镇纪委汇报。

廉政建设

【廉政教育基地建设】 2022年，平和县纪检监察机关挖掘平和本地特色廉洁文化资源，打造“王阳明廉政文化教育中心”、高峰谷“党风党纪教育基地”等四个廉洁教育基地；结合深化传统家风文化和“一镇一孝廉”建设，组织开展“十大家风家训馆”评选，扎实推进家风家训馆“六个有”标准化建设。

【廉政宣传教育】 2022年，平和县纪委监委开展各类警示教育、廉洁教育897场，教育党员干部群众3.3万余人。举办孝廉文化讲堂、廉洁书画展等活动。加强新时代廉洁文化建设等工作走在全市前列。2022年4月中央纪委网站头条刊播平和县推动新时代廉洁文化建设有关做法。信息宣传工作居全省县（市、区）前十位。

【“平和县廉洁文化地图”启用】 2022年10月15日，“平和县廉洁文化地图”上线启用，该线上导航云图以图片、视频、全景VR等形式进行立体化展示，把“四大廉洁教育基地”和廉正公祠、榜眼府家风家训馆搬上“云端”，扫描导航云图上的二维码，即可线上观赏各廉洁文化展示点全景影像。

（傅剑波）

平和县总工会

【概况】 2022年，平和县总工会贯彻落实新修订的《中华人民共和国工会法》，践行以职工为中心的工作导向，深入实施“12345行动”，推动工会工作向前发展。开展“县级工会加强年”专项工作，组织10人次参加全总、省总组织部举办的工会干部素质能力提升网络培训班。

【职工技能培养】 2022年，平和县总工会实施劳模先进选树培育工程，国网福建省电力有限公司平和县供电公司运维检修部（检修建设工区）主任赖伟山获福建省“五一劳动奖章”，福建省百得利实业有限公司压延车间获福建省“工人先锋号”。推荐中宝（福建）食品科技有限公司为漳州市民营企业产业工人技能培训点。选送10个项目参加省、市“五小创新”竞赛活动，其中平和县气象局蔡艺友MDOS疑误信息告警软件项目获福建省2022年百万职工“五小创新”大赛三等奖。6月，联合举办平和县电力系统“安康杯”劳动技能竞赛。12月上旬，联合税务局开展“奋进新平和智税新跨越”岗位练兵技能竞赛。

【职工权益维护】 2022年，平和县总工会开展“尊法守法．携手筑梦”服务农民工公益法律服务系列行动，携手企业单位开展普法活动，向一线劳动者宣传新修订的《中华人民共和国工会法》《保障农民工工资支付条例》等法律知识，惠及职工400多人。用好“一函两书”，向全县各用人单位发出保障农民工工资支付、依法规范用工等4次工会劳动法律监督提示函。制定推进新就业形态群体工会工作实施方案，成立新就业形态群体工会工作领导小组，向21家快递企业发出工会劳动法律监督提示函；推动协调劳动关系三方机制，抓好“园区枫桥”机制建设，6月17日，“平和县工业园区职工法律服务一体化基地”正式揭牌投用，内设职工法援室、调解工作室、劳动仲裁庭、劳动法庭（“两庭两室”），整合法律援助、调解、仲裁、诉讼等职能作用，完善“工会+法院+司法+人社”劳动争议“调裁诉”对接工作新模式，基地建立可辐射服务平和工业园区、文峰镇基层工会职工6000多人。

【职工关爱活动】 2022年，平和县总工会开展“我为职工办实事”实践活动。“两节”（元旦、春节）送温暖慰问392人，慰问金额13.4万元；“夏送清凉”活动，慰问一线职工2655人，慰问金额达10万元。为631名职工办理职工医疗互助审批手续，发放互助金95万元。开展全国劳模、省级劳模健康体检活动17人次，春节、重阳节、国庆节走访慰问6人0.8万元，补助困难劳模5人4.5万元，劳模住院和生日慰问23人次1.17万元，为平和县县级以上劳模提供部分景区免门票服务。开展“工会进万家·新就业形态劳动者温暖行动”，通过“六送”活动，为135名快递员送去慰问金3.1万元。对全县5所小学课后服务项目补助经费4.85万元；开展“课后服务工会有爱”慰问活动，慰问新就业形态职工子女20人，从事课后服务工作的一线女教职工45人，慰问金额2.6万元。7月，举办职工子女暑托班，惠及全县企事业单位34名职工子女；8月6—7日，举行“七待已久·夕望是你”青年职工交友活动，为广大青年职工搭建互相认识、互相沟通、发展友谊的平台，全县76名男女青年参加。符合条件的小微企业，先返工会经费后组建工会，全县138家小微企业返还工会经费91.39万元。开展疗休养活动，组织平和县67名一线职工到疗休养基地。基层工会开展职工疗休养活动，补助疗休养专项资金9家175人，补助资金22.28万元。

【职工文体活动】2022年，平和县总工会开展“喜迎党的二十大·漳工领风采”系列活动，举办“中国梦·劳动美——喜迎二十大建功新时代”全县职工乒乓球比赛、首届平和县教育系统教职工气排球联赛、平和县“中建·大世界杯”篮球邀请赛等各类职工群众性体育项目比赛，1000多名职工参加。利用微信公众号、平和网——职工之家栏目提升工会新闻宣传工作，加强与各级新闻媒体的联系和互动，联合县融媒体中心开展迎“五一”劳模（工匠）风采线上宣传活动，有27条信息被全国总工会、省市县报道。

2022年9月7日，平和县总工会开展“课后服务 工会有爱”慰问活动
（县总工会 供图）

【基层工会组织建设】2022年，平和县总工会加强非公有制企业工会工作，推荐中宝（福建）食品科技有限公司工会委员会为福建省非公有制企业党建带工建示范点，落实非公有制企业模范职工之家工会主席、副主席履职补贴制度。推进50人以上非公有制企业建会、台胞企业建会和新业态从业人员入会工作。新组建14家基层工会组织，新增会员357人，换届及改选基层工会36家，工会组织更名1家，受理43家企事业单位法人证的变更登记。推介“惠工汇”职工服务平台，鼓励、支持基层工会的工会福利通过平台发放，平台录入企事业单位227家，职工1.07万人。以职工之家为平台，创建省级模范职工之家和省级模范职工小家。开工建设一家主体型共享职工之家，使用面积约1000平方米，建成后可服务职工1.6万人次，覆盖职工2万人；完成建设平和第三中学、南胜中心小学等两所山区中小学“共享职工之家”，配备组合式训练器材、跑步机、动感动车、仰卧板、乒乓球桌、台球桌、棋牌桌椅、按摩椅等。

【平和县2022年“安康杯”劳动技能竞赛举办】2022年6月28—29日，平和县总工会联合平和县应急管理局、国网平和县供电公司在全县重点项目建设、窗口服务行业中开展“安康杯”技能竞赛活动，设团体竞赛和个人竞赛，分为无人机和装表接电两个竞赛项目，分别评出团体竞赛和个人竞赛一等奖、二等奖、三等奖等奖项。该竞赛旨在弘扬劳模精神、劳动精神、工匠精神，营造全县电力行业职工学技术、赶先进、创品牌、做贡献的良好氛围，促进职工技能水平的提高和高技能人才队伍建设。参赛单位213家，参赛职工13208人次。

【平和县职工乒乓球比赛举办】 2022年9月18日，平和县总工会举办“中国梦·劳动美——喜迎二十大 建功新时代”全县职工乒乓球比赛。比赛为期2天，有11支代表队60多名运动员参加，分为团体比赛，男子单打、女子单打赛。经136场次比赛，教育系统二队代表队夺得团体比赛一等奖，芦溪镇代表队选手郑索浩获男子单打第一名，教育系统一队代表队选手吴为薇获女子单打第一名。

（杨丽娟）

共青团平和县委员会

【概况】 2022年，共青团平和县委员会组织开展“喜迎二十大、永远跟党走、奋进新征程”主题教育，青少年参与线上知识答题竞赛1万余人。5月18日，举办平和县学习贯彻习近平总书记在庆祝中国共产主义青年团成立100周年大会上的重要讲话精神座谈会。开展“学习二十大、永远跟党走、奋进新征程”主题教育实践活动，全县373个团支部召开学习宣传贯彻党的二十大精神主题学习会；团县委各级团组织、少先队组织开展党的二十大精神学习宣讲活动124场次，活动覆盖3.7万人次。开展基层“智慧团建”系统使用业务培训2场。“星级团支部”创建达标以上团支部355个，占比94.92%；三星级及以上团支部339个，占比90.64%；五星级团支部296个，占比79.14%；一星级以上团员13695个，占比96.9%。2022年，发展团员751名。全县15个乡镇均入驻“青年之家”云平台，开展学习交流、文体娱乐等各类服务活动40余场。依托微信公众号宣传优秀青年和集体先进事迹，选树青年典型，推报选树省、市各级集体和个人荣誉46个，金华小学少先队总辅导员郑晓敏、安厚中心小学少先队总辅导员何小凤被共青团福建省委、福建省教育厅、福建省少工委评为“福建省优秀少先队辅导员”。县域基层团组织新成立非公有制企业团组织40家，社会领域团组织25家。推荐认定2022年度平和县“红领巾奖章”二星章集体和个人201个。

【青春家园行动】 2022年，平和团县委承办第六届海峡两岸（漳州）青年交流周系列活动，组织50名漳台两岸青年代表到山格镇、坂仔镇、五寨乡，开展农事体验、漳台青年乡建乡创交流、参观海峡两岸民间交流基地等活动。举办化肥减量增效技能培训

2022年5月18日，平和县学习贯彻习近平总书记在庆祝中国共产主义青年团成立100周年大会上的重要讲话精神座谈会召开

（朱连生 摄）

班、蜜柚发展转型研讨会等活动8场次，对接上级资源引入优新品种种植。接待2个考察团到国强、小溪、南胜、坂仔等乡镇实地考察“退果还耕”后可引入的农业项目。组织广大团员、青年参与“保护母亲河”“小河长”“青春光盘”“垃圾分类”“河小青”志愿服务活动等系列活动40余场次，累计参与志愿者达6000人次。

【青春护航行动】 2022年，平和团县委开展“希望工程”“青春暖冬”“把爱带回家——送法到家”“抱团携手深情助困”等主题活动，为22名困难家庭学生送去助学金和生活补贴6万元，为农村学校捐赠爱心图书角12个，小平科技实验室2个，爱心课桌椅150套，以及学习软件、爱心文具和运动器材等价值40余万元的爱心物资。依托未成年人校外心理健康辅导站，开展中高考减压、个案服务等活动，服务200余人。参与平和县“110宣传日”、防震减灾、“119宣传日”等集中宣传活动，发放禁毒、心理健康知识、日常生活常识、青少年自护等宣传材料1000余份。参与平和县惟志社会工作服务中心承接平和县检察院涉罪未成年人附条件不起诉监督考察项目6宗。联合平和县妇联走访慰问服刑人员未成年人子女及未成年人受害者4人次。

【青春新风行动】 2022年，平和团县委举办创业就业交流培训和县域青创交流活动5场次，指导青年参与省、市、县创新创业大赛，“宜果田供应链”“水果食品包装项目”“营养团餐·智慧央厨”等3个项目入选漳州市2022年度青年人才优秀创业项目。青创协会成员企业、驻外团工委等，为一线防疫捐赠爱心物资，累计价值达12万元。8月5日，举办“喜迎二十大”平和县“中建·大世界杯”篮球邀请赛，全县15个乡镇及县直机关单位27支参赛队伍参加比赛。开展创城、文明交通劝导等主题的青年志愿服务系列活动100余场次，累计参与志愿者达1.15万人次，志愿汇累计信用时数6.9万小时。

【青春振兴行动】 2022年，平和团县委实施漳州市“万才聚漳”行动计划，建立“省外优秀闽籍学子信息库”，推进大学生实习“扬帆计划”，吸引省内外优秀大学生到平和实习。征集用人岗位411个，确认实习上岗378人，其中双一流学子54人。邀请北京大学、西南大学、华东理工大学、福州大学等4支双一流实践团到平和县参加暑期“三下乡”社会实践活动。举办“双百双万”新农人素质提升工程培训活动5场次，采用线上线下相结合方式，累计参与3800余人次，线上传播量达30万人次。推荐选树南胜镇创业青年陈斌鑫为“漳州市乡村振兴青年先锋”。10月14日，围绕“行旅世界·心归平和”主题，举行平和县“十佳讲解员”大赛决赛，通过线上预赛、现场决赛的形式选出一批优秀讲解员。联合举办2期旅游咨询员技能提升班，充实县域讲解员队伍。

（赖逸冰）

平和县妇女联合会

【概况】 2022年，平和县妇女联合会开展妇联各项工作，组织开展“美丽庭院”评选，126户获评省级“美丽庭院”，160户获评市级“美丽庭院”，750户获评县级“美丽庭院”；获评市级“最美家庭”6户、县级“最美家庭”49户；获评省级“绿色家庭”1户、最美家庭1户、五好家庭1户，市级“绿色家庭”6户；新增“妇女微家”30家。完成《平和县妇女发展纲要（2021—2030年）》《平和县儿童发展纲要（2021—2030年）》编制工作，并提请政府常务会研究。

【巾帼宣讲活动】 2022年，平和县长乐乡映山红客家山歌队妇女微家，以客家话的形式编唱党的二十大精神。联合宣传部、组织部举办“牢记总书记嘱托 强国复兴有我”演讲比赛、与新华书店联合举办“少年童心向党——亲子共沐书香 强国复兴有我”亲子阅读活动。联合平和县纪委、长乐乡妇联开展“清廉家风分享会——传承红色家风弘扬革命精神”活动。

【妇女儿童公益服务】 2022年，平和县妇联开展公益讲堂，守护儿童成长。2022年1月1日《中华人民共和国家庭教育促进法》正式施行，平和县妇联在平和县进修学校挂牌成立“平和县家庭教育指导站”，向家长传递家庭教育的前沿信息和家教模式；充实县级家庭教育讲师团队伍，宣传普及家庭教育知识，在山格镇中心小学、平和县教师进修学校、芦溪镇中心小学、长乐乡中心小学、秀峰乡中心小学、平和四中、小溪镇东风社区等学校、社区举办家庭教育公益大讲堂9场，近1300名家长参加。实施“母亲健康1+1”公益募捐活动，全县募集资金15.6万元；走访慰问“两癌”贫困妇女44名，慰问金22.5万元；联合平和人寿保险公司为全县20名贫困妇女免费购买安康保险。联合相关部门到长乐学校、霞寨中心小学等学校开展“把爱带回家——送法到家”主题实践活动，为留守儿童发放慰问金、慰问品，赠送红色书籍《神秘的电波》《中华人民共和国未成年人保护法》《中华人民共和国家庭教育促进法》《福建省家庭教育促进条例》等普法书籍；邀请平和县检察院做法治宣传讲座。聚焦乡村妇女就业难和家政人才紧缺问题，联合平和县人社局举办“促进妇女就业 助力乡村振兴”家政培训班。

【维权法治宣传】 2022年，平和县妇联通过专题讲座、发放宣传单、咨询窗口等，集中开展法治宣传、网络安全宣传等主题活动75场，分发宣传单（品）近1.6万份。平和县妇联信访窗口和“12338”妇女维权热线接收来信来访来电10件，均妥善处理。推动“春蕾安全员”机制提档升级。联合检察院、团县委到“春蕾”女童和留守（困境）儿童家庭开展慰问活动，送上《福建省家庭教育促进条例》。

【基层妇联组织建设】 2022年，平和县妇联配全全县262个村（社区）妇女和儿童工作委员会，实现村（社区）妇女和儿童工作委员会全覆盖，在全市中，率先100%完成。利用“妇女微家”打通密切联系妇女群众最细微、最活跃、最贴近居民生活的活动服务平台，截至12月底，全县探索设立“巾帼电商微家”“和贵调解室微家”“客山歌队微家”等多模式、多功能的特色“妇女微家”65个，新增“妇女微家”30家。争创省妇联“三百五有”创建活动，平和县九峰镇妇联、安厚镇妇联、小溪镇妇联入选“全省达标的乡镇（街道）妇联名单”，大溪镇下村村妇联、霞寨镇建设村妇联、文峰镇南霞村妇联入选“全省达标的村（社区）妇联”名单，芦溪镇树林村妇联主席叶兰入选“全省优秀妇联主席”名单。

【“巾帼红 绿色行”志愿服务活动】 2022年，平和县妇联成立“巾帼红 绿色行”巾帼志愿服务队，

2022年8月1日，平和县妇联到山格镇隆庆村向基层妇联干部、妇女群众面对面宣讲福建省妇女第十三次代表大会精神

（县妇联 供图）

并于4月14日举行授旗仪式。全县各级妇联响应号召，花山溪流域5个重点乡镇妇联成立“巾帼红 绿色行”巾帼志愿服务队。小溪镇组建31支巾帼志愿服务队，370多名巾帼志愿者；霞寨镇组建巾帼志愿者队伍28支，310多名巾帼志愿者；坂仔镇组建16支巾帼志愿者服务队，165名巾帼志愿者；国强乡组建15支巾帼志愿服务队，130多名巾帼志愿者；南胜镇组建12支巾帼志愿服务队，110多名巾帼志愿者。巾帼志愿者参与蜜柚绿色提质增效技术培训，走村入户发放科技宣传手册，进行农业技术指导，宣传发动群众参与蜜柚产业绿色发展。

【“碳汇＋女科技特派员联盟”平和小分队成果】 2022年，平和县妇联牵头成立“碳汇＋女科技特派员联盟”平和小分队（简称“小分队”）。由全国妇联常委、福建省妇联兼职副主席、福建农林大学根系生物学研究中心教授廖红，蔡坤秀、赖宝春等45名省市女科技特派员组成。小分队以平和蜜柚科技小院为基地，通过“政产学研用”一体化工作模式，将科学研究与生产实践相结合，在减肥增效、绿色种植等方面取得一系列科研成果。搭建培训、宣传、服务三大平台，以“专家团队＋党支部女党员＋种植女能手＋女辐射带动户”的科技服务模式进行技术推广，指导广大农户精准用肥、科学种植。技特派员小分队配合平和县妇联开展“巾帼红 绿色行”志愿活动，在全县开展20余场专题培训会，700多名村（社区）女党员、村妇联执委、蜜柚种植女能手参加培训，发动宣传服务群众3万多人。“碳汇＋女科技特派员联盟”平和小分队被省妇联推荐参评“全国巾帼建功先进集体”。

（林玲）

平和县科学技术协会

【概况】 2022年，平和县科协贯彻落实习近平总书记关于科技创新、科学普及和志愿服务工作重要指示精神，动员科技科普志愿者进社区、进乡村、进学校、进企业，开展科学普及、科技服务、科技推广等活动，服务社会公众科技科普需要，服务创新驱动发展，服务全民科学素质提升，服务党和政府科学决策，做好服务群众的“最后一公里”。

【科技志愿服务】 2022年，平和县科协以推动《全民科学素质规划纲要》为抓手，“线上线下”联动，组织科技科普志愿者为“3·5”学雷锋日、“全国科技工作者日”、“全国科普日”、防震减灾日等各类科普活动服务；开展全民科学素质网络竞赛活动，依托微信公众号、朋友圈等方式开展宣传活动，提升活动的知晓率，让广大群众掌握更多的科学文化知识。

【科技助力乡村振兴】 2022年，平和县科协组织蜜柚科技小院师生以专题讲座、现场观摩、线上科普小课堂等形式，开展蜜柚绿

2022年9月16日，平和县科协在平和一中举办2022年全国科普日、全民国防教育日宣传周活动。图为科普人员在现场演示操作机器人

色提质减肥增效系列科普培训140余场，服务花山溪流域综合整治。在蜜柚科技小院举行平和蜜柚提质增效现场观摩会，与农民面对面，推广绿色种植，取得成效。在全国农技协科技小院联盟线上交流会、福建省科技小院建设工作推进会暨观摩交流活动上作典型发言，平和蜜柚科技小院荣获2022年中国农技协“最美科技小院”称号。

【青少年科教】 2022年，平和县科协开展人工智能与机器人挑战赛指导老师培训，组织40余名校内科技教师参会，助推“双减”工作志愿服务；在平和县第四实验小学设立机器人科学工作室，开展科技志愿服务进校园活动。依托平和县东风社区青少年科学工作室科技活动中心，以“科创筑梦”全国青少年科技活动服务云平台为载体，开展各类科普活动42场次，机器人科普下乡活动2场次。平和县科协青少年科学工作室被中国科协青少年科技中心评为“2022年度最具特色工作室”。

【学会服务建设】 2022年，平和县科协搭建产学研用平台，推进学会服务站建设工作。对接中国农村专业技术协会、福建省农村专业技术协会，突破完成平和县首家国家级学会——漳州平和东湖农产品有限公司中国农村专业技术协会创新驱动服务站和福建奇兰茶王谷茶业有限公司福建省农村专业技术协会创新驱动服务站建站工作。推动企业与进站专家团队开展深度合作，培育自主创新团队，突破关键技术制约，助力企业转型升级。

【科技慰问宣传】 2022年，平和县科协开展“全国科技工作者日”慰问活动，走访慰问平和县一线科技工作者5人及科技小院师生5名。开展“最美科技工作者”学习宣传活动，平和县科协站点荣获2022年全国科技工作者状况“优秀调查站点”“优秀调查员”称号。

（叶劲松）

平和县工商业联合会

【概况】 2022年，平和县工商业联合会加强工商联领域工作、努力改进服务、助力改善营商环境，构建亲、清政商关系，全年召开联席会议4场次，收集意见建议87个，解决79个。发展865家会员企业及个体工商户，组建成立15个乡镇商会和7个异地平和商会，实现全县乡镇基层商会建设“全覆盖”。各商会组织通过内部资源整合、项目投资合作、产业上下游配套等方式，促进合作项目6个，涉及工业制造、农产品交易、食品加工、电子商务、文旅康养、建筑工程等领域。5月7日，举办2022年民营经济代表人士培训班，并组织前往新建村红色教育基地开展“重走红军路”活动。11月4日，平和县工商联牵头举办首届乡村振兴论坛。

【商会组织建设】 2022年，平和县组建珠三角平和商会、厦门

2022年8月5日，平和县工商联召开2022年第三季度企业家座谈会
（县工商联 供图）

市平和商会、泉州市平和商会、北京市平和商会、上海市平和商会、福州市平和商会、香港平和同乡联谊会等7个异地商会。加强乡镇商会规范化管理，注册乡镇商会15个。建立企业家诉求平台，接收诉求87条，全部沟通协调解决。

【“爱乡爱企促发展 同心同行兴万村”行动启动】 2022年7月18日，平和县统战系统“爱乡爱企促发展 同心同行兴万村”行动启动。活动中，平和县工商联与中国农业银行股份有限公司平和县支行签订乡村振兴战略合作协议；10家共建企业与共建村签订结对共建协议；中国农业银行股份有限公司平和县支行与中穗纸品有限公司签订乡村振兴战略合作协议；漳州市中学美术周毅铭名师工作室、漳州市初中数学黄素兰名师工作室与平和县广兆中学签订结对送教共建协议。

（游彦君）

平和县社会科学界联合会

【概况】 2022年，平和县社会科学界联合会发挥“桥梁纽带、组织协调、咨询服务、宣传普及”的职能作用，推进各项工作进展。承办漳州市社科普及宣传周；组织参与省社科联第19期网上有奖竞答活动，答题人数居全市第二名。

2022年12月23日，以“学习贯彻二十大 砥砺奋进新征程”为主题的2022年漳州市社科普及宣传周启动仪式在平和县崎岭乡天湖堂文化园举行。图为活动现场 （县社科联 供图）

【社科知识普及】 2022年，平和县社科联组织发动县直单位、乡镇（场、区）参与省社科联第19期网上有奖竞答活动；贯彻落实《福建省社会科学普及条例》，争取市委宣传部、市社科联在平和县崎岭乡举办2022年漳州市社科普及宣传周活动启动仪式，围绕“学习贯彻二十大 砥砺奋进新征程”主题，把党的创新理论、方针路线政策普及到广大人民群众之中。

【社科活动】 2022年，平和县社科联牵头组织开展“平和县生态环境保护知识竞答活动”于5月启动；学习贯彻《习近平谈治国理政》第四卷、《闽山闽水物华新——习近平福建足迹》，制作党的二十大精神宣传折页；指导创作客家山歌《谱写中华新篇章》，在客家主要居住地宣讲党的二十大精神，该做法得到省社科联的肯定，工作信息在其官方网站发表；申报并立项结项市级社科课题《平和暴动是福建首次在我党领导下的农民武装暴动》。

（张生辉）

平和县归国华侨联合会

【概况】 2022年，平和县归国华侨联合会以服务经济发展、依法维护侨益、拓展海外联谊、积极参政议政、弘扬中华文化、参与社会建设为主要工作职能，探索新时代加强和改进侨联工

2022年1月8日，平和县侨联在崎岭乡开展"医疗　科技　侨法""三下乡"主题活动

作的新途径、新办法和新举措，坚持"以侨为本，为侨服务"，加强思想政治引领，团结动员广大归侨侨眷和海外侨胞奋进新时代。

【侨建宣传】2022年1月4日，平和县侨联在大溪镇江寨村组织开展以"党建带侨建、助力乡村振兴"为主题的"医疗、科技、侨法""三下乡"主题活动，为侨界群众免费义诊送药及侨法和科普知识宣传活动。8月26日，在国强乡新建村召开平和县侨联八届二次全委会，举办"侨心永向党、喜迎二十大"委员活动，组织委员学习贯彻习近平总书记关于侨务工作重要论述以及《中国共产党统一战线工作条例》，参观中共平和县委旧址，走访慰问老党员、老干部和困难群众20户。

【侨商投资】2022年，中国侨商投资（福建）大会签约项目正大平和生态肉联产业化项目（福建乾兴），总投资20亿元、年产1万吨猪肉产品的全产业链项目落户平和，服务招商引资专项工作受到市侨联通报表扬。

【侨益维护】2022年，平和县侨联开展归侨侨眷基本情况调查，落实侨界群众来信来访反映问题，依法维护侨益，对生活困难的侨眷侨属给予落实生活困难补助，走访慰问侨界群众50户，特殊群体关怀4户，落实惠侨资金3.1万元。

【侨文化研究】2022年，平和县侨联以平和县林语堂文学馆为依托，向中国侨联申报中国华侨国际文化交流基地工作，打造国字号品牌。做好《平和县华侨志》排版校对，发动侨界热心人士为《平和县华侨志》出版捐赠经费，12月完成《平和县华侨志》出版工作。平和县中学生参与第二十三届世界华人学生征文活动，选送征文58篇参赛。

【基层侨联组织建设】2022年，平和县侨联加强基层组织建设。5月10日成立秀峰乡秀峰村侨联，7月22日成立小溪镇新桥村侨联。7月，小溪镇东大社区侨联、霞寨镇侨联被评为漳州市"五有"侨胞之家，小溪镇侨联被评为漳州市"五好"侨胞之家，落实基层侨联创建工作经费5.5万元，基层侨联组织工作受到市侨联通报表扬。

（林芳芳）

平和县台湾同胞联谊会

【概况】2022年，平和县台湾同胞联谊会把握台联工作要点，发挥自身职能作用，服务平和县定居台胞，推动台联各项工作创新与发展。11月25日，召开平和县第六次台湾同胞代表会议，总结回顾5年来工作，会议听取、审议并通过第五届台联理事会工作报告，选举产生平和县台联第六届领导班子。平和县台联会长参加第十一次全国台湾同胞代表会议。

2022年8月17—19日，福建省台联“迁台记忆”保护工作专项推进会在平和县召开。图为会议现场　（县台联　供图）

【台胞服务】　2022年，平和县台联开展全县定居台胞信息的普查及系统录入工作，录入28个家族、311人。争取并按照规定的程序为平和县老龄台胞、困难台胞、困难台生发放各类补助资金、慰问资金近20万元。做好定居台胞户籍更改、台籍关系迁移、台籍学生中高考加分等工作，为12名中、高考台籍学生身份确认提供材料；选送台湾青年参加海峡两岸青年电子商务研习营活动；帮助返台定居台胞了解大陆的一些对台相关政策。联系芦溪镇和相关部门，与乡、村两级进行沟通、协商，帮助协调解决台湾青年创业基地——新天地农业观光园和卉红花卉有限公司面临的困难和问题。

【档案文献征集】　2022年，平和县“迁台记忆”馆完成项目评审和招投标。6月，平和县台联主动参与平和县“迁台记忆”展馆的筹备、协调工作及“迁台记忆”档案文献征集工作。8月，福建省台联八届七次常务理事会暨“迁台记忆”保护工作专项推进会在平和县召开，截至12月底，平和县台联协助平和县台港澳办，收集“迁台记忆”档案文献资料1146件。

【同名同宗村授牌】　2022年8月18—19日，福建省海峡两岸民间交流基地（同名同宗村）授牌仪式在平和县坂仔镇心田村和五寨乡埔坪村举行，心田村、埔坪村分别被福建省台联授予“海峡两岸民间交流基地（同名同宗村）”称号。全省授牌3个“海峡两岸民间交流基地”交流点，平和县占2个。

（陈子扬）

平和县文学艺术界联合会

【概况】　2022年，平和县文学艺术界联合会开展各项文艺主题活动近百场次，有上百件作品入选市级以上各类作品集及展出、演播等，其中获省级奖项10多件，获省级入展及作品刊载30多件。1人加入中国美术家协会，1人加入中国摄影家协会，6人加入福建省作家协会，8人加入漳州市作家协会。

【文艺活动】　2022年，平和县文联开展“福建文学平和改稿会暨2022平和作家短训班”活动及“作家进校园活动”，举办黄荣才和黄水成“喜庆党的二十大·百名作家讲百福”2场文学公益讲座；与平和美协联合举办“福见平和——喜迎党的二十大”美术名家邀请展；与平和县书协联合开展“福见平和——闽派七〇七子精品书法展”“喜庆二十大　助力乡村振兴”大型书法作品展。平和作协开展线上线下多种方式的交流学习与创作活动，围绕平和县花山溪水源地综合整治活动，与平和县教育局、平和县融媒体中心联合主办“我爱母亲河——花山溪”征文活动。平和县民协深入老区进行主题教育，收集整理革命故事，收集第一手资料。

2022 年 10 月 27 日，平和县举办“喜庆二十大 助力乡村振兴”书法作品展 （县文联 供图）

【文艺服务】 2022 年，平和县书协组织中国书法碑拓精品展和文化“三下乡”义务送春联等活动 8 场，送出春联 400 多副，创作展出书法作品 180 多幅；平和县舞协组织会员参加县委主办的“党旗红苏区兴”暨庆祝中国共产党成立 100 周年文艺晚会。平和县民协在防抗疫情期间，组织民间文艺家义写防抗疫情宣传标语 100 多张。

【文艺成果】 2022 年，黄荣才长篇小说《向着春天》、朱向青纪实长篇散文《城育立人》、张山梁散文集《和风》出版；何也短篇小说《偏执之次》、朱向青散文《种下一棵理想主义的梭梭》、黄水成散文《落难的船号》、黄荣才短篇小说《望闻问切》连续获福建省第 34—36 届年度优秀文学作品榜上榜作品。黄水成散文《落难的船号》获第七届西部文学奖（散文奖）；黄荣才长篇小说《大河东流》获第三届福建省中长篇小说双年榜（2019—2020 年度）上榜提名作品；何也中篇小说《上肆溪口》原发于 2022 年第 8 期《福建文学》，被《小说选刊》2022 年第 9 期转载；卢一心诗作在《人民文学》刊载；石映芳散文《潮音》在《福建文学》新锐栏目刊载；平和县作协有 30 多篇（部、首）作品获市级以上奖项，100 多篇（部）在省、市以上文学期刊发表出版；平和县美协林明才加入中国美术家协会会员；朱丹美术作品《日新月异》获福建省美术家协会举办的“福建省 2022 年新人新作美术作品展优秀作品奖”；林诗豪美术作品《鸣春图》获福建省美术家协会举办的“第六届福建省迎春画展优秀作品奖”；平和县书协全年有 27 人次入省级展览；平和县摄协李润南加入中国摄影家协会。

（黄水成）

平和县残疾人联合会

【概况】 2022 年，平和县残疾人联合会聚焦残疾人急难愁盼问题，完善残疾人社会保障、残疾人就业创业、康复、宣传文体、基本公共服务等，推动谋划项目抓实抓细、用好政策，推动平和县残疾人事业发展水平。2022 年 11 月 11 日，平和县残疾人联合会第七次代表大会召开。全县各界 100 名正式代表及 12 名列席代表参加大会。大会选举产生平和县残联第七届主席团委员和出席市残联第七次代表大会代表。

【残疾人证办理】 2022 年，平和县残联根据“跨省通办”“全程网办”要求，推进网办残疾人证办理工作，惠残便民。按标准、程序和时限办结业务，平和县执证残疾人 11130 人。

【残疾人权益保护】 2022 年，平和县残联实施法律救助行动，建立残疾人法律救助工作站，聘请一名律师为平和县残联法律顾问，帮助残疾人及时获得法律援助、法律服务和司法救助，做好

2022 年 11 月 11 日，平和县残疾人联合会第七次代表大会召开

（县残联 供图）

残疾人维权工作。

【残疾人社会保障】 2022 年，平和县残联实施残疾人家庭无障碍改造项目 53 户 25.44 万元。对符合条件的重度残疾人及时协助审核办理补贴申领“两项补贴”，发放护理补贴 5937 人次，困难残疾人生活补贴 4476 人次，合计 122.28 万元。打造志愿助残服务品牌，先后成立 4 支“乡村义剪服务队”，坚持 5 年多来每月 15 日开展“免费义剪”活动，为偏远山区村弱势群体残疾人免费理发，为残疾人提供无障碍服务。

【残疾人康复】 2022 年，平和县残联对 0—17 岁残疾儿童康复训练补贴实现全覆盖。办理残疾儿童康复救助训练补助 452 人次，补助金额约 272.02 万元；根据《平和县残疾人基本型辅助器具适配补贴实施细则》的通知，依托省残疾人辅具资源中心建立的“福建省残疾人辅助器具网上综合服务平台”，方便残疾人线上申请—购买—报销流程。为有辅具需求的残疾人提供货币补贴 176 人，补贴金额 31 万元。

【残疾人就业】 2022 年，平和县残联扶持农村困难残疾就业创业 114 名 41 万元；居家托养 257 户 51.4 万元；机构托养 100 人 80 万元；扶助大溪镇开展创业就业培训，拨付 1.58 万元对残疾人进行实用技术培训；扶残助学项目资助 33 人 6.6 万元；残疾人自主就业创业社会保险补贴 68 人 27.7 万元；一户多残项目资助 3013 人 45.15 万元。

【残疾人文体活动】 2022 年，平和县残联组织平和县残疾人代表队参加漳州市第五届残疾人职业技能竞赛，获团体第三名。开展残疾人文化进家庭“五个一活动”，组织贫困或重度残疾人家庭 120 户 240 人参与全国最美茶园——高峰生态谷活动。邀请漳州木偶剧团表演艺术家演绎经典木偶曲目、川剧变脸表演等。

（林凯君）

平和县红十字会

【概况】 2022 年，平和县红十字会弘扬“人道、博爱、奉献”红十字精神，发挥党和政府在人道领域的桥梁和纽带作用。红十字献血志愿服务队、平和县税务局勇士队获全国无偿献血奉献奖表彰；红十字应急救护培训社会综合效应充分显现，涌现出黄金垣、吴锦滨等一批“最美救护员”，挽救 2 名心搏骤停溺水者的生命。

【救助慰问】 2022 年，平和县红十字会“99 公益日”网络募捐筹资“爱•过年”项目 17.82 万元，该笔款项及项目奖励金计 18.33 万元全部用于“红十字博爱送万家”救助慰问活动，慰问困难、弱势群众 611 人。受理小天使白血病、先天性心脏病、福万通少

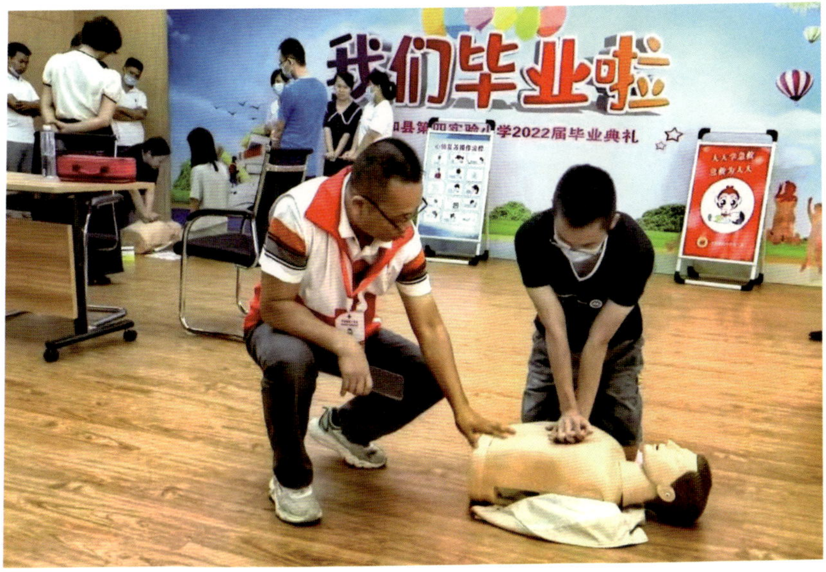

2022年，平和县红十字会开展为民办实事救护员培训（第十期）。图为培训现场（县红十字会 供图）

儿重特大疾病救助申请11人，救助金约13万元。

【应急救护培训】 2022年，平和县红十字会在全县范围内开展应急救护培训，开展应急救护知识的宣传和普及，培训取证红十字应急救护员1969名，普及培训3100多人次，首次在全县配置23台自动体外除颤器（简称“AED”）。

【“99公益日”网络募捐】 2022年，平和县红十字会开展“爱过年·情系漳州和救在身边·漳州行动”网络募捐活动，募捐约32.19万元，总额位列全省第九名、全市第一名，平和县红十字会继续被省红十字会授予“2022年度福建省红十字会99公益日优秀组织单位”称号。

（赖建民）

平和县计划生育协会

【概况】 2022年，平和县计划生育协会落实“宣传教育、生殖健康咨询服务、优生优育指导、计划生育家庭帮扶、权益维护和流动人口服务”等六项重点任务，深化拓展生育关怀项目，提升计生协会服务能力和工作水平。平和县计生协会计生家庭意外伤害保险工作被市计生协会授予“2022年计生家庭意外伤害保险工作一等奖”和“2022年计生家庭意外伤害保险工作规模奖”。

【计生家庭帮扶】 2022年，平和县计生协会走访慰问计生困难母亲42户，发放慰问资金4.2万元。慰问计生困难家庭27户10.7万元。为42319户计生家庭办理意外伤害保险，投保金额423.19万元，综合赔付率77.41%。发放幸福工程扶助款211.5万元，扶助计生困难母亲91户，惠及人口373人。组织开展农业生产科技知识培训，帮助困难母亲发展生产。为270多名计生困难母亲和失独家庭母亲提供免费健康体检。实施安居工程，补助霞寨镇1户计生困难家庭新建房屋，补助6万元，其中省级资金2万元，市级资金2万元，县级资金2万元。慰问计生特殊家庭68户，慰问金额9.7万元，在平和县小溪镇片区“心理慰藉援助中心”为29户特殊家庭开展心理健康讲座1场，对计生特殊家庭重点围绕心理疏导、生活照料、精神慰藉等方面开展服务。开展“金秋助学”活动，发放金秋助学金10.9万元，资助18名困难女生。其中，省计生协会资助困难女生3名，大学四年每学年每人发放助学金5000元；市计生协会资助困难女生4名，每人一次性发放助学金4000元；平和县计生协会资助困难女生11名，每人一次性发放助学金3000元。

【儿童早教服务】 2022年，平和县计生协会新建1个儿童早期发展项目点和1个省级“向日葵亲子小屋”，依托平和县哈琪乐佳托育咨询有限公司，免费开展0—3周岁家长儿童早期发展知识讲座和亲子活动，宣传优生优育知识。发挥原先依托在平和县金

2022年5月24日，平和县计生协会在大溪镇联合开展“红五月”人口文化宣传服务活动　　（县计生协会 供图）

太阳幼儿园和福建省智乐佳托育咨询有限公司的2个省级“向日葵亲子小屋”的作用。“向日葵亲子小屋”配置图书绘本及教玩具，为婴幼儿家长提供学习交流育儿知识的平台，每周免费对0—3周岁婴幼儿开放2次，开展婴幼儿亲子辅导活动。平和县计生协会加强基层协会建设，拨付1.5万元在大溪镇下村村创建1个县级“向日葵亲子小屋”；拨付2万元在大溪镇、国强乡、九峰镇建设4个计生协会会员之家。大溪镇下村村建设集会员之家、亲子小屋、健康服务驿站于一体的计生家庭服务场所，受到省、市计生协会领导的高度肯定。

【计生健康宣传】 2022年，县计生协会联合乡镇计生协会、卫健办、卫生院等部门在镇区开展“健康知识进万家”宣传倡导活动。通过摆摊设点、悬挂标语、设立展台、发放手册、图册的方式开展宣传，发放各类宣传资料5000余份，为2500多名群众开展健康义诊及咨询服务。开展“普及健康知识提高全民健康素养”线上有奖知识竞答，参与问答群众近1万人次。

【“红五月”人口文化宣传】 2022年，平和县计生协会举办女小组长演讲比赛5场，参加演讲53人，受教育522人；举办队伍培训17场次，参加人数1430人；开展座谈纪念活动63场次，参加人数1855人；开展健康咨询义诊活动39场次，3771人次参与，发现病例129例；开展各类服务活动61场，服务人数5445人，发放宣传品7126份、宣传资料12517份；入户开展紧急救助及慰问108户，慰问金8.37万元，其中慰问44户失独家庭，慰问金额约1.58万元；开展志愿者服务19场次，92人次参与。到全县6个乡镇开展“化肥减量增效”暨生产科技知识讲座，为2000多名计生母亲讲授蜜柚减肥增效技术。

（张汉强）

法治

政法委与综治

【概况】 2022年，平和县政法工作坚持以人民为中心的发展思想，在全省平安“三率”测评中，扫黑除恶好评率99.191%，执法满意率98.84%，道路交通秩序及安全治理好评率94.36%，群众安全感率继续保持全市前列，获评“福建省平安县”。国家交办2批117件信访积案、省级交办重复信访积案26件，全部化解。年度“四季竞赛、五大比拼”考评排名全市第二，先后2次在全市推进会上作典型经验介绍。

【扫黑除恶斗争常态化】 2022年，平和县常态化开展扫黑除恶斗争，推进夏季治安打击整治“百日行动”，开展打击电信网络诈骗、养老诈骗、制售假烟、多发性侵财案件、“黄赌毒”“盗抢骗”、食药环等犯罪。2022年，深入摸排涉黑涉恶线索，线索办结率100%，实现“线索清仓”。

【公共安全防控】 2022年，平和县开展公共安全领域突出问题排查整治攻坚行动。管理治安保卫重点单位248家，旅馆55家，寄递行业51家。寄递物流、旅馆、网吧等重点行业按要求落实寄递“3个100%”（开箱验视100%、实名寄递100%、过机安检100%）、物流“2个100%”（收寄货物实名登记100%、开箱验视100%）和旅馆、网吧100%实名登记管理规定。依托“一体化”危爆物品管理平台，管理加油站63家，民爆仓库1处。开展校园及周边风险隐患排查整治专项行动，全面摸排校园及周边各类矛盾纠纷，整治校园违法犯罪活动，开展校园法治宣传教育；督促学校完善落实各项内部安全管理规章制度；全县中小学幼儿园全部落实校安配合、封闭式管理和一键报警安装，推动全县所有校园落实监控视频联网。开展道路安全综合整治，全年现场查处各类

2022年6月25日，平和县开展夏季治安打击整治百日行动集中统一行动。图为启动仪式 （陈宗泽 摄）

交通违法行为12346起；开展道路设施建设工作，在县城增设100余个机动车停车位、340余个非机动车停车位，修缮县城区及周边道路设施105处。开展电动车综合整治，由县平安办牵头抽调城市管理局、交通运输局、市场监督管理局、交警大队，会同乡镇派出所，乡村“110”等群防群治力量，全县拆除电动车加装遮阳雨棚3.1万多个。

【法治服务保障】 2022年，平和县制定出台全方位推动高质量发展超越法治保障措施和法治化营商环境建设、平和县加强法治乡村建设工作方案、平和县推进法治化营商环境建设实施方案、依法治县工作要点、平和县行政复议体制改革实施方案等工作方案。优化法治化营商环境，组建法律服务保障中心，在工业园区、县行政服务中心设立窗口，办理涉企诉讼案件3起、涉企公证19件、调解纠纷72起、提供法律咨询85件。召开专题会议，研究部署政法系统服务保障花山溪生态环境突出问题综合整治工作，全面落实生态环境执法司法保护主体责任。组织开展《中华人民共和国民法典》集中宣传月活动，发送手机短信4万条，发放宣传条幅131条、宣传折页3000册。

【养老诈骗整治】 2022年，平和县依法严惩养老诈骗违法犯罪，治理侵害老年人合法权益的涉诈乱象问题，立涉养老诈骗刑事案件17起，抓获犯罪嫌疑人40人，打掉1个犯罪团伙。

【乡村治理模式创新】2022年，平和县推进乡村治理新模式，探索构建“两员两队”“乡村110”网格治理新模式，推动共治善治延伸拓展到乡村治理“最后一米”，获评全省“推进机制活、建设新福建”机关体制机制创新案例二等奖，并在全市推广。创新“片区党建”工作模式，在安厚镇美峰村与龙头、三龙等邻村联合制定龙峰头片区公约，开展支部共建，综治中心联建、社会治安联防，矛盾纠纷联调、基层平安联创的工作机制；抓好近邻党建工作，选取小溪镇康桥丽景、英才尚层、吉祥家园、长宏国际城等4个基础条件较好的小区作为示范点，推行党建网格化管理模式；发挥党建引领“红色物业”作用，在英才尚层小区成立龙湾物业党支部，依托物业管理公司、业委会，设立红色信箱、爱心驿站、妇女微家、物业议事厅、党群之家等27个服务载体，解决物业收费难、邻里纠纷等问题100余件。

【矛盾化解机制创新】2022年，平和县深化“两中心一站式”金融纠纷预防化解机制，通过“诉前调解+司法确认”模式化解金融纠纷112件，经验成效被《福建改革情况》《福建改革财经情况》刊发推广。创新交通事故纠纷线上调解机制，实行刑事、民事、行政“三审合一”审判模式，形成交通事故纠纷联动调处机制、“互联网+交通事故”处理机制，经验做法在全市推广，被公安部法制局评为全国公安机关“优秀行政执法制度”。创新全域智慧诉非联动调解机制，搭建覆盖全县的诉非联动平台，推进“第三方调解+司法确认”纠纷快速解决模式，构筑多元化解纷网络体系。

【平安平和创建】 2022年，平和县加强综治中心规范化建设，升级完善网格化服务管理平台，推进城乡社区网格治理“2+N”模式全覆盖。在反诈宣传、卷烟打假、“两违整治”等工作中，落实属地责任，依托网格化管理，整合网格员、乡村“110”工作队员、平安志愿者力量，广泛发动群众，群防群治，织密织牢防控网络，落细落实管控责任，全面推动宣传、排查、服务工作，集中开展大排查20多次，化解社会矛盾纠纷195件，服务群众2500多人次。推进“六无”平安村居创建，着力打造文峰镇现代社会治理，小溪镇新东社区智慧社区，打造五寨乡高峰村、国强乡新建村、霞寨镇高寨村一批全国、全省乡村治理示范村和全国民主法治示范村。深化平安联创活动，延伸拓展平安边界、平安校园、平安医院、平安景区、平安果园、平安家庭等创建工程。

（朱文鑫）

法治政府建设

【概况】 2022年，平和县召开2次县委全面依法治县工作会议，制定出台法治政府建设、法治社会建设、法治平和建设等工作实施方案，为法治政府建设提供有力制度保障。贯彻落实党政主要负责人履行推进法治建设第一责任人职责规定，并将履职情况纳入年终述职。对行政规范性文件、重大决策、合同、协议等决策事项全部进行合法性审查并严格履行事前听证、专家论证、公开公示、责任追究的决策程序，健全法律顾问和公职律师在重大行政决策、政府合同中的参与机制，提高决策质量和效率。

【行政规范性文件监督管理】 2022年，平和县加强行政规范性文件监督管理，向市政府、县人大常委会报备行政规范性文件13件，做到“有件必备、有件必审”。建立规范性文件定期清理和专项清理相结合的长效清理机制，对生育保险待遇做出不当限制、涉及限制网约车驾驶员户籍、涉及“水能资源开发利用权”有偿出让制度等3个领域进行规范性文件专项清理。

【综合行政执法体制改革】 2022年，平和县整合行政执法队伍，推进跨领域跨部门综合执法和基层“一支队伍管执法”，围绕涉及城市管理、市场监督、教育、农业农村、自然资源、林业、水利、交通运输、应急、消防及宗教等领域赋权一批基层管理需要且能够有效承接的行政执法事项。赋予15个乡镇人民政府第一批行政执法事项计201项，推进县直有关部门与各乡镇人民政府签订赋权事项承接书。

【行政执法监督】 2022年，平和县对全县36个行政执法单位开展行政执法、规范性文件重点工作落实情况检查。推行包容审慎“四张清单”，建立轻微违法行为依法免予处罚清单制度，推行行政裁量权基准制度，规范裁量范围、种类、幅度等，健全裁量权基准动态调整机制。贯彻落实全县行政执法三项制度和证明事项告知承诺制度，制定行政执法音像记录清单127项、重大执法决定法制审核目录清单418项、行政执法事项服务指南270项、证明事项告知承诺制目录清单33项。严格行政执法资格准入，完成城市管理、市场监管、财政、文化旅游等执法人员换证，组织236名行政执法人员报名参加2022年福建省行政执法资格综合法律知识考试，全县持有福建省行政执法证件共636人。提高行政复议工作各环节的透明度、公开性和规范性，受理行政复议案件24件，纠错3件，纠错率12.5%。

【普法宣传】 2022年，平和县实施“八五”普法规划，细化普法9个重点项目。普查本地红色、传统普法资源，建成县文博中心法治文化广场，在广场周边融入习近平法治思想、宪法民法典精髓等法治元素，以群众喜闻乐见

2022年6月8日，平和县举办行政处罚法暨乡镇（街道）综合执法业务培训

（县司法局 供图）

的形式传播法治文化；打造长乐乡红色法治文化阵地，以图片、彩绘、雕塑等形式宣传相关法律法规和革命老区精神。开展“民主法治示范村”创建活动，实施村（社区）“法律明白人”培养工程，新培育村（社区）合格法律明白人1310名；开展以“美好生活民法典相伴”为主题，以“民法典进乡村 蒲公英在行动”为重点的《中华人民共和国民法典》集中宣传月活动，投放LED屏1个、电梯淘屏83个，发出手机短信4万条，发放宣传条幅131条、宣传折页3000册，宣传光碟262个，发放《中华人民共和国民法典》法条100册，提供法律咨询700余人次。深入崎岭乡开展普法宣传和矛盾纠纷排查化解活动，助力平和县花山溪饮用水水源地风险突出问题综合整治和第二饮用水水源地建设。

（李少杰）

公安

【概况】 2022年，平和县公安机关集中力量化解整治各类风险隐患，保障全县社会治安环境持续向好，提升群众安全感、幸福感、获得感。平和县公安系统有6个单位获市公安局颁发集体三等功荣誉，10人获个人三等功、5人获个人嘉奖，文峰派出所获福建省总工会“五一先锋号”荣誉，县公安局获中共漳州市委漳州市人民政府集体嘉奖；公调对接、矛盾纠纷线上调解、“大法制”改革、“乡村110”网格治理等工作经验被《人民日报》、中央电视台、《法治日报》、《人民公安报》、《八闽快讯》等各级媒体和刊物推介。

【违法犯罪打击】 2022年，平和县公安局紧盯影响群众安全感突出违法犯罪和公共领域风险隐患，全面铺开“打防管治宣”五条战线，纵深推进常态化扫黑除恶斗争，严厉打击各类违法犯罪，破获刑事案件778起，抓获各类在逃犯罪嫌疑人206人，破获电信网络诈骗案件158起，抓获犯罪嫌疑人607人，返还赃款赃物累计691.99万元。

【警务机制创新】 2022年，平和县公安局推进“市县主战、派出所主防”警务改革，组建西部片区域联合派出所和刑事犯罪侦查中心，持续推进派出所“两队一室”标准化建设，成立“公调对接”调解中心，以公安机关为主导，引入法院、司法部门以及律师、当地乡贤、乡村能人等多方调解力量，打造联动调解模式，化解各类矛盾纠纷。全年调解矛盾纠纷449起，调解成功率100%，履约率均达100%，群众满意率100%。全年化解信访件83件，比升124.32%。

【服务效能提升】 2022年，平和县公安局建立规上企业派出所民警挂钩联系制度，成立挂钩联系规上企业工作领导小组，开展矛盾排查化解，加强安全防范，严打各类违法犯罪等，走访规上企业550家次，召开座谈会369次，发现排查化解矛盾纠纷2起，提供服务咨询375次，开展法治

2022年3月4日，平和县公安局开展应急处突综合实战演练。图为演练现场 （卢达鹏 摄）

宣传130次，建立流动警务室1个。推广公安业务手机移动端办理便民服务，完善派出所“一站式”公安综合服务窗口服务，扩大港澳台居民居住证申领规模，受理出入境证件申请213件次。推进户籍办理便民利民措施，办理出生入户4450人，省内迁入237人，省外迁入434人，办理居民身份证异地受理332次，办理港澳台居民身份证4张，便民服务环节实现“零投诉”。

【校园安全保卫】 2022年，平和县公安局深化“护校安园”专项工作，抽调县局机关警种100余名警力联合派出所，统筹校园保安力量、家长志愿者，建立学生上学放学高峰期守点、学生在校平峰期巡逻“两期三段”护学勤务新模式，完善警校联动机制，在全县199家中小学校门卫室安装具有可视效果的一键报警装置，坚持每日视频巡查、定期分析研判，及时发现未成年人聚集等异常现象。组织开展校园法治宣传175场次，校园及周边治安秩序持续平稳，校园周边道路交通安全畅通，涉校安全案事件零发生。

【道路交通安全管理】 2022年，平和县公安局严查显见性交通违法行为，严厉查处驾驶机动车未戴安全头盔、非法加装遮阳伞、逆向行驶、涉牌涉证、酒驾醉驾等交通乱象。查处各类交通违法行为75621起，现场违法24193起，非现场违法51428起。优化道路交通组织。推进省市政府为民办实事隐患路段整改11处，对县城区主干道灯控路口进行合理配时，优化道路通行环境。

（蔡俊林）

检 察

【概况】 2022年，平和县人民检察院全年办理案件2019件，批捕犯罪嫌疑人65人，起诉474人，不批捕13人，不起诉107人。依法严惩盗窃、故意伤害、强奸等影响群众安全感犯罪，起诉35人。打击电信网络诈骗犯罪，严惩帮助信息网络犯罪活动、掩饰隐瞒犯罪所得、偷越国（边）境等犯罪，起诉228人。批捕、起诉恶势力犯罪集团1件3人。聚众扰乱社会秩序案1起，批捕4人，起诉6人。受理审查起诉职务犯罪4人，提起公诉2人。落实入额院领导带头办案制度，入额院领导办案99件。聘请9名来自生态环境、金融等行政机关的专业人员兼任检察官助理。刑事检察“案－件比”为1 ∶ 1.11，“案－件比”持续下降。办理的《关于秀峰乡福塘村历史文化遗产保护公益诉讼案》获平和县“我为群众办实事”十佳典型案例、《创新校园“青春护航信箱”机制——及时发现并阻断对未成年人的侵害》获省检察院第十三批典型案例。

【刑事检察】 2022年，平和县检察院加强立案和侦查活动监督，监督立案4件，监督撤案14件，发出纠正违法通知书12件次，建议行政执法机关移送6件次，纠正漏诉43人。推行认罪认罚从宽制度，认罪认罚适用率95.11%，确定刑量刑建议提

2022年6月15日，平和县检察院开展以“守住钱袋子，护好幸福家”为主题的防范非法集资宣传活动 （县检察院 供图）

出率 98.97%，速裁程序适用率 74.18%，上诉率 4.12%，各项核心数据均排名全市前列。落实少捕慎诉慎押刑事司法政策，诉前羁押率仅为 12.76%，全市排名第一。创新“不起诉 + 公开训诫 + 普法教育”机制，得到福建省人民检察院肯定。开展社区矫正巡回检察，监督纠正刑事执行案件 96 件，其中对财产刑执行提出纠正 19 件。统计梳理 2018—2022 年判决生效的职务犯罪涉财产刑执行案件 13 件。

【民事检察监督】 2022 年，平和县检察院强化民事检察精准监督，对审判程序和执行活动中的违法行为制发检察建议 29 件，办理支持起诉案件 3 件。寻找行政检察案源线索，制发行政检察建议 36 件。非法倒卖文物、盗窃文物的案件，制发检察建议，督促文物主管部门和文物所在地乡镇政府依法履职，加大文物保护力度。开展行政强制隔离戒毒法律监督，向相关部门发出检察建议，梳理排查强制隔离戒毒人员的情况，依法开展强制隔离戒毒工作。

【公益诉讼检察】 2022 年，平和县检察院依法办好“4+9”（“4”：生态环境和资源保护、食品药品安全、国有财产保护、国有土地使用权出让 4 个诉讼法明确列举的领域；“9”：英雄烈士保护、未成年人保护、军人地位和权益保障、安全生产、个人信息保护、反垄断、反电信网络诈骗、农产品质量安全、妇女权益保障领域公益诉讼）领域案件，立案办理公益诉讼案件 63 件，制发诉前检察建议 51 件，启动诉前磋商程序结案 10 件，回复整改率 100%。提起刑事附带民事公益诉讼案件 1 件，获法院判决支持。建立公益诉讼观护员机制，由人大代表、政协委员、群众等 13 名社会各界人士组成公益诉讼观护员队伍，获取线索 5 条，成案 3 件。对辖区内生产企业开展专项巡查，行政立案污染企业 9 家。

【未成年人检察】 2022 年，平和县检察院成立未检“柚起航”团队，严惩侵害未成年人犯罪，起诉 19 人，对涉嫌轻微犯罪并有悔罪表现的未成年人不起诉 11 人。关爱救助未成年被害人，在办理未成年人被性侵案时，启动救助程序，为被害人发放司法救助金。联合团县委，依托检校共建平台“未成年人教育辅导基地”，为包括被害人在内的学生开展中考前心理疏导活动。

【生态检察】 2022 年，平和县检察院起诉破坏生态环境资源犯罪 8 人，办理生态环境领域公益诉讼案件 56 件。建立“林长 + 检察长”协作机制，组织相关部门召开联席会议，完成清理梅潭河秀峰、长乐河段河道内水浮莲泛滥污染整治，清理面积达 46.67 公顷。对非法买卖画眉鸟的案件问题，向野生动物主管部门和案发地所在乡镇政府制发检察建议，依法履职加强监管，采用“线上 + 线下”的方式加强野生动物保护宣传，在辖区开展以案释法，着重在非法狩猎高发区进行警示教育，引导树立保护生态资源的文明理念。

【检察监督】 2022 年，平和县检察院严格执行“三个规定”（《领导干部干预司法活动、插手具体案件处理的记录、通报和责任追究规定》《司法机关内部人员过问案件的记录和责任追究规定》《关于进一步规范司法人员与当事人、律师、特殊关系人、中介组织接触交往行为的若干规定》），引导干警形成记录报告的法治自觉，全院填报记录 46 件，院领导填报记录 23 件，“逢问必录”要求得到真正落实。强化检察人员“八小时外”行为监督管理，构筑组织、社会、家庭“三位一体”监督模式。深化“六大顽瘴痼疾”（违反防止干预司法“三个规定”；违规经商办企业和配偶、子女及其配偶违规从事经营活动；违规参股借贷；违规违法减刑、假释、暂予监外执行；有案不立、压案不查、有罪不究；法官检察官离任后违规从事律师职业、充当司法掮客）整治，依职责梳理出廉政风险点 31 个，制定防控措施 40 条，推动执法司法公开。

【社会监督】 2022 年，平和县检察院向县政协常委会专题通报落实少捕慎诉慎押刑事司法政策工作情况，以县人大常委会对公益诉讼检察等工作的专题调研为契机，提升工作质效。邀请省、市、县三级人大代表、政协委员参加“携手落实‘两法’共护祖国未来”检察开放日，邀请人大代表、政协委员参加涉案企业合规改革工作相关会议、公开听证会等活动15场。接受社会各界监督，推进检务公开，在“12309中国检察网”发布重要案件信息8条。

【未成年人司法保护】 2022年，平和县检察院开展规范旅馆管理专项整治活动，要求对未成年人入住旅馆异常情况强制报告。针对校园周边流动摊贩经营存在食品卫生安全隐患及校园周边50米内无证售烟，影响未成年学生身心健康问题，制发诉前检察建议，督促相关部门开展校园周边食品安全、烟草经营整治工作。与法治建设合作院校及县教育局等单位举办“检察开放日暨普法情景剧”等活动，开展法治进校园17场。

【检察助力营商环境优化】 2022年，平和县检察院持续落实本院《关于“发挥检察职能建设法治化营商环境”工作方案》10条服务措施。发挥高峰谷、灵通风景区管委会检察联络室平台环境保护作用，创建“平和县生态修复示范点”“平和县生态公益林·有机茶果园管护示范片”，开展生态修复、法治宣传。推进涉案企业合规改革工作，与平和县财政局等14家单位建立第三方机制管委会及其联席会议机制，组建平和县第三方机制专业人才名录库。开展企业普法16次，起诉侵害企业合法权益犯罪15人，少捕慎诉慎押民营企业负责人涉经营类犯罪，提出适用缓刑2人，不起诉1人。召开反洗钱工作联席会，健全完善情报会商、数据共享等机制，开展反洗钱线索摸排工作，受理审查起诉洗钱案1件，严惩破坏市场经济秩序犯罪，起诉18人。

【检察助力乡村振兴】 2022年，平和县检察院开展司法救助助力巩固拓展脱贫攻坚成果助推乡村振兴专项行动，救助因遭受犯罪侵害等致生活陷入困境的被害人及其近亲属11人，发放司法救助金25.6万元。落实“机关联动乡村，党建引领振兴”行动，纾困助学，协调争取100万元项目资金。召开联席会议，整治部分乡镇病死动物无害化处理收集点不规范污染公共卫生的问题，修缮收集点防护设施，设立提示牌，配套建设病死动物无害化处理相关设施。

【检察助推社会治理】2022年，平和县检察院结合监督办案制发社会治理类检察建议16件。公开选任听证员20名，召开公开听证会25场。服务保障花山溪饮用水水源地综合整治，联合县生态环境局至下官峰流域开展生态执法活动，对该流域水体分段采样检测、排查污染源；到小溪、霞寨等5个乡镇提供法律支持。到小溪镇政府开展“保护永久基本农田，守护耕地红线”专题讲座，并编发专题普法微信。

（陈洲宇）

法 院

【概况】 2022年，平和县人民法院受理各类案件5162件，比上年下降18.06%；办结5129件，结案率99.36%，结收比101.97%。全县万人成讼率69.93件/万人，比上年下降12.95%，居全市第二、全省第七。排查化解矛盾纠纷5286件，50.97%的纠纷案件实现诉前调解并自动履行，诉源案件比上年下降12.94%，位居全市第三、全省第八，经验成效被市委《漳州信息》、市政府《漳政要讯》专刊刊载，并得到市政府主要领导批示肯定。

【刑事审判】 2022年，平和县法院依法审结刑事犯罪399件515人。打击涉枪涉毒、“两抢一盗”、强奸等危害群众安全感犯罪33件35人；打击涉电信网络诈骗犯罪134件207人，召开专项联席会2场次，拍摄反诈短视频，提高群众反诈意识。依法对467名被告人兑现从宽政策，对罪责较轻的328名被告人适用

2022年5月26日，平和县坂仔法庭工作人员在坂仔镇心田村矿鼎金山地实地办理土地纠纷案件（县法院 供图）

非监禁刑；加强未成年人司法保护，审结未成年人犯罪案件6件8人，依法严厉打击侵害未成年人权益犯罪10件19人。办结交通肇事犯罪9件9人、醉酒驾驶等危险驾驶犯罪80件82人。

【民商事审判】 2022年，平和县法院依法保护民事主体合法权益，审结民商事案件2882件标的3.27亿元，调撤率47.45%。审理涉及教育、医疗、养老、社会保障等民生领域案件236件；维护市场秩序，审结合同纠纷1929件2.38亿元，其中民间借贷案件767件7504.21万元；住房消费者合法权益保护，审结房屋买卖、物业服务等案件64件，审结平和首例老旧小区加装电梯纠纷案；审结婚姻家庭、抚养继承案件527件；依法审理涉及土地承包经营、权属纠纷等案件5件；审结劳动争议案件26件。办结涉交通事故民事纠纷232件。

【案件执行】 2022年，平和县法院受理执行案件1690件，执结1682件，结案率99.53%，实际执行到位率54.63%，比上年同期增长23.07%，居全市第一。加大执源治理力度，执行新收案件比上年同期下降6.4%；完善执行“分段集约”，落实“两调研三行动”，执结涉民生案件138件，执行到位260.75万元；发放执行案款260.75万元；移送涉嫌拒执罪线索11件11人，审结3件3人；组织开展“公正执行在身边”专项行动、“执行局开放日”活动，畅通信访渠道。1件执行案件入选全省“善意执行”典型案例。

【金融解纷】 2022年，平和县法院推进“第三方调解＋司法确认”纠纷快速解决模式，办结金融案件638件，诉前快调金融纠纷323件，标的2584.8万元，其中司法确认278件，平均调解用时6.5天，50.6%的金融纠纷化解在源头，接受当事人咨询250人次，为当事人节约诉讼费、交通费等费用64.6万元。推动银行为困难企业转贷、续贷，盘活企业资金。“两中心一站式”金融解纷经验成效得到《福建改革情况》《福建改革财经情况》刊发推广，《人民法院报》大篇幅报道点赞，以及省委领导肯定。

【智能化交通审判】 2022年，平和县法院推行“一网通办”智能化交通审判，运用微信、“道交数据一体化”系统、8个线上调解对接点，全程网上办理305件次。经验做法入选《福建省社会治理创新50例汇编》《漳州市社会治理创新典型经验汇编》。

（周晓彬）

司法行政

【概况】 2022年，平和县司法局履行司法行政职能，依法行政规范化建设，落实全县行政执法三项制度和证明事项告知承诺制度。依托律师、公证、基层法律服务、法律援助、法治宣传、人民调解、行政复议等多项职能，组建法律服务保障中心，在平和县工业园区、平和县行政服务中心窗口设立联系点，为企业提供专业、便捷的法律服务。全县15个司法所［包括乡镇、村（居）］调委会排查化解矛盾纠纷5891起，调解5891起。

【人民调解】 2022年，平和县健全社会矛盾纠纷多元预防调处化解综合机制。全县设立277个人民调解委员会，开展人民调解室创建工作，对符合条件的乡镇调委会10名调解员授予个人调解室称号。命名文峰镇“吴和平调解室”、九峰镇“曾国恩调解室”为县级金牌调解室。开展“人民调解为人民，全力护航二十大”专项活动，排查化解矛盾纠纷5891起，调解成功5886起，调解成功率达99.9%。优化公证服务流程，利用网络办证平台在线办理公证。推进“第三方调解+司法确认”纠纷快速解决模式，50.6%的金融纠纷化解在源头，为当事人节约诉讼费、交通费等费用64.6万元。

【社区矫正】 2022年，平和县司法局实施社区矫正中心升级改造工程，成立15个乡镇社区矫正委员会，实现乡镇社区矫正委员会全覆盖。预防和参与调处矛盾纠纷，开展“枫桥经验”在

2022年6月23日，平和县司法局到崎岭乡开展保护生态环境公益普法活动。图为活动现场 （县司法局 供图）

平和深化常态化矛盾纠纷排查化解专项活动。

【安置帮教】 2022年，平和县司法局开展刑满释放人员安置帮教“强弱项、建机制”专项活动。完成近两年内刑释人员“一人一档”建档工作，联系劳动人社部门加强就业培训、指导工作。对无劳动能力、无生活来源、无法维持基本生活的刑释解矫人员，协调民政部门给予社会救助。

【法律援助】 2022年，平和县加强法律援助案件质量监控，法律援助中心接待法律咨询1228人次，办理法律援助案件589件，其中民事案件26件、刑事案件563件（认罪认罚486件）。加大贫困当事人司法救助力度，发放司法救助金8.2万元，减免缓交诉讼费15.7万元。以“多方协力+精准救助”工作机制，为23名无诉讼能力当事人提供法律援助。对追索医疗费、赡养费、抚养费等案件依法采取先予执行措施，全年执行8个案件金额21万元。

【公证事务】 2022年，平和县司法局办理各类公证案件495件。其中，涉香港、澳门、台湾地区公证案件33件，涉外公证案件50件。

（李少杰）

人民武装

【概况】 2022年，平和县人民武装部按照“一线强区”标准，突出动员备战主责主业，开展“忠诚维护核心、矢志奋斗强军”主题教育，以《牢固树立当兵打仗的思想》《以案说法、常敲警钟，筑牢思想防线》为题进行辅导授课，利用驻地红色资源，开展职能使命教育、形势战备教育和党史军史教育，编发民兵政治教育提纲，组织前往南靖科岭开展革命传统教育。年内，通过潜力核查、体检政考、集合点验等“八个步骤”落实民兵整组工作，完成民兵编组任务。

【军事训练】 2022年，平和县人武部落实民兵分队“基地化+建制化”组训，完成民兵应急连、应急排、公路护路连、便携式地空导弹分队、有线通信保障排、伪装遮障排、冲锋舟操作手骨干、专武干部和民兵连长、民兵“四会”教导员协同配合开展任务保障行动“一个过程”实兵演练，做法被“东南前哨”刊用；参加全省防空骨干和无人机专业骨干集训，其中1名骨干在便携式地空导弹实弹射击中取得双发齐射、两发全中的好成绩，获省军区首长表扬。组织冲锋舟操作手骨干集训暨防汛抗洪演练，做法在央视军事频道播报。

【征兵宣传】 2022年，平和县人武部通过下发征兵宣传手册1.1万份，制作宣传条幅1000余条、出动征兵宣传车50辆次、发送宣传短信、投放电梯广告、开设地方新媒体公众号征兵宣传专栏等方式，开展征兵宣传，并向《中国民兵》《东南前哨》《福建征兵》投稿，被采用29条，营造浓厚的征兵氛围。

【国防教育】 2022年，平和县人武部利用党校干部培训、民兵训练、兵役征集和新生军训等时机，

2022年5月20日，平和县人武部召开2022年度基干民兵集合点验大会

（县人武部 供图）

依托长乐乡平和暴动纪念馆、高峰谷“红军寮”、西坑党校等红色教育基地，开展国防知识宣传、党史学习教育、爱国爱党爱军教育活动；在第22个“全民国防教育日”，开展以“迈向强国新征程，军民共筑强军梦”为主题的全民国防教育日宣传周活动，通过摆放展板、发放宣传资料等多种形式，向学生们进行国防教育基本知识宣传；打造中共闽粤边特委机关旧址、阳明公园国防教育主题公园等双拥宣传教育阵地。

【拥军优属】 2022年，平和县人武部有若干名现役军人获三等功，奖励金1.9万元；为获二等功的现役军人家属佩戴绶带并颁发“二等功臣之家”荣誉牌匾、送上3000元慰问金。对现役军人子女就学视同视教区适龄儿童就近入学。联合平和县退役军人事务局、平和县总医院走访慰问抗美援朝老兵。到中小学开展共建活动，完成辖区6所中学初一和高一新生2662人的军训工作，向全县13名品学兼优的困难学生发放1.2万元助学金，资助6所中小学2.6万元。组织民兵队伍分批次、分区域开展义务植树活动。

（蔡湘辉）

武装警察

【概况】 2022年，武警平和中队贯彻新时代党的强军思想，坚持政治建军、改革强军、科技强军、人才强军、依法治军，全面加强中队练兵备战，严格完成上级赋予的各项任务。

【战备工作】 2022年，武警平和中队坚持任务牵引，严格落实战备值班制度，充实战备物资，优化战备部署，组织开展防疫工作与抗洪抢险演练，锤炼官兵应急处置能力，增强中队执行多样化任务的能力。

【部队建设】 2022年，武警平和中队进行规范化执勤等级评定，中队官兵配合地方参加地方植树节活动，对武装部民兵冲锋舟操作进行教学，与平和县图书馆共同举办“拥军图书馆搬进警营”活动，与文体局共建“书法进警营”活动，邀请驻地老红军高建设前辈宣讲革命事迹，邀请平和一中师生到中队参观学习国防知识教育，与公安部门共同组织升旗活动，与平和县法院共建“送法进警营”等活动，开展双拥共建活动，双拥宣传和“全民国防教育主题宣讲活动”。

（臧子鹏）

人民防空

【人防工程】 2022年，平和县人民防空办公室组织技术人员对辖区内部分人防工程开展维护管理质量评估工作，采取现场踏勘检查和查看内业相结合的方法，重点检查评估人防工程结构完好度，人防设备运行、维护保养状况，维护管理内业资料完善性等内容，同时做好整改落实情况的跟踪督查工作。

【人防宣传】 2022年，平和县人防办结合“5·12”全国防灾减灾宣传月活动，到平和县第四实验小学开展人防宣传，宣传活动以防空警报识别、防空地下室防空减灾功能、人防应急知识等为主要宣传内容，采取发放人防宣传手册、观看《走进人防》《人防科普小知识》宣传视频、现场讲解等多种方式并通过平和县融媒体公众号平台发送，扩大人防宣传覆盖面。深入企业、社区、校园、机关，推广“漳州人防导航”软件，提高软件受众率，增加用户群体。开展“9·18”防空警报试鸣工作，增强全民国防观念、人防意识和防护技能。通过政府官网、张贴横幅等方式做好舆论引导工作，提高“9·18”试鸣防空警报工作知晓率及国防教育宣传覆盖面。在县城中心城区阳明公园坐标性建筑物处利用LED大屏滚动播放人防教育宣传视频。

【人防演练】 2022年，平和县人防办开展演练演训工作，利用“5·12”全国防灾减灾宣传月契机，联合平和县地震办，组织平

2022年5月12日，平和县人防办进校园开展“人民防空人民建关注人防就是关爱生命”主题宣传活动　（县人防办 供图）

和县第四实验小学师生开展防灾减灾疏散演练活动，增强广大师生和群众的防空减灾意识。

【人防警报设备维护管理】2022年，平和县人防办在警报设施维护检修常态化工作的基础上，邀请厂家专业技术人员对平和县早期采购的警报器室外音响支架进行全面检查，并根据厂家针对存在问题提出的专业建议，采取除锈防锈上漆、斜拉钢丝绳、支点浇筑砼等方式进行加固维护，确保全县早期警报设备的安全可靠性能。

（方奕恒）

退役军人事务

【概况】2022年，平和县退役军人事务局制定《平和县烈士纪念设施管理保护工作实施方案》，成立工作专班，制定专项行动责任清单。甄选退役军人组成“老兵宣讲团”，联合平和县委宣传部、人武部开展“福小宣谈新思想”全民国防教育主题宣讲活动。2022年7月，平和县被中共福建省委、福建省人民政府、福建省军区授予“双拥模范县”称号，实现“省级双拥模范县”三连冠。坂仔镇退役军人服务站、长乐乡退役军人服务站被省委退役军人事务工作领导小组办公室评为“省级百家红色退役军人服务站”、小溪镇东大社区退役军人服务站被省委退役军人事务工作领导小组办公室评为退役军人服务保障体系建设“五有”先进单位。

【退役军人就业服务】2022年，平和县退役军人事务局推进南胜镇等6个乡镇退役军人服务站示范化建设，实现示范化建设乡镇全覆盖。发动拥军企业、退役军人参加漳州市退役军人、随军家属、高校毕业生暨高职扩招退役军人毕业生专场招聘会。与人社局联合举办招聘会，拓宽退役军人就业渠道；对接大型企业、县公安局等机关企事业单位，在公开招聘警务辅助人员、企业员工等方面，优先录用退役军人。开展退役军人创业政策宣传、就业创业服务，发动退役军人参加乡村振兴工作。15个乡镇退役军人服务站完善退役军人就业台账，实行动态管理。年内，完成符合政府安排工作退役士兵安置选岗工作并发放待安置期间生活补助。

【优抚褒扬】2022年，平和县退役军人事务局开展春节、“八一”建军节慰问驻漳州驻县部队活动，发放慰问品。建立困难援助机制，下达帮扶援助“解三难”补助经费。落实优抚政策，对60周岁以上退役士兵、烈士子女、重点优抚对象发放定期生活补助，协调福建广电网络集团平和分公司对享受国家定期生活补助的优抚对象免收有线电视基本收视费；规范完善医疗报销工作，与定点医疗机构合作，组织重点优抚对象进行体检。

（赖志雄）

外事 侨务 台港澳事务

外 事

【概况】 2022年，平和县统筹做好涉外维稳、外国人入境邀请、领事保护等工作。规范外事管理相关事项，印发《开展“1+X”专项督查，加强因公出国管理落实中央八项规定精神的实施意见》《关于进一步做好县级领导外事工作的实施意见》。全年对接2个外资项目，其中合同项目1个，意向项目1个。新注册外资企业2家，注册外资1500万元，实际利用外资2880万元，比上年同期增长104.7%。

【涉外营商环境优化】 2022年，平和县开展“外事进百企”活动，向特好佳等3家外向型企业宣介APEC（亚太经济合作组织）商务旅行卡办理事宜和对外活动领事保护宣传；依法依规做好办理APEC卡企业的外出活动管理。协助特好佳办理邀请函，邀请3名外籍人士入境。

【对外合作交流】 2022年，平和县外事部门组织青少年参与第十届NEAR青少年绘画作品征集活动，6名学生获奖；组织在平外籍友人参加“外国友人话漳州”征文活动。依托平和县“柚语茶香”“语堂故里”“三平朝圣”等品牌，梳理涉外参观点线4条。推荐平和县南胜窑的“克拉克瓷”作为外交礼品备选名录。

（朱晓妤）

侨 务

【概况】 2022年，平和县统筹开展对外宣传和交流合作，加强与海外侨团、侨胞及重点人士沟通联系，通过海外微信群、海外同乡联谊会等平台，宣传平和县2022年度招商引资优惠政策、中菲“两国双园”经贸创新发展示范区的建设规划，做好海外人才摸底工作。全年办理非华侨身份认定4人。

【涉侨公共服务】 2022年，平和县规范涉侨行政服务工作，宣传“两法一例”，强化对乡镇侨务工作人员的培训指导。同公安出入境窗口沟通协调华侨、侨眷因出国（境）奔丧、治疗重病、探望危重病人、处理境外突发事件等紧急情况；在乌克兰撤侨行动中，同相关部门加强沟通联系，实行优先办理服务。

【华侨联络联谊】 2022年，平和县成立首个村级侨联组织、建设林语堂文学馆等文化交流基地，加强侨乡文化建设，深入挖掘和系统展现平和县海外重点人物的先进事迹，扩展交往联谊新渠道。在中秋节、春节等节日慰问走访回乡海外乡亲和归侨侨眷，慰问走访40多人次，慰问侨界重点人士6人次，发放困难破产企业退休归侨职工生活补贴5人次。

（黄淑凤）

台港澳事务

【概况】 2022年，中共平和县委台港澳办做好服务台港澳同胞企业工作，推动海峡两岸融合发展。平和县“台胞台商服务管理工作”在全市党政领导综治工作（平安建设）获考评第一，调动涉台乡村申请闽台乡建乡创合作项目在漳州市县（区）获省级补助排名第一。

2022年9月25日，台湾中国海峡两岸农业协会秘书长龚世明（前排右6）与宗亲代表在龚氏家庙前合影　（县委台港澳办 供图）

【台港澳同胞企业服务】 2022年，平和县委台港澳办组织人员深入福建大芹陆宜酒业有限公司、漳州新天地农业观光有限公司、漳州卉宏花卉有限公司、福建乐其家俬有限公司、福建嘉嘉之福生物科技有限公司等台港资企业走访调研。加强台胞台商合法权益保障，做好涉台法律援助，先后在福建大芹陆宜酒业有限公司和漳州卉宏花卉有限公司成立涉台检察联络室。与县人民法院沟通协调，成立台胞权益保障法官工作室，定期为在平和台商台胞提供司法服务。在县行政服务中心设立台商台胞服务专窗，提供一站式服务。

【乡建乡创合作项目服务】 2022年，平和县有5个村（山格镇隆庆村、小溪镇高南村、五寨乡埔坪村、国强乡乾岭村、九峰镇复兴村）分别获引进台湾建筑师（含文创）团队开展乡建乡创陪伴式服务省级补助资金50万元，计250万元。4个台湾设计团队结合乡村建设在建工程开展陪护式服务。

【对台协调服务】 2022年，平和县委台港澳办做好到平和县定居台胞的购房、落户、子女教育等协调服务。联合平和县台联组织在平台籍政协委员、台籍党员、创业台湾青年代表、平和县台联第五届理事会理事等台胞到平和县芦溪镇开展“永远跟党走、画好同心圆”主题活动，加强海峡两岸同胞宣传教育；帮助1名因病需救助的台胞，护送其回台北，该事迹被《闽南日报》刊登报道。

【平和与台湾民间交流】 2022年，平和县与台北市两岸叶氏宗亲开展线上视频祭祖活动。台湾中国海峡两岸农业协会秘书长、台南市农会主任龚世明回平和县小溪镇旧县村山腰组晋香祭祖，调研考察祖地乡村振兴工作，加强宗亲联络交流。依托平和县林语堂文学馆举办“海峡两岸忆语堂”演艺会活动，海峡两岸语堂文化爱好者通过线上互动；成立平和县心田叔颖文化两岸研究会，加强海峡两岸赖氏叔颖文史研究对接交流；推进平和县“迁台记忆”档案收集工作和“江丙坤生平事迹陈列室”筹建工作；推进海峡两岸民间交流基地（同名同宗村）申报工作。

（周超君）

经济管理

宏观经济管理

【概况】 2022年，平和县发展和改革局优化营商环境，实施市场准入负面清单制度，推进各项指标提升，经济形势总体平稳，12个主要经济指标均实现正增长，其中有6个指标增速在全市排名靠前，分别是第三产业增加值全市第四名、农林牧渔业总产值第三名、一般公共预算总收入第二名、地方一般公共预算收入第三名、城镇居民人均可支配收入第四名、农村居民人均可支配收入第六名。柚类水果采后高值化加工关键技术及产业化项目获2020年度福建省科技进步奖一等奖。

【重点项目管理】 2022年，平和县在建的县级以上重点项目有181个，其中国家级1个、省级3个、市级45个，总投资433.65亿元，年度计划投资124.61亿元，实际完成投资125.71亿元，占年度计划的100.88%。全年固定资产投资完成投资104.67亿元，增长9.39%；新增入库项目229个，计划总投资95.54亿元。

国家重大项目　平和县官峰水库工程，总投资5.75亿元，年度计划投资1亿元，1—12月完成投资10364万元，占年度计划的103.64%。

省级在建重点项目　城乡供水一体化工程（一期）、科技产业园和黄井工业园区基础设施项目、官峰水库工程等3个项目，总投资43.94亿元，年度计划投资3.89亿元，实际完成投资4.5亿元，占年度计划的115.68%。

市级在建重点项目　分布式光伏整县推进发电建设项目、生活垃圾焚烧发电厂、西蝉木业产业园、鑫源祥木业、南竹食品加工项目、融邦外滩壹号等45个项目，总投资239.25亿元，年度计划投资60.48亿元，实际完成投资68.35亿元，占年度计划的113.01%。生活垃圾焚烧发电厂项目为市级“重中之重”项目，总投资5.69亿元，年度计划投资1亿元，实际完成投资1.4亿元，占年度计划的140%。

【服务业发展】 2022年，平和县新增3家规上服务业企业，分别是平和县康乐养护中心、平和县华盛文化传媒有限公司、漳州市闽强人力资源有限公司，完成市对县下达的年度任务。争取2022年省级服务业发展引导资金补助资金143.83万元，其中灵通山周边综合环境改造提升100万元，漳字号蜜柚监管仓直播基地43.83万元。发放下达2021年省级服务业发展引导资金（直播经济专项）各15万元；兑现2021年度新增规上服务业企业平和县银之河娱乐会所奖励资金12万元。

【能源交通项目建设】 2022年，平和县建成投入使用充电站20个；完成华能平和县整县屋顶分布式光伏发电项目EPC总承包招标工作；上报福建省2022年集中式光伏发电站试点项目2个：国家电投崎岭乡茶光（药光）互补光伏发电项目、华电平和霞寨一期农光互补光伏电站项目；闽粤联网换流站（福建侧）500千伏送出工程平和段竣工投产；漳州核电500千伏送出线路工程项目完成办理永久用地林木采伐等前期手续，平和段新建铁塔50基，新建线路21.61千米，涉及塔基全部交地；推进西三线闽粤支干线与漳州LNG外输管道联通工程建设。

【数字经济发展】 2022年，平和县做好第五届数字中国建设峰会对接项目征集上报和集中签约活动工作，征集上报项目5个，总投资2.8亿元，推荐国家级“数柚”产业为全省集中签约备选项目，瑞美达智能家具生产、农产品标准化服务平台、柚果机械研发制造与展示、正厚农业产业园建设项目等4个签约项目。开展数字技术创新应用场景申报，漳字号鲜果标准化基地、平和蜜柚大数据云平台服务采购项目2个项目入选2022年度数字技术创新应用场景名单。出台《平和县数字经济项目策划大赛活动方案》，征集数字经济项目5个，总投资1.02亿元。数字服务业完成产值8.76亿元，同比增长28.05%。数字服务作为“X”产业参与“看产业发展”竞赛。

【营商环境建设】 2022年，平和县实施市场准入负面清单制度，对标先进补齐短板、优化营商环境工作，提出2021年度营商环境建设的33个共性问题和29个个性问题，整改完成率93.54%。完善社会信用体系，推进信易贷工作，解决企业融资难、融资慢、融资贵问题，有3551家市场主体完成实名认证，2657家市场主体完成授权查询。在全市率先为电商专利维权，成功办理3起知识产权纠纷调处案件。借助外贸综合平台做大外贸出口，引进中海启航（福建）国际供应链有限公司做“石狮市场采购”平台业务，实现“市场采购”贸易模式“零的突破”，通过该平台出口1200万美元。7个部门联合推动“‘贷’助绿农柚语茶香”专项行动助力“三农”，提高贷款余额，降低贷款利率，对应领域贷款增量排名全市第二。

【外贸新业态新模式发展】 2022年7月，平和县引进中海启航（福建）国际供应链有限公司做“石狮市场采购”业务，年底企业出口1200多万美元。组织企业参展拓展市场，漳州奕天食品有限公司等3家企业参加2022年市级第一季度重点境外云展会“全球特色商品展云展会”和“印尼食品博览会线上展”，拓展“一带一路”市场。

【企业创新支持】 2022年，平和县兑现规工企业增产增效、新增新上规工企业等各类奖励资金658.5万元。引导企业申请技改项目设备补助和完工投产奖励计318.9万元，美艺陶（福建）高新建材有限公司的新型装饰板扩建项目设备补助奖励110.6万元、完工投产奖励76.31万元；福建省华诚陶瓷有限公司新型陶瓷扩建项目设备补助奖励78.10万元、完工投产奖励53.89万元。推荐鸿源昌（平和）金属科技有限公司、福建省鑫源祥木业有限公司为省级经济增长点企业，推动福建鸿星陶瓷有限公司、福建平和宝峰罐头食品有限公司2家企业成功申报龙头培育企业，福建壹工软包装科技有限公司通过省级“专精特新”中小企业。中宝（福建）食品科技有限公司申报成为省重点技术改造企业。华诚陶瓷发展有限公司、美艺陶（福建）高新建材有限公司两家省重点技改完工投产。

【“校地合作”“校企对接”战略合作】 2022年，平和县探索柔性引才方式，与高校、科研院所开展农业领域的战略合作，强化科技支撑。福建农林大学与平和县政府深化校地合作科研平台实践基地建设项目，福建省农业科学院果树研究所与平和县南胜镇推动建设优新水果苗木种植示范基地项目，漳州职业技术学院与平和县崎岭乡进行校地合作共建实践基地。

（卢天澍）

国有资产管理

【概况】 2022年，平和县财政局以财政资金引领项目实施，推进惠民生的基础设施项目建设，发挥政府规范举债对经济社会发展的作用。县直行政事业单位（含下属国有企业）国有资产出租活动全部委托交易机构，进入平和县行政服务中心——公共资源交易中心公开对外招租。组织兴和公司和各业主单位召开国有资产招租底价联席会4次，对经营性资产合同到期并可对外招租的资产对外公开招租，稳步增加财政非税收入。完成落实对2022年承租县属国有房屋从事生产经营活动的小微企业和个体工商户，免除3个月租金，完成全部退租359户182.12万元。

（赖振作）

【福建兴和投资发展集团有限公司】 2022年，福建兴和投资发展集团有限公司资产总额为221715.27万元，利润总额-58.56万元，上缴纳税利2451.14万元。推进平和县乡村振兴产业孵化中心项目、平和县医院迁建工程、平和县官峰水库工程、“园改耕”项目、亚行贷款——平和县农地资源可持续利用示范项目、九龙江流域（平和段）山水林田湖草沙一体化保护和修复工程等。

项目建设　平和县乡村振兴产业孵化中心项目，总投资11.21亿元，完成桩基工程（4098根）、支护桩、16号楼主体建设及装修，1号、7号、8号楼三层主体结构，9号、10号楼地下室封顶，完成生产总值约1.2亿元。

平和县医院迁建工程（平和县第二医院），支付专项债资金4050.25万元。完成相关前期报批、报建手续并开始建设，完成住院楼桩基工程施工及检测、地下室围护桩和降水井施工、边坡土方开挖及锚索，地下室土方开挖及底板基础施工。

平和县官峰水库工程，项目主体工程各项前期规划及专项设计获批；编制完成初步设计、水土保持报告，并上报福建省水利厅；推进招标设计、施工图设计、招标文件等。

导流洞应急工程及引水系统先行试验段工程，6月14日开工建设。完成2号支洞口洞脸建设，管棚超前注浆施工，钢便桥架设，截水沟施工，边坡修整、进场道路跨河段涵管埋设，拌和系统建设，M7.5浆砌石截水沟，洞脸边坡开挖及支护等临时工程建设，洞身已掘进30米，推进2号施工支洞开挖、洞身初期支护和内坑段连接段及导流洞临时工程建设等。

“园改耕”项目，兴和集团子公司佳和建设公司作为代建单位配合平和县自然资源局、农业农村局以及各乡镇在全县范围内进行园地改耕地，建立生态缓冲带，实现全县土地指标平衡。全县立项8个批次，84个项目（2个取消），总规模392公顷。竣工项目69个，新增耕地面积235.23公顷，其中备案入库项目36个，新增耕地124.05公顷；验收入库项目8个，新增耕地面积22.36公顷；通过市级验收18个项目，新增耕地面积60.87公顷；市级验收4个项目，预计新增耕地面积14.19公顷；竣工拟验收项目3个，拟新增耕地面积13.77公顷。

亚行贷款——平和县农地资源可持续利用示范项目，11月完成一期项目，改造柚园846.07公顷，油茶园6328公顷，茶园671.93公顷（其中有机茶园443.4公顷、绿色茶园228.53公顷）。

九龙江流域（平和段）山水林田湖草沙一体化保护和修复工程，4个子项目完成投资金额29034.14万元。平和县花山溪流域种植区土壤污染风险管控与治理修复工程，完成投资5798万元；平和县花山溪流域重点区域污染防控与综合施策修复工程实施生草覆盖、果园改造为耕地、土壤酸化改良等，完成投资23155.10万元；平和县农业废弃物处置中心与生态研究院建设项目，完成投资112.13万元；平和县农业绿色可持续发展及花山溪水土共治专项研究项目，完成投资29.2万元。

资产经营管理　完成上峰国

有林场和崎岭乡镇林地 2849.46 公顷的确权，其中上峰国有林场的确权 16 宗 753.67 公顷、崎岭乡镇林地的确权 21 宗 1095.79 公顷。有 32 家单位 110 宗国有资产通过兴和集团在平和县产权交易中心进行挂牌竞租，出租面积 37597.35 平方米，合同期内租金 959.86 万元，首年租金 250.88 万元，其中，土地资产 3 宗资产，收益租金 6.2 万元；其他资产收益 1 宗资产（寿金灰），出售金额 46.79 万元。盘活温馨家园、佳馨花园保障性住房店面收益 22.85 万元。

业务经营拓展　推进兴和子公司佳和融资担保有限公司开展业务。全年完成履约、支付保函业务 47 笔，担保责任余额 1535.46 万元，实现收入 59 万元，上缴集团 20 万元。

（曾晨碧）

2022 年 10 月 20 日，平和县垃圾焚烧发电厂配套道路路面施工现场

（平和县城投公司 供图）

【福建平和城市建设投资开发有限公司】 2022 年，福建平和城市建设投资开发有限公司推进市政民生基础设施工程建设，完成平和县生活垃圾焚烧发电厂、平和县生活垃圾焚烧发电厂配套道路工程、平和县南山桥至污水处理厂污水管道工程等 39 个项目建设，在建项目 53 个，推进前期项目 32 个。

完工项目　2022 年完工项目 39 个，包括平和县生活垃圾焚烧发电厂、平和县生活垃圾焚烧发电厂配套道路工程、平和县南山桥至污水处理厂污水管道工程、平和县文昌路及三宝路通信管道工程、平和县阳光路至河滨路污水工程、平和县城坑坂路道路工程（坑里路—新南路）、平和县侯门小学综合教学楼、平和县乡镇卫生院、发热诊室建设工程等。

市政工程项目前期工作　北环路延伸段（白铜大道至绿杨路段）道路工程（PPP 项目），起点位于白铜大道，终点位于绿杨路，道路长度约 1.4 千米，道路红线宽度 40 米，总面积约 5.67 公顷，设计速度 60 千米 / 时，建设标准为城市主干路，建设内容包括路基及防护、路面、照明、市政管线、桥涵、景观绿化等工程；平和县城坑平路（河滨路至三林路）道路工程，道路长度约 300 米，红线宽度为 26 米，主要建设道路、给排水、电力、通信、交通、绿化等配套工程。

市政工程在建项目　平和县城北区市政路网一期工程—北环路（三宝路至阳明路）道路工程，道路全长为 1.4 千米，设计标准为城市主干路设计速度 60 千米 / 时，道路红线宽 45 米，主要建设内容包括道路工程、交通工程、雨污水工程、照明工程、绿化工程等；平和县东环路一期续建工程，建设道路工程全长约 1.1 千米，道路红线宽度为 40 米，配套建设交通、绿化、路灯、市政管网等工程；平和县农村生活污水治理项目（九龙江、漳江流域片区）。

基础设施建设项目前期工作　平和县嘉瑞·芳华园建设项目（原南山花园安置房），总用地面积为 3.82 万平方米，总建筑面积约为 11.44 万平方米；福建省平和职业技术学校迁建工程，估算总投资为 60355.1 万元，资金来源为专项债及其他资金，项目总用地面积 13.9 万平方米，总建筑面积9.62万平方米；平和县人才孵化中心项目，项目估算总投资12000万元，资金来源为专项债，用地面积4026.62平方米，建筑面积1.44万平方米，计容建筑面积1.21万平方米，建设内容包括人才公寓、多功能厅、蜜柚研究院等；平和县城关社区卫生服务中心住院楼项目，项目估算总投资2981.78万元。新建一栋住院楼及其配套设施，总建筑面积6189.1平方米；平和县宝善花园项目，位于平和县小溪镇奇兰路以西、森林公安东南侧，总建筑面积为2.24万平方米，计容建筑面积1.73万平方米；平和县第六实验小学，估算总投资1.5亿元，总用地面积为2.43万平方米，总建筑面积约为2万平方米，主要建设教学综合楼及食堂等工程；平和县芦溪中心小学教学综合楼，拆除原有建筑，拟重建一栋三层教学综合楼，建筑面积约1230平方米；平和县金华小学教学综合楼，总建筑面积约为3500平方米，拟建设一幢四层综合教学楼；平和县学前教育工程（6个），估算总投资8512.3万元，实施项目3个，分别是平和县大坪幼儿园、平和县工会幼儿园、平和县新星幼儿园第二分园。其中，平和县大坪幼儿园总投资1623.2万元，总建筑面积3607平方米，拟建幼儿园教学楼综合1栋及附属配套设施；平和县工会幼儿园项目总投资估算为2940.21万元，拟建设一栋幼儿园教学楼及其配套设施，建筑总面积4495.79平方米，其中地上建筑面积4232.87平方米，地下建筑面积262.92平方米；平和县新星幼儿园第二分园总投资1560.16万元，该项目总建筑面积为2835平方米，主要内容为新建教学楼4栋，消防水池及配电室、道路及室外活动场地工程、围墙工程、绿化工程等附属配套设施。

基础设施在建项目 平和县工人文化宫、青少年宫及科技馆工程，总投资额5727万元，总建筑面积1.11万平方米，其中地上计容面积约1万平方米，不计容地下室面积0.11万平方米；平和县青少年宫及科技馆装修工程，总投资额0.28亿元，项目位于漳州市平和县小溪镇文博中心东侧，装修范围为地上一至五层，室内装饰设计面积约为9000平方米；平和县前岭小学工程，建筑面积约2500平方米，拟建设一幢四层综合教学楼及其配套工程；平和县坂仔学校师生宿舍楼项目总建筑面积2371.64平方米，地下面积291.01平方米，主要建设一幢师生宿舍楼及其消防配套设施工程；平和县秀峰乡福塘幼儿园工程，总投资757.64万元，总建筑面积2611平方米，主要建设一幢四层幼儿园综合楼以及地下消防水池水泵房、配电室、发电机房及室外跑道等配套设施。平和县豪林小学教学楼建设项目，总投资1040.74万元，总建筑面积1860.5平方米，主要建设教学楼、门卫、消防水池水泵房。

（曾珊瑚）

【平和县交通发展有限公司】 2022年，平和县交通发展有限公司完成交通基础设施建设投资3051.56万元，完成实施农村公路路面挖补工程、安全生命防护工程及平和县西部乡村振兴项目G55线平和九峰镇福田村至平等村路面改造工程投资建设工作；开展G357安厚溪尾（云霄界）至白石段公路项目等15个项目前期工作。承担平和县13条174.03千米县道及高速出口连接线养护管理工作，年度产值210万元。承担5条22.52千米的PPP项目运营期管理工作，年度产值518万元。承接监理业务约2000万元、监理服务费约50万元。

完工项目 实施农村公路路面挖补工程、安全生命防护工程，实施11个项目，投资1539.83万元；实施平和县西部乡村振兴项目G55线平和九峰镇福田村至平等村路面改造工程，投资1511.73万元。

前期工作项目 G357安厚溪尾（云霄界）至白石段公路项目，路线长约6.8千米，按二级路双车道技术标准建设，设计时速60千米，路基宽度10米，水泥砼路面，估算投资约1.6亿元，完成施工招投标工作。安厚农场至安厚互通连接线工程，路线长约0.5千米，按三级公路四车道标准建设，设计时速30千米，路基宽度

7.5米，水泥砼路面，工程造价约673万元，该项目开工建设。三平景区上镜至楼脚公路，路线长约3.5千米，拟按三级路四车道标准建设，路基宽16米，水泥砼路面，项目投资约1.27亿元，完成施工、监理招投标工作。平和县三平风景区玲珑湖至黎明公路工程，路线长约1.7千米，按三级路四车道标准，路基宽度16米，沥青砼路面，工程造价约0.5亿元。国道355平和西蝉隧道出口至平寨路口段提升改造工程，路线长约22千米，二级公路，路基宽度21—30米，一般路段双向四车道，局部路段双向六车道兼市政功能，并设置慢行系统，主要为现状道路白改黑，交叉口扩容（其中两处增设高架桥），总造价约3.9亿元。闽粤边特委机关旧址红色旅游公路（Y817南胜欧寮至三坪浦口段）工程，路线长8.92千米，按四级路标准设计，路基宽7.5米，双向两车道，水泥砼路面，设计时速20千米，估算总投资约10669万元（含用地报批投资），其中建安费约6049万元。完成“工程可行性研究”编制并通过行业及专家审查、完成“工程可行性研究”修编、勘察设计招标工作，勘察设计工作基本完成。红军三坪会师纪念馆红色旅游公路（X584三坪浦口至楼脚段）工程，路线长3.23千米，路面拼宽至7.5米，双向两车道，水泥砼路面，设计时速20千米，项目估算总投资约3120万元，其中建安费约1906万元，完成“工程可行性研究”编制并通过行业及专家审查、完成“工程可行性研究”修编、勘察设计招标工作，勘察设计工作基本完成。县道X584平和文峰文洋至三坪段提升改造工程，路线长约17.5千米，三级公路，路基宽度11.5米，沥青砼路面，设观景台、人行道等，总造价约2.2亿元。高速小溪服务区增设出入口工程，小溪服务区增加出入口、匝道、收费站，路线长3.473千米（其中，连接线长1.6千米，A、B匝道长1.873千米），二级公路，路基宽度连接线17.5米、匝道16.5米，沥青砼路面，项目估算总投资约1.96亿元，建安费1.32亿元。平和县道芦大线长乐乡至秀峰乡段公路改造工程，路线长11.97千米，二级公路，路基宽度10米，水泥砼路面，项目估算总投资约4.81亿元，建安费约3.51亿元。平和大芹山区域路网提升工程国强梅仔至大溪大松段公路工程，路线长7.5千米，三级公路，路基宽度7.5米，水泥砼路面，项目估算总投资约1.25亿元，建安费约0.9亿元，完成方案设计；项目基本农田调出，占用生态红线6.21公顷（纳入省“四好农村路”工程包，属重点项目可调出）。县道梅芦线南靖书洋至平和芦溪段改造工程，路线长约7.91千米（其中，南靖段长3.55千米、平和段长4.36千米），二级公路，双向两车道，总投资约4.33亿元（其中，南靖段1.99亿元、平和段2.34亿元）。平和工业区工业大道至漳武高速南靖东互通接线工程，路线长3.7千米（平和段约0.06千米，南靖段约3.64千米），二级公路四车道，路基宽度18米，项目总投资1.5亿元。G355线小溪豆坪至霞寨长汀段改造提升工程，路线长5.71千米，二级公路，双向四车道，总投资约2.5亿元。平和县欧寮至漳浦车本红色旅游公路工程，路线长5.694千米（其中，平和段4.725千米、漳浦段0.969千米），估算总金额为8923.4万元（其中，平和段7404.8万元，漳浦段1518.6万元），按四级公路标准，设计速度20千米/时，路基宽度6.5米。

（林孝武）

【福建平和旅游投资开发有限公司】 2022年，福建平和旅游投资开发有限公司推进项目建设，开展新业务。参与全域旅游创建工作，在平和县主要路口设置户外海报、旅游导览图、路标指示牌、LED发光字等形象标识。承接“平和文旅之声”微信公众号、视频号及抖音号的运营工作，推出“福平和”系列宣传，策划平和县内旅游资源宣传短视频的实地拍摄、剪辑以及旅游推文选题、撰写。参与“云上平和”微信小程序搭建，推进平和县智慧旅游平台建设，整合平和县文旅、产业资源，搭建集吃、住、行、游、娱、购于一体的综合服务平台，

2022年12月，平和县旅投公司工作人员在坂仔镇区亮化工程现场指导
（平和县旅投 供图）

构建更加丰富的旅游消费场景。

在建项目 林语堂故居文化核心区工程，总建筑面积3942.75平方米，主要建设林语堂生平展览馆、作品展览馆、多功能会议厅、国学馆、茶座等功能建筑，概算总投资4278.82万元，2022年1月13日完成项目的初步验收工作，8月22日完成林语堂故居文化核心区工程主体联合竣工验收工作，并投入使用。

市政建设项目 2022年7月，平和县旅投公司实施建设平和县坂仔镇区雨水管网工程及亮化工程。为进一步提升镇区居住及交通出行环境，解决常年雨季内涝及道路夜间照明问题，计划布设雨水排水管道，总长度约570米，新建太阳能路灯183座，路线总长度约2.1千米。

业务拓展 2022年9月，成立全资控股子公司——平和县现代乡村教育科技有限公司，该公司经营旅游开发项目策划咨询、教育咨询服务、业务培训等。平和县现代乡村教育科技有限公司与中共平和县委党校、平和县乡村振兴党建学院合作，集乡村振兴政策宣传、党务实训、技术推广、人员培训于一体，推进线上线下教育教学的紧密融合。全年子公司承接各机关企事业单位“主题党日”活动153人次，承办12期培训班312人次。

（郭妍）

审计

【概况】 2022年，平和县审计局完成审计项目29个，其中预算执行和决算草案审计4个，政策落实跟踪审计2个，经济责任审计17个，专项审计3个，财务收支审计1个，投资审计1个，自然资源资产离任审计1个。查出主要问题金额8148.03万元，其中违规金额972.45万元，管理不规范金额7175.58万元。应上缴财政933.91万元，已上缴财政874.29万元；应减少财政拨款或补贴33.38万元；应归还原渠道资金2552.10万元，已归还原渠道资金1730.12万元；应调账处理金额2273.26万元，已调账处理金额22.72万元；审计期间整改金额156.27万元，损益（收支）不实2060.55万元。审计发现非金额计量问题173个；移向县纪委党风室报送问题线索9条，送纪检监察机关和有关部门处理事项6件，移送处理人员4人，移送处理金额115.67万元，出具审计报告和结果报告51篇；提出审计建议85条，被采纳审计建议85条，健全规章制度4项，提交审计信息16篇。抽调25人次参加省市县三级联动审计、专项审计、市委巡察、纪委办案、专项督查、节前检查等相关工作。

【政策落实跟踪审计】 2022年，平和县审计局完成农村人居环境整治相关政策和资金审计。重点关注农村人居环境整治专项资金的管理和使用、项目库的建立和落实，以及农村改厕、垃圾和污水治理、黑臭水体治理、畜禽粪污治理、村容村貌提升等任务目标完成和项目绩效等情况，重点

2022 年 8 月 24 日，平和县审计局人员实地查看“一事一议”建设项目（县审计局 供图）

抽查资金 1999.05 万元，涉及 7 个（家）部门或单位、8 个乡镇、48 个村，入户调查 29 户农户，对审计发现的问题提出改进建议并督促其整改，落实农村人居环境各项惠民政策。完成 2020—2021 年村级公益事业“一事一议”财政奖补政策落实情况跟踪审计，重点检查财政资金 4663.5 万元，涉及 1 个部门、7 个乡镇，现场抽查 100 个项目，走访查看项目实施、后期管护及使用效益情况，挽回损失（多计工程款）41.93 万元。

【预算执行情况及决算草案审计】 2022 年，平和县审计局完成 2021 年度县本级（平和县财政局）以及平和县发改局、自然资源局、教育局等 3 个部门预算执行、决算草案和财政收支审计，开展财政体制改革与地方财力保障的审计调研、新冠肺炎疫情防控资金和物资专项审计、疫情防控惠企纾困政策落实情况审计调查。开展平和县数字经济领域财力保障与政策落实情况以及平和县强化建设通道枢纽功能情况专项审计。2021 年预算执行及其他财政收支审计发现问题 7 个大类 52 条，查出违规及管理不规范资金 5127.77 万元。应上缴财政 864.72 万元，应归还原渠道资金 2308.13 万元，提出并被采纳的审计建议 16 条。

【经济责任审计】 2022 年，平和县审计局完成平和县文体旅局、市管局、教育局、档案馆、交通局、人社局、发改局、粮储局 8 个县直部门 10 名领导干部，五寨乡、九峰镇、安厚镇、文峰镇 4 个乡镇 10 名党政领导以及灵通风景区管理委员会、住房保障与房产服务中心、质量计量检验检测中心、福建平和旅游投资开发有限公司 4 家单位 5 位负责人经济责任审计。

【自然资源资产离任审计】 2022 年，平和县审计局构建“1+N”审计模式，将自然资源资产离任审计与经济责任审计相结合，聚焦领导干部在自然资源资产管理和生态环境保护工作中的履职尽责情况，加强对自然资源资产管理和生态环境保护领域重大事项、重点工作审计力度，完成九峰镇 2 名党政主要领导干部自然资源资产离任审计。做好平和县原党政主要领导经济责任审计和自然资源资产离任审计发现问题整改的跟踪督促工作，向省审计厅和龙岩市审计局报告整改落实情况。

【民生资金和项目审计】 2022 年，平和县审计局完成平和县储备粮管理有限公司国家粮食政策落实情况专项审计，指出粮食收购入库、出库、仓储中存在的问题并提出审计建议，保障国家粮食安全政策措施落地见效，维护粮食流通秩序，优化粮食储备管理。

【公共投资审计】 2022 年，平和县审计局完成新南大桥工程项目预算执行和决算审计，发现项目招投标及工程竣工决算中存在的问题，促进项目管理规范化；挽回国有资金流失 21.99 万元。

【国有企事业单位财务审计】 2022年，平和县审计局完成三平风景区管委会财务收支情况审计，及时发现在财务管理、会计核算、工程项目方面存在的问题并提出整改对策，通过审计监督促进国有企事业单位财务收支管理规范化、合法化，保障国有资产安全。

（曾小燕）

财 政

【概况】 2022年，平和县一般公共预算总收入10.44亿元，比上年同口径增长22.0%。其中，地方一般公共预算收入8.02亿元，比上年同口径增长29.3%。一般公共预算支出29.35亿元，比上年增长19.2%。向上争取项目资金76188万元，争取转移支付资金232363万元（其中，返还性收入7084万元，一般性转移支付收入190740万元，专项转移支付收入34539万元）。储备一般债券项目21个、专项债券项目10个，争取政府一般债券12561万元、专项债券42685万元。全年落实新的组合式税费支持政策2.72亿元。其中，办理大规模留抵退税0.59亿元、新增减税降费1.09亿元、办理缓缴税费1.04亿元。

【产业升级保障】 2022年，平和县财政局落实稳增长调结构财税支持政策，支持产业结构调整和转型升级。拨付2519万元用于企业研发经费、兑现省市对企业奖补政策、扶持企业外贸出口、支付科技特派员专项经费等，足额拨付转移支付资金用于企业发展、科技研发等。

【基建投资保障】 2022年，平和县财政局安排资金10520万元用于基础设施组团PPP项目建设。安排一般债券3680万元用于城乡基础设施提升建设、2400万元用于道路建设、2390万元用于水体生态保护、2141万元用于教育基础设施及配套建设。安排专项债券18185万元用于乡村振兴项目、5000万元用于城乡供水一体化工程一期项目、5000万元用于教育项目、3000万元用于园区基础设施建设项目、1500万元用于景区基础设施提升及综合开发项目。申报2022年度村级公益事业建设项目117个，包括重点项目19个，带动社会总投资达5246万元，包括争取省级财政资金1570万元，受益群众达到29.3万多人。统筹推进九龙江流域（漳州段）山水林田湖草沙一体化保护和修复工程项目，做好项目申报基础工作，项目投资总额74606万元，居该类项目全市投资总额第一位，中央级补助资金到位21664万元。

【乡村振兴保障】 2022年，平和县财政局抓好乡村振兴串点连线成片建设，统筹各级财政资金，集中投入，重点打造“西坑侯门线、建南复兴线、蕉路高寨线、前埔欧寮线”4条线路28个项目，拨付试点示范资金1600万元，完成投资额3134.88万元。投入3568万元用于农业生产发展，3302万元用于大型水库移民后期

2022年7月20日，平和县财政局到大溪镇督查文物保护项目专项资金使用和工作进展情况

（县财政局 供图）

扶持补助，1848万元用于发展现代特色农业，180万元用于财政支农项目建设。

【“三保”落实】 2022年，平和县财政局强化和规范“三公”经费管理，加强对相关支出事项必要性、合理性的审核，一般性支出同比压减达10%。用于民生项目的支出304067万元，占一般预算支出的91.2%。

【民生支出】 2022年，平和县财政局教育支出67718万元、科学技术支出347万元、社会保障和就业支出67067万元、卫生健康支出31131万元、文化旅游体育与传媒支出5832万元、节能环保支出9775万元、城乡社区事务支出5723万元、农林水事务支出35783万元、交通运输支出7092万元。统筹各级财力，全力保障花山溪饮用水水源地综合整治，拨付22458万元用于退果还耕还林、拦截坝和生态滤床建设、推动化肥减量增效、调整优化农业种植结构及土壤酸化改良等。

【绩效管理】 2022年，平和县财政局坚持“花钱必问效、无效要问责、低效多压减、有效多安排”原则，推动绩效管理覆盖“四本预算”，对全部项目进行监控，实现绩效目标与绩效运行监控全覆盖。对绩效好的政策和项目原则上优先保障，削减或取消低效无效资金，加强绩效评价结果应用，基本建成全方位、全过程、全覆盖的预算绩效管理体系，提高财政资金配置效率和使用效益。

【风险防范】 2022年，平和县财政局强化全口径债务统计监测，依法依规落实预算单位每月一次债务变动统计工作，全面、真实、准确反映平和县债务情况。加强政府债务风险分析和研判，按照谁举借、谁负责的原则，实行穿透监管。全面梳理到期转贷债券情况，做实做细偿债计划，落实偿债资金来源。

（赖振作）

税务

【概况】 2022年，国家税务总局平和县税务局统筹“减”与“收”这一文章，坚决不收“过头税费”，研究经济税源实际，把握经济发展态势和影响收入的变化因素，强化税源分析，挖掘税收新增长点，实现税费收入良性运行。全县税务部门各项收入累计完成181986万元，比上年同期增收37902万元，增长26.31%。其中，财政口径累计60193万元，比上年同期减收3996万元，下降6.23%，扣除留抵退税因素，比上年同期增收1896万元，增长2.95%。

【减税降费】 2022年，平和县办理税费减免26571.23万元，其中：办理大规模留抵退税5892.5万元，新增减税降费5141.01万元，办理缓缴税费10386.72万元，通过退税为平和县争取转移支付资金5151万元。

2022年5月6日，平和县税务局组织青年干部深入企业开展税惠政策宣传活动　（朱文珊 摄）

【税收征管】 2022年，平和县税务局提请平和县人民政府出台加强税费征管保障办法，促进税费征管逐步形成全社会、各部门协同共治局面。优化办税服务，在出口退税和助力蜜柚产销方面创新服务举措促进量质双提升。全县出口销售收入2.13亿元和出口退税1570万元，分别增长18.61%和24.11%，其中全县蜜柚出口企业实现销售收入9804万元，蜜柚出口退税715万元，蜜柚出口实现调库收入167万元（所有企业出口退税实现调库收入804万元），引导蜜柚经销户（含蜜柚大棚设立有限公司）新办税务登记278户，纳入正常税收管征。

【依法治税】 2022年，平和县税务局健全依法行政体制机制，全面推行行政执法“三项制度”，全年公示执法信息2514条，开展重大执法决定法制审核1件。健全行政机关与检察机关衔接机制，全年有5名优秀税务干部入选平和县涉案企业合规第三方监督评估机制专业人员名录库。建立健全法院与税务执法司法协作工作机制，建立联席会议和联络员制度，完善涉税争议化解机制。健全权力制约监督机制，执行常态化责任追究机制，全年进行廉政谈话5场次、128人次；“第一形态”6人次，执法责任追究4人次。

（孙瑾）

统 计

【概况】 2022年，平和县统计局围绕全方位推动高质量发展超越和市委“七比一看”工作部署，建立月主要经济指标数据预警预测分析制度，对主要经济指标进行每月分析调度会制度，确保主要指标任务“一项一案”实时跟踪、通报预警、会商研判机制的落实到位。全年上报各类总结6篇、经济运行分析报告（含简析）58篇、信息65篇、评估报告6篇、调研报告6篇，数据上报过程中发出预警16次、报送县领导呈阅件10篇，其中有3篇得到县委、县政府领导批示肯定。编印《平和县统计年鉴（2022）》《2020平和县第七次全国人口普查年鉴》等统计资料，组织撰写的《人口老龄化对漳州经济发展的影响研究》获漳州市人口普查论文集收集出版。推进乡镇统计基层基础规范化建设，配强乡镇统计人员，落实村居统计人员补贴。

【统计执法】 2022年，平和县统计局加强数据质量检查，执行统计执法“双随机”抽查制度，开展各专业数据质量核查工作；联合县发改局、工信局人员对“四上”企业开展统计台账专项整治行动。

【“四上”企业新增入库】 2022年，平和县统计局抓好“四上”企业新增入库工作，采取多项有效措施，努力做到达标企业应统尽统，年度新增“四上”企业75家，占全市新上企业8.2%，新增“四上”企业数量比上一年度增加26家，其中规上工业35家、限上贸

2022年6月13日，平和县统计局组织党员干部进社区开展主题为“知法守法用法，和平和美和谐”的普法宣传　（县统计局 供图）

易业 34 家、规上服务业 7 家。

【常规调查培训和指导工作】2022 年，平和县统计局调查队领导干部常态化开展各类调查业务培训，每季度深入一线开展住户调查回访 15 次、劳动力调查 3 次；2022 年粮食抽样调查、大型畜禽调查等调查业务指导工作 8 次。

【统计宣传】 2022 年，平和县抓好统计法律法规及相关政策文件的学习培训，把《中华人民共和国统计法》及中央有关统计工作重要文件纳入县委党校新晋领导干部培训和主体班次必修课。平和县统计局组建“蒲公英”普法志愿者小队进社区、学校开展主题为“知法守法用法，和平和美和谐”的普法宣传 4 场，到企业开展主题为“弘扬法治精神，全面依法统计”的普法宣传 1 场；召开统计台账业务培训会，组织开展统计基层基础规范化建设技能大练兵活动。

（许颖秋）

价格管理

【概况】 2022 年，平和县做好 2022 年行政事业性收费单位名单及涉企收费公布工作，强化收费目录清单和收费公示制度。根据定价目录制定平和汽车站至南靖动车站公交线路试行票价。清理规范涉企水电气收费。对生态下泄流量不合格的 6 家电站整改工作进行检查，对整改完成的及时恢复并网。落实 2022 年度平和县农业水价综合改革工作。

2022 年 9 月 8 日，平和县发改局到中小学实地调查课后延时服务收费成本（县发改局 供图）

【价格监测】 2022 年，平和县对全县粮、油、肉、蛋、禽、菜等 21 种食品价格，严格执行每周一报制度，采集上报 116 期；对药品民生价格监测，每月一报，全年采集上报 12 期；开展生猪价格应急采集，每周采集生猪、仔猪、玉米、豆粕、麦麸的市场价格，每周一报，采集上报 52 期；国家级农资价格监测点，每旬一报（每月 5 日、15 日、25 日），通过“福建价格监测信息系统”上报 36 期价格监测情况；做好省级景区门票价格监测数据采集和报送，采集上报 20 期价格监测情况。加大市场巡查力度，掌控市场动态及价格波动，全年监测范围内商品市场供应充足、购销有序，价格相对平稳。

【农产品成本监审】 2022 年，平和县完成平和自来水公司成本监审和自来水价格调定价的初步方案。调查平和公交 501 线路运营成本，委托第三方具备资质的会计师事务所对全县公交线路成本进行综合监审。完成全县 91 所中小学校课后延时服务成本调查工作。启动平价超市、平价商品销售区，确定 6 家商超独立门店承担 2023—2025 年平价商店（平价商品销售区）运营工作。

【社会救助和保障标准与物价上涨挂钩联动机制启动】 2022 年，平和县做好社会救助和保障标准与物价上涨挂钩联动机制临时价格补助资金发放工作。2022 年 7 月至 12 月，发放临时补贴 10.04 万人次，金额 30.14 万元。

（卢天澍）

市场监督管理

【概况】2022 年，平和县新增市场主体 5694 户。其中，内资企业 1118 户、注册资本合计 346038.58 万元，外资企业 2 户、注册资本合计折人民币 0 元，个体工商户 4512 户、资金数额合计 88710.34 万元，农民专业合作社 62 户、成员出资总额合计 14283.9 万元。全县存量市场主体 55184 户，其中，内资企业 7290 户、注册资本合计 2948519.3 万元，外资企业 62 户、注册资本合计折人民币 182125.76 万元，个体工商户 46435 户、资金数额合计 636572.83 万元，农民专业合作社 1397 户、成员出资总额合计 439551.3 万元。平和县市场监督管理局被漳州市食品安全委员会授予“全市食品安全工作先进集体”称号。

【商事登记制度改革】2022 年，平和县市管局明确在市、县两级实施的改革事项、改革方式、审批层级和审批部门，分类实施“证照分离”改革。其中，直接取消审批 16 项，审批改为备案 8 项，实行告知承诺 20 项，优化准入服务 119 项。

【企业信用监管】2022 年，平和县市管局规范企业信息公开及年报行为，内资企业年报公示 6147 户，年报率 98.32%；外资企业年报 57 户，年报率 95.0%；农专年报 1200 户，年报率 90.91%；个体工商户年报 14295 户，年报率 33.86%。

【质量监督管理】2022 年，平和县市管局强化企业产品质量监督抽查及工许获证产品证后监管；加强民生计量监管及计量执法效能提升；实施企业标准自我声明公开和监督制度，对区域内强制性标准实施情况进行检查，强化企业产品标准监督检查后续工作。年内，强制检定计量器具 4978 台（件），其中贸易结算类 3542 台（件）、安全防护类 195 台(件)、医疗卫生类1241 台(件)。

【食品安全监管】2022 年，平和县市管局加强食品生产经营环节监管，推进“一品一码”追溯管理平台建设。全县有 650 家食用农产品及渔业生产主体、食品经营生产企业上传食品安全追溯信息 52 万余条。完成省市级“明厨亮灶”、阳光小作坊示范点创建工作。全县 102 家学校幼儿园食堂 100% 完成“明厨亮灶”建设。各乡镇新办小餐饮登记证 303 张。指导食品经营户落实索证索票等制度，年内，组织食品生产经营企业“一品一码”追溯系统培训会 2 场，参会执法人员 22 人、61 家企业 64 人次，约谈食品生产经营企业 7 家；抽检各类食品 2082 批次，不合格食品 42 批次。

2022 年 11 月 22 日，平和县市管局药械股到灵通大药房开展药品、医疗器械检查

（县市管局 供图）

【“两品一械”安全监管】 2022年，平和县市管局打造“一物一码、物码同追”的药品全过程信息化追溯链条。85家药品零售企业入驻码上放心平台，换发药品经营许可证8家，核发药品经营许可证4家。上报“四类药品”购买信息191280条。上报药品不良反应414例，医疗器械不良反应103例，化妆品不良反应49例。检查零售药店158家次。全年办结药品、医疗器械、化妆品案件39起。

【特种设备安全监管】 2022年，平和县辖区内注册登记使用状态为在用的特种设备总数量1342台（套）。开展特种设备安全隐患排查治理专项行动，出动特种设备安全监察人员450多人次，检查特种设备使用单位126家次，检查特种设备150台（套），发现特种设备安全隐患18起，处理检验机构报告的重要问题98件，下达《特种设备安全监察指令书》11份，全部完成整改。使用登记率100%，定期检验率100%，整改率100%。无发生特种设备安全事故。

【知识产权保护】 2022年，平和县调整充实平和县知识产权工作领导小组。兑现2021年知识产权奖励资金36.8万元。开展新《中华人民共和国专利法》及其实施条例、《电子商务平台知识产权管理》宣传；开展知识产权进校园、进企业现场宣传活动3场，接受消费者咨询1000多人次，发放宣传材料2000份，发送宣传短信10万条。全年新申请专利172项，其中发明专利14项，实用新型专利46项、外观专利144项。严厉查处商标、专利侵权假冒违法行为，立案查处各类知识产权违法案件60多起。开展3起专利纠纷调解案件典型工作经验被市营商办在全市各县区推广。

【商标品牌建设】 2022年，平和县市管局向国家知识产权局商标局申请地理标志商标备案152件，其中，平和白芽奇兰地理标志商标90件，平和琯溪蜜柚地理标志商标62件；向国家知识产权局商标局申请地理标志专用标志97件，地理标志商标备案和地理标志专用标志申请总量占全市的60%，申请量居全市第一。建立平和白芽奇兰茶高峰生态谷驿站，宣传推广平和白芽奇兰茶的发展历史、文化底蕴、品种来源、种植规模、茶叶品质的认识。向国家知识产权局申请涉及平和白芽奇兰茶新品种“柚香奇兰”商标12件；注册“平和蜜柚”地理标志商标；“茶王谷”商标在东南亚5个国家申请海外商标注册。申请“平和红柚”团体标准。申报“平和大溪豆干”“平和大溪米粉”“平和芦溪咸菜”“平和南胜咸水鸭”“平和小溪枕头饼”等10个地理标志商标团体标准。平和首笔专利质押贷款获国家知识产权局登记，平和县州众鑫橡胶有限公司以5项实用新型专利从泉州银行漳州分行获得500万元的贷款，并获国家知识产权局颁发的《专利权质押登记通知书》。

【消费者权益保护】 2022年，平和县通过全国“12315”平台受理消费者投诉、举报2469件，其中：受理投诉1218件，受理举报1230件，咨询21件，为消费者挽回经济损失108万元，办理“诉转案”案件6起，接受消费者锦旗2面。“12315”平台办理的《水费突然飙升 315助力协调》《撕下“维权的外衣原是职业打假人——平和12315维护企业合法权益”》在消费维权案、《海峡消费报》、“新闻315”进行刊登。

【行政执法】 2022年，平和县立案查处违法违规案件419件，案值127.05万元，罚没款入库249.89万元，包含立案查处假冒伪劣商品案件125件，案值65.9万元，罚没款175.42万元。打击网络传销及以直销名义和股权激励、资金盘、投资分红等形式实施传销违法行为专项行动被市局评为第一名。开展打击假冒伪劣食品行动，重点检查食品生产、流通企业、餐饮服务经营户620户，发出《责令整改通知书》12份，立案查处食品违法案件148件，罚没入库65.65万元。

【农资市场专项执法行动】2022年，平和县市管局制定《平和县2022年农资市场监管工作方案》，组织开展农资市场专项执法行动，出动人员12778人次，检查农资经营户7538户次，全年户均检查7.57户次，查办农资案件39起，罚没款入库92.58万元。其中：花山溪水环境整治，超常规开展肥料抽检，组织抽样4633个化肥样品，实际送检4420批次（扣除重复样品213批次），送检数量为2021年的13倍。检测结果合格4411批次，不合格9批次，合格率99.8%。对9批次不合格化肥进行立案调查12起，罚没款入库73.01万元，没收个别重金属含量超标化肥38.04吨。农资整治工作经验得到省市场监管局主要领导批示肯定，经验在《福建日报》（“新福建”客户端）10月20日予以刊发宣传。

2020—2021年度漳州市守合同重信用企业名单（平和县）

1. 福建中顺建筑工程有限公司
2. 漳州筑梦庄园商贸有限公司
3. 中国人民财产保险股份有限公司平和支公司
4. 中国电信股份有限公司平和分公司
5. 中国邮政储蓄银行股份有限公司平和县支行
6. 漳州市成茂医药有限公司
7. 福建省平和县灵通农产品专业合作社
8. 福建省威豪生态农业发展有限公司
9. 平和县德盈蜜柚专业合作社
10. 中宝（福建）食品科技有限公司
11. 福建琦裕建设工程有限公司
12. 福建省悦雨市政园林有限公司
13. 福建富丰建设工程有限公司
14. 福建泰硕建设发展有限公司
15. 福建玉硕建设工程有限公司
16. 福建省盛宇建设发展有限公司
17. 福建上诚建筑工程有限公司
18. 福建海山茶业有限公司
19. 福建建恒建设有限公司
20. 福建省豪门建设工程有限公司
21. 平和县阿蔡果蔬专业合作社
22. 平和县奇联蜜柚专业合作社
23. 福建斯达建设工程有限公司
24. 福建立开建设工程有限公司
25. 福建省华漳建设工程有限公司
26. 福建君达建设有限公司
27. 福建标城建设有限公司
28. 漳州市鑫农发农产品开发有限公司
29. 福建川云里水利建设有限公司
30. 漳州平建工程项目管理有限公司
31. 福建省旺发新能源科技有限公司
32. 平和县顺发木材加工场
33. 福建筑诚建设工程有限公司
34. 平和县安悦达汽车租赁有限公司

（叶子瑜）

城乡规划

【概况】 2022年，平和县推进县级国土空间总体规划编制工作，完成“三区三线”划定，优化中心城区路网及用地布局；完成村庄规划编制及报批，完成35个地块控制性详细规划编制及报批，完成项目选址和用地预审42个，核发用地规划许可证28件，核发工程规划许可证63件，完成项目竣工规划条件核实25个。

【空间规划编制】 2022年，平和县完成“三区三线”划定，衔接已编在编成片开发方案，保障县域重点项目需求；优化调整永久基本农田布局，为北环路延伸段等重要交通基础设施留出廊道；调整红军三坪会师纪念馆红色旅游公路（X584三坪浦口至楼脚段）工程涉及的生态保护红线，推动项目进程。并在“三区三线”基础上梳理衔接详细规划成果，优化中心城区路网及用地布局。

【村庄规划编制】 2022年，平和县完成76个村庄规划编制及报批。规划按照《福建省村庄规划指南》的技术要求，按村庄分类指引进行管控边界的划定、村庄居民点的布局、历史文化保护和传承、安全防灾减灾、国土综合整治和生态修复、人居环境整治及近期实施项目进行规划和布局。统筹乡村生产、生态、生活空间，提高各类资源利用效率，规范乡村建设活动，改善农村人居环境，促进乡村振兴。

（冯婷婷）

城乡建设管理

【概况】 2022年，平和县住房和城乡建设局投资5400万元建设绿色城市，建成县城水港公园及驯水公园，完成宝善公园景观提升和绿道建设。投资524.7万元省、市补助资金用于农村生活垃圾治理，推动国强乡开展全镇域垃圾分类试点，探索建立奖励引导机制，加快垃圾源头减量和资源化利用。争取专项债4.26亿元，用于完善乡镇镇区生活污水处理设施的新建扩建、设施改造提升以及镇区污水管网的配套建设。

【道路网格优化】 2022年，平和县推进县城北环路（长4.5千米，宽40米，总投资2亿元）、东环路（长1.5千米，宽40米，投资4000万元）等对外城市交通道路，做大县城发展框架。投资1000万元完成和平路、坑坂路等长度1千米的城市道路，投资7000万元建成新南大桥（阳明大桥）等城市重要交通节点建设，进一步完善县城市政道路交通系统，完成和平路等断头路，优化城市路网结构和功能，完善环城路网和“断头路”，畅通城市“毛细血管”，改善城市交通环境。

【农村人居环境提升】2022年，平和县加强农村危房改造，组织开展农村低收入群体住房安全动态监测管理，边排查边录入系统，完成10813户农村低收入群体住房安全动态监测管理工作。推进乡镇裸房整治材料收集和整治进展，完成裸房整治2239栋，223.9%完成任务。

【自建房安全保障】2022年，平和县住建局成立专业技术指导小组下沉乡镇开展排查自建房排查整治工作指导，聚焦自建房的结构安全性、经营安全性、建设合法合规性，逐楼逐户快速实现排查摸底全覆盖。平和县一般安全隐患钢结构房屋治理45栋，完成整治45栋，完成率100%；50年以上一般安全隐患老旧房屋治理总数48栋完成整治48栋，完成率100%；拟实施50栋保险监测房屋，并与县人保公司签订合同，完成率100%；平和前期摸排录入福建省房屋安全管理系统的经营性自建房3692栋全部完成“回头看”排查工作。

【安全生产监管】2022年，平和县住建局结合日常监管、专项检查和“双随机”评价，开展在建房屋建筑和市政基础设施工程安全生产隐患排查整治工作，特别是加强深基坑、建筑边坡等重点部位的安全风险隐患排查。累计派出人员633人次，开展安全检查238次，发出整改通知书208份，局部停工通知书5份，全面停工通知书4份，排查整治安全隐患578处。通过购买服务委托第三方专家，对全县商品混凝土生产企业动态抽查9次，抽查混凝土搅拌用砂20批次、水泥9批次、粉煤灰9批次、外加剂9批次，发出6份整改通知单，2份记分告知单。立案查处3起工程。组织建设工程有限空间应急演练1次，参加演练的各在建项目参建单位工作人员约120人。通过“线上和线下”相结合方式，开展建筑施工扬尘问题专项整治，检查在建项目444人次，发出128份整改通知书，约谈7起，立案处罚3起，罚款4.5万元。

（尤可）

2022年1月，平和县新南大桥通车。该大桥路线全长386.187米，其中桥梁全长约302米，起于新南路与东环路交叉口，止于新南路与河滨路交叉口，设计速度40千米/时，工程概算投资9007万元

（县住建局 供图）

建筑业

【概况】2022年，平和县建筑业完成总产值7.4亿元、同比增长28.6%，逆转了近三年来建筑业产值增速连续下滑的局势。推进建设工程电子数据化，推广应用BIM、电子档案、大数据和智能化等信息技术，提升项目监管效率。

【建筑企业培育】2022年，平和县出台一系列扶持建筑业发展的优惠政策培育建筑企业，开展建筑业招商，引进优质企业落户，对有条件申报一级总承包资质的企业进行精准帮扶，上门指导。新引进资质建筑业企业15家，包含机电工程施工总承包二级资质企业1家。年末，平和县建筑业企业计45家，企业数达近几年之最。培育本地建筑企业，支持中顺升级一级总承包资质企业，突破平和县无一级资质建筑企业的历史。

【工程质量提升】2022年5月，平和县祥丰佳苑1—3栋及地下室、变配电室1工程项目和祥丰佳苑4—6号楼及地下室、变配电室2工程分别获评漳州市2021年度（下半年）“水仙杯”奖优质工程；7月，祥丰佳苑4—6号楼及地下室、变配电室2工程被评为“2021年度福建省建设工程省级优质工程（闽江杯）”。

（尤可）

房地产业

【概况】2022年，平和县从事房地产开发企业42家，统计在库在建房地产14家企业，实际投资6.34亿元；累计商品房销量10.84万平方米，比上年增长3.89%；住宅总库存25万平方米，去化周期37个月，去化周期全市最低。平和县住建局牵头出台实施购房补贴政策，政策实施以来受理购房补贴356户，发放补贴金额653.45万元。全年房地产销售面积超过10万平方米，比上年增长3.9%。

【房地产市场监管】2022年，平和县住建局强化商品房预售资金监督管理，规范商品房预售资金的收存使用行为，维护商品房交易双方的合法权益，全年预售资金申请审批拨款205次，签预售资金监管三方协议21家。

【保障性住房管理】2022年，平和县住建局提升保障房小区配套设施建设，加大对违规行为的整治力度，制定出台《进一步加强公租房管理六条措施》文件，收缴和追讨拖欠公租房年度租金1193套，追讨拖欠往年租金385户，租金近80万元。投入资金30多万元改造提升小区排污排水系统。整治占用绿化用地，清理及恢复绿地560平方米。规范小区物业服务条款，强化小区服务质量监管。对租赁户进行全覆盖入户巡查，对闲置、改变用途、转租、转借等违法行为采取相应的清理措施。

（尤可）

住房公积金管理

【概况】2022年，漳州市住房公积金中心平和管理部全年审批公积金支取5140笔，金额2.21亿元，审批贷款218笔，金额10328.4万元。

【住房公积金归集管理】2022年，漳州市住房公积金中心平和管理部宣传住房公积金政策，做好公积金归集扩面宣传工作。做好公积金归集扩面工作，对未建缴公积金企业5家寄送建缴通知。协助平和中行、平和农商行开展公积金归集缴存业务。实现平和县归集缴存业务银行4家，方便企业缴存开户。全县新增缴存单位42家，新增缴存职工897人；实际缴

2022年11月10日，漳州市住房公积金中心窗口工作人员为客户办理公积金提取业务　（漳州市住房公积金中心平和管理部 供图）

存单位336家，实际缴存人数14918人，全年缴存金额2.77亿元，比上年增长0.11亿元，增长4.13%。

【住房公积金支取审批】 2022年，市住房公积金平和管理部推行“网上办、掌上办”不见面审批服务，引导客户线上办理业务。落实“跨省通办”，推进“马上就办”审批服务。加强住房公积金支取审批管理，无出现违规支取住房公积金审批和评价不满意受理件。加强对支取资料的真实性审核管理，重点加强对纯商业贷资料的真实性审核。全年审批公积金支取5140笔，提取总金额2.21亿元，比上年增长0.59亿元，增长36.2%。

【住房公积金贷款管理】 2022年，市住房公积金平和管理部严格执行漳州市住房公积金管理委员会及漳州市住房公积金中心关于住房公积金贷款政策有关规定，做好公积金贷款业务管理工作且加强管理部逾期催讨管理工作。2022年，审批发放公积金贷款218笔，贷款总金额10328.4万元，比上年增加4720.8万元，增长45.7%。逾期贷款催讨工作从年初连续逾期3—5期4笔，下降到连续逾期3—5期3笔，无连续逾期6期以上，逾期率从年初0.06‰下降到0.0379‰。

（蔡宇凡）

城市管理

【概况】 2022年，平和县城市管理局抓好“两违”综合治理、市容市貌整治、环境卫生提升、农贸市场整治、园林绿化提升、小区物业管理、城镇燃气管理，推进数字城管建设，解决城市管理中群众关心的热点、难点问题，探索城市管理新举措，推进精细化、长效化城市管理机制。

【“两违”综合治理】 2022年，平和县处置“两违”78.41万平方米，完成漳州市下达全年目标任务60万平方米的130.68%。发现新增“两违”案件31宗6.64万平方米，全部处置完成。历史存量“两违”案件1150宗71.94万平方米，全部处置完成。利用科技治违，在网格化巡查的基础上加上无人机空中巡查，依托“两违”智能监管平台，遏制“两违”现象。“两违”智能监管平台收到举报件48件，核查完毕48件，认定为“两违”案件且生成工单有39件，结案39件，结案率100%。

【市容市貌整治】 2022年，平和县城管局以“门前三包”为抓手推进市容市貌整治。取缔各类乱摆摊设点、占道经营6200多处；纠正占道经营1.2万多次；销毁各种流动广告牌、灯杆灯箱、罗马旗、落地小牌匾等540多个；开展城市“牛皮癣”整治476余次，清除“牛皮癣”3.4万多张；劝导纠正非机动车占机动车停车位和人行道6400多起；拆除地桩、地锁、隔离墩、限行栏（杆）等侵占公共道路、停车位等障碍设施330多个；清理路障石、圆锥、废弃占道物57车。严厉打击建筑垃圾乱倾倒行为，及时查处并

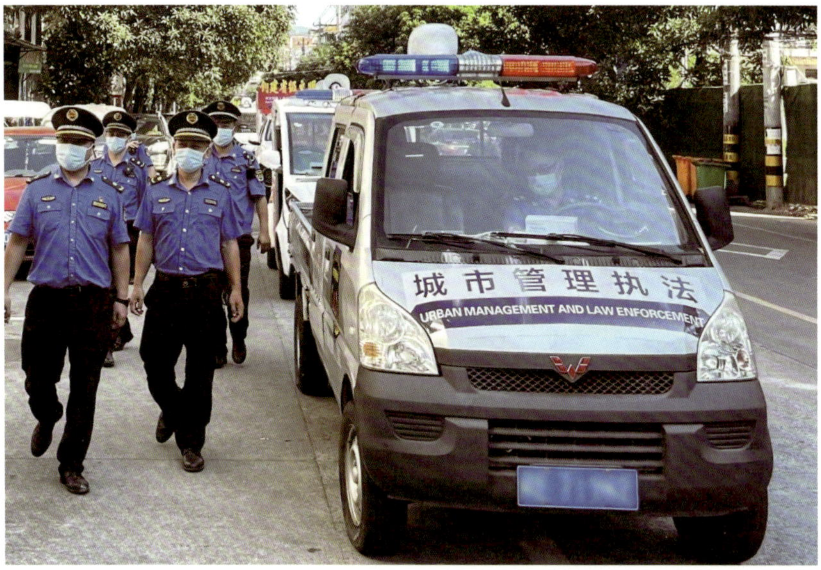

2022年8月12日，县城管队伍开展日常执法巡逻 （李小丽 摄）

责令清理建筑垃圾乱堆放行为，查处建筑垃圾乱堆放行为为36起。抓好渣土运输管理，联合公安交警、交通运输等部门，定期不定期开展上路检查行动，严厉打击渣土车辆违规行为。查处违规行为68起，规范渣土车47辆。开展噪声污染大整治，处理噪声投诉486起。强化路灯、夜景管护，巡查发现安全隐患46起，接到群众反映不亮灯15起。

【城区卫生保洁】 2022年，平和县城管局完成新一轮县城区道路清扫保洁及垃圾转运一体化项目于10月8日开标，11月7日与福建辉龙环境集团有限公司签订承包合同，12月1日完成交接。推进环卫保洁、转运规范化管理，采购分类果皮箱300个，垃圾分类亭（含四色垃圾分类桶）100套，60升垃圾桶300个。投放四色分类垃圾桶到县城小区、学校、主要道路作为试点推进垃圾分类工作。12月，新投放垃圾分类亭到县城小区、小学及幼儿园。强化日常考核监管，开展卫生大整治和扬尘洒水工作，累计开展130多次集中清理整治，出动保洁工人1050余人次，形成长效机制；出动洒水车及雾炮车洒水除尘作业6800余车次。

【农贸市场管理】 2022年，平和县城管局开展农贸市场整治，规范经营秩序，优化市场环境卫生。督促经营户落实“门前三包”，监督保洁公司加强保洁工作，定期组织人员清理堆积杂物、水沟淤泥、清洗摊位及场地。配合有关部门加强市场经营的农副产品、水产品农残的检测工作。落实疫情防控措施，通过发放传单，标语上墙，液晶屏宣传等形式宣传疫情防控工作，督促进场人员佩戴口罩，做好市场环境卫生和消杀工作。配合疾控中心加强市场海产品和进口冷冻冷藏食品进行核酸采样和消毒工作。

【园林绿化提升】 2022年，平和县城管局持续加强平和县城园林绿地精细化养护管理工作，累计修剪近2200株，扶正加固树木330株，处理平和县城主干道危树、枯树、死树260余株；清理垃圾、余土、树叶近90车、绿化苗木施肥4.8吨，完成病虫害防治2次。定期对县城牛头溪、花山溪两岸植被进行洒水降尘。强化裸露地块整治，组织人员及时对辖区内的公园绿地及道路绿化已退化裸露黄土进行全面排查、统计。定期开展公园、绿地安全隐患排查整治工作，排查安全隐患37处，均整改完成。引入园林绿化养护市场竞争机制。继续对阳明公园、正兴大道、西环路采取政府采购企业承包的方式管理。制定《平和县城区绿化养护管理考核办法（试行）》；《平和县城区绿地养护管理标准》；明确承包人养护工作的职责，不定期安排人员抽查管理。对县城部分行道树进行冬季矮化修剪，对县城区园林树木近9800棵进行病虫害防治（涂白）。

【小区物业管理】 2022年，平和县城管局与漳州市城市管理局同步开展“城管进社区”工作，进驻8个社区，协助解决问题51个。开展住宅小区公共收益专项整治，发放各类宣传材料2500多份；开展好住宅小区公共收益整治工作，发放物业管理法律法规宣传材料1000多份，经第三方审计认定，转入专户存储171.66万元。完成教师新村和果树园（政府套房）等2个老旧小区改造提升项目。开展物业小区安全排查整治、房屋结构安全隐患、防汛防涝排查整治、二次供水卫生安全整治。

【城镇燃气管理】 2022年，平和县城管局结合优化营商环境工作，缩短审批流程，推行“用气”一站式服务。常态化开展燃气安全隐患排查，加强对非法经营“黑气”问题进行立案查处，联合执法检查54次，立案查处4起，结案4起，没收过期不合格液化气钢瓶778瓶，没收违法所得1350元，并处罚款24万元。推进餐饮场所可燃气体报警装置安装工作，加大力度排查整治未安装燃气报警装置的安全风险和隐患。

【数字城管建设】 2022年，平

和县城管局充分发挥数字化城市管理系统平台的巡查优势，建立全时段、全方位覆盖的城市管理新模式。数字城管指挥中心全年上报城市管理问题22431件，其中网格员自行处置并结案4288件，专项普查案件928件，信息采集上报18126件，专业部门处置并结案18111件，有效上报率为99.91%，结案率为100%。推进数字城管二期建设，完成项目可行性研究及初步方案设计。

【“静夜守护”专项行动】 2022年，平和县住建局落实省纪委监委“点题整治”项目“静夜守护”城市夜间噪声污染整治专项行动工作精神，开展夜间巡查专项行动，重点检查在建工地夜间是否产生施工噪声等问题，抽查在建工地58个次，派出202人次，发现问题6个，责令整改4家。

（林小婷 尤可）

供排水管理

【概况】 2022年，平和县水务有限公司日供水能力可达4万吨，实际日供水量约2.8万吨，供水总户数约3万户，供水区域为县城区及县城周边的高南村、玉溪村、宝善村、古楼村、西林村、联光村。投资建设水质检测中心，于2022年7月28日投入使用，设理化室、微生物室、天平室，仪器室等5个检测室，配备符合国家标准、满足检测要求的化验仪器及配套设施，并配备便携移动检测设备。7月，引进国际上先进的水质检测设备ICP-MS，每日检测个别重金属。对新建的融邦外滩一号住宅小区实施二次供水“建管合一”。组织开展城市饮用水安全突发事件应急演练、农村饮水安全应急演练。组织平和北控水质净化有限公司联合队参加“福建省排水行业排水管道工岗位技能竞赛”活动，获团体竞赛三等奖。

【供水】 2022年，平和县投资100万元完成自来水水质在线监测系统建设运行。投资9500万元加快推进县城老旧供水管道改造提升，完成管网改造长度36千米。投资100万元配置供水水质重金属检测仪器。投资220万元建设平和县自来水厂浓水治理项目，治理规模为4000吨/天，尾水处理池建设完毕并投入使用。

水质检测　2022年，平和县加强供水安全监管，水质全部符合国家规定的生活饮用水卫生标准。平和县城区自来水每月送检至厦门国家水质监测站检测，全年完成出厂水检测263次。平和县水务公司每日对出厂水、原水检测11项常规指标一次，每半月对管网水检测7项常规指标一次。每日对原水及出厂水个别重金属和硝酸盐自检，每月送检出厂水42项，管网水42项，原水29项（含个别重金属指标），每季度送检106项全指标（含个别重金属指标）。坚持水质公开制度，在县有线电视台、县政府网及公司微信服务平台公布。

城乡供水一体化工程建设　2022年，平和县城乡供水一体化

2022年9月29日，平和污水厂开展有限空间作业及应急救援演练

（县住建局 供图）

工程（一期）项目建设范围包括小溪镇、山格镇、坂仔镇、南胜镇四个乡镇，由平和县水务公司为业主新建管网，全年新建给水管道长度114.982千米。项目于2022年4月27日开工建设，完成小溪镇河滨南路、文锦路、高南路、南山路、溪边路、厝丘村、宝祥路、正兴大道、延寿路、玉溪路、西大路、西三路、福环路、怀安路、内林村、北大路、新陂路、顶厝村、公园路、建设路；山格镇纵一路片区、横七路、横六路、横五路、新兴路、高际村、正兴大道、鸭母宅、蔡家堡；坂仔镇山边村、仁山村、东坑村、坂云线等新建管道铺设。对小溪镇联光村、西林村；山格镇白铜大道、新兴街、宝丰村、三美村；坂仔镇心田村、五星村、民主村；南胜镇前山村、云后村、法华村等进行管道敷设、阀门及消火栓安装。

【排水】 2022年，平和县投资1000万元实施延寿山高排渠工程，完善县城排水防洪体系，减少城市外围雨水进入建成区，实现高水高排，降低内涝隐患。完成县城区雨水管道工程雨水管道约10千米。在污水收集方面，投资3000万元，通过平和一中新旧校区雨污分流，西林村、英才路排洪沟及中山公园等处进行污水拦截，平和一中外围沟底硬化和加盖盖板绿化美化，在下游增加一条中山公园到污水厂的污水主干管提升污水收集能力，平和一中排洪沟及中山公园段的水体整治明显提升。投资5000万元完成宝善片区污水管道一、二期工程，增设多个污水截污纳管接口，完善污水支管连接片区正兴学校、万佳宾馆、电信大楼、移动公司、卫健局、三平花苑、尊府小区、锦绣柚都小区等重要排水户形成雨污分流，迎宾路及阳明路排洪渠水体水质明显改善。投资400万元完成县城污水管网，重点开展沿河污水干管的维修清淤整治，完成清淤维修9千米，清理东风桥及平和大桥下游两处倒虹吸主要节点。

【县城区污水处理项目建设】 2022年，平和县投资500万元完成平和县污水处理厂一期项目曝气改造，污水实际日处理量保持在3.3万吨左右，尾水排放全部达到一级A标准。完善污水收集管网，投资2800万元完成中山公园至污水厂沿河干管及福环路至河滨路的污水干管，提升县城的污水收集率，为平和县城流域整治打下扎实的基础设施保障。完成平和县城区黑臭水体名单并公布，整治黑臭水体。投资200万元用于推进迎宾路小微水体整治项目建设，主要建设工程内容包括污水拦截检查井、污水管道、排洪渠底泥清淤换填及道路修复。

【乡镇镇区污水治理】 2022年，平和县新改建乡镇污水配套管网，全县15个乡镇建设配套管网长度约170千米。推动大溪镇三期污水管网工程建设，总投资约2500万元，完成主管网5.80千米，支管网6.35千米，超额完成市级下达建设公里数。以县域为单位实施污水市场化运营，向上争取到4.26亿元的专项债，用于完善乡镇镇区生活污水处理设施的新建扩建、设施改造提升以及镇区污水管网的配套建设，可研和初步设计已批复。12月，编制印发《平和县“十四五”乡镇生活污水处理设施建设运维实施方案》。

【平和县水务有限公司划归福建漳龙集团有限公司】 2022年2月25日，福建兴和投资发展集团有限公司和漳州鑫信建设投资有限公司签订《移交协议》（漳州投资集团有限公司子公司）并举办移交仪式；根据《漳州市国资委关于市属国有企业结构布局优化调整涉及漳龙集团有关事项的通知》有关精神，福建漳龙集团有限公司承接漳州投资集团有限公司所持有的漳州鑫信建设投资有限公司100%股权。2022年5月18日，平和县水务有限公司正式划转至福建漳龙集团有限公司。

（赖金龙 张萍萍）

环境质量

【空气质量】 2022年，平和县城环境空气质量优良天数为364天，比例为99.7%。六项监测指标平均浓度均达到Ⅱ类标准，环境空气质量综合指数为2.37，比上年下降0.38，空气质量保持稳定。

【水环境质量】 2022年，平和县11个主要国省控断面水质达标率100%，其中1个国控断面、2个省控断面水质实现跨类提升。国控断面洪濑汤坑桥监测点、国控断面长乐葵山监测点以及9个省控断面监测点达标率均为100%。龙岗村省控断面水质较上一年同期相比有显著提高，水质均值由Ⅳ类提高至Ⅲ类，实现达标。县城饮用水源水质Ⅲ类水达标率100%。

【土壤环境质量】 2022年，平和县有严格管控类耕地2.07公顷，严格管控类耕地完成退果休耕，受污染耕地通过农产品监测样品检测开展效果评估，受污染耕地安全利用率100%；开展23个用途变更为“两公一住”地块土壤污染状况调查，建设用地安全利用率100%。

（陈小玲）

自然资源管理

【概况】 2022年，平和县完成批而未供处置84.88公顷，闲置土地73.43公顷；农用地转用和征收获批81.61公顷；供应土地110.75公顷，土地出让金32688.4万元，解决安厚莲塘工业小区、铭盛陶瓷、彩联陶瓷等工业项目和纵三路、官峰水库进库道路、平和县医院迁建工程等重点基础设施项目用地需要。

【矿产资源管理】 2022年，平和县完成深坑矿区建筑用安山岩矿变更、第四轮矿产资源总体规划编制工作；对乡镇、自然资源所建立健全“早发现、早制止、早报告、严查处”的日常监管长效机制，利用遥感监测、无人机航拍、手机移动执法等技术手段，动态监管露天开采矿山的开发利用和生态环境恢复治理。

【土地执法】 2022年，平和县立案查处土地违法行为10宗，处罚款总额12.70万元；坚决遏制耕地“非农化”，防止“非粮化”，压紧压实县直有关部门监管责任、乡镇属地责任，推进违法图斑核查整改工作，依法分类处置，全年上报省厅系统16宗违法占用耕地图斑并全部整改。

【不动产登记服务】 2022年，平和县自然资源局与县农村信用合作联社、县建设银行、邮政储蓄银行、润丰村镇银行、中国银行、农业银行、工商银行签署《金融信贷与不动产抵押登记系统直连战略合作协议》，分别设立不动产登记便民服务点。整合不动产转移登记中涉及税务、房产交易、不动产登记三部门，由不动产登记窗口“一窗受理”。全年受理各类不动产登记申请12510件，其中，不动产产权登记证书3868件，不动产抵押登记证明3564件，不动产查询证明2762件，不动产查封登记221件，不动产注销登记2095件。

【“引入社会资本参与土地整治补充耕地”省级试点县】2022年，平和县出台《平和县引入社会资本（民间资本）推进园地改耕地土地开发项目实施试点方案》《平和县引入社会资本（民间资本）推进县级旱地开发项目工作方案》《平和县引入民间资本推进县级土地开发项目工作方案》，规范开发方式、支付标准和社会资本投资收益、后续管护费用分配使用等。全县通过引入民间资本参与补充耕地项目36个，规模7.38公顷，总投资1.29亿元。平和县被省自然资源厅列为“引入社会资本参与土地整治补充耕地”试点县。

【“园改耕”项目】 2022年，平和县完成82个县级土地开发项目“园改耕”的立项，总规模383.4公顷。完成市级验收项目66个，新增耕地221.46公顷，其中，44个项目验收并完成入库，新增耕地146.41公顷；22个项目通过市级验收，新增耕地75.05公顷。旧村复垦项目4个，规模8.49公顷；完成复垦并通过市级验收项目1个，面积0.43公顷；完成拆旧面积4.67公顷，复垦4.33公顷。做好耕地“进出平衡”整改，耕地流入净面积320.93公顷，超额完成任务；平和县通过补充耕地实现指标交易约9.6亿元。

（林毅芳）

生态建设

【概况】 2022年，漳州市平和生态环境局推进中央省市环保督察反馈问题整改、花山溪流域综合整治等工作，完成年度环境保护目标，改善县域环境质量。全县未发生《国家突发环境事件应急预案》规定的较大以上级别突发环境事件或较大以上核与辐射安全事件。

【水源地保护】 2022年，平和生态环境局完成坂仔镇等46个千人以下农村分散式饮用水水源地保护范围划定和应急预案编制工作，督导有关乡镇采取措施实施退果整治，水源地问题整治取得一定的进展，实施退果整治27.24公顷；县城及“千吨万人”饮用水水源地规范化建设，强化水源地日常巡查，对县城饮用水水源地一级保护区进行定期巡查，形成问题清单；县城一级保护区1.27公顷柚子林完成退果整治，二级保护区内完成退果约22.67公顷。

【矿山生态环境保护】2022年，平和县芦溪镇东槐村两个叶蜡石矿种植各类树种约4200棵，喷撒草籽约1200千克，通过挂网喷浆和生态袋等方式进行恢复治理，新增复绿面积约1.5公顷，新建和修复排水沟约4500米；开展矿山边开采边治理工作，过期矿山平和县芦溪镇双峰碎石场英头山矿区建筑用花岗岩和平和县芦溪镇湾仔坑碎石场完成恢复治理工作。

【生态环境监管执法】 2022年，平和县围绕花山溪、韩江等重点流域、黄井工业园区重点区域，结合省“清水蓝天”专项行动、市“交叉联合执法检查”专项行动的部署要求，出动执法人员1050人次，检查企业和其他生产经营者430家次，发出整改通知书62份，立案查处环境违法行为35起；查封扣押2起，移送公安机关行政拘留1起；开展生态损害赔偿案件12件，投入生态损害赔偿资金4.12万元补植复绿263平方米。

【主要流域项目化管理】 2022年，平和县重点对国控断面花山溪（洪濑口）上游和长乐葵山断面以及黄井溪、三合溪、东溪、鹿溪小流域实施综合整治；投资

2500多万元，建设大溪镇污水处理厂二期管网建设，投资3000多万元建设6个村和12个入河排污口整治。

【花山溪饮用水水源地综合整治】 2022年，平和县开展水源地环境保护专项整治。加强县城及“千吨万人”饮用水水源地规范化建设，强化水源地日常巡查，对县城饮用水水源地一级保护区进行定期巡查，形成问题清单。县城一级保区1.27公顷柚子林完成退果整治，二级保护区内完成去青25.2公顷。加强对县城饮用水水源、上游各断面及重点小流域水质监测。推进花山溪入河小流域治理工程项目建设，花山溪各流域投建治理设施713个，其中生态滤床297个、拦截坝415个、氧化塘1个。

（陈小玲 林毅芳）

2022年6月8日，平和县霞寨镇开展水环境治理，运用“改性活性炭＋生态沸石”技术，完善生态滤床建设。图为工人们将装满活性炭的网袋放入含有生态沸石的生态滤床 （林泽霖 摄）

污染治理

【大气污染防治】 2022年，平和生态环境局制定环境空气质量提升攻坚行动实施方案，建立完善县城区及周边地区大气污染防治制度化、规范化、常态化长效管理机制，开展县城区及周边地区施工扬尘、渣土车、餐饮油烟、涉气工业企业、露天焚烧等各类污染源管控工作；邀请第三方对县城及周边范围开展三次积尘走航排查颗粒物，结合省控站及大气污染热点网格智能监测监管平台，对“2+30”个站点数据进行分析研判，精准管控浓度较高的区域。全年发出预警通报文件41份，巡查解决露天焚烧281起，完成10个施工扬尘问题及10个重点裸露地块扬尘污染整治。

【水环境治理】 2022年，平和县制定《2022年度平和县水环境断面水质量化考核工作方案》《花山溪流域饮用水水源地上游流域水质个别重金属超标治理考核工作方案》等整治及考核方案。开展水质个别重金属加密监测20次，发出水质预警通报13次，编制水质研判分析报告12份。每月对全县16个乡镇（场、区）开展出境断面水质跟踪监测，通报相关水质问题。全年累计开展监测24期，发出水质预警通报11份，督促各乡镇完成各类水质问题整治工作。

【土壤污染防治】 2022年，平和县强化涉重污染源头排查预防，完成钟腾铜矿、锦恒铜矿、鑫达矿业等3家矿区历史遗留固体废物排查，完成9家涉镉重金属重点行业企业排查，并录入“生态云”平台；完成23个用地性质变更为“两公一住”地块土壤污染状况调查；完成63.33公顷严格管控类耕地整治，委托第三方编制《平和县严格管控类耕地土壤环境质量类别动态调整技术报告》，将小溪镇、坂仔镇、霞寨镇、芦溪镇计61.33公顷严格管控类耕地动态调整为安全利用类，并报省农业农村厅、生态环境厅备案。

（陈小玲）

农业 农村

综 述

【农业执法】 2022年，平和县农业农村局保供给、保春耕、秋、冬季农资打假，穿插举办2场放心农资下乡宣传周活动。全年累计调解7起果农投诉蜜柚药害案件，赔偿果农损失11.39万元。年内出动执法人员965人次，检查农资经营单位510家，完成农药抽检任务63批次，肥料306批次，兽药5批次；全年立案查处农资案件46起，农产品2起，罚没款25.74万元；动物检疫2起，全部结案，罚没款11200元。督促县域内各农资经营单位，做好购、销台账录入，做好农药废弃物的回收处置工作。组织培训高素质农民2269人次，其中专业技能型（蜜柚种植技术）38个班1814人次，生产经营型9个班455人次。组织开展4期农村学法用法培训班，受训200多人次。

【农业监测】 2022年，平和县农业农村局强化监测工作，落实“检打联动”机制。全年完成水果蔬菜例行监测样品2309个快检，每季度配合上级农业部门监督抽查。配合农安中心的监管工作，部署开展县、乡两级农产品质量安全监测工作，严厉打击农业生产违规使用农药行为。完成2022—2024年度花山溪流域100个水样监测点总氮、砷、磷、镉、铊、pH值6个指标的测试及分析100个土壤监测点pH、铅、镉、砷、汞、铊、铬7个指标的测试及分析，年内完成3期水样和1期土样。

【农产品质量安全监管】 2022年，平和县614家生产主体纳入食用农产品“一品一码”与合格证制度追溯系统监管，监管端线上登录964次，巡查11776家次；督促生产主体登录6211次，新建生产档案641个，在产生产档案2417个，完成赋码7007批次；在监管过程中，发现生产主体生产信息录入问题9个，下发整改通知书9张。开展食用农产品质量安全风险监测工作，完成农残快检5881批次，其中种植类产品5547批次，畜禽产品334批次，合格率99.9%。创建5家（其中，生猪养殖1家，茶叶种植2家，水果种植2家）省级优质农产品标准化示范基地，全部通过验收。

【农业信贷担保工程实施】 2022年，平和县委托“平和县佳和融资担保有限公司”承担平和县农业信贷担保业务，并安排800万元作为农业信贷担保公司资本金拨付到平和县佳和融资担保有限公司专户，旨在为平和县域范围内农业企业、农业种植养殖大户、农业专业农民合作社、家庭农场和现代农庄等农业产业化项目提供融资担保服务。

【农业结构转型升级】 2022年，平和县果园推广生草覆盖栽培、病虫绿色防控、增施优质商品有机肥等生态栽培技术措施，推广面积4万公顷以上。实施高标准农田建设，完成1247公顷往年批复项目。花山溪饮用水水源地上两侧果园推广实施商品有机肥全替代化肥，两岸200米范围果园实施“退果还耕”。推行稻—蛙—菜综合立体种养、“稻菜轮作”、多季轮作等模式，推动农业结构转型升级。

【新型农业经营主体发展】 2022年，平和县推动家庭工场、手工作坊、乡村车间等多种经营，实现农村经济多元化发展。年末全县有农民专业合作社1394家，成员出资额达28亿元；家庭农场999家，年内新增26家，其中县级示范性家庭农场90家，年内新增20家；申报省级家庭农场示范场2家，申报市级示范性家庭农场新增4家，申报市级农民合作社3家；开展农业产业化市、县级龙头企业增补工作，新增农业产业化县级龙头企业11家，推荐增补申报农业产业化市级龙头企业12家。

【福建省2022年中国农民丰收节平和分会场活动举行】 2022年9月22日，福建省2022年中国农民丰收节平和分会场活动在平和举行。活动以“柚香平和庆丰收、河清海晏迎盛会”为主题。举行“琯溪有点田”App发布、平和优质农产品质量安全追溯平台展示以及农产品全产业链绿色联盟签约、校地战略合作签约、特色现代农业项目及农产品供销合作签约；举行“庆丰收”农特产品展示和直播，漳州各县（市、区）最具代表性的特色农旅产品汇集在活动现场进行集中展销，并依托农产品电商平台，与新媒体合作，开展柚香奇兰、琯溪蜜柚等农产品直播带货，带动本地柚、茶为主的特色产品销售。同时，在坂仔镇的科技小院试验基地举行平和蜜柚提质增效现场观摩会、在山格镇新陂蔬菜产业园举办农事体验、在小溪镇联光村举办农产品采摘游等系列配套活动。

（曾志雄）

2022年9月22日，福建省2022年中国农民丰收节平和分会场活动在平和县坂仔镇举行。图为琯溪蜜柚直播带货现场

（林泽霖 摄）

种植业

【概况】 2022年，平和县继续做大做强柚类、白芽奇兰茶和高山蔬菜三大特色农业主导产业，以农业现代化示范区创建为契机，创新绿色发展、科技驱动、三产联动、闽台融合的发展模式，谋划五大类35个重点项目，全力打造中国柚类标准化生产示范区、南方丘陵山区有机生态农业高质量发展引领区、海峡两岸闽台农业融合区。有4个村被列入省级“一村一品”专业村名单，分别为九峰镇三坑村（白芽奇兰茶），崎岭乡彭溪村（白芽奇兰茶），山格镇新陂村（设施蔬菜），文峰镇龙山村（蜜柚）。

【水果种植】 2022年，平和县水果种植面积5万公顷，总产230.85万吨，产值66.31亿元。其中，柚类面积4.66万公顷、产量220.37万吨、产值54.23亿元；柑面积0.125万公顷、产量3.93万吨、产值1.57亿元；香蕉面积76公顷、产量4191吨、产值942.19万元；青枣面积199公顷、产量1.04万吨、产值5238.39万元；番石榴面积136公顷、产量5367吨、产值3268.24万元。

【粮食种植】 2022年，平和县做好粮食稳产增收，重点种植越冬地瓜、马铃薯、杂豆等冬季适栽粮食作物品种。做好春耕夏播工作，全县完成粮食面积3980公顷，粮食产量2.36万吨。扩大推广种粮新模式，强化农业种植社会化服务，探索农户经营+社会化服务体系，全县早季种植粮食2公顷以上19户，比2021年6户增加13户。发放耕地地力保护补贴资金2387.06万元，发放面积2.32万公顷，惠及农户11.22万户；发放实际种粮一次性补贴资金153.76万元，涉及粮食作物播种面1772.8公顷，发放户数7940户。做好政策性水稻种植保险承保工作，累计发动农户承保3609.56公顷。

【种子工程建设】 2022年，平和县引进推广早稻：“盛泰优018”“恒丰优金丝苗”“荃优822”，推广面积1586.67公顷；晚稻：“中浙优1号”“中浙优8号”“晶两优1377”“晶两优1212”“深两优322”“荃优607”等，推广面积2078.67公顷。良种覆盖率98.5%。引进新品种，

2022年3月29日，平和县农业农村局工作人员到南胜镇开展测土配方施肥技术指导（林泽霖 摄）

推广如玉苦瓜、翠绿苦瓜，“春晖丝瓜”“毛豆389”等新品种面积642公顷。种质资源普查补采工作全部完成，全县收集21个种质资源。完成救灾备荒种子储备项目应储备杂交水稻9000千克。“平和县苦瓜品种展示与示范推广”项目在山格镇新陂村“如玉45号”苦瓜展示示范片13.55公顷，展示苦瓜品种10个。平和“六月早1号柚”品种保护项目从2021年11月开始实施，“六月早1号柚”新品种鉴定材料上报至农业农村部。采购草种9000千克下发重点乡镇，退果还耕空闲地块实施播种油菜花或其他种草覆绿工作。“七比一看”比种业创新工作，平和县推广优新品种27个，“七比一看”竞赛全市排名并列第一。

【植物病虫防治】 2022年，平和县农业农村局做好以琯溪蜜柚、茶叶、水稻为主的各种农作物病虫害预测预报，全年发布病虫情报12期，完成市下达绿色防控任务3.4万公顷，推广绿色防控综合技术9.8万公顷次；发放绿色防控技术手册、农药包装废弃物回收宣传单等1000份以上，推广太阳能杀虫灯、诱虫板、性诱剂等绿色防控措施，推荐高效低毒、低残留农药，减少农药使用量。

【测土配方施肥】 2022年，平和县推广测土配方施肥技术面积4.67万公顷次，采集土壤样品691个，分析化验6910项次。建立测土配方施肥示范区，培训基层技术人员500人次以上。开展土壤化验分析，进行合理施肥。为创建粮油高产和果菜茶标准园示范区、种植大户、科技示范户和农民专

业合作组织提供全程测土配方施肥技术指导服务。

【“园改耕”项目实施】 2022年，平和县开展“退果还粮”，去青368.3公顷，复垦391.04公顷；对坡度低于25°的低效园地，实施“园改耕”项目82个，面积383.4公顷，种植水稻225.39公顷。制定《平和县关于调动农民种粮积极性稳定粮食生产十四条措施》，在省、市稳粮措施基础上，鼓励耕保地退果还粮，县财政一次性给予每亩3000元补助，鼓励各乡镇（场）给予叠加补助；鼓励稻—蛙—菜综合立体种养发展，对符合条件的，县财政一次性给予每亩1500元补助，鼓励各乡镇（场）给予叠加补助。

（曾志雄）

林 业

【概况】 2022年，平和县创建5个省级森林村庄，完成植树造林1746.5公顷、森林抚育4727.03公顷、封山育林1488.4公顷，均超额完成年度任务。全县森林覆盖率41.66%，森林蓄积量1226.91万立方米。开展义务植树活动，县处级领导、武警部队等100多人参加植树活动，植树1000多棵，通过网络报名形式向群众赠送树苗1万多棵。2022年，平和县在花山溪流域实施退果还林，验收合格面积168.19公顷，其中，果农自愿退果还林137.66公顷，果园赎买（租赁）并实施退果还林30.53公顷。平和县林业局荣获“全国绿化先进集体”。

【林长制工作】 2022年，平和县完善森林资源保护发展监管机制，更新充实县、乡、村三级林长名单，更新设立林长276名、副林长434名，设立林长公示牌273个。召开县级林长会议1次、林长专题会议1次、县级林长巡林4次；建立“林长+警长+检察长+法院院长”联动机制，8月25日，平和县“林长+警长+检察长+法院院长”联络室揭牌。协调支持县公安局在县属国有林场三墩分场建立“警察林”1200公顷，命名挂牌“荣誉树”。2021—2022年度市对县林长制考核连续2年位列全市第一。

【林政管理】 2022年，平和县林业局落实2013—2021年森林督查案件查处整改“清零”任务要求，案件查处整改率100%。办理建设项目使用林地审核审批41宗，面积49.65公顷，核发林木采伐许可证1000份，采伐林木蓄积量196098.2立方米。

【森林病虫害防治】 2022年，平和县林业局对全县3.33万公顷松林开展松材线虫病春秋季普查，以生物、物理等无公害措施进行综合防治，防治面积367.07公顷，有害生物测报率、防治率100%。挂设松墨天牛诱捕器264个，诱捕34646头松墨天牛，绿僵菌喷施367.07公顷，噻虫啉喷施367.07公顷。协助市林业局在高峰谷举办全市松材线虫病防控培训班，全县没有发生重大林业有害生物灾害。

【松林改造提升】 2022年，平和县持续优化森林资源结构，科学营造混交林、培育复层林，完成皆伐改造提升160.34公顷、带状采伐改造提升167.2公顷、择（间）伐改造提升507公顷，合计834.53公顷，占年度任务733.33公顷的113.80%。

【野生动植物保护】 2022年，平和县林业局结合“世界湿地日”“世界野生动植物日”“爱鸟周”等活动日进行宣传，发放《保护野生动物》宣传折页4500份、《关注旗舰物种保护 推进美丽中国建设》宣传海报900份、《拒食野生动物》宣传折页8000份、宣传雨伞1300把、宣传购物袋3000个，悬挂横幅120条。年内，办理非法采集国家重点保护野生植物案件1起、非法出售非国家重点保护野生动物1起、非法购买国家重点保护野生动物1起；救助放生蟒蛇4条、斑蝰蛇1条、滑鼠蛇1条、眼镜蛇1条、穿山甲2只、牛背鹭1只、黄鼠狼1只、阳彩臂金龟1只、绿翅金鸠1只、沙锥1只。

2022年11月7日，平和县林业局到芦溪镇双峰小学开展第三十二届保护野生动物宣传月暨“关爱明天、普法先行”活动。图为工作人员为双峰小学学生讲解国家重点保护野生动植物知识（县林业局 供图）

【退果还林】 2022年，平和县按照适地适树的原则，继续在花山溪流域实施退果还林，鼓励优先选用阔叶、乡土、珍贵用材树种造林，优化树种种植结构，以增强森林涵养水源、保持水土等功能，2022年度花山溪流域退果还林验收合格面积168.19公顷，其中果农自愿退果还林137.66公顷，果园赎买（租赁）并实施退果还林30.53公顷。

【平和护农狩猎队成立】 2022年，平和县采取由县林业局牵头、县公安局巡特警反恐大队负责野猪猎捕工作、其他相关单位协调配合的模式，组建常年猎捕野猪专门队伍。依托县公安局巡特警反恐大队，遴选出政治可靠、猎捕技能优秀的猎捕人员10名，通过培训提高猎捕人员的枪支使用和猎捕野猪技能，组织成立一支常年猎捕野猪专门队伍，承担全县猎捕野猪任务。由县政府出资给予补助启动资金30万元，将每年20万元工作经费纳入财政预算。

（陈耿鹏）

畜牧业

【概况】 2022年，平和县生猪存栏225862头，肉类产量34852吨；出栏405265头，能繁母猪（能配种和生猪崽的、能投入生产的母猪）存栏14956头，比上年持平。牛存栏10031头，比上年持平；出栏8034，比上年持平；肉类产量964.08吨。羊存栏9153头，比上年持平；出栏6452头，比上年持平；肉类产量90.328吨。家禽存栏2886537羽，比上年减少0.9%；出栏3784644羽，上年同期增长2.56%；肉类产量4551.464吨。

【禽畜疫病预防】 2022年，平和县免疫预防高致病性禽流感165.04万羽，其中鸡90.94万羽、鸭73.94万羽、鹅0.16万羽，应免率100%；口蹄疫57.82万头，其中猪57.38万头、牛0.24万头、羊0.2万头，应免率100%；小反刍兽疫0.2万头，应免率100%。

【禽畜检疫管理】 2022年，平和县开展禽畜采集血清样品2191份，其中，禽血样1061份，高致病性禽流感合格率93%；猪采样866份，口蹄疫合格率95%；羊采样114份，小反刍兽疫合格率100%；牛羊口蹄疫检测数150份，合格率85%，全部高于国家核定标准70%。对年出栏2000以上生猪规模场及部分年出栏1000以上生猪规模场，开展非洲猪瘟入场采样监测工作；完成69家规模养殖场采样工作，采集环境拭子683份样品，全部阴性。

（曾志雄）

农业机械

【概况】 2022年，平和县围绕实施乡村振兴战略目标，采取保障重点、稳步有序推进的补贴方式，既保障粮食生产所需机械补贴，又突出柚、茶特色产业的需求。全县农机保有量持续增长达到21.1万台（套），农机总动力38.1万千瓦。农机户年末达96548人。

【农机购置补贴政策】 2022年，平和县加大农机购置补贴政策实施力度，完成农机购置补贴资金1509.78万元，其中，中央资金955.28万元，省级资金554.5万元。补贴购置农机具2698台（套），受益农户1683户。补贴机具包括电子质量式柚果分级机、柚果输送机、微喷灌、滴灌、果园轨道运输机、微耕机、背负式电动割草机、茶叶色选机、采茶机、修剪机、茶叶综合做青机等，带动新机具新技术应用普及。

【新机具推广应用】 2022年，平和县持续推广应用电子质量式柚果分级机、果园轨道运输机、植保无人机等各类新机具1207台（套），推广应用高挂式微喷（滴）灌面积1766.66公顷。推广应用机动、电动割草机，推进果园生草覆盖栽培复绿与化肥、农药减量，保护水资源等生态安全，规避化肥、农药面源污染，沃土沃园。4月15日，组织多家农机厂商参加在五寨乡举办的全县春季农业生产暨农业种植结构调整现场会。6月15日，在山格镇举办水稻穴播示范现场会，约150人参加。

【农机化作业】 2022年，平和县农作物病虫害防治、茶叶初加工、蜜柚清洗、输送与精准分选分级实现机械化；果茶园割草、茶叶采摘、果（茶）树修剪基本实现机械化；蜜柚园挖沟穴、果茶园轨道运输、茶叶色选等机械化水平和水肥一体化技术应用水平提升。

（郑才林）

水利建设

【概况】 2022年，平和县水利局做好水利民生工程、水土保持、移民项目建设、河长制工作、水资源管理、水行政执法、农村饮用水等工作。2022年，平和县被省水利厅增补为县域节水型社会达标建设县。征收水资源费177万元，办理延续取水证88件，新办理取水证10件，群众满意度和及时办结率均100%。年内，大溪镇后时片区防洪工程全部完工，完成34座公益性小型水库维修养护155万元。2022年，平和县城饮用水水源水质均值达Ⅲ类；国控断面洪濑汤坑桥水质均值达Ⅲ类，长乐葵山水质均值跨类别提升至Ⅱ类；9个省控断面水质均值均达Ⅲ类；国控断面洪濑汤坑桥水质与上年同期比较改善明显，其中4月、7月水质达到Ⅱ类标准。

【官峰水库项目建设】 2022年，平和县持续推进官峰水库项目报批审批工作、永久用地和临时用地征迁工作，全部完成项目建设用地179.45公顷征地，完成投资1.1亿元。加快进库交通道路建设、10个工作面的临时施工用电以及民爆仓库等配套工程，推进试验段2#施工支洞开挖、洞身初期支护和内坑段连接段及导流洞临时工程建设等。

【城乡供水一体化项目】 2022年，平和县城乡供水一体化项目（一期）工程建设完成投资18390万元，占年度计划投资的229.9%。完成小溪镇、山格镇、坂仔镇、南胜镇管网铺设140千米，占年度计划任务120千米的116%。新建或改造一批老旧管网、加压泵站、高位水池、信息化建设系统，实施辐射联网供水，保障城乡群众用水。

【水土保持】 2022年，平和县以蜜柚园坡耕地和林地水土流失治理为重点，突出花山溪流域水保重点区域，实施生态清洁小流域整治项目，带动其他项目治理。水土流失斑综合治理，总投资360万元，完成上级下达任务1333.33公顷。

【流域综合整治】 2022年，平和县重点对国控断面花山溪（洪濑口）上游和长乐葵山断面以及黄井溪、三合溪、东溪、鹿溪小流域实施综合整治。投资2500多万元，建设大溪镇污水处理厂二期管网建设；投资3000多万元，建设6个村和12个入河排污口整治；推进花山溪入河小流域治理工程项目建设，包括生态滤床、氧化塘、拦截坝等。花山溪各流域投建治理设施279处，其中生态滤床107处，铁笼滤料171级，氧化塘1个。

【水源地保护】 2022年，平和县完成坂仔镇等46个千人以下农村分散式饮用水水源地保护范围划定和应急预案编制工作，督导有关乡镇实施退果整治。实施退果整治27.24公顷，县城一级保护区 1.27公顷柚子林完成退果整治，二级保护区内完成退果约22.67公顷。

【农村饮水安全】 2022年，平和县农村饮用水安全巩固提升工程省级补助资金58万元，在霞寨、大溪、国强3个乡镇，涉及4个村，受益人口3825人。农村饮水安全维修工程争取中央补助资金350.8万元，涉及42个村，受益人口2.5万人。对水质不达标的村，开展地毯式摸排，要求重新编制提升饮用水巩固提升方案。

【河湖长制落实】 2022年，平和县以"七比一看"竞赛为比拼平台，全面推进河湖长制工作，流域水质持续改善。县城饮用水水源水质达标率100%；五寨乡、南胜镇、坂仔镇、安厚镇4个"千吨万人"饮用水水源水质全部达标；国控断面洪濑口汤坑桥监测点水质达Ⅲ类，达标率100%；跨省长乐葵山监测点水质达Ⅱ类，是全市3个达Ⅱ类水质国控断面之一；省考核9条小流域水质监控断面水质达Ⅲ类，达标率100%；23个乡镇交界断面水质21个达标，达标率91.3%；6个小流域省考断面5个达到Ⅲ类标准，达标率83.3%。

【水政执法与灾害防御】 2022年，平和县汛情总体平稳，主要溪流没有发生超警戒水位的洪水。平和县水政监察大队组织执法人员巡查全县河道588人次，取缔废弃旧洗砂场1处；清理河道废弃物1起；清除河道高秆作物2起，整改销号环保督办件1起；立案侦破吊销取水许可证案件1起；排查洗车用水商户30家，查处整改违规商户4户。县水利局成立3个检查组，分别到各乡镇对水库进行安全生产大检查，对小、中型水库确定水库度汛责任人，做到水库安全度汛有责任人、有防洪应急和调度预案。年内，未接到乡镇群众来信来访信件。

【库区移民后期扶持】 2022年，平和县大中型水库直补移民4568人，发放直补资金247.08万元。推进移民创业园建设，移民工业创业园3号厂房于6月完工并验收。申报省级后期扶持示范区项目1个，争取省级示范区专项资金2000万元（到位资金1000万元）。扫尾实施2021年度（含）之前后期扶持项目，其中，扫尾实施完成2020年度7个，清理结

2022年10月11日，平和县水利局河道专管员在山格镇开展巡河工作

（县水利局 供图）

存资金790万元；扫尾实施2021年度后期扶持项目18个，后期扶持资金1897.04万元，年末竣工验收项目17个。实施2022年度后期扶持项目16个，资金2066.78万元。

（赖赣平 陈小玲）

乡村振兴

【农村人居环境整治】2022年，平和县完成72个乡村振兴试点村规划编制，整治裸房1833栋；新建3座农村公厕并已投入使用，完成48户户厕改造；建设“四好农村路”60.644千米；清理农村生活垃圾87758.145吨，清理村内沟渠285.36千米、水塘142口，清理农村畜禽养殖粪污等生产废弃物476.4吨，参与群众39249人次。培育省级美丽庭院示范户126户，市级美丽庭院160户，县级美丽庭院750户。全县累计回收废弃农药包装物37.1吨。完成建设9个行政村的农村污水设施建设与治理，建设污水收集管网10.393千米，投入资金950万元，做好城镇污水管网向周边村庄延伸覆盖，建设乡镇镇区污水配套管网5.2千米，完成率为173.4%。黑臭水体整治任务3条，通过建设污水设施、清淤疏浚等方式已全部完成整改。全县申报创建省级卫生乡镇2个、省级卫生村25个。完成建设省级森林村庄安厚镇龙门村、坂仔镇山边村、大溪镇石寨村、南胜镇糠厝村、山格镇双田村5个。推动农村饮水“三个责任”的落实，2022年实施农村饮水安全巩固提升工程4处，总投资58万元，受益人口3825人，已完工4处。

【特色乡镇和试点村创建】2022年，平和县实施15个省级试点示范村项目建设，总投资1.76亿元，完成建设97个试点示范项目。筹措乡村振兴省级试点村建设专项资金，累计筹措专项资金3722.03万元，其中省级统筹1454.13万元、市级统筹225万元、县级财政统筹792.9万元、闽侯县对口帮扶资金1250万元；争取实绩突出村省级奖补资金400万元。强化资金使用管理，制定《平和县乡村振兴试点示范专项资金管理办法》。省级试点村建设专项资金3722.03万元拨付至各项目责任村，实绩突出村省级奖补资金400万元拨付至长乐乡联三村用于项目建设，均确保专款专用。

【脱贫攻坚成果巩固】2022年，平和县落实“一键报贫”平台审核机制，力促脱贫人口增收发展，巩固拓展脱贫攻坚成果。全县受理农户申报信息63条，助推纳入低保4户9人。重点围绕农村低保对象、农村特困人员、脱贫不稳定户等农村低收入人口开展动态监测，全县3189户脱贫户（含监测户）没有发生返贫、致贫现象。发放各类教育补助金213.81万元，补助学生4867人；落实“雨露计划”扶持政策，发放补助金125.85万元，惠及420人次。全县组成166支家庭医生签约团队，持续开展家庭医生签约服务，对建档立卡农

2022年，平和县筹措269.89万元在欧寮村实施省级试点示范村项目建设。图为摄于2022年4月10日的欧寮村全景图（卢达鹏 摄）

村脱贫人口应签尽签。全县完成3207户建档立卡脱贫户的住房安全鉴定工作，全部达B级以上。全县农村自来水普及率83.6%，农村集中供水率89.34%，高于85%的标准要求，给予全县用水应缴水费的建档立卡脱贫户每户100元补助。发放小额信贷423笔999.368万元，存量472笔1124.31万元，覆盖率14.72%。对全县脱贫不稳定户131户，实行“一户一方案”帮扶措施，至少安排1名科级干部挂钩。

【“琯溪有点田”项目建设】 2022年6月21日，平和县开展“我在平和有亩田”认领开耕暨推进花山溪流域退果还耕行动启动仪式，推动花山溪流域果园退果还耕及抛荒地复耕复种，动员全县广大党员干部带头引领广大群众调整农业种植结构、整治抛荒、积极种粮。6月24日，在全省促进粮食生产视频培训班上作典型发言，介绍“我在平和有亩田”经验做法，得到省农业农村厅肯定。8月，组建县属国企平和现代农业发展有限公司，加快农业产业种植结构调整，推动蜜柚产业转型升级，推进退果还耕及抛荒地复耕复种，负责开展全市首个耕地认领“琯溪有点田”项目建设。全年142个（家）市县直单位、部门签订认种协议，认领面积107.87公顷。

（曾志雄 林易燕）

2022年7月13日，平和县安厚农场龟仔头作业区“园改耕”项目。图为耕作现场 （安厚农场 供图）

安厚农场

【概况】 2022年，平和县安厚农场经济总收入12314.11万元，农场人均纯收入22316.33元；种养业收入6330.80万元，工业产值2005.33万元，第三产业收入1853.62万元。

【农场工作】 2022年，平和县安厚农场为减少仓库租赁支出，安农美商贸有限公司库存“安农美”蜜柚纸箱及部分无法利用的固定资产委托第三方拍卖；安农美商贸有限公司停止承包经营。西蝉作业区老年活动中心扩建、装修完成并投入使用。径内作业区旧办公楼评定为危楼，进行破拆，建设为径内作业区老年活动场所。完成南山作业区农业基础设施建设项目道路硬化1786米、C20砼灌溉渠长463米/229立方米，建设资金106万元。

【“引入社会资本参与土地整治补充耕地”县级实施试点】 2022年5月，平和县安厚农场通过竞争性谈判，引入社会资本进行补充耕地（水田）开发。龟仔头作业区项目，立项2.01公顷，实施面积1.82公顷，新增耕地1.72公顷；许坑作业区项目（旱地），立项6.21公顷，实施面积5.71公顷，新增耕地5.5公顷。农场+公司化运营，农场授权并拨付管护费用给福建安农美农业发展有限公司，公司负责耕地后期管护工作，采取轮作的方式或者探索立体化种植养殖，增加农场收入来源。

（林美春）

综 述

【现代农业提质增效】 2022年，平和县发挥特色农业优势，以创建国家级现代农业示范区为引领，推动蜜柚产业向高端化、精细化发展，向多种柚类拓展延伸，培育全国高端柚类供应链产业链先行区；推动白芽奇兰茶产业扩面升级，逐步提升白芽奇兰茶品牌影响力和市场价值；同时，推动数字农业、特色农业及农文旅等“接二连三”产业融合发展。在蜜柚产业方面，推动国家现代农业产业园二期项目建设。开春即着力构建“种好果、卖好价”新模式，推广廖红团队、蜜柚科技小院绿色种植技术，建设生态果园1.15万公顷，优化柚类种植结构1.33万公顷以上。打造“平台+公司+合作社（果农）+科技小院”联结机制，全面扩大欧盟、恢复俄罗斯、新开拓美国等蜜柚销售市场，出口17.2万吨。在茶业方面，发展壮大“柚香奇兰”茶，作为福建省“一县一品”典型代表参与厦门“9·8”乡村振兴产业展推介，产量突破5万千克，同比增长翻番，在奶茶市场和电商平台打出知名度；白芽奇兰茶品牌价值突破32亿元，相关茶产业技术体系获全国“农业技术推广成果奖一等奖”。

【“化肥增效减量”行动】 2022年，平和县推进化肥减量化行动，在花山溪饮用水水源上游5个乡镇重点区域5533.33公顷蜜柚果园推行化肥定额制基础上扩大实施范围至花山溪全流域果园，年株化肥施用量控制在2.25千克以下，印制发放《平和县农户果园化肥减量落实卡》《农户果园减量落实回执单》《致全县广大果园种植户的一封信》20万余份；通过召开村级技术指导培训会、“三农时光”新闻频道报道、微信平台宣传等途径做好宣传推广和技术指导工作。全年花山溪饮用水水源上游5个重点乡镇同比减少化肥施用量30%以上。花山溪饮用水水源上游重点区域1.07万公顷蜜柚果园提倡增施有机肥，发放实施面积1.15万公顷。

【平和县国家现代产业园入选“国家级农业现代化示范区创建名单”】 2022年，平和县推进国家现代农业产业园创建项目、“互联网+蜜柚产业”试点项目等重点项目建设，“六大工程”10个项目全部完成，总投资2.47亿元。编制完成《平和县现代农业（蜜柚）产业园资金使用方案（修订版）》，“互联网+蜜柚产业”试点项目完成投资4500万元。平和蜜柚互联网产业园吸引蜜柚产业链25家企业入驻、24个蜜柚物联网示范基地建成、14个乡镇开通品控溯源监控体系、240个村级O2O便民服务站点完成挂牌，中国柚网、柚帮帮已注册11.64万人。品控溯源平台和经销商管理平台入驻商家951家，微营销平台入驻商家2992家。

（曾志雄）

柚类产业

【概况】 2022年，平和县蜜柚种植面积4.66万公顷，产量达220.37万吨，年产值54.23亿元，延伸产业产值超百亿元，区域公用品牌价值227.03亿元，出口欧盟及东南亚40多个国家，出口量19.1万吨。琯溪蜜柚通过高位嫁接三红蜜柚、红肉蜜柚、葡萄柚、泰国青柚、橘柚及沃柑、红美人、御橙等优新柑橘属品种换种规模累计约3.16万公顷，调整优化平和县柚类为主的柑橘品种结构。平和县小溪镇举办首届平和蜜柚品质奖评选活动。琯溪蜜柚入选农业农村部“2022年农业品牌精品培育名单”。

【生态柚园建设】 2022年，平和县建设生态果园面积1.1467万公顷，优化柚类种植结构1.333万公顷。其中，葡萄柚8481.13公顷，红美人1600.27公顷，木瓜蜜丁601.07公顷，甜心柚533.4公顷，其他2114.13公顷若干柑橘类等。探索适宜果园套种发展模式，全县青枣果园套种大豆3.33公顷、套种百香果6.67公顷、百香果园套种甘薯1公顷；蜜柚果园套种南瓜16.67公顷、生姜1.33公顷、油菜花53.73公顷。

【福建农林大学平和蜜柚研究院成立】 2022年6月8日，福建农林大学平和蜜柚研究院在平和县成立。该研究院实行学术委员会指导下的院长负责制，学术委员会主任由福建农林大学特聘教授、中国工程院院士张福锁院士担任，设立专家工作站、博士后科研工作站，致力于创新柚类绿色优质发展理论、技术和产品体系，建立多学科交叉人才引进与培养模式，与平和县人民政府及当地国企联合开展技术推广应用。

2022年3月3日，平和蜜柚科技小院常驻研究生雷仁清（左一）与安厚农场柚农在试验地讨论蜜柚管理技术　（县安厚农场 供图）

【平和蜜柚科技小院获2022年中国农技协“最美科技小院”称号】 2022年，平和蜜柚科技小院继续推行“减肥压酸，补镁增效”的蜜柚减肥增效技术和“蜜柚改土专用有机肥＋冬种油菜＋禁用除草剂”的提质增效技术模式，在平和县开展技术推广和示范工作。全县蜜柚种植户化肥投入量较2010—2018年减少58.7%，折合全县减肥成本11.64亿元。平和蜜柚科技小院获2022中国农技协“最美科技小院”称号；“蜜柚绿色提质增效技术助力平和县乡村振兴”项目获“拼多多杯”中国研究生乡村振兴强农＋创新大赛第一届科技小院大赛特等奖。

【“漳字号”鲜果标准化基地建设】 2022年，平和县推动蜜柚产业健康绿色可持续发展，探索数字科技助力乡村振兴新模式，打造“漳字号”鲜果标准化基地。基地是一个集交易、商贸、物流、仓储、大数据于一体的全国蜜柚贸易集散中心，打造蜜柚全产业链供应数据平台。基地引进具有国际先进水平的分拣分级无损测糖设备，采用水果专用光谱仪，对鲜果进行品质管控，提升农产品品牌价值，首创琯溪蜜柚“一果一级一价格”的交易模式，提高农业质量效益和竞争力。同时引入“科技小院”农业技术指导机构，依托高品质标准化蜜柚种植基地，实现蜜柚科学化规范化种植，打造有机生态果园。利用“互联网+”技术，建设“一柚一码”精准溯源平台及蜜柚直播基地，建立从田间到餐桌的全流程“一码式”精准管控和直播服务，实现蜜柚产业数字化升级，推进农村一、二、三产业融合发展，推动百亿产业向千亿产值的转型升级。2022年平和县蜜柚种植产值效益近50亿元，带动采摘、分级、包装、运输等产业延伸，全产业链产值达100亿元。

（曾志雄）

茶叶产业

【概况】 2022年，平和县茶叶种植面积4030.27公顷，产量1.38万吨，总产值超20亿元。创建2个省级优质农产品（茶叶）标准化示范基地，面积41.6公顷。以“奇香奇兰、福建福茶”为主题的2022年平和白芽奇兰茶开采仪式暨第一届柚香奇兰节活动在崎岭乡彭溪村举行。组织157个白芽奇兰茶茶样参加第八届海峡（漳州）茶会茶王赛；组织茶企开展“海茶会”直播带货活动；在“海茶会”开幕仪式上推介平和白芽奇兰茶。组织茶企代表参加第22届“中国国际投资贸易洽谈会”乡村振兴产业展，县长在乡村振兴产业展开馆仪式暨主旨论坛活动中推介平和柚香奇兰茶。举办以“柚香时节庆丰收·奇兰飘香话振兴”为主题的白芽奇兰茶丰收节系列活动。平和县漳州玉露食品科技股份有限公司和福建海山茶业有限公司开拓日本和越南市场。白芽奇兰茶品牌价值提升显著，2022年中国茶叶区域公用品牌价值评估为32.24亿元。

【茶农茶企技术培训】 2022年，平和县召开茶企茶农培训会，授课培训规范使用“白芽奇兰”产品名称、地理标志证明商标和农产品地理标志的内容以及生态茶园建设技术。在重点产茶区崎岭乡、九峰镇举办2场“高素质农民茶叶培训班”。

【白芽奇兰茶春茶品鉴购销会举行】 2022年5月14—15日，平和县在崎岭乡天湖堂举行白芽奇兰茶春茶品鉴购销会，88家茶企、137个茶样参加活动。9名茶叶品评专家对茶样进行品鉴，从条索、色泽、香气、滋味等方面进行专业评审。评选出“十佳品质最优的茶”和“十佳老百姓消费得起的好茶”。荣获“十佳品质最优的茶”分别是由金葫芦茶业、奇沁茶叶、曾育才、平和茗天农业开发有限公司、平和县何泽能茶叶经营部、平和县天露茶厂、何锦坤、尚品香茶业、阳山茶厂、福建省沁香源茶业有限公司所选送的茶样。

【第十五届平和白芽奇兰茶王赛举行】 2022年5月26日至6月3日，在平和县举行“第十五届

2022年，平和县茶叶种植面积4030.27公顷，产量1.38万吨，总产值超20亿元。图为摄于2022年4月21日的平和白芽奇兰原产地——崎岭乡茶园一角

（曾炎山 摄）

2022 年 5 月 26 日至 6 月 3 日，平和县农业农村局承办第十五届白芽奇兰暨柚香奇兰茶王赛。图为摄于 2022 年 6 月 2 日的茶王赛评比现场（县农业农村局 供图）

平和白芽奇兰茶王赛”和“2022 年柚花香奇兰茶、老茶评比活动”，从 222 个颗粒形白芽奇兰茶样品中评选出“茶王”1 名、“金奖”8 名、“银奖”12 名、“优质奖”12 名；从 37 个条形白芽奇兰茶样品中评选出“金奖”3 名、“银奖”6 名；从 69 个柚花香白芽奇兰茶样品中评选出“金奖”6 名、“银奖”10 名；从 64 个白芽奇兰老茶样品中评选出“金牌老茶”6 名、“银牌老茶”10 名。

【农村青年致富“种子工程”】 2022 年，平和县关工委向市关工委推报 2 个“种子工程”示范点，支持每个示范点 3000 元。全县“种子工程”示范点累计 12 个。2022 年 12 月，承办省市县三级关工委“种子工程”评茶员职业技能等级培训，首次将理论实操与技能考试相结合，33 名各乡镇“种子”学员及茶产业从业者全员通过“评茶员（中 / 高级）”职业技能等级考核，取得由人社部门核准的、漳州科技职业学院颁发的评茶员职业技能等级证书，其中高级评茶员 12 名、中级评茶员 21 名。

【“柚香奇兰茶”品牌】 2022 年，平和县做好白芽奇兰与蜜柚产业融合发展，创新发展柚香奇兰茶产业，推动茶品质提升和品牌拓展，促进柚农、茶农增收。全县柚香奇兰产量约 5 万千克，产值约 5000 万元。研发特色柚香奇兰茶产品，邀请深圳大学团队研发，福建农林大学教授助力，漳州市属国企制造，开发出“京华烟云•语堂家茶”“三平圣茗•禅茶一味”“阳明至尊•知行合一”等系列柚香奇兰茶产品。福建海山茶业有限公司生产的重 6300 千克、价值 20 多万美元的平和柚香奇兰茶销往香港，为平和县首批柚香奇兰茶自营销往香港。

（曾志雄 曾钰）

综述

【概况】 2022年，平和县规模工业总产值累计完成248.91亿元，比上年增长0.76%；工业投资累计完成44.1258亿元，比上年增长14.94%，其中技改投资14亿元，比上年增长26.48%；社会消费品零售总额累计完成109.1亿元，比上年增长5.82%；实际利用外资累计到资570万美元；进出口完成3.65亿元，比上年增长39.14%。履行物资储备职能，成立协调联络组、医疗物资保障组和市场供应保障组，健全物资保障制度。平和县科技服务中心获“福建省科技进步一等奖”。

【工业企业培育】 2022年，平和县工信局指导临界企业和项目及时入库。全年新增新上规模工业企业50家，比上年增长163.16%。福建省鸿星陶瓷发展有限公司、福建平和宝峰罐头食品有限公司被认定为福建省第三批龙头（培育）企业。

【行业监管】 2022年，平和县工信局做好行政审批工作，办理成品油零售经营批准证书变更及核发15件，成品油零售经营规划确认初审2件。应参加年检加油站65家全部通过市商务局审批。开展打击取缔非法加油站（点）工作，组织开展打击黑加油点联合执法3次。做好散装汽油销售、安全生产、大气污染防治等监管工作，全年检查加油站93家次。

【改制企业后续服务】 2022年，平和县二轻集体工业联社为破产企业和改制后企业职工做好办理养老、医保、经济适用房申请、廉租房、独生子女奖励扶助申请等事宜。配合县人社局，为二轻企业和乡镇手工业企业近百名无力参保职工收集招工、工资等资料，重新启动“老人生活保障金”发放报批工作，符合报批条件63人。倾听改制企业被安置职工的呼声，请示汇报、反映有关情况，做好职工思想疏导工作。全年接待来访群众6批，信访答复率达到100%，二轻系统无治安案件发生。

2022年度平和县规模以上工业企业一览表

表4

序号	企业名称	序号	企业名称
1	漳州市特好佳塑料制品有限公司	5	漳州林佳木业有限公司
2	漳州三泉石材有限公司	6	福建齐鲁武峰塑料制品有限公司
3	福建省宝利新型材料有限公司	7	漳州众鑫橡胶有限公司
4	福建省华诚陶瓷发展有限公司	8	福建省百得利实业有限公司

续表 4

序号	企业名称	序号	企业名称
9	漳州超优陶瓷有限公司	45	福建省群益陶瓷原料有限公司
10	美艺陶（福建）高新建材有限公司	46	福建省集友陶瓷材料有限公司
11	福建省国荣建筑材料有限公司	47	漳州市程盛再生资源有限公司
12	漳州市万宝达建材有限公司	48	漳州福和应用材料科技有限公司
13	漳州市红兴新型材料有限公司	49	环盛（福建）新型建材科技有限公司
14	福建彩联陶瓷有限公司	50	漳州市丰鸿机械有限公司
15	漳州市澳利陶瓷发展有限公司	51	平和中晟燃气有限公司
16	福建侨丰陶瓷有限公司	52	平和县泰兴汽车配件厂
17	漳州实达新型建材有限公司	53	福建双龙木业有限公司
18	福建省鸿星陶瓷发展有限公司	54	福建双龙混凝土有限公司
19	福建霹雳陶瓷有限公司	55	福建省华铭建筑材料有限公司
20	福建两顺市政工程有限公司	56	福建鹭博道路工程有限公司
21	漳州市金泰纸业有限公司	57	福建峻马木业有限公司
22	福建优诺包装有限公司	58	平和双益木制品有限公司
23	凤竹（漳州）纸业有限公司	59	平和县奇良木制品有限公司
24	漳州市益达纸业有限公司	60	漳州市俊诚木业有限公司
25	平和华元素生物科技有限公司	61	漳州板顺长木业有限公司
26	平和坚毅木业有限公司	62	漳州隆顺木业有限公司
27	漳州市昆沅工贸有限公司	63	漳州市合创木业有限公司
28	福建西蝉木业有限公司	64	漳州市伟达工贸有限公司
29	漳州时时进工贸有限公司	65	福建宝寨木业有限公司
30	漳州瑞庆木业有限公司	66	平和龙舟坑木材加工有限公司
31	平和毅宏木制品有限公司	67	漳州市平和杰祥木制品有限公司
32	漳州市东辉木业有限公司	68	平和县永盛木业有限公司
33	漳州市知铭木业有限公司	69	平和县广宇木业有限公司
34	漳州兴森木业有限公司	70	漳州市聪敏木业有限公司
35	漳州市正贤工贸有限公司	71	漳州市鑫宸木业有限公司
36	福建柏木林木业有限公司	72	漳州市鑫呈木业有限公司
37	漳州市闽喆木业有限公司	73	漳州市鑫达森木业有限公司
38	漳州市勇森木业有限公司	74	漳州市林泳木业有限公司
39	漳州市福祥木业有限公司	75	漳州市平和建伟木业有限公司
40	漳州市进辉木业有限公司	76	漳州市元璟木业有限公司
41	漳州潮顺木业有限公司	77	漳州震元纸品有限公司
42	漳州市合木木业有限公司	78	漳州市宏顺纸业有限公司
43	漳州亚炎木业有限公司	79	漳州市辰达板业有限公司
44	漳州少云木业有限公司	80	漳州市谦谦木业有限公司

续表 4

序号	企业名称	序号	企业名称
81	福建荣辉铝业有限公司	115	福建省旺发新能源科技有限公司
82	福建壹工软包装科技有限公司	116	福建领峰食品有限公司
83	漳州市福泰再生资源股份有限公司	117	福建益果园食品有限公司
84	漳州市天凯塑胶有限公司	118	福建平和宝峰罐头食品有限公司
85	漳州市泉都机械制造有限公司	119	漳州玉露食品科技股份有限公司
86	漳州市华利新型建材有限公司	120	福建兴发机械有限公司
87	平和县塔牌混凝土有限公司	121	福建省平和汇盛工业有限公司
88	漳州市财源纸品股份有限公司	122	平和县永恒金属制造有限公司
89	平和县林兴木材加工厂	123	平和县利洲新材料科技有限公司
90	平和县亿佳木业有限公司	124	福建竑锦实业有限公司
91	漳州市润鑫木业有限公司	125	漳州市恒达发电有限公司
92	平和县旺发木业加工厂	126	平和县骏达混凝土有限公司
93	漳州市同兴木业有限公司	127	漳州市天湖纸业股份有限公司
94	平和县鑫鑫木业有限公司	128	漳州市汉泰包袋有限公司
95	平和县隆鑫木业有限公司	129	漳州市上层工贸有限公司
96	漳州星创木业有限公司	130	福建实鑫木业有限公司
97	漳州柚多宝套袋有限公司	131	福建省国农农业发展有限公司
98	平和县顺发木材加工场	132	福建琯溪源食品工业有限公司
99	福建乐其家俬有限公司	133	福建越海沙石有限公司
100	漳州市建新包装制品有限公司	134	漳州瑞辉木业有限公司
101	中宝（福建）食品科技有限公司	135	平和盛茂肥业有限公司
102	福建宏绿食品有限公司	136	平和县裕华新型建材有限公司
103	福建省天醇茶业有限公司	137	平和县隆荣茶业有限公司
104	漳州荣香食品有限公司	138	福建冠众建材有限公司
105	福建省平和隆溪工业有限公司	139	平和盛宏工贸有限公司
106	福建福环专用汽车制造有限公司	140	漳州市聚福木业有限公司
107	福建广和堂生物科技有限公司	141	福建平和弘裕包装有限公司
108	漳州华能工贸有限公司	142	福建省林丰肥料有限公司
109	平和县裕辉食品有限公司	143	福建省祥兰茶业有限公司
110	平和县金龙食品厂	144	福建海山茶业有限公司
111	福建省双鑫机械有限公司	145	漳州坤城茶业有限公司
112	福建平和华宇机械有限公司	146	平和县鑫泰德远矿业有限公司
113	平和县阳山茶厂	147	漳州霖和良坝水电有限公司
114	平和春鑫混凝土工程有限公司		

（黄烨婷 卢伯甲）

木业产业

【概况】 2022年，平和县有木业企业119家，其中规工企业58家，主要集中分布在文峰镇、山格镇、工业园区等区域。产品有生态建筑模板、中纤板、多层板、装饰板及家具等产品，主要销往广东、江西、江苏、浙江、上海等地。全县规模以上木业企业完成产值62.34亿元，比上年增长18.29%，占全县规模工业企业总产值的25.05%。实现纳税5700万元。

【西蝉木业】 2022年，福建西蝉木业有限公司新建厂房5栋，面积4.4万公顷，新落户生态建筑模板项目3个。二期项目福泰工贸完成拍卖竞得土地，累计完成平整土地面积8.87公顷。累计投产项目8个，年度产值合计8.92亿元、税收2115.5万元。瑞承木业试投产。月生产刨花板3万立方米，主要销往广东、江苏、江西等省份，为索菲亚、尚品宅配、金牌橱柜等知名品牌的供应商。

【鑫源祥木业】 2022年，福建省鑫源祥木业有限公司用地约33.33公顷，投产项目2个，分别为鑫源祥建筑模板年度产值2.21亿元、抵扣税额1103.7万元；鑫世纪建筑模板年度产值0.25亿元、抵扣税额99.9万元。木井木业生态板试投产。

（黄烨婷）

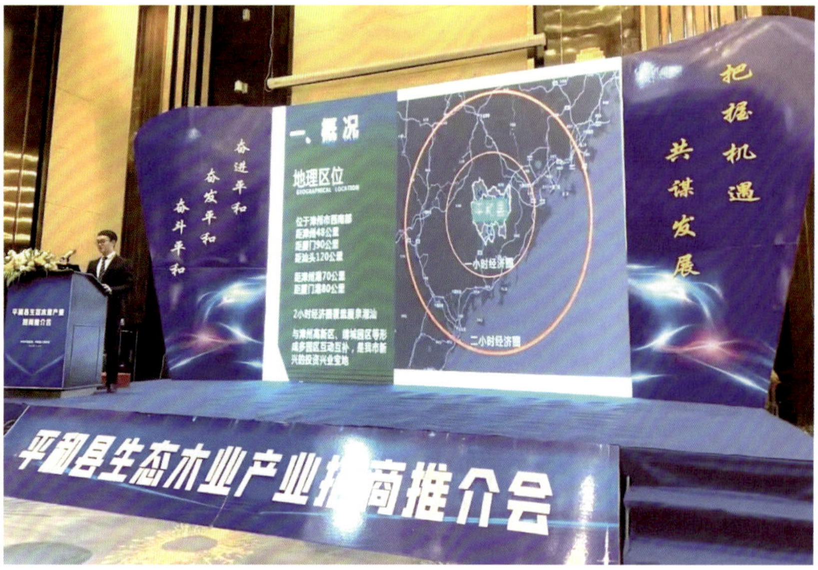

2022年1月23日，平和县到漳州市召开生态木业产业招商推介会。图为平和县代表推介平和县生态木业产业项目、营商环境

（平和工业园区 供图）

新型建材产业

【概况】 2022年，平和县推动建筑陶瓷、石材石料、人造石、水泥制品、墙体材料等新型建材加工制造业提质升级，发展节能节材墙体材料、节能建筑陶瓷、功能陶瓷、卫生陶瓷等新型建材，鼓励开发陶瓷新产品，推动美艺陶（福建）高新建材有限公司、福建壹工软包装科技有限公司等企业被认定为战略性新兴产业企业。全县有规模以上新型建材工业企业24家，实现产值71.95亿元，占全县规模工业企业产值的28.91%。实现纳税4914万元。美艺陶新型装饰板、华诚陶瓷新型陶瓷扩建项目完成技改并获得奖励资金318.9万元。

【福建省华诚陶瓷发展有限公司】 2022年，福建省华诚陶瓷发展有限公司占地12.67公顷，员工约280人，产能23万平方米/天，主营优质陶瓷砖的生产销售。有与生产线配套的科达窑炉、自动打包机器等配套设施。企业全年产值1.5亿元。

【福建彩联陶瓷有限公司】 2022年，福建彩联有限公司占地12.67公顷，员工约300人，产能1800平方米/天，主营优质地铺石、仿古砖和外墙砖的生产销售。有与生产线配套的国内、外先进生产设备及磨边机等配套设施。企业全年产值2.49亿元。

（黄烨婷 叶力平）

纸制品产业

【概况】 2022年，平和县依托益达纸业、金泰纸业和凤竹纸业等龙头企业，引进下游配套企业，发展高中档生活用纸、产业用纸、文化用纸和纸板产品。以平和县工业园区为重点，发展节能环保型产品、多层复合高档软包装印刷和定制印刷等新型业态。全县有规模以上绿色纸业工业企业11家，实现产值21.57亿元，占全县规模工业企业产值的8.67%，产值占比较上一年降低4.52个百分点。实现纳税845万元。

【福建优诺包装有限公司】 2022年，福建优诺包装有限公司占地面积1.83公顷，总建筑面积2.05公顷，员工约100人，主要从事纸箱制品的生产加工，年产纸制品包装5000万个。是平和县唯一的一家二级包装企业，有2条全自动高速瓦楞纸板生产线，3条全自动水印印刷机，工艺流程是原料主要为瓦楞纸、白板纸、牛卡纸、淀粉胶、水性油墨及铜钉等。企业全年总产值62866万元。

【漳州市益达纸业有限公司】 2022年，漳州市益达纸业有限公司占地7.33公顷，员工约200人，产能360吨/日，主营优质60、65、80、85低克瓦楞纸的生产销售。有智能化生产线、制浆系统、污水采用“物化+生化”处理系统和1台36吨流化床锅炉等设施。企业全年总产值6998.4万元。

【凤竹（漳州）纸业有限公司】 2022年，凤竹（漳州）纸业有限公司占地4公顷，产能50吨/日，主营优质生活用纸的生产销售。有日本川之江中速造纸机、宝拓高速造纸机2条自动化生产线。企业全年总产值3578万元。

（黄烨婷 叶力平）

电 力

【概况】 2022年，国网平和县供电公司全年售电量14.49亿千瓦时，比上年增长7.77%；营业收入7.91亿元，比上年增长16.17%。资产总额6.37亿元，比上年增长7.3%；固定资产投资1.54亿元，比上年增长45%。公司电网连续安全稳定运行8034天。组建“青年数字赋能”活动小组，攻关开发2款BI产品在内部分享试用、5款RPA（机器人流程自动化）应用上架云平台运行；1款产品在市公司数字化能力开放平台BI竞赛中获三等奖。1个课题获福建省2022年度质量管理小组成果一等奖，运检部电网建设班获“2021年度漳州市青年文明号”。

【项目建设】 2022年，平和供电公司电网“双满意”工程连续两年列入县委、县政府为民办实事项目清单，提前完成年度项目投资计划10038万元，比上年增长56.09%。落实可再生能源补贴，结算支付光伏上网电费及补助1647.85万元。县垃圾焚烧电厂完成并网，消纳全县水电、光伏发电量3.61亿千瓦时，确保清洁能源100%消纳。完成电能替代1594.88万千瓦时，比上年增长13%。实施农网巩固提升工程，提前完成年度配网改造项目76个，完成17条高故障线路治理，解决过重载配变66台、低电压台区499台，农网供电可靠率99.92%，电压合格率99.83%。完成消费帮扶2.61万元，建成全省首家“电力爱心超市”并挂牌新时代文明实践点。编制平和“十四五”配电网规划，助力闽粤联网工程提前竣工投运，漳州核电送出工程（平和段）共51基塔全部交地。投运长乐—芦溪π入龙岭变电站35千伏线路、110千伏小溪2号主变增容改造、35千伏国强变电站等3项工程，新增35千伏及以上容量38.5兆伏安、线路2.973千米；推进110千伏安厚、民主、山格变电站扩建等重点项目。

2022 年 11 月 12 日，国网平和县供电公司带电作业人员联合作战，采用带电方式开展铁塔架设及和线路迁改缆化作业（国网平和县供电公司 供图）

【电力服务】 2022 年，平和供电公司完成高压送电项目 66 项，送电容量 15.95 万千伏安，送电容量同比增长 617.3%。落地“电 e 金服”3969.26 万元，完成年度目标的 210.87%。“双长融合”新增覆盖 262 个社区（村委），全面推广“网上国网”，线上办电率达 100%。“水电气网”一站式服务落地行政服务中心。提速业扩接电，高、低压办电环节分别缩减至 4 个、2 个，高、低压平均办电时长分别缩减至 25 个工作日、5 个工作日以内。“百千万”客户大走访企业 164 户，答复处理客户问题 36 条。运用电力大数据分析精准服务政府决策，得到各方批示肯定（感谢信）20 次。启动“特战队”保电模式，保障全县防疫机构“零停电”。

【经营管理】 2022 年，平和供电公司创利金额 207.37 万元，入围国网百强所 11 次，入围次数列全市第三。配合完成平和整县光伏开发规划方案，推进第一批 30 兆瓦项目有序施工。市场化售电业务签约 19 户，签约总电量 6.4 亿千瓦时，全省排名第一。综合能源营收 107.6 万元，重点业务占比 100%。电动汽车充电电量 49 万千瓦时，充电桩利用率 35%。“三清理两提高”（清理在建工程、工程物资、工程往来款；提高暂估转资效率、竣工决算效率专项行动）增加有效资产 1.11 亿元。营销稽查工作成效累计完成 28.3 万元，累计追补电费及违约使用电费 44.43 万元。开展“合规管理强化年”，举办“合规文化宣传周”系列活动，推进变电检修班全业务核心班组建设。8 个供电所全面推广供电所模拟合伙人制，开展 1 个内部承包制供电所成效评估和典型经验推广。试点开展班组内部承包制，选取 2 个项目探索开展工程项目抢单承包制。

（孙捷）

工业园区

【概况】 2022 年，平和工业园区管委会开展“产业建设攻坚年”行动，围绕“七比一看”活动，完成规模工业产值 113.28 亿元，税收入库完成 7326.27 万元；新增制造业固投入库 9 个，完成投资 13.8 亿元；新增规模工业企业 14 家，限上企业 3 家。辖区内开展企业安全生产大检查达 100 多次，下达整改通知书 10 家，整改率 100%。

【工业园区招商引资】 2022 年，平和工业园区以绿色家居建材为产业核心，分门别类制定“一链一策”。生态木业产业依托西蝉木业产业园，引进福泰工贸超强刨花板项目，引进阿龙、瑞辉等方木生产线。建陶产业突出产品体系转型升级，通过二次招商，引导侨丰、美艺陶、澳利、超优等 4 家企业，投资约 4 亿元改造 4 条生产线，分别生产 1.5 米 ×0.75 米大板、亚光板和泡沫建陶等产品；引进广东石塑地板项目、福州玄

2022年6月17日，“平和县工业园区职工法律服务一体化基地”正式揭牌投用　（县工业园区 供图）

武岩生产项目以及2个陶瓷加工项目，4个项目总投资3.5亿元。绿色纸业引进广东企业收购益达纸业进行改扩建，2条低克重高瓦高速造纸生产线试投产，每分钟出纸480米，实现节约耗材、减少污染排放等，为本地区最先进最环保全自动化瓦楞纸生产线。

【工业园区生态环境保护】 2022年，平和工业园区组织实施《平和工业园区陶瓷企业“煤改气”专项整治方案》，推进园区建陶企业“煤改气”工作，所有建陶企业均完成供气管道（厂区内外）铺设及窑炉生产线设施改造并部分使用天然气；建设废气在线监控并联网生态环境部门，建设脱硫浆池在线pH监测仪；配合环保部门抓好企业环保设施整改落实，提升陶瓷企业脱硫、脱硝、除尘设施；整治“冒黑烟”问题，配合环保部门加强对造纸业、木材加工业等企业锅炉燃烧物的监管；加强日常监管，委托第三方监测公司对企业大气排放进行不定期监测。常态化落实黄井溪小流域“沟长制”责任，辖区内4条排水沟分别由4名班子成员挂沟长，发现问题及时上报生态环境局；做好小散乱污、高污染企业排查整治，关闭志宾工贸等4家不符合环评要求的洗土企业；深入推进花山溪流域综合整治工作，对部分企业进行随机性抽查，制定平和工业园区花山溪黄井支流整治作战图，设立13个水质监测点、多个拦截沟与拦截池；完成新增的5千米污水管网工程招投标，上峰路、横五路污水管道完成铺设。

【“平和县工业园区职工法律服务一体化基地”投用】 2022年6月17日，“平和县工业园区职工法律服务一体化基地”投入使用。基地设立职工法援室、调解工作室、劳动仲裁庭、劳动法庭（“两庭两室”），配备2名工会劳动法律监督员、3名调解员、2名劳动仲裁员和3名劳动法庭审判员，整合法律援助、调解、仲裁、诉讼等职能作用，探索完善“工会＋法院＋司法＋人社”劳动争议“调裁诉”对接工作新模式，开通职工法律服务绿色通道，辐射服务平和工业园区、文峰镇基层工会职工6000多人。

（蓝娇红）

商贸流通

商 贸

【概况】 2022年，平和县完成社零总额109.1亿元，比上年增长4.3%，新增新上企业44家（新上25家、新增19家），比上年增长144%。包含零售业18家，批发业12家，批零数量占比68%，新增新上质量较高。组织福建海山茶业有限公司、福建省天醇茶业有限公司、福建奇兰茶王谷茶业有限公司等6家较大规模茶叶企业组团参加首届福品博览会，主推特产柚香奇兰。

【招商引资】 2022年，平和县建立健全招商引资项目会审制度，严把项目评审准入关，全年开展“一把手”招商13次。构建“建材家居、建筑业、绿色纸业+数字服务”的“3+X”产业体系，围绕“3+X”产业开展招商，举办生态木业、机械制造、建材家居等专题招商推介会4场，新签约项目77个，总投资88.8亿元，引进新型锂电池、豌豆糖浆等生产项目。

【住宿餐饮业】 2022年，平和县有餐饮服务单位1340家、单位食堂124家(其中学校食堂98家)。全县限上住宿餐饮业营业额1.52亿元，比上年增长73.1%。弘扬文明用餐新风，倡导文明用餐，推行使用公勺公筷，发放“公筷公勺”宣传海报500余张，“文明用餐”宣传提示语800余张。全年开展非星级酒店专项督导3轮，开具整改告知单8张，8家非星级酒店已完成整改工作，整改率100%。

（黄烨婷 叶子瑜）

电子商务

【电子商务交易】 2022年，平

2022年，福建省天醇茶业有限公司产量297.15吨，产值7417.71万元。图为摄于2022年2月14日的天醇茶业营销中心总店

（福建省天醇茶业有限公司 供图）

和县电子商务服务中心开展电商一件代发、物流快递集中仓储、工商注册代理业务、财税代理业务、电商培训、电商平台对接等业务。全县电商交易额达32.783亿元，比上年增长3.64%。全县网络零售额7.9亿元，比上年增长31.7%。

【农村电子商务服务站体系建设】 2022年，平和推进县乡村三级物流配送体系建设。县仓基础设施及人员安排配备齐全，现有4家快递企业入驻县仓。整合村级服务站点56个。提升物流配送速率，县仓至村级电商服务站点配送时长基本上控制在24小时以内。通过快递上下行共享共配模式，为入驻快递企业每个月节约运营成本近50万元。全年平和县快递业务量累计3133.55万件，比上年增长53.12%。全县投入运营的农村电子商务服务点有103个（乡镇服务站9个、村级服务点94个），乡镇服务站覆盖率56.25%，行政村服务点覆盖率达39.16%以上。

【促消费活动】 2022年，平和县举办“乐购漳州”新春促消费暨“漳州产全球销”农产品电商展活动，以“线上+线下”创新形式，集中展示平和特色电商农产品，以“政府补贴一点、商家让利一点、平台支持一点”的创新形式，拉动本地生活及线上消费。展会期间，开办直播场数3场，累计观看46.19万人，单场最多观看18.5万人。

（黄烨婷）

供销合作

【概况】 2022年，平和县供销合作社联合社深化综合改革，与县农业农村局、县金融工作办公室、中国人民银行平和支行、漳州银保监分局平和监管局联合出台《平和县开展生产、供销、信用“三位一体”综合合作试点方案》。全年商品购进总额39.01亿元，比上年同期增长12.4%。其中，农产品购进21.3亿元，比上年同期增长20.5%。商品销售总额42.5亿元，比上年同期增长14.7%。其中，消费品零售额10.88亿元，比上年同期持平；农业生产资料销售12.37亿元，比上年同期增长19.9%，完成利润20.46万元，比上年同期增长11.1%。采取以基层社门店、网点为依托领办专业合作社，新发展农民合作社10个，新增持股农民合作社5个，新改造提升1家薄弱基层社。做好续租工作和新一轮公开招租，年租金收入50万元。

【农资经营管理】 2022年，平和县供销社完成系统内101家农资经营店实地检查指导，注销6家不符合经营资质化肥经营店；在5个重点乡镇设立5户示范点。与县市管局、县农业农村局以及当地市管所开展联合检查10次，出动90人次；配合县市管局完成4065批次化肥抽检，实现首轮全覆盖抽检；配合兴和公司、县农业农村局、县市管局进行有机肥、土壤改良剂抽检7次。联合县市管局抓好示范点建设，确定城关供销社的高南农资门市、溪州农资，国强的秀香农资门市等3家门市店作为示范点，其中2家完成示范店授牌。督促5家规模小、不能有效建立购销台账的化肥经营店注销营业执照，停止化肥经营活动。

【农业社会化服务】 2022年，平和县供销社推广以土地托管为主要内容的农业社会化服务，新增土地托管及农业社会化服务面积1666.67公顷，新增土地托管面积333.33公顷。组织冬储化肥购进59531吨，农药210吨。开展农技咨询服务，发放新农资、发放农业科普知识等宣传材料，赠送优质有机肥93吨。5月，通过现场指导和协调农业、信用社等部门，安厚供销社鑫华源农场获得乡村振兴贷款150万元。

【安全生产监管与宣传】 2022年，平和县供销社开展安全生产大检查，加强花山溪水环境整治宣传。5月，开展全系统房屋结构安全隐患排查整治“回头看”工作，14个基层社均安排挂钩人员，并执行旬报制度。滚动播放

2022年5月24日，平和县供销社在霞寨镇开展“情系三农·生态平和”农资科技下乡活动　（县供销社 供图）

花山溪水环境整治宣传标语5条次，安全生产宣传标语2条次，各基层单位在门店、网点悬挂张贴花山溪水环境整治宣传标语57条次。利用平和网、“福建供销”“平和新闻”“平和乡村”微信公众号等媒体宣传花山溪整改工作30多条次。其中，在《福建供销》刊发2条，央媒国际在线刊发1条。累计发放黑白名单124份，张挂宣传标语54条，制作绿色农资生态农业宣传海报500份，宣讲化肥减量增效知识200多人次。

（何林彬）

粮食和物资储备

【概况】 2022年，平和县粮食和物资储备局围绕粮食安全党政考核责任制工作，推进依法管粮、依法行政，加强粮食市场监督检查，保障粮食安全。投资391万元建成东坑储备粮库制氮系统改造项目。推进现代化粮库建设工作，东坑储备粮库扩建工程项目概算总投资为1.06亿元。

【储备粮管理与轮换】2022年，平和县完成2022年度县级储备粮轮换任务。

【粮储应急保障】 2022年，平和县建有25个粮食应急供应网点、3个粮食应急配送中心和2个粮食应急代加工企业，并签订应急加工保供协议书。

【绿色仓储提升行动】2022年，平和县粮食和物资储备局推进“绿色储粮、科学保粮”三年行动方案，东坑储备粮库制氮系统改造项目于11月完工。与2家企业签订粮食应急加工管理协议书，并挂牌确定为平和县应急保障企业。

（叶桂林）

烟草专卖

【概况】 2022年，平和县烟草专卖局（分公司）全年实现税利2.23亿元，比上年同期增长5.06%，获“平和县2022年度纳税大户”称号。

【烟草市场监督执法】2022年，平和县烟草专卖局加强与公安、检察院等部门联建，查获涉假案件8起（未查获烟机案件），查获假冒卷烟1045万支，烟丝烟叶17.7吨及大量原辅材料。推动案件破网追刑，抓获嫌疑人19人，刑拘16人，取保候审2人，判刑6人，全年涉假总案值达1174万元。查处市场案件63起，其中，一般案件54起，5万元以上大要案9起，查获涉案卷烟6615条，总案值约130万元。全年平均市场净化率约95%。

【数字转型】 2022年，平和县烟草专卖局探索数字化服务，开办网络直播大讲堂活动，聚焦“e福通”操作使用、档级测评讲解、雪茄烟宣讲等主题，开展12场直播活动。通过“日日提·周周查•月月盘”，开展虚假扫码客户大清零活动，帮助客户建立数字化销售雏形。

2022 年 10 月 12 日，平和县烟草专卖局打造“‘柚’法同行”普法新模式。图为专卖执法人员在蜜柚包装纸箱上张贴普法标签

（平和县烟草专卖局 供图）

【零售终端建设】 2022 年，平和县烟草专卖局推进农网终端建设。加大对 4 家“海丝新晟”终端的运营管理力度；采取“前台 + 后台”的评分方式，选取 4 家作为年度“海丝新晟”拟建终端。全年建成核心终端 2 家，农村旅游民俗终端 1 家、农村标准化小店 1 家。

【烟草企业管理】 2022 年，平和县烟草专卖局投入资金 70.6 万元开展安厚专卖管理所修缮工作，投入 4.6 万元开展卷烟营销办公室地板翻新维修。针对复烤厂、后时 2 处房屋租赁纠纷问题，通过法律途径提起民事诉讼，最大限度维护企业合法权益。推进企业法治建设，开展民法典宣传月、《中华人民共和国烟草专卖法》实施 30 周年、“3•15”国际消费者权益日、“12•4”宪法宣传周等普法活动；打造“一县一特色”普法新模式，通过制作普法标签并粘贴在蜜柚包装箱上，实现“‘柚’法同行”。

（黄梦婷）

金融业

综述

【货币政策工具管理】 2022年，人民银行平和支行部署运用再贷款、两项直达货币政策工具转换和接续、普惠小微贷款阶段性减息支持工具，推动法人机构加大央行资金支持普惠小微、乡村振兴等重点领域、薄弱环节的力度。截至12月末，支农再贷款（含扶贫再贷款）2.8亿元，全年累计发放支农再贷款（不含扶贫再贷款）1.24亿元，办理扶贫再贷款展期1.56亿元；为平和农商行提供普惠小微贷款支持工具激励金724.55万元，推动2家地方法人金融机构新增普惠小微企业贷款4.11亿元。推动涉农金融机构开展“金融信用示范村、乡镇、县”创建工作，推出各项金融优惠措施，解决“融资难”“融资贵”问题。截至12月末，专项领域贷款余额34.43亿元，较年初增加11.89亿元，增长52.75%，贷款加权平均利5.72%、较年初下降104个BP。

【外汇服务管理】 2022年，人民银行平和支行支持银行提供跨境结算服务，推进台资企业资本项目管理便利化业务发展。常态化对银行开展外汇服务暗访评估，指导银行提升办理“不常见、不好办”等业务的专业能力和服务水平，推动外汇便利化政策有效落地。引导企业提升应对汇率双向波动和外部冲击风险的能力，推动辖区外汇套保“首办户”落地业务开展。加强存量权益登记工作。2022年，辖区进出口总额6101万美元，比上年同期增加1357万美元，增长28.6%。

【金融服务管理】 2022年，人民银行平和支行在辖内履行中央银行有关职责，领导、管理、协调、监督银行和其他金融机构的业务工作。

对台国库服务　创建平和县大溪镇大芹村对台国库服务便民示范园，提升对台和台资企业国库服务水平。

移动支付服务　通过调研、指导、约谈等方式，督促辖内银行机构开展移动支付便民示范工程建设工作。利用银行网点、农村普惠金融服务点、银行流动金融服务车以及集中现场活动等开展移动支付产品体验式宣传。

企业开户服务　加强与县营商办的沟通联系，鼓励辖内银行机构优化审批流程、开通网上预约开户等措施。

征信服务　强化征信产品运用，推动辖区金融机构通过中征应收账款融资平台为企业提供融资便利。截至12月末，中征应收账款融2笔，融资金额2.09亿元。全年未发生投诉、诉讼情况。

国库监管　发挥国库监管“制衡”作用，加强对拨款、集中支付清算等业务的审核监督，建立直达资金台账，加强中央直达资金监管。

人民币流通管理　建立人民币流通管理跨部门协作机制，

协同县金融办、市场监管局、公安局签订《加强人民币流通管理协作备忘录》，通过联合召开一次座谈会、举办一场大型宣传活动、开展一日联合执法等方式，推动跨部门协作机制落地执行。提升人民币管理网格化监管服务水平，依托“网格化”管理模式，组织辖区银行机构查访562户商家回收残损币。优化农村地区现金服务点整体布局，对“僵尸式”服务站进行撤销替换，撤旧换新旧机具设备。

【金融风险管控】 2022年，人民银行平和支行开展金融风险监测，加强风险处置化解工作，维护辖区金融稳定。

银行账户风险防控　开展“银账保”银行账户风险防控平台试点工作，会同福建银联公司联合开发“银账保”银行账户风险防控平台。截至2022年12月底，核验账户140.42万户，其中命中黑名单5户、命中共享风险客户信息5.8万户、命中限制信息267户、命中拒绝开户信息178户。

“断卡”行动　2022年“断卡”行动全县涉案账户209户，比上年同期下降59.88%。牵头建立由人行、公检法、银行保险证券业金融机构，各乡镇政府、村（社区）委会综治人员、派出所、社区“110”，以及社区矫正人员等386人组成的反诈拒赌劝导志愿者队伍，开展4次集中培训。

反洗钱　加强部门间协作交流，综合运用约见谈话、监管走访等监管措施，推动6家反洗钱义务机构履行职责。指导辖区2家法人金融机构完成洗钱和恐怖融资风险首次自评估。聚焦重点领域资金监测，发现可疑线索6条，移交报案6起，推动“虚开增值税发票罪”立案1起，推动“洗钱罪”移送起诉1起。以“3·15”国际消费者权益日、“5·15”全国公安机关打击和防范经济犯罪宣传日、“6·26”国际禁毒日等重要宣传日和“打击治理洗钱违法犯罪三年行动宣传活动”为契机，开展反洗钱宣传活动4次，受众2400余人。

【金融纠纷多元化解】 2022年，人民银行平和支行推动与人民法院等部门建立金融纠纷多元化解合作机制。截至12月末，受理各类金融纠纷517起，涉及标的金额6689.5万元，成功调解333起，涉及标的金额3774.5万元。

（杨清凤　卢纯青）

金融监管

【概况】 2022年，中国银行保险监督管理委员会漳州监管分局平和监管组强化监管，加大实体经济支持力度，辖区银行保险业稳健运行。4月15日，平和县银行业保险业金融消费者权益保护服务中心平和工作站、平和县金融纠纷多元化解中心、平和县涉农金融审判与司法服务中心揭牌成立。

【信贷投放】 2022年，平和县辖内银行机构加大信贷投放力度，全县各项贷款余额147.9亿元，比年初增加16.32亿元，增长12%，比上年同期增长18%。其中，行业贷款余额15.31亿元，比年初增加3.5亿元、增长29.5%，高于各项贷款增速17.5个百分点；新增遇困行业贷款9.36亿元，其中发放纾困贷款102笔、金额1.5亿元，发放信用贷款2763笔、金额4.39亿元；办理延期还本付息贷款557户、金额2.07亿元；办理无还本续贷542笔、金额3.84亿元。全年个体工商户贷款增加1435户、增加贷款金额7.8亿元。

【金融服务乡村振兴】 2022年，平和县银行保险监管组引导平和农商银行发挥服务“三农”主力军作用，创新宜农产品，改进服务模式，发挥政策性金融作用，引导农发行666.67公顷“园改耕”项目7.5亿元授信落地，支持当地粮食生产和生态治理。截至12月末，全县涉农贷款余额101.99亿元，比年初增加14.64亿元、增长16%。

【金融监管督导】 2022年，平和县银行保险监管组强化监管督导，推进融资成本明显下降。

平和农商行贷款加权平均利率6.36%，较年初下降42个BP，下降6.19%；平和润丰村镇银行贷款加权平均利率6.76%，较年初下降15个BP，下降2.17%。

（林钧南）

银 行

2022年3月15日，农发行平和县支行前往平和县金融知识普及基地“农发行之窗”开展“3·15”宣传活动（农发行平和县支行 供图）

【概况】 2022年，平和县有银行机构8家，52个营业网点；至12月末，全辖银行业金融机构本外币各项存款余额215.34亿元，比年初增加21.23亿元，增长11%；各项贷款余额147.91亿元，比年初增加16.32亿元，增长12%。

（林钧南）

【中国农业发展银行平和县支行】 2022年，中国农业发展银行平和县支行（简称“农发行平和县支行”）服务粮食安全、乡村振兴，支持“三农”事业发展。年末，各项贷款余额15.54亿元，较年初增加3.18亿元，增长25.73%；中长期固定资产贷款余额13.5亿元，较年初增加3.21亿元，增长31.2%。

支农成效　配合平和县财政局和南靖县财政局、粮食主管部门落实县级储备粮轮换制度，做好地方粮油储备贷款的轮换与展期工作，投放地方储备粮油贷款5笔，展期14笔；跟进辖内重点项目，全年发放中长期项目贷款4.64亿元。投放农发基础设施基金2笔，金额0.49亿元。

优化服务　配合上级行完成农发行“运营全国大集中”上线工作。与财政部门协调，对接漳州系统内首个财政预算管理一体化系统业务，办理漳州系统内首笔相关业务，转变以往的财政专款支付模式，全程在线上完成，实现“零的突破”。

（吴小霞）

【中国农业银行股份有限公司平和县支行】 2022年，中国农业银行股份有限公司平和县支行各项存款余额40.2亿元，各项贷款余额29.63亿元。不良贷款余额1115万元，不良率0.37%，风险总体可控。2022年，平和农行蝉联10届省级“文明单位”。

普惠金融　推进“惠农e贷”覆盖面，做好“福茶网”客户信贷服务。加大信贷力度支持蜜柚种植户、收购户及农资经销商等全产业链客户群体，通过加快信用村及综合经营模式的准入，扩大“惠农e贷”发展客群。全行“惠农e贷”授信比年初增加1.3亿元，用信余额比年初增加8363万元，覆盖各县、乡镇和98%以上的行政村，惠及农户7049户，授信金额9.65亿元，贷款余额达8.03亿元。助力小微、纾困企业金融服务，发放对公贷款1.33亿元，主要投向优质客户、制造业等重点领域行业，全行涉农贷款比年初增加2.34亿元（其中法人涉农比年初增加0.55亿元、个人涉农比年初增加1.59亿元）。全口径小微企业“首贷户”增加22户，普惠金融小微企业贷款户数比年初增加24户，金额增加5959万元，办理企业纾困15户，金额4758万元。

纾困帮扶　与地方金融办等部门沟通，对接平和县的纾困企业和受疫情影响的农户。截至2022年12月31日，分别为企业及农户办理纾困贷款4758万元、285万元。

（张耿汉）

【福建平和农村商业银行股份有限公司】 2022年，平和县农信联社于2022年2月18日改制成福建平和农村商业银行股份有限公司（简称“平和农商银行”）。年末，各项存款余额87.97亿元，信贷规模稳中有进，各项贷款余额51.75亿元。涉农贷款余额46.03亿元，比年初增加7.11亿元，普惠小微贷款余额18.26亿元，比年初增加3.75亿元。贷款拨备覆盖率283.61%，比年初增加49.08个百分点；拨贷比4.23%，比年初减少0.28个百分点；贷款损失准备充足率173.83%，比年初增加0.36个百分点，各项指标均达到监管标准。

乡村振兴服务 平和农商银行召开金融赋能产业转型升级推进会，制定相关服务方案，创新“福绿贷”“福茶贷”“福稻贷”“福村贷”“福农地标贷”5款“福”字号专项信贷产品，累计发放超7600万元。支持中低海拔果园高位嫁接及柑橘品种改良，发放乡村振兴能人贷、助农贷5144户，近11亿元。支持国强乡新建村构建乡村振兴旅游示范村，上线三平风景区“智慧乐捐”项目，拓展建设灵通山、高峰谷等“智慧景区”。

多社融合发展 平和农商银行先后与15个乡镇、县农业农村局、林业局、工信局等17家市县级单位签署合作协议，并推进各支行与全县262个村（社区）签订乡村振兴合作协议。选派100名业务骨干到县乡村振兴局、各乡镇、村、社区挂职担任“党建+乡村振兴”金融指导员。

脱贫攻坚成巩固 平和农商银行巩固拓展脱贫攻坚成果，确保存量495户脱贫人口不发生规模性返贫，金额1156.58万元无逾期。做好生源地助学贷款推广工作，帮助全县1.05万户困难家庭解决教育资金难题，授信1.65亿元。2022年，平和农商银行预申请助学贷款的学生数2853户，新发放申请助学贷款2255笔，发放助学贷款金额合计2553.57万元，预申请人数、助学贷款户数增量位居全省第一；通过福万通慈善基金资助15名贫困优秀大学生。

产品扩容提质 平和农商银行整合资源，推广支持“一镇一业”生态立体循环水稻种植的“福稻贷”；响应县政府“退柚还茶”号召，推广“福茶贷”；为助力乡村振兴发展，推广“乡村振兴贷”；聚焦重点消费市场，推广“公积金消费贷”。授信乡村振兴贷25户，金额2490万元；公积金消费贷240户，金额2774万元。

普惠金融便民服务 平和农商银行对普惠金融服务点进行服务升级，开展财政惠民惠农资金服务等业务；将全县各乡镇村委会和群众认可度高、服务老年人群体多、小额交易笔数多的普惠金融综合服务点升级为普惠金融“助老适老”示范服务点。

（叶思伶）

【中国银行股份有限公司平和支行】 2022年，中国银行股份有限公司平和支行（简称“中行平和支行”）主营业务收入9083万元，上缴各项税费161.87万元，税后利润3616.07万元。人民币核心存款余额17.61亿元，比年初增长2.62亿元，其中，公司存款5.33亿元，储蓄存款12.28亿元。外币存款261万美元，比年初增加92万元。各项人民币贷款10.74亿元，比年初增长5185万元，其中，公司贷款余额4.59亿元，零售贷款余额61478万元（含信用卡透支6812万元）。

服务实体经济 中行平和支行普惠贷款户数139户，普惠贷款余额21951万元，较上年新增4904万元，完成上级行下达计划指标的82%。推出中银企E贷——信用贷、银税贷、抵押贷等线上贷款产品。公司贷款余额4.59亿元，授信客户39户，重点支持落户平和工业园区的工业企业、绿色环保企业和本地民营企业，主要有平和北控水质净化有限公司、福建宝寨木业有限公司、漳州市澳利陶瓷发展有限公司、福建省百得利实业有限公司、环盛（福建）新型建材科技有限公司、中宝（福建）食品科技有限公司、

漳州超优陶瓷有限公司、漳州林佳木业有限公司、漳州昇泰科技有限公司、漳州潮顺木业有限公司、漳州板顺长木业有限公司、福建齐鲁武峰塑料制品有限公司、福建彩联陶瓷有限公司、漳州市金泰纸业有限公司、福建贵益宝包装有限公司、平和县信源电力安装有限公司、福建省华诚陶瓷发展有限公司，以及民营学校平和正兴学校。全部为地方民营企业服务。个人贷款余额6.15亿元，主要支持小微企业、个体工商户、水果种植户，以及购置“御龙湾”、“外滩壹号”、“宸洲尚品府”及二手房交易等住房的按揭贷款需求。

社会保障卡系统民生工程　中行平和支行在平和县所有乡镇设立农村普惠金融服务点计148户。服务点取款笔数7527笔，金额532.12万元，转账汇款笔数437笔，金额243.45万元，余额查询笔数11654笔。2022年社保卡发卡总量64.63万张，新增5953张，补换卡61230张，挂失8312张，写卡75495张。社保卡服务中心平均每周收集未满16周岁以下小孩办卡及应急开卡数约100张，各乡镇服务中心收集未满16周岁以下小孩开卡合计数约2900张。完成社保卡换卡20.66万张，完成材料收集25.87万张。扩大社保卡在政府公共部门的应用，卫健局的计划生育奖扶资金、林业局的生态林补贴、农村防疫员、农机员补贴，规划住建局的农村危房改造补贴、民政局的残疾人生活补贴、护理津贴等通过社保卡发放。2022年累计代发各种业务46.58万笔，总金额4.71亿元。

（周思意）

【中国建设银行平和支行】 2022年，中国建设银行平和支行（简称“建行平和支行”）实现账面利润4073万元，实现中间业务净收入948万元，一般性存款时点余额15.08亿元，各项贷款余额16.07亿元。

支持地方发展　建行平和支行推进“闽叶云贷”“商户云贷”“云税贷”等信用快贷产品服务小微企业发展，闽叶云贷授信户数新增143户，商户云贷新增69户，新增授信2280万元。发展抵押快贷支持小微企业生产经营，全年新增抵押贷新增户数161户，授信金额新增1.37亿元，其中法人类抵押新户数新增31户，授信金额新增2683万元；加大绿色信贷投入力度，支持瀚蓝垃圾焚烧项目到华能（平和）清洁能源整县分布式光伏发电项目，支持国祯环保在高速发展过程中的融资需求。年末，建行平和支行绿色信贷余额2.3亿元，较年初新增1.02亿元，绿色信贷占比由年初的7.98%提升至14.32%。

服务“三农”促消费　建行平和支行探索“建行生活+商超”新模式，拓展建行生活商户53家，建行生活拉新近万户，建行生活卡发卡近500张。利用中国建设银行漳州分行开展的“裕农开卡乐”“新客礼”等活动加快“裕农通”服务点的场景建设。全年发放乡村振兴卡2432张，完成率187.08%，位列全市第二。新增农户签约579户，新增户数位列全市第一。巩固信用卡类业务的发展，拓展汽车贸易商行，与2家汽车贸易商行达成合作；巩固建材、装修公司、楼盘物业等拓展装修分期合作。全年累计信用卡客户新增1003户，分期交易额完

2022年3月15日，建行平和支行开展普及金融知识宣传活动

（建行平和支行 供图）

成率排名七，分期通交易额4729万元，比上年同期增长41.48%；装修分期交易额2123万元、比上年同期增长57.97%。

（林仕钦）

【中国邮储银行平和县支行】2022年，中国邮政储蓄银行平和县支行（简称“邮储银行平和县支行”）个人自营存款年日均余额4.25亿元，较上年末增长4016万元；公司存款（邮银板块）余额达2.52亿元，年增1.44亿元，增量全市第一；各项贷款余额8.82亿元，比年初增长1.43亿元；信用卡新客年累计新增1926张。全辖信贷不良余额1430万元，不良率1.62%，资产质量五项指标均控制在目标值内。

服务乡村振兴 邮储银行平和县支行推出“产业链贷款”“福果贷”“福茶贷”等产品。建立信用村创建名单制，安排专人进行对接挂点。全县累计创建198个信用村，信用村覆盖率82.5%，评定信用户3987户，信用户贷款余额超2.9亿元。年末，各项贷款余额88409万元，年净增1.44亿元。个贷涉农贷款结余5.03亿元，普惠小微贷款结余5.11亿元，年增1.03亿元。

共建平台对接 邮储银行平和县支行重点联系当地产业协会、商会、社团对会员进行精准营销，特别是在漳州市区、厦门、泉州成立的商会，主动对接走访获小水电协会、茶叶协会、青创协会、蜜柚协会、二手房中介协会等成员名单，抵押类个人经营贷年指标完成率159%。加强对平和县各大楼盘等办证的小区进行宣传。抵押经营贷款结余2.98亿元，年增1.03亿元，年指标完成率159%。

支持实体经济 邮储银行平和县支行加强政策宣导，带领小企业团队人员定期走访县域重点项目，做好送贷上门。结合“生态木业”特色产业发展方向，以“小微E贷”的特色信贷产品助力小微企业发展。强化政银企联动，通过与县工信局、县税务局、县工业园区开展业务合作，为资金需求企业解决燃眉之急。实行精细化的管理，提高全流程的管理能力。加大纾困贷款、制造业贷款政策宣传力度，做好名单制客户专业服务。年末，小企业法人贷款结余户数44户，2022年净增9户，余额1.11亿元，2022年净增2520万元。其中，小微E贷结余20户（生态木业结余11户）。

2022年9月22日，邮储银行平和县支行开展送金融知识进商超活动

（邮储银行平和支行 供图）

服务农村经济 邮储银行平和县支行探索邮银协同合作模式，向家庭农场、农民合作社等新型农业经营主体以及农业产业链上下游、个体工商户、商户等提供金融、寄递、电商等一揽子综合服务，发挥商流、物流、资金流“三流合一”的协同优势。

（蔡毅芳）

【中国工商银行股份有限公司平和支行】2022年，中国工商银行股份有限公司平和支行（简称“工行平和支行”）各项存款余额6.96亿元，较年初增加1.62亿元，增长30.22%；各项贷款发放余额11.19亿元，较年初增加0.85亿元，增长8.23%。各项贷款增量在四大行同业占比16.55%。贷存比160.78%。工行平和支行获“2022年度漳州分行普惠金融旺季营销先进单位”的荣誉称号。

服务实体经济 工行平和支行加大信贷投放力度。走进园区、企业、市场，进行“一企一策”精准对接，重点支持制造业及战略性新兴产业，加强客户储备。发放公司贷款余额3.22亿元，较年初增加0.86亿元。

助力乡村振兴 工行平和支行开展进企业普惠营销，走访工业园区、行业龙头企业、核心企业。年末，支行普惠贷款余额2.55亿元，较年初增加0.73亿元，增幅39.7%，任务完成率111.65%。

履行社会责任 工行平和支行推进普惠金融服务。对接当地退役军人事务局和各乡镇退役军人服务站，办理优待证并上门激活优待证。

（张金玲）

保险

【概况】 2022年，平和县有保险机构15家，28个营业网点；至12月末，全县保险机构原保费收入4.09亿元，比上年增加465.42亿元，其中，财产险原保费收入1.36亿元，人身险原保费收入2.73亿元。

（林钧南）

【中国人民财产保险股份有限公司平和支公司】 2022年，中国人民财产保险股份有限公司平和支公司全年保费收入7796万元，缴纳地方税收750万元。获2022年漳州市分公司区县支公司经营管理先进单位一等奖；上榜“2020—2021年度漳州市守合同重信用企业”。

脱贫攻坚成果巩固 人保财险平和支公司承办脱贫户和低保户医疗兜底保险，每年惠及全县上万户贫困户，涉及15个乡镇，262个村（居委会），上门收集理赔所需材料，定期联系各乡镇扶贫办主动摸底，确保应赔尽赔。

服务经济发展 人保财险平和支公司为平和县辖区上百家企业提供10余亿元的风险保障，涵盖车辆保险、企业财产保险、货物运输保险、安全生产责任保险、团体意外伤害保险、产品责任保险等，涉及行业有木业、包装业、建筑业、物流业等。全年代缴车船税、增值税等各项税收750万元。开办小微企业贷款保证保险。开办农民工工资履约保证保险、投标保证金保险等各类信用保险，以保函形式替代现金。为茶叶、林农等获得贷款提供信用支持。发展“惠闽保”“百万医疗”等保费低、保障高的普惠性保险。

（吴婷婷）

【中国人寿保险股份有限公司平和县支公司】 2022年，中国人寿保险股份有限公司平和县支公司实现保费1.68亿元，比2021年增长0.26%。其中，主要项目保费收入情况：首年保费4479.80万元；惠闽宝保费119.69万元；续期保费12174.52万元。全年接待临柜客户12150人次；满期给付155.28亿元，理赔给付1967.46万元；获评福建省分公司“2022年度综合金融示范区（县级机构）”。

个险渠道 中国人寿平和县支公司个险首年期交达成2281.3万元，十年期及以上期交保费达成1683.60万元，完成率108.83%。

银保渠道 中国人寿平和县支公司2022期银保首年期交达成332.80万元，完成率95.09%；5年期期交完成210.9万元，完成率105.45，比上年同期增长13.72%；标保目标41万元，完成42.94万元，完成率104.73%；短期险完成23.73万元，完成率118.65%。

团险渠道 中国人寿平和县支公司团险首年完成712.42万元，完成率90.18%，完成率全市排名第四，大短险完成1790.49万元，完成率96.47%。连续11年（2012—2022年）被省、市计生协会评为“计生家庭意外伤害保险工作先进单位”，被省计生协会和中国人寿福建分公司评为“2016—2020年计生家庭意外伤害保险工作先进单位”。

业务拓展 中国人寿平和县支公司开展国寿线上业务推介活动，通过客户活动会、产品推介会、客户临柜服务等契机，向客户推广“国寿智能”App、“国寿e家”等平台应用。深化县域和农村保险服务，推广健康扶贫“一站通”结算服务；加强对老年人、残疾人等特殊群体的人工服务、远程服务、上门服务。

（赖春玲）

交通

综述

【交通基础设施建设】2022年，平和县加强交通基础设施建设，实施5个项目建设，完工4个。推进前期工作的项目有6个，分别为G357线平和县安厚溪尾（云霄界）至白石段公路工程、平和县三平风景区上境至楼脚公路工程、安厚农场至安厚互通连接线工程、闽粤边特委机关旧址红色旅游公路（Y817南胜欧寮至三坪浦口段）工程、红军三坪会师纪念馆红色旅游公路（X584三坪浦口至楼脚段）工程、平和县三平风景区玲珑湖至黎明公路工程。

G355线平和九峰镇福田村至平等村路段提升工程　路线长3.65千米，路面提升改造为沥青砼路面，项目总投资约1500万元，完成投资1500万元。

大溪镇大松村上陂至风洞里段公路工程　路线长3.2千米，局部拓宽改造及增设错车道、防护设施等，项目总投资约521.6万元，完成投资521.6万元。

崎岭乡南湖村至土坑道路工程　路线长6.01千米，路基宽4.5米，项目总投资约2100万元，完成投资约1200万元，截至2022年12月完成路基施工。

农村公路养护及村道安防工程　养护工程项目10个、里程42.65千米；村道安防工程5个、里程11.7千米，项目总投资1800万元，完成投资1800万元。

危桥改造项目　改造2座，分别为法华桥和流因桥，完成投资616万元。

2022年12月23日，平和县交通运输局召开2022年度“四好农村路”工作会　（县交通运输局 供图）

【交通安全生产管理】　2022年，平和县交通运输系统出台行业安全生产相关制度文件4份、制定安全生产专项行动工作方案14件，新修订应急预案2份，组织开展安全应急演练2场，举办专题培训11场。开展“安全生产专项整治三年行动巩固提升工作”，加大安全隐患排查治理力度，开展危化品运输、生命防护工程、道路交通安全、普客运输等重点领域13项专项行动，全年开展安全生产督导检查19次，检查企业98家次、排查一般风险隐患82个，下发检查情况通报9份、限期整改通知2份、约谈长期未上线重点营运货车企业3家，风险隐患全部整改到位。

【内河水上安全整治】2022年，平和县交通运输局组织开展乡镇“三无”船舶专项整治行动3次，出动执法人员24人次，围绕2021年度内河水上“三无”船舶专项整治开展回头看，检查发现违规清淤船1艘、采砂船1艘、养殖小船1艘、塑料船只6艘、竹排等水上漂浮物10艘，下发协助函5份，经过联合执法整治，强制拆除竹排6艘，强制吊离采砂船舶1艘。

（林裕君）

公路建设

【概况】 2022年，平和县境内各类公路通车总里程达270.8千米，其中，高速公路112千米、355线和357线共158.8千米、无省道。全县境内农村公路总里程1598.6千米，其中，县道13条253.36千米，乡道101条711.52千米，村道943条633.72千米。

【公路养护】 2022年，漳州市公路事业发展中心平和分中心争取100万元以下项目11个，100万元以上项目8个，项目建设资金逾3000万元。其中，省际提升工程2个，房建工程1个；中修工程3个；交通工程3个；水毁修复工程5个；桥隧工程5个。完工并完成决算项目11个；完工未决算项目1个（南草坪公路站工程）。预防性养护累计进行路面清灌缝13.6万延米，不规则裂缝封闭12万延米，使用沥青灌缝料54.4吨，投入资金68.5万元。

【公路整治】 2022年，平和公路分中心完成安厚到国强路段G357线K79+282—K79+900；K85+080—K111+000；K92+300—K93+050；K107+000—K108+000；K134+000—K135+125路域环境整治工程。累计整理路肩6622米，面积10936平方米、清理土石方6.3万立方米、填土1500立方米、补植绿化带3700平方米。

【路政执法】 2022年，平和公路分中心办理案件16起，收取赔（补）偿费78195元；上路巡查179天次，511人次，纠正、制止违章44起，发放通知书4份；开展联合整治行动10次，清理堆积物100平方米，清理路肩农作物100余棵，联合制止公路违法行为5起，联合拆除违法设置的广告牌和违章搭盖1500平方米，重大违法行为函告县交通综合行政执法大队2起，配合当地交通运输主管部门，依法依职责开展许可事前审查1起；与班站养护人

2022年3月7日，平和县开展安厚G357线K85+080—K111+000路段路域环境整治工程。图为施工现场（平和公路分中心 供图）

员一同开展路肩整治行动，清理路肩约800平方米；大件运输现场核实28起。

（林裕君 赖怡婷）

公路运输

【物流运输】 2022年，平和县新增4.5吨以上货运车辆63辆，全县拥有普通运输企业24家，货运车辆629辆；危货企业2家，危货车辆6辆；货运量307万吨，货物周转量29785万吨千米。

【客运运输】 2022年，平和县拥有客运企业3家，客运车辆39辆；公交企业1家，新能源公交40辆；出租企业1家，出租车20辆；拥有旅客运输班线7条，通达240个村，通车率100%；拥有1个二级客运站、3个五级客运站。公路客运量11.89万人，旅客周转量1126万人千米。

【维修驾培行业】 2022年，平和县有维修企业19家，建立二级维护网络管理系统的有4家；寄递企业10家；机动车驾驶培训机构3家，开展机动车驾驶员培训和2022年驾校质量信誉考核工作，培训机动车驾驶员4207人。

【交通违法打击】 2022年，平和县交通运输局打击辖区内非法改装、超限超载、非法营运车辆力度，组织出动执法人员4546人次，出动执法车辆768辆次，检查道路运输车辆合计85237辆，处罚违章运输车辆469部，处罚金额238.89万元。

【路域整治专项行动】 2022年5月23日至6月22日，平和县交通运输局联合文峰镇人民政府和漳州市公路事业发展中心平和分中心开展为期10天的路域整治专项强制执法行动，出动执法车辆和强制执行车辆30辆次，出动执法人员和强制执行人员150人次；拆除各种非公路标志牌300多面，面积达1100多平方米；拆除公路两侧非法搭盖物近100处，250多平方米；清除公路两侧非法堆积物6处，约30立方米。

（林裕君）

道路交通管理

【交通秩序整治】 2022年，平和县机动车保有量138868辆、机动车驾驶人146740人。查处各类交通违法行为75958起，发生交通事故警情数4152起，死亡33人，交通事故警情比上年同期减少760起，下降15.47%，亡人数与上年同期持平。

创城工作推进　开展交通秩序整治行动推进省级文明县城创建工作，实行“高峰站点，平峰巡线”交通勤务，在县城区劝导不文明行为2万余起，现场查处各类交通违法行为11402起。

“派出所管交通”固化完善　开展“国省道联勤机制”，与派

2022年5月23日至6月22日，平和县交通运输局联合文峰镇人民政府和漳州市公路事业发展中心平和分中心开展为期10天的路域整治专项强制执法行动。图为2022年5月25日，工作人员在G355三平高速出口至文峰镇区路段拆除非法广告　（县交通局 供图）

2022年10月1日晚，平和公安加强国庆期间巡逻防控，全力守护群众过节（陈宗泽 摄）

出所开展所队联勤500余次，出动警力2500余人次，出动警车500余辆次，查处各类交通违法行为13150起。

部门联勤联动　与交通综合执法大队建立常态化联勤机制，开展“治超”联合行动；配合城管部门、交通部门加强管理渣土车；配合农业农村局开展拖拉机管理，排查挂外省拖拉机号牌车辆；联合应急局、交通局等部门摸排辖区的货运运输企业，建立源头监管长效机制；联合教育、交通、应急等部门加强管理校车。

【交通隐患整治】 2022年，平和县纳入省市为民办实事项目南胜镇路灯建设工程建设的隐患路段11处，整治资金35万元。协调九峰镇、大溪镇排查整治临水临崖隐患整治3处，整治资金87.5万元。开展国省道平交路口“五有工程”建设，投入资金94.4万元，整治G355线和G357线平交路口280处、其他道路22处。投入资金430余万元，完成G355线西蝉至毛岭、山国线洪濑口至平寨路口2个路段11.71千米的四车道或穿乡过镇应隔离未隔离路段隔离设施建设。投入资金390余万元，升级改造县城区灯控路口4处，事故多发路段抓拍设备增设5个。

【交通安全宣传】 2022年，平和县在城区16个主要路口安装20个智能广播，每日高峰时段循环播放交通安全提示音频，结合路口监控设备，及时发现并通过广播喊话。平和县公安局交警大队落实每月8日、18日、28日组织开展阵地、农村、企业交通安全集中宣传，开展“逢八”宣传活动140余场。聚焦“一老一小”等重点群体安全意识，利用移动宣传车进入社区、公园等老年人聚集的场所，开展“美丽乡村行”交通安全巡回宣讲活动36场次。加大警示曝光力度，联合县委宣传部、县融媒体中心，每周二、周四在媒体曝光交通违法典型案例和酒醉驾交通违法，曝光41次，曝光各类交通违法行为及酒醉驾交通违法案例400余起。

（刘以珊）

邮政 通信

邮政业

【概况】 2022年，中国邮政集团有限公司福建省平和县分公司实现邮政业务总收入7747万元，完成预算的100%，比上年同期增长9.9%；实现利润2147万元，比上年同期增加317万元。其中，金融收入5136万元，完成预算的103.7%，比上年同期增长16.2%，收入占比66.3%。寄递业务实现收入1484万元，实现利润217万元。中国邮政平和分公司获全省“2021—2022跨年度竞赛十强县”、全省2021—2022年跨年度“赛中赛”储蓄存款优胜县分公司、“全市攀越200亿金牌功勋区县”等荣誉称号。

【邮政惠农合作】 2022年，中国邮政平和分公司与县农业局共同推选的“平和县正尖山家庭农场”“平和县科源果蔬专业合作社”入选福建省“福农优品·邮政惠农”优质农产品生产基地。7月，与平和中化现代农业联合“酷熊科技”农资店建成全省首个融合共建村级站点（古楼惠农综合服务中心）。引荐天醇茶业公司使用中化农业服务，销售中化农资13.5万元。邮政银行平和县支行为中化现代农业所服务的农户授信“中化产业链”个人经营贷款66万元。霞寨营业所成功办理全省第二笔全市首笔商户结算贷，现场授信30万元；全年拓展7户，授信210万元，列全市第一。新增10个信用村邮银共建，列全省第一；新增融资E客户43户，完成率107.5%；新增贷款额1040万元，完成率148.6%。

【农产品寄递】 2022年，中国邮政平和分公司建成“平和橘柚”

2022年3月15日，平和邮政迎宾路营业所到山格镇高际村开展“村村行”送金融服务下乡活动。图为工作人员指导村民识别网络诈骗，防范金融风险（中国邮政平和分公司 供图）

全国邮政农品基地，全县有白芽奇兰、橘柚两大全国农品基地。实现农品销售额419.1万元，完成农产品寄递收入1100万元，邮政批销交易额221.7万元，建成优质邮乐购站点22个。

【邮政普服转型】 2022年，平和县同城、省内互寄普邮全程时限12项指标全面达标，给据邮件信息断点率为0%，远超“信息断点率保持在万分之0.9以内”的目标；建制村打卡率100%，信筒箱开箱及时率98.19%，超全市0.45个百分点；机要通信实现“万无一失”；重点党报当日见报率100%。普服网点转型覆盖率100%，点均叠加12项业务，万元以下网点全面清零；拓展“警医邮”便民服务网点至3家，累计受理400笔，收入2.72万元，协同寄递创收0.4万元。新增规范自提点31个；建设邮政综合便民服务站95个。投入82万元建成县级共配中心1个，同步将14个农村支局投递部整合为乡镇寄递物流共配中心9个。乡村物流服务实现“一村一站”240个行政村全覆盖，汽车道段提升14段。

（赖鹭萍）

通信服务

【概况】 2022年，平和县加快5G等新一代信息基础设施建设，全县建成5G基站168个（电信53个、移动115个），开通5G信号158个。

【中国电信股份有限公司平和分公司】 2022年，中国电信股份有限公司平和分公司（平和电信分公司）固定资产3.5亿元，全年业务收入8200万户，比上一年增长3%。业务用户数26.3万户。5G基站开通36个（含室外和室分），全县5G基站数达到112个，5G信号覆盖县城及所有乡镇镇区。千兆宽带：千兆光宽网络扩容建设，新增10 GPON口328个，PON到达数1592个，全县具备千兆宽带接入能力，为全县宽带网络提速提供强有力的保障。2022年，全县第三方服务满意度测评在三大运营商中获第一名。

2022年，平和电信分公司开通村部“乡村振兴服务平台”。配合政府相关部门，在山格、黄井、安厚、坂仔等防疫隔离点布放光纤网络及安装宽带监控等，并提供24小时通信保障。协同平和公安推进平安家园项目。推出中小微企业和公众单产品的“惠企降费促销包”、宽带接入费用打折优惠等优惠政策。强化号卡防诈宣传培训，并加强实体渠道实名制等重点业务及防诈规范管理，加强新入网源头管理。

（周子华）

【中国移动通信集团福建有限公司平和分公司】 2022年，中国移动通信集团福建有限公司平和分公司（简称“平和移动分公司”）全年通服收入近2亿元，通信客户规模27.9万户，移动宽带客户9.7万户。5G用户17.5万户，2022年12月当月移动手机上网人均流量达11.7G。提供网络安

2022年8月13日，平和电信分公司开展“千兆宽带+云电脑”入村体验活动

（中国电信平和分公司 供图）

2022年9月22日，平和移动分公司工作人员在福建省2022年中国农民丰收节平和分会场现场开展网络信号保障工作

（中国移动平和分公司 供图）

全防护保障、搭建县级疫情防控信息平台、推进“明厨亮灶”工程等。平和移动分公司获“2022年度先进集体”称号。

2022年，平和移动分公司新建5G基站186个，开通5G基站超300个，实现城关区域及乡镇中心区域100%覆盖，农村区域行政村点亮率60.7%。5G流量高速增长，环比增长3.05倍。强化重点自然村光网络全覆盖，建成宽带端口16万户，比上一年增长6.7%。

（李丽珊）

【中国联合网络通信有限公司平和县分公司】 2022年，中国联合网络通信有限公司平和县分公司实现收入3890万元，4G/5G基站总数达到601个，5G实现平和县城室外连续覆盖和乡镇热点覆盖，5G覆盖率达到69%；4G覆盖率达到98.9%；宽带总端口数达到3.5万个，FTTH（光纤到户）端口占比77%；千兆端口占比23%。在新增建设、带宽扩容及网络深度覆盖等方面投资938.24万元。

2022年，平和联通分公司加强农村信息基础设施建设，推进“村通信合作社”项目，提供“八闽数村”乡村治理、乡村产业、乡村民生三大板块平台。参与智慧城市、智慧医疗、公共安全、乡村振兴等重点领域“十四五”数字建设。主要承建医院、公安局、法院、档案局、智慧园区、教育系统、智慧工地、数字乡村等智能化项目。

（陈淑芬）

【福建广电网络集团平和分公司】 2022年，福建广电网络集团平和分公司网络覆盖平和16个乡镇（场），为党委政府企业提供视频专线传输服务，参与数字福建、智慧城市和美丽乡村建设。新增192号段、700兆赫黄金频段5G通信业务服务。完成山格镇铜钟村等10多个区域的双向网络优化建设；完成宸洲尚品府等多个新区入网工程建设；完成首批15个平和县省级乡村振兴试点村应急广播系统项目建设。开展入村上门续费、FTTH区域专项营销、聚类业务拓展、用户回网升级、5G业务专项营销和集客业务拓展等营销宣传活动110余场。

2022年，广电网络平和分公司加强有线电视安全播出管理，加大干线线路和机房设备巡检巡查力度，轮流派技术人员24小时驻点机房，完成党的二十大、两会及冬奥会、冬残奥会、重要节日等有线电视安全播出保障任务。维护保障政府网视频会商系统、高清水利视频会商系统、全县各乡镇视频直播系统会正常运行150余场。

（何绍平）

教育 科技

教育

【概况】 2022年，平和县全县幼儿园150所（班），其中，县直公办幼儿园2所，乡镇公办幼儿园22所，民办幼儿园64所，小学内附设幼儿班62所。在园幼儿14419人（公办8934人、民办5485人）；全县幼儿教师1001人。全县有各级各类示范性幼儿园25所，在园幼儿6765人，占比46.92%。义务教育阶段学校99所（小学83所、初级中学12所、九年一贯制学校4所）。义务教育阶段在校生48892人（小学35221人，初中13671人），公办学校教师3530人。普通高中6所，在校生8331人，教师664人。中职学校1所（平和职业技术学校），在校生1555人，教师116人。特殊教育学校1所（平和县开智学校），教师15人，学生126人。2022年，平和县整合安厚镇大坑片区教育资源，合并设立九年一贯制学校——官洋学校；平和县教师进修学校通过省级标准化评估验收；平和电大工作站更名为平和开放大学；平和二中晋级省二级达标高中；发放各类补助资金1169万元，受益学生14268人次；举办首届平和县教育系统教职工气排球联赛、“喜迎二十大文艺会演”“平和县中小学学生田径运动会暨教师趣味运动会”“平和县篮球（足球）锦标赛暨小学生阳光篮球（足球）比赛”。

【学前教育】 2022年，平和县完成黄井幼儿园、小坪幼儿园、秀峰中心幼儿园等3所幼儿园申报创建县级示范性幼儿园的现场评估工作；充分发挥示范幼儿园的示范辐射作用，组织23所各级

2022年“六一”国际儿童节之际，平和县各少先大队组织开展“喜迎二十大，争做好队员”分批入队主题活动。图为平和县第四实验小学举行入队仪式 （2022年6月1日 县第四实验小学 供图）

示范园与49所乡村薄弱幼儿园进行结对帮扶，推动城乡幼儿园均衡发展；完成南胜镇法华红星幼儿园、南胜镇义路幼儿园、九峰镇大井头欢乐幼儿园等3所幼儿园的终止办学审批工作；组织全县50周岁以下幼儿教师参与片段教学比赛，提升平和县幼儿教师的专业素养，夯实学前教育质量基础；指导全县各幼儿园制定幼小衔接工作方案，推进幼小科学衔接。

【义务教育】 2022年，平和县教育局搭建“小学入学一件事”平台，推动全县小学新生入学实现在线联办；严格实行公民办学校同步招生，坚持义务教育免试“就近入学馨校园”市级评估；落实“双减”政策和“五项管理”，全面实现减负增效；强化教学研究，邀请全国名师、福建省教研室小学科室负责人、省学科带头人罗鸣亮到平和县做数学专题讲座、指导教研；组织开展省级教改示范培育校和城镇优质校教学开放活动11场，充分发挥优质学校的引领辐射作用，受益教师1200多人，受益学生2.5万人。

优质学校创建　2022年，平和县有7所通过省级“义务教育管理标准化学校”评估确认；有19所小学申报创建“乡村温馨校园”，已全部通过县级评估，推荐市级评估。

名优教师送教送培　2022年，平和县推选在市级赛课、技能大赛、学科十佳教师评选或优课评选中获奖的名优教师择优选用92人，每名教师精心准备一节示范课或讲座，到39所边远乡村小学送教送培，参与活动教师800多人，受益学生1万多人；有10所小学承办省级名校长、名师送教送培活动5场，市级名校长、名师送教送培活动15场，受益教师1500多人，受益学生20000多人。

控辍保学工作　2022年，平和县全面落实控辍保学责任制，形成控辍保学联动机制，通过教育扶贫、精准扶贫，保障这些贫困家庭孩子都可以上好学，不让一个学生因家庭贫困而辍学，实现“一个都不能少”的目标。4月，开展一次全面细致的控辍保学摸底排查工作，确保排查不漏一人。

课后延时服务　2022年，平和县对需开展课后延时服务的38所中小学全部开展课后延时服务，占比达100%，学生参与率达90.24%。县城区公办12所学校全面推行义务教育阶段学校工作日“2+N”课后服务模式；通过公开招投标建立7家校外供餐企业名录，县城区8所学校和3所乡镇中心小学开展午餐配送服务，将部分因开展晚自修需要配送晚餐的乡镇中学纳入服务。学校利用课后服务的时间，组织学生自主阅读、完成作业、个别辅导、社团活动和阳光体育等多种活动。

【普通高中教育】 2022年，平和县教育局规范学校管理，其中平和一中为省一级达标高中，平和二中为省二级达标高中，平和五中、平和六中、平和广兆中学、平和正兴学校等4所学校为省三级达标高中。

平和一中　2022年，平和一中结合高效课堂改革，11月举办初中部市级教学开放周活动，组织教师参加各级课题研究，全校教师147篇论文在CN级刊物发表，有2个省级、3个市级、5个县级教研课题结题；1个课题获福建省“十四五”课题立项批准，2个课题获漳州市教科院立项批准。3位教师被评为漳州市研究型名师和漳州市学科带头人，3位教师担任县名师工作室领衔人；76位老师在市县各类教学技能比赛中获奖。2名学生在第29届全国中学生物理竞赛中获市级二等奖；4名学生获市级三等奖；2名学生在中国化学奥林匹克福建赛区预赛中获市级三等奖。举办心理健康周活动，开展班主任心理健康讲座和新生心理素质拓展活动，建立心理危机跟踪维护机制；开展“当柚香遇上奇兰”“大手牵小手，永远跟党走”“学雷锋，树新风”等主题征文、演讲、板报比赛，举办师生趣味运动会、“防震减灾”师生书画展等活动。

平和二中　2022年，平和二中升格为省二级达标高中。鼓励年轻教师参加各级教学技能竞赛，在2022年漳州市基础教育精品课比赛中，龚文珍老师获得二等奖，蔡江华、杨雅婷、曾斌琦三位老师获得三等奖；举行“平和二中青年教师首届论坛”。运用平和文庙平台，开展《论语》《三字经》《传习录》等经典诵读、“成人礼”、书法临写、诗歌欣赏、舞蹈、音乐等国学活动，并与闽南师范大学文学院合作开展传统文化研究与系列讲座活动。与闽南师范大学文学院签订合作协议，确定文学院每年为平和二中输送5名实习生。开展奖教活动，筹措社会资金10万元用于奖励成绩优秀的教师；聘请各领域校友杨振添、游旭新、朱伍松、朱万贵、曾艺艺等为学生开展理想信念、道德情操、励志、感恩、心理健康教育系列讲座。

平和正兴学校　2022年，平和正兴学校注重德育队伍建设，举办“十佳班主任”演讲比赛，举办“创省文明县城，做文明平和人”主题班会活动，开展“正兴好少年”月度评选、“学习清明文化，缅怀革命先烈”爱国主题教育、“拥抱青春，笑迎花季——女生青春期知识讲座”等活动。获平和县中小学生田径运动会暨教师趣味运动会高中组团体总分第二名、初中组团体总分第四名、漳州市中学生阳光体育联赛乒乓球选拔赛团体成绩第一名。做好教研工作，加强教师的磨课、听评课的管理和指导；组织青年教师参加教学比武大赛。全年学生获省级初中数学卓越杯比赛二等奖10名、三等奖50名，市级高中数学竞赛一等奖2名，化学竞赛一等奖1名、二等奖5名、三等奖8名，生物竞赛一等奖2名、二等奖4名、三等奖8名，获福建省“大梦杯”青少年数学水平测试三等奖2名，获第十六届全国中学生创新作文大赛市一等奖14名、二等奖27名、三等奖40名，获漳州市第三届中小学人工智能与机器人挑战赛全市一等奖金牌2名。

【职业教育】　2022年，平和职业技术学校坚持“中职高考（升学）+中高职五年专（大专）+中专（就业）”三种凸显特色的办学模式，推进职业教育产教融合，坚持走校企合作办学道路。设有幼儿保育、机电技术应用、汽车运用与维修、计算机应用、旅游服务与管理、电子商务、新能源汽车运用与维修等7个专业，41个班级，在校1548人，教职员工132人，其中国家级骨干教师7人，省级骨干教师18人，市级骨干教师32人。围绕“践行社会主义核心价值观”“家庭美德”“社会公德”“职业道德”“个人品德”开展“如何做一名有智慧的班主任”主题讲座。注重技能培养，建立技能大赛辅导备赛长效机制，制定《福建省平和职业技术学校“工匠奖”奖励方案》等一系列的规章制度；2021—2022学年教师获省级表彰7人、市级表彰16人、县级表彰5人，学生获省级表彰4人、市级表彰13人、县级表彰14人。扶困助学，资助中职学生3325人次，总金额637.98万元。与平和县实验幼儿园、平和县新星幼儿园、福建龙溪轴承（集团）有限公司、漳州万利达科技有限公司、厦门精一诚金属制品有限公司、平和县三平风景区管理委员会、平和县灵通风景区管理委员会等单位合作建立校外实训基地。

【特殊教育】　2022年，县教育局加强开智学校学校教学常规管理，规范特教学校教师的教学行为。平和县开智学校有教师15人，学生126人。发挥开智学校省级标准化学校的示范辐射作用和特殊教育资源中心优势，做好随班就读与送教上门工作的业务培训与指导工作，加强开智学校与全县随班就读和送教上门学校的帮扶活动，开展送教上门服务。

【成人教育】　2022年，平和开放大学是平和县教育局主办的，唯一在平和县招收国家开放大学（本科、专科）学生的公办成人高校，实施福建开放大学继续教育业务，开展社区教育、老年教育、社会培训。8月，福建开放大学和平和县人民政府批准平和县电大工作站更名转型为平和开放大学；9月5日，平和开放大学揭牌，是漳州市第一个县级工作站更名转型的开放大学，在校生1010名。学校招生增幅百分比名列全省前茅；2022年获福建开放大学办学体系“招生工作先进集体”荣誉称号，卢龙泉、赖桂贤、卢天德、蔡金华等多名教师获福建开放大学“优秀教育工作者”“招生优秀个人”“优秀教师”“优秀班主任”等荣誉称号。

【师资队伍建设】 2022年，平和县公开招聘录用中职、中小学、幼儿园新任教师60人（含研究生学历2人）；完成全县4385名中小学幼儿园教师信息技术2.0全员培训；开展第三期校长任职资格培训；179名教师完成小学道德与法治教师培训和中学思政课教师培训；1350名教师完成中考名师面对面培训；全县12门学科3047名教师完成义务教育新课程方案和新课程标准培训；开展2021—2022学年新教师课堂教学比武活动。加强师德师风建设，制定中小学幼儿园教师职业行为负面清单及处理办法，将考核结果运用到教师年度考核、职称评聘、评优评先、教师资格注册等工作中。全县各学校教师签订师德师风“承诺书”，对各类违规违纪问题坚决做到“零容忍”；组织中小学幼儿园教师进行“师德师风应知应会知识”测试，并把测试结果纳入教师年度考核；在中小学教师职称评审中，对违反师德师风“二十条”情形之一的情况实行一票否决。

【责任督学】 2022年，平和县教育局对全县91所幼儿园、81所完全小学、12所初中学校、5所完全中学、4所九年一贯制学校、1所职业学校、1所特殊教育学校和1所十二年一贯制（民办）学校实施责任督学挂牌督导，聘请102名兼职督学；完成2021年度对乡镇教育工作督导评估反馈意见，修订2022年度对乡镇教育工作督导评估办法；做好2021年度“两项督导”县级自评工作；对23所幼儿园办园行为进行督导评估，在全市范围内率先完成教育部要求的五年一轮幼儿园办园行为督导评估工作。

【教育设施建设】 2022年，平和县实施12个教育建设项目，规划总建筑面积7.07万平方米，估算总投资3.67亿元；处于前期工作阶段项目6个，处于主体在建阶段项目3个，处于主体封顶项目2个，处于装修阶段项目1个；2022年义务教育薄弱环节改善与能力提升的设备购置及校园校舍建设项目119个，总投资1712.44万元，均按规划完成建设任务；推进教育装备建设，投资691.48万元采购教学触控一体机660台，投资310.8万元改造全县259间近视防控教室照明，均投入使用；利用2022年存量债券资金500万元，完成县城6所小学课后服务教室532台空调采购及改造低压电源接入。

【校园安全】 2022年，平和县教育局落实校园疫情防控常态化工作，做足做细“开学前”“开学后”工作，严格落实“九不准”“二十条”要求，做到精准不加码；研究制定全县中小学学生矛盾纠纷排查专项整治方案，邀请中国人民大学孙明春博士进校园作法治专题讲座，加强各项安全教育，防范校园欺凌；加快推进校园安全防范系统建设，推进中小学幼儿园“互联网＋明厨亮灶”建设。全年有13所学校通过第二批省级“平安校园”认定。

【校外培训机构监管】 2022年，平和县教育局制定开展非学科类校外培训机构摸底排查工作方案，开展校外培训“监管护苗”2022年暑期专项行动，全县取缔无证无照培训机构7家，责令整改预收费没有及时存入银行托管专户的培训机构3家，立案查处校外培训机构违法案件4件，罚没金额0.587万元；压减学科类培训机构5家，其中注销2家，转为非学科类3家，压减率83.33%；1家学科类培训机构已登记为非营利性质，营转非率达100%；1家学科类培训机构和4家非学科类培训机构均推广使用《中小学生校外培训服务合同（示范文本）》，使用率达100%，资金全部纳入监管，4家机构均和银行签订资金托管协议，监管率达100%；4家机构全部开通监管专户平台支付功能，开通率达100%。

（陈利明）

科 技

【概况】 2022年，平和县推进科技特派员制度，服务乡村振兴和助力产业转型，创新供需精准对接机制，选任省级个人科技特派员33人，科技特派员团队10个。支持女性科技人才在科技创新中发挥更大作用，成立“碳汇+女科技特派员联盟”平和小分队，服务乡村振兴；省级科技特派员赖宝春被评为2022年福建省优秀科技特派员。

【科技管理】 2022年，平和县有6家企业申报高企，其中，新增的4家分别为漳州绿林生物科技有限公司、福建西蝉木业有限公司、漳州市财源纸品股份有限公司、福建益果园食品有限公司，复审的2家分别为漳州玉露食品科技股份有限公司、中宝（福建）食品科技有限公司）。组织符合条件的企业报名参加2022年漳州市创新创业大赛，中宝食品、百得利2家企业分别获全市创新创业大赛优胜奖、全省创新创业大赛优胜奖。全县有36家企业研发投入合计2.2亿元，比上年最终认定的1.59亿元增长38.4%。组织企业申报2022年度“首席科技官”“双创之星”，遴选推荐中宝食品和百得利实业有限公司2家企业。

【科技宣传】 2022年，平和县在平和县第四实小举办2022年“全国科技工作者日”系列活动暨人工智能科普进校园活动；在第五实小开展科普知识进校园活动，以“知识宣讲＋交流互动”的培训方式，宣传防震减灾科学知识以及消防安全知识。通过县委、县政府大门等主要公共场所的LED显示屏宣传倡导科学发展观念。在革命老区崎岭乡桂竹村举办“科技助力乡村振兴”主题活动。

【科技动员】 2022年，平和县完成年度国防动员高新技术企业、科研院所、军民通用装备维修、气象水文及地理测绘、核生化应急等方面的重点潜力数据调查统计，参加2022年度平和县基干民兵集合点验大会并完成大会30人的工程抢修连基干民兵整组任务。

【科特派工作】 2022年，平和县组建以省种植业技术推广总站为科技服务团，分别在平和任职科技副县长、县农业局科技副局长、县水利局科技副局长、县林业局科技副局长、县工信局科技副局长。以集美大学科特派倪辉教授为代表的研发团队与福建平和宝峰罐头食品有限公司等企业共同研发的柚类水果采后高值化加工关键技术及产业化项目，获福建省科技进步一等奖；省级科技特派吴良泉教授为发起人的科技小院科特派团队，开展土壤改良及蜜柚提质增效，聚焦解决平和蜜柚产业土壤营养不良及酸化等问题，减肥增效助力花山溪饮用水水源地综合整治；7月是漳州雷电高发季节，漳州市气象局市级科特派员郑小琴、林两位、庄文晶等结合安厚镇气候特点和服务需求，在安厚镇开展气象防灾减灾系列活动。

【产学研成果转化】 2022年，平和数字乡村农业科技有限公司与泉州装备制造研究所合作基于软X射线的柚子内部品质检测与机器人码朵系统，福建平和宝峰罐头食品有限公司与集美大学合作蜜柚果粒和食品乳化稳定剂联产关键技术研发与产业化，福建沃土谋臻农业科技有限公司与华侨大学化工学院合作泰国金柚提质增效关键栽培技术与示范，福建壹工软包装科技有限公司与深圳大学合作的基于二维材料／石墨烯二维材料改性CPP防蓝光智能膜的研究与开发等。以省级科技特派吴良泉教授为发起人的科技小院科特派团队开展土壤改良及蜜柚提质增效，聚焦解决平和蜜柚产业土壤营养不良及酸化等问题，减肥增效助力花山溪饮用水水源地综合整治。以集美大学科特派倪辉教授为代表的研发团队与平和县的福建平和宝峰罐头食品有限公司等企业共同研发的柚类水果采后高值化加工关键技术及产业化项目，

2022 年 3 月 11 日，平和气象防灾减灾科普文化基地项目论证会召开，平和县两个现代化项目可行性方案通过论证。图为论证会现场

（县气象局 供图）

获“2020 年度福建省科技进步一等奖”。

【气候品质认证】 2022 年，平和县气象局开展第一批琯溪蜜柚气候品质认证，6 家基地获“特优”气候品质认证。地质灾害气象风险预报预警系统及“知天气”模块投入应用。开展线上线下气象科普宣传和实用技术培训。《MDOS 疑误信息告警软件 v1.0》取得国家版权局计算机软件著作权。申报“气候福地”，挖掘气候福地品牌价值。申报“气候福地”。琯溪蜜柚气候品质认证技术研究、平和县引种树葡萄的气候适应性研究等省市局课题提交验收，投稿发表论文多篇。

【气象防灾减灾】 2022 年，平和县气象局开展汛期监测预警服务工作，强化与地方部门联动，与应急管理局完善叫应联防制度和信息共享，与自然资源局联合会商发布地灾气象风险预警等级；举办平和县 2022 年度汛期综合业务培训会，培训对象涵盖县乡村三级防汛业务人员；更新各级各部门党政领导、气象信息员等服务对象信息和气象防灾减灾“一本账”“一张图”，推动气象灾害综合风险普查工作，灾害性天气预警落区精细到乡镇。全年发布各类决策气象服务材料 266 份，气象灾害预警信号 249 期，通过短信发布气象服务信息 61 万余条，在 5 月 10 日大范围暴雨过程、6 月 5 日持续性强降水过程等灾害性天气过程及时开展精细化预报预警服务。织密气象数据监测网，2 个国家天气站完成补短板换新升级，区域气象站实行社会化保障。

【农业气象服务】 2022 年，平和县气象局发布蜜柚农用天气专题预报等各类农气服务产品 187 期，服务地方党政领导、种植大户及贫困户近 2 万人次；联合农业局专家在灾害性天气过程前后深入田间进行农事指导，及时发布农业气象灾害监测预警评估。县政府专项投资 150 万元推进平和气象防灾减灾科普基地项目建设；发展“气象 + 智慧农业（茶产业）+ 旅游”；科技特派员对接村镇企业，联系基层、服务“三农”。

（黄烨婷 卓丽容）

文 化

公共文化

【概况】 2022年，平和县有艺术表演团体10个，演（映）出70场次，总流通45万人次；公共图书馆4个，总藏量6万余册；博物馆1个，总藏量1317件，总流通4.63万人次；文化馆1个，演（映）出53次（场），总流通3.52万人次；文化站15个，演（映）出180余场次，总流通10.2万人次。全年投入296.5万元完成全县15个省级乡村振兴试点村的应急广播项目建设。对2处国保、省保单位16路监控联网建设。

【图书馆】 2022年，平和县图书馆办理读者证352张，总分馆流通5.3万余人，总分馆图书外借量约9.7万册次，进馆群众超6万人次，“平和县图书馆”微信公众号全年发布161篇推文。

图书宣传　2022年，平和县图书馆各类活动、展览、讲座12场，其中线下活动8场；线上主题活动、展览、讲座4场。活动的内容和主题涉及“中国故事•不同凡响”“亲子阅读”、传统文化等。“4•23”世界读书日期间，平和县图书馆联合漳州市图书馆、漳州悠贝亲子图书馆共同开展“中国故事•不同凡响”系列活动。举办“让阅读走进生活，让阅读走进新时代”暑期读者阅读系列活动4次。在微信公众号推出线上展览“典籍里的中国智慧——2022年《中华传统文化百部经典》阅读推广活动”“网络书香•筑梦同行”主题数字阅读活动，弘扬中华优秀传统文化。

智慧图书馆建设　2022年，平和县图书馆各借阅室均配备RFID（射频识别）管理软件、馆员工作站、自助借还书机、双通道防盗仪等设备，实现读者自助借还书籍。数字资源挂靠平和县图书馆微信公众号端的“读者服务”栏目的“超星读书”、“网络书香•阅见美好”小程序，包含电子书、公开课、视频、听书，可看可听。

图书服务点建设　2022年，平和县推进县图书馆总分馆制及图书服务点建设。与武警平和中队共建“武警平和中队分馆”，在原旧馆建设小溪分馆（城市书房），在县人武部开设“图书服务点”，指导供电公司建设党建书屋。

（简易妮　游慧艺　徐景明）

【博物馆】 2022年，平和县博物馆全年接待参观4.64万人次，其中，本地参观游客达37629人次，非本地参观游客8746人次。

临时展览举办　2022年，平和县博物馆办好临时展览，1月举办“党旗红　苏区兴”平和县庆祝中国共产党100周年美术写生及书法作品展，2月举办“福见平和——闽派七零•七子走进平和书法精品展”，5—6月举办“5•18”国际博物馆日　福见平和——喜迎党的二十大美术名家邀请展，10—11月举办“喜庆二十大　助力乡村振兴”平和县书法作品展。

2022 年 10 月 27 日，“喜庆二十大 助力乡村振兴”平和县书法作品展在平和县博物馆举办 （林泽霖 摄）

博物馆宣传教育 2022 年，平和县博物馆发挥“红色平和展厅”党史教育的文化阵地功能，开展社会教育活动，协助各党政机关、事业单位、社会团体开展专题党日教育活动、研学实践活动 20 余场。2—3 月，利用“平和县博物馆”微信公众号举办“平和县博物馆馆藏文物精品展”线上展览，成为县博物馆固定展陈的重要组成部分。

馆藏文物建档完善 2022 年，平和县博物馆开展文物征集和无偿捐赠活动。完成全部馆藏藏品的入库、整理、登记工作，计 1317 件（套）。2022 年 5—6 月，平和县博物馆相继完成平和窑展厅、平和历史展厅的文物出库布展工作，累计展出馆藏文物 198 件。其中，平和窑展厅展出文物 79 件，平和历史展厅展出文物 119 件，其中，国家二级文物 14 件，国家三级文物 50 件。

（简易妮 游慧艺 徐景明）

【文化馆】 2022 年，平和县文化馆与潮剧传承保护中心联合组织惠民公益演出（线上、线下）15 场，观众（线上、线下）1.5 万人次。完成创作 4 个节目的拍摄制作工作，并在线上做非遗文化宣传。组织潮剧传承保护中心人员参加“闽南文化圩日系列活动 非遗过大年” 向人民汇报专场公益演出；组织平和县中国舞蹈家协会中国舞舞蹈考级 383 人；组织开展福建省第十八届故事大王比赛、漳州市第十四届故事大王比赛（平和赛区）参赛选手视频录制工作（幼儿组 12 人、小学低年级组 4 人、小学高年级组 7 人）。组织开展进校园活动 5 场次；参加摄影展 3 场次。免费开展舞蹈培训班、美术培训班、二胡培训班公益性授课。收集整理文化馆从民国 25 年（1936 年）至 2007 年文化馆大事件。

（简易妮 游慧艺 徐景明）

【新华书店】 2022 年，福建新华发行（集团）有限责任公司平和分公司实现营业总收入 3110.90 万元，其中，主营业务收入 3089.40 万元，其他业务收入 21.50 万元。发行《闽山闽水物华新——习近平福建足迹》《让群众过上好日子——习近平正定足迹》《干在实处、勇立潮头——习近平浙江足迹》《当好改革开放的排头兵——习近平上海足迹》《习近平谈治国理政》第四卷、《党的二十大报告辅导读本》《中国共产党第二十次全国代表大会文件汇编》等政治理论读物约 2.58 万册。开展全民阅读等文化惠民活动，通过网上商城和微信读者群，推出“满 99 立减 30”优惠券促销活动、“新华有情送健康——重阳节感恩敬老”优惠活动等；在微信视频号、抖音等自媒体平台推出“新华睡前故事汇”109 期；参加文化卫生科技“三下乡”、社科普及宣传周等活动，全年赠送图书码洋 10.5 万元。

（吕文磊）

【文化市场综合执法】 2022 年，平和县文体旅局开展文化旅游市场监管和整治，坚持“双随机”与“专项检查”相结合，出动执法人员625人次，执法检查经营场所202家次，现场整改10家次，发现并全部整改到位安全隐患73处，处理举报48起，查办8起简易案件，立案查处5起，结案3起。

（简易妮 游慧艺 徐景明）

群众文化

【概况】 2022年，平和县围绕“福”文化、平和文化、非遗过大年、人民的非遗人民共享、“喜迎二十大”等主题，举办线上文化活动34场、线下活动36场，线下摄影联展3场；开展戏曲公益性演出71场，完成农村公益电影放映2880场次。完成创作4个节目的拍摄制作工作，并在线上做非遗文化宣传。

【“福”文化主题系列活动】 2022年，平和县围绕“福文化”主题开展系列活动。由综合文化站、文化服务中心、社区文化服务中心联合县书法家协会、书法兴趣爱好者开展“文化进万家”送福送春联活动；在林语堂文学馆举办“福佑中华语堂故居品奇兰”品茶会、福建省百名作家讲百福公益活动暨“品赏中华福文化，感受语堂幸福观”文学讲座；2月3—5日，“福满乾坤 开漳大吉 ‘福’文化过大年 文化进万家”潮剧作品线上展播、线下展演。2月14—15日，“福”见平和、“鸿”运满城非遗专场潮剧作品线上、线下展演。6月27日，潮剧《辞郎洲》在平和县融媒体中心、微信公众、抖音等平台播出，作为2022年“七一”文艺活动宣传，主题为“喜迎二十大 弘扬福文化”。

2022年7月，“福”文化漳州非遗节目展演现场——潮州大锣鼓《福鼓福音》节目

（县文体旅局 供图）

【非物质文化遗产活动】 2022年5月31日，在崎岭天湖堂戏台举办以“办连接现代生活 绽放迷人风采”2022年文化和自然遗产日展演。6月5日，组织漳州瓷器（平和青花瓷）烧制技艺参加用闽南文化点亮漳州千年古城。8月5日，组织录制《潮剧（平和）》、漳州长乐客家山歌（客家山歌动人心）的故事，参加“喜迎二十大——讲好福建非遗故事”演讲大赛。

【文化艺术作品交流展】 2022年2月1—25日，平和县、上杭县、龙岩市永定区文化馆联合在漳州市艺术馆二楼举办“永定、上杭、平和风光摄影联展”，影展作品聚焦永定、上杭、平和三地的旖旎风光、风土人情，从1996年的文峰镇黄井村碧溪楼，到2021年的大溪镇下村土楼群。2月26日至4月10日，组织平和文化馆土楼、人文摄影作品到漳州市艺术馆联展。5月31日，组织平和文化馆摄影作品到龙岩市永定区馆联展。

【潮州大锣鼓《福鼓福音》在中央电视台少儿频道播出】 2022年6月26日，平和县文体旅局、平和县文化馆选送，平和县潮剧传承保护中心老师及彭溪小学、南湖小学学生表演的潮州大锣鼓《福鼓福音》于2022年7月在中央电视台少儿频道《大手牵小手》栏目播出。

（简易妮 游慧艺 徐景明）

文化遗产保护

【概况】 2022年，平和县有县级以上非遗项目36项，其中国家级1项、省级4项、市级16项、县级15项；县级以上代表性传承人36人，其中，省级1人，市级8人，县级27人。全县有各级文物保护单位和文物点492处，其中，世界文化遗产预备名录（南胜窑址）1处、全国重点文物保护单位4处、省级文物保护单位19处、县级文物保护单位107处、未定级一般不可移动文物362处。平和县南胜窑址列入第二批省级考古遗址公园立项名单；完成全县492处不可移动文物定线落图并纳入县国土空间平台。

【非遗代表性项目申报】 2022年，平和县组织开展第九批非物质文化遗产代表性项目申报工作。灵通岩米酒酿制技艺、平和麦芽糖制作技艺、平和弄狮、漳州老金枣制作技艺（平和）、平和老菜脯制作技艺等7个项目入选漳州市第九批非物质文化遗产代表性项目名录。灵通岩米酒酿制技艺、平和麦芽糖制作技艺、平和弄狮、平和壁画、漳州老金枣制作技艺（平和）、平和老菜脯制作技艺等8个项目被列入县级第八批非物质文化遗产代表性项目名录。

【非遗传承人培养】 2022年，平和县组织全县非遗管理人员和非遗传承人参加2022年度漳州市非遗管理保护人员暨代表性项目保护单位负责人（传承人）培训班。邀请闽南师范大学教授漳州市首席非遗专家郑镛，以及福建省第一批至第七批非遗项目评审评委到平和县文化馆（平和县非物质文化遗产保护中心）为平和县第八批、漳州市第九批非物质文化遗产申报工作授课。

【潮剧（平和）和漳州白皮饼制作技艺入选第七批省级非物质文化遗产代表性项目】 2022年1月29日，福建省人民政府公布第七批省级非物质文化遗产代表性项目名录，平和县的潮剧（平和）和漳州白皮饼制作技艺入选其中。

潮剧（平和） 潮剧，原名潮音戏，亦称白字戏。清嘉庆年间（1796—1820），平和县已有潮剧演出活动。咸丰年间（1851—1861），平和出现“一枝香”“梅花天”等潮剧班社。清末至民国中期，是平和潮剧兴盛时期，潮剧班社蜂起，潮剧取代汉剧、四平戏，成为最主要的戏曲剧种。解放后，潮剧继续发展，全县业余潮剧团200多个。1956年，平和第一个专业剧团即平和潮剧团成立。此后数十年间，成为传承潮剧艺术、培养一代又一代演艺人才的重要阵地。2012年，平和县潮剧传承保护中心成立，潮剧这一项宝贵的非物质文化遗产得以更好地传承和发展。

漳州白皮饼制作技艺 白皮饼是闽南传统糕点。原产地在漳州市平和县九峰镇。制作技艺始于明末，传承400多年。明正德十三年（1518），平和建县，县治设九峰。商贸渐兴，九峰老街商贾云集。有曾姓先民开糕饼铺，与药铺隔壁，突发奇想，欲制作一种可供病人食用的糕饼。多次探研，采用面粉与麦芽糖精制而成，果有成效。饼皮色白，故称白皮饼。圆形薄饼，外皮内馅，口感佳。

【文物修缮】 2022年，平和县文物保护中心向上争取文物保护资金，开展文物保护修缮各项工作。申请文物保护专项资金180万元，市局拨付文物保护专项资金20万元，南胜窑址安防工程70万元，城隍庙安防工程90万元。实施开展庄上大楼修缮工程、南胜窑址和庄上大楼安防工程、宾阳楼和寨河旧楼土楼活化利用示范点建设；组织开展崇福堂、前山胡氏宗祠等项目的项目计划书、修缮方案编制；全县全国重点文物保护单位、省级文物保护单位均开展文物维修保护工作，大量县级文物保护单位和部分文物点也得到修缮或抢险加固维修。

平和县各级别非物质文化遗产代表性项目一览表

表 5

级别	项目类别	项目名称	批次及批准时间	保护或申报单位
国家级（1 项）	民俗	三平祖师信俗	第四批、2014 年 11 月 11 日	平和县三平风景区管委会
省级（4 项）	民俗	闽台乞龟民俗	第三批、2009 年 6 月 1 日	平和县慈惠宫管委会
	传统技艺	平和龙艺扎制技艺	第六批、2019 年 2 月 25 日	平和县侯山宫管委会
	传统戏剧	潮剧（平和）	第七批、2022 年 1 月 29 日	平和县潮剧传承保护中心
	传统技艺	漳州白皮饼制作技艺	第七批、2022 年 1 月 29 日	漳州市美嘉味食品有限公司
市级（16项）	传统技艺	平和白牙奇兰茶制作工艺	第四批、2010 年 11 月 29 日	平和白芽奇兰茶研究会
	传统技艺	漳州瓷（平和青花瓷）烧制技艺	第四批、2010 年 11 月 29 日	福建克拉克瓷有限公司
	传统技艺	南胜麻枣制作技艺	第五批、2013 年 2 月 25 日	平和县南胜裕辉食品有限公司
	民俗	闽台走水尪习俗	第六批、2015 年 9 月 18 日	平和县侯卿庵管委会
	民俗	保生大帝信俗（平和）	第六批、2015 年 9 月 18 日	平和县天湖堂管委会
	传统音乐	漳州长乐客家山歌	第七批、2018 年 7 月 19 日	平和县文化馆
	传统技艺	平和大溪豆干制作技艺	第七批、2018 年 7 月 19 日	平和县大溪镇人民政府
	传统技艺	芦溪咸菜腌制技艺	第七批、2018 年 7 月 19 日	福建绳武楼旅游投资有限公司
	传统技艺	小溪枕头饼制作技艺	第八批、2020 年 11 月 24 日	平和县西山侯山宫管委会
	传统技艺	灵通岩米酒酿造技艺	第九批、2022 年 12 月 28 日	福建灵通岩酿酒有限公司
	传统技艺	漳州老金枣制作技艺	第九批、2022 年 12 月 28 日	漳州健正食品有限公司
	传统技艺	平和老菜脯腌制技艺	第九批、2022 年 12 月 28 日	福建省勇沛食品有限公司
	传统技艺	平和麦芽糖制作技艺	第九批、2022 年 12 月 28 日	平和县文化馆
	传统体育游艺与杂技	平和弄狮	第九批、2022 年 12 月 28 日	平和县文化馆
	民俗	送王船（平和）	第九批、2022 年 12 月 28 日	霞寨长汀村三王公庙
	传统戏剧	潮剧（南湖）	第九批、2022 年 12 月 28 日	平和县艺新潮剧团

续表 5

级别	项目类别	项目名称	批次及批准时间	保护或申报单位
县级（15项）	传统技艺	天湖堂桌子艺	第二批、2008 年 8 月 12 日	平和县天湖堂管委会
	传统技艺	山格生仁糖制作技艺	第二批、2008 年 8 月 12 日	平和县山格新锦泰食品厂
	种植	琯溪蜜柚栽培技术	第二批、2008 年 8 月 12 日	平和县小溪镇西林村
	民俗	龙井宫保生大帝信俗	第五批、2013 年 8 月 19 日	平和县龙井宫管委会
	传统技艺	福塘椿臼面制作技艺	第六批、2014 年 12 月 25 日	平和县秀峰乡福塘村委会
	传统技艺	芦溪红酒酿制技艺	第六批、2014 年 12 月 25 日	福建绳武楼旅游投资有限公司
	民俗	博济宫石万岁信俗	第六批、2014 年 12 月 25 日	平和县霞寨镇钟腾村委会
	民俗	普济堂王公信俗	第六批、2014 年 12 月 25 日	平和县普济堂管委会
	民俗	芦溪婚俗	第六批、2014 年 12 月 25 日	福建绳武楼旅游投资有限公司
	民俗	石晶宫观音信俗	第七批、2020 年 5 月 8 日	平和县石晶宫管委会
	传统美术	平和传统壁画	第八批、2022 年 9 月 27 日	平和县榜眼府文化研究会
	传统技艺	平和麦芽糖制作技艺（坂仔）	第八批、2022 年 9 月 27 日	平和县兴能糕点店
	传统技艺	平和麦芽糖制作技艺（霞寨）	第八批、2022 年 9 月 27 日	平和县榜眼府文化研究会
	传统体育游艺与杂技	平和弄狮（霞寨）	第八批、2022 年 9 月 27 日	平和县榜眼府文化研究会
	传统体育游艺与杂技	平和弄狮（小溪）	第八批、2022 年 9 月 27 日	小溪镇西山侯山宫管委会 小溪镇坑里村老人协

（简易妮 游慧艺 徐景明）

文化创作演出

【概况】 2022 年，平和县探索创新工作机制，推进文化创作，加强文艺精品创作力度，创作体现地方特色、反映时代风貌的优秀作品。潮剧传承保护中心推出经典折子戏《辞郎洲》（送郎）、《辞郎洲》（帝舟将相意难猜）、《画龙点睛》（李世民落荒）、《东吴郡主》（芳心长慕英雄汉），创作现代原创潮剧《海峡两岸语堂情》《同心筑梦二十大》等节目，在全县各乡镇、各村社，和网络平台开展宣传，创作潮州大锣鼓《福鼓福音》参加央视少儿频道“大手牵小手”展演；选送黄田村乡村文化振兴典型案例在全省乡村文化振兴培训班作典型经验交流发言；编辑出版《平和乡村文化记忆》（第一辑）。

【潮剧《辞郎洲》】 2022 年，平和县大型潮剧《辞郎洲》（全剧）在全县各乡镇、各村社，以及网络平台开展宣传。该剧改编自南宋末年的历史故事，讲述平和籍抗元巾帼英雄陈璧娘与其夫张达赴征保家卫国的爱国故事。

【非遗潮剧进校园】 2022 年，平和县潮剧传承保护中心开展“非遗潮剧进校园”活动 9 场，

2022 年 5 月 19 日，平和县融媒体中心记者在国强乡拍摄花山溪饮用水水源地综合整治情况　（县融媒体中心　供图）

走进平和县崎岭乡彭溪小学、崎岭中心小学、崎岭中心幼儿园，参与达 4500 人次。

（简易妮　游慧艺　徐景明）

融媒体

【概况】　2022 年，平和县融媒体中心坚持以深化融媒体改革为动力，讲好平和故事、传播好平和声音，依托“6112”全媒体传播矩阵，组织策划开展全媒体宣传报道，推动宣传工作。

【政务宣传报道】　2022 年，平和县融媒体中心建立重点稿件报题制度，每周一报题。开辟“产业发展项目攻坚年”“七比一看”“生态环保”“整肃纪律作风、优化营商环境”“紧盯开门红”“文明平和”“平安平和”“交通违法曝光台”等栏目，及时报道县委、县政府的中心工作，宣传各级各部门开创新局面的经验做法；运用“六号 + 一网 + 一报 + 两台”的“6112”全媒体传播矩阵的优势，与相关县直部门、乡镇开展合作宣传；强化“新媒体首发”理念，县域内重大事件，新媒体首发率在 80% 以上。制作推出 3 件阅读量 10 万余人次的融媒产品；“平和新闻”微信公众号粉丝量近 8 万、新闻阅读量超过 1 万人次的 93 条、在 2022 年漳州微信影响力第 32、33 周排行榜中位居县区融媒体榜首。入驻“人民日报”App、今日头条、抖音等社会化商业平台，粉丝数超 2 万名；柚都平和、平和网、柚乡视界等进行改版创新；参与直播活动，打造“柚乡视界”“三农时光”“平和民生”等品牌栏目；开设 20 个以上各类时政类、民生类专题专栏，完成一批音视频作品在各类平台播放；打造“平和蜜柚节”“白芽奇兰茶茶王赛”等品牌活动；开设“交通违法曝光台”“货比三家”等新闻舆论监督平台，拓展媒体 + 政务、媒体 + 服务；开展各类公益宣传，协助县委宣传部做好舆情监测等。

【对外宣传】　2022 年，平和县融媒体中心把平和电视台《平和新闻》“平和新闻”微信公众号、抖音号、视频号以及文字报道作为对外宣传的主攻方向，定期分析研究平和县对外宣传的现状及努力方向，及时与上级新闻媒体进行沟通对接，完成上级交办的对外宣传任务。向上级媒体传送新闻、专题稿件，全年采访拍摄的有关平和的新闻被国家级媒体采用 29 条、省级媒体采用 354 条、市级媒体采用 2631 条。

【新闻作品创优】　2022 年，平和县融媒体中心作品《平和・邂逅》获 2021 年度“福建省广播电视艺术奖”漳州评审微视频节目二等奖、《非凡十年（平和篇）》获“喜迎二十大——现代滨海城富美新漳州”全市短视频创作大赛二等奖，2 件作品获 2021 年度“福建省广播电视艺术奖”漳州评审播音与主持节目三等奖；被授予 2021 年度宣传报道优秀单位称号。

（庄文勇）

体育 旅游

体 育

【概况】 2022年，平和县文体旅局编制《平和县全民健身实施计划（2021—2025）》，实施体育健身器材配备，建设智慧体育公园，体育设施建设面广，升级提档，使群众体育生活更加丰富，健身活动形式多样。

【体育设施建设】 2022年，平和县实施平和县智慧体育公园项目建设，主要建设篮球、足球、气排球、乒乓球、羽毛球、网球、门球、轮滑等运动场地以及室外智能国民体质测试亭、智能健身驿站、智能健身路径、智能健身步道的体育健身设施，公园还建设园路铺地、景观看台、绿化种植、照明工程、给排水工程等，满足老年人、中青年、少儿等全人群健身活动需要。全县新增体育场地236个，其中，基础大项场地1个、球类场地121个、体育健身场地114个；投入176.8万元，在乡镇、村及相关单位127个点配备室外健身路径432件、篮球架58副、乒乓球桌18副，室内乒乓球桌25副、其他室内健身器材37件。

2022年，平和县实施智慧体育公园建设工程。图为摄于2022年8月的山格镇新陂村智慧体育公园建设现场 （县文体旅局 供图）

【全民健身运动会】 2022年，平和县举办15场福建省全民健身运动会（平和赛区）。运动会以“新时代、新平和，全民健身与省运同行”为主题，设置游泳、象棋、羽毛球、乒乓球、篮球、气排球、太极拳、体育舞蹈、足球、登山项目，吸引15个乡镇（场区）、62个村（社区）、8家企业、35支队伍、1883名体育运动爱好者参赛。

【老年体育】 2022年，平和县有1个县级老体协、20个乡镇级老体协、240个村级老体协、219个老年活动中心和25个专项俱乐部。建立1个县级辅导总站，县城所在地设立22个晨晚健身站点，15个乡镇场设立167个晨晚健身站点；乡镇辅导站22个，骨干辅导员175人；村（社区）辅导站（点）249个，骨干辅导员830多人。县老年人体育协会组织开展老年人文化体育健身项目活动8场，579人次参加；开展创建“老年人健身康乐家园”活动，获省级称号单位6家、市级称号单位226家，创建率90%以上；有25篇文章在省、市老年人体育报刊、网站采用发表。

【青少年体育】 2022年，平和县组织田径、篮球、乒乓球、足球、举重、摔跤、散打、跆拳道、拳击、羽毛球、游泳等11个项目运动队参加漳州市省运会选拔赛，其中乒乓球、田径、篮球、举重、摔跤、散打、跆拳道、拳击、足球等项目有23人取得省运会参赛资格。到大溪、安厚、国强、霞寨、崎岭等乡镇选才47人，向上级体校输送运动员8人。平和籍运动员参加省运动会成绩（扣除竹林中等体育运动学校4个项目成绩）：田径项目获第三名3个、第四名2个；举重项目获第六名1个；皮划艇项目获第二名1个、第三名2个、第五名3个、第八名1个；射击项目获第八名2个；乒乓球项目获第六名1个、第七名1个。竹林中等体育运动学校平和籍运动员参加省运动会成绩：拳击项目获第二名1个、第三名1个；散打项目第六名1个。

【首届平和县教育系统教职工气排球联赛举办】 2022年5月13—22日，平和县举办福建省全民健身运动会暨首届平和县教育系统教职工气排球联赛。全县450多名运动员、教练员参与比赛。经过52场比赛，平和一中代表队获比赛桂冠，平和二中代表队、大溪中心小学代表队分别获第二名、第三名，其余参赛队伍分获优胜奖、优秀组织奖。

【平和县“中建·大世界杯”篮球邀请赛举办】 2022年7—9月，平和县举办“喜迎二十大”平和县“中建·大世界杯”篮球邀请赛。27支来自平和县15个乡镇及县直机关单位的代表队390多名运动员参加。经78场比赛，九峰镇、教育系统代表队获冠军，小溪镇、宣传系统代表队获亚军，安厚镇、政法系统代表一队获季军，长乐乡、农办系统代表队获体育道德风尚奖，工信系统张涛获个人项“三分王”称号，霞寨镇黄晓峰获个人项“罚球王”称号。

（游惠艺 徐景明 曾庆生）

旅游

【概况】 2022年，平和县接待国内游客367.23万人次，比上年下降12.5%；实现旅游收入38.39亿元，比上年下降14.3%；印发《平和县创建福建省全域生态旅游示范县工作方案》《2022年平和县创建福建省全域生态旅游示范县工作任务清单》《2022年平和县创建福建省全域生态旅游示范县乡镇工作任务》。平和县高峰谷景区创成国家AAAA级旅游景区、大溪镇创成“福建省全域生态旅游小镇”、灵通山景区入选第二批“气候康养福地”名单；完成三平景区国家AAAA级旅游景区复核、洲际酒店星级复核、福建省“金牌旅游村”蕉路村复评；灵通山创建国家AAA级旅游景区有序推进。

【旅游业态】 2022年，平和县丰富“旅游+”业态，“旅游+农业”有霞寨镇建设村、大溪镇大松村等乡村打造景观稻田工程，其中，霞寨镇的五彩稻田成为平和乡村旅游网红打卡点，并登上央视新闻客户端、央视新闻微博视频号、央视一套及央视新闻视频号等主流媒体平台；“旅游+体育”有崎岭“茶之旅”茶山越野跑等；“旅游+研学”有灵龙谷申报市级研学基地；“旅游+交通”有开通小溪至灵通山景区旅游班车。

【乡村旅游】 2022年，平和县策划多条旅游精品线路，借助省旅发集团旗下800多家门店，在其下属公司微信旅游平台（宝呗熊假期）推出部分线路。坂仔镇林语堂故居、霞寨镇高寨村、霞

2022 年 8 月 10 日，游客在平和县南胜镇欧寮村体验“神摇”漂流

（南胜镇 供图）

寨镇高峰谷、芦溪镇绳武楼入选“稻花香里说丰年”全国乡村旅游精品线路名单。

【旅游宣传营销】 2022 年，平和县完成平和旅游视觉识别设计并运用到户外广告、“平和文旅之声”抖音账号、微信公众号等；推出“五福系列”宣传短视频，设置 LED 发光标识广告牌 4 面、全域全景旅游导览图 2 个，翻新旅游宣传牌 5 面；编制并上线平和旅游智慧导览图和《平和全域旅游指南》电子书；拍摄《文旅局长带您游平和》《平和旅游招商宣传片》专题片；编印《平和县民宿招商手册》，参加厦门“9·8”投洽会·中国民宿产业投资项目推介会；“平和文旅之声”微信公众号推文 85 篇、抖音短视频 57 个；与东南网合作，扩大宣传广度；举办“柚见花开·心归平和”“醉美茶缘·香约平和”等主题旅游季活动，以及“引客入平”踩线活动等；开展“一乡镇一主题”文旅节庆活动，南胜镇举办以“云上欧寮·清凉南胜”为主题的乡村旅游节；开展“平和县十大网红打卡点评选活动”，举办“十佳讲解员”大赛和“大美平和”名峰山杯旅游摄影及短视频大赛。

【大溪镇被评为 2022 年福建省“全域生态旅游小镇”】 2022 年，平和县大溪镇被评为 2022 年福建省“全域生态旅游小镇”。大溪镇位于平和县西南部，东连安厚乡，西接九峰镇，北邻国强乡，南界云霄、诏安两县。大溪镇生态、人文旅游资源丰富，灵通山为国家级旅游风景名胜区、国家地质公园，素有“小黄山”的美誉。位于“中国传统村落”庄上村的庄上大楼建于清代顺治至康熙年间，占地面积超过 3.4 万平方米，至今约有 300 多年历史，是世界上最大的方形土楼，也是全国重点文物保护单位。大溪米粉、烟肠、豆干被称为“大溪美食三宝”。

（游惠艺）

【三平风景区管理】 2022 年，平和县三平风景区管委会编制《平和县三平省级风景名胜中心景区详细规划（2020—2030 年）》，全面推进旅游景区提档升级、提升服务质效，融入全市全域旅游发展格局。全年景区接待游客 87.8 万人次，比上年同期增长 16%。全年节约临时用工支出百万余元。

景区建设　2022 年，平和县三平管委会累计投入 600 万余元，在基础设施、绿化亮化、生态保护、文物保护等方面进行提升；策划形成包括旅游专线道路 5.4 千米、三馆（祖师文化馆、中华医药文化馆、红军会师纪念馆）、游客服务中心、景区大门外移、夜景及绿化环境提升、智慧停车场、仰圣山庄改造提升等旅游基础设施改造提升项目；策划形成重点建设项目——集文化朝圣、祈福禅修、康养养生、乡村旅游、红色研学于一体的三平康养小镇。

品牌建设　2022 年，平和县三平管委会举办一场以“福‘见’三平　福佑苍生”为主题的三平祖师信俗非遗传承系列活动，超641万人次通过直播同屏共庆；组建编撰团队编撰续写《三平寺志》《三平祖师分灵录》；与闽南师范大学闽南文化研究院合作成立三平祖师文化研究基地，与漳州卫生职业学院达成合作研究协议，共同挖掘祖师文化、药签文化。

（陈志坤）

2022年1月17日，平和县灵通风景区开展安全培训及森林消防应急演练。图为演练现场

（灵通管委会 供图）

【灵通风景区管理】 2022年，平和县灵通风景区管委会向上争取资金217万元；推进《新荣湖及周边景区控制性详细规划》编制工作，进一步规范明确灵通山风景区旅游产业发展方向。全年接待游客18.87万人次，比上年下降24.33%；旅游收入959.92万元，比上年下降15.87%。

景区建设　2022年，平和县灵通管委会总投资306万元，完成基础设施提升建设，其中玉屏洞至灵通岩步游道改造工程投资235万元，将原有宽1.8米块石路面及台阶改为花岗岩条石路面铺设；管委会综合楼周边环境整治提升工程投资8万元；管委会综合楼屋顶改造投资20万元，进行搭盖树脂瓦，切实保障员工的正常工作生活；灵通风景区售票处重建工程建设投资40万元；景区步游道沿线树种鉴定识名挂牌投资3万元。灵通山周边综合环境改造提升工程，设置导视系统、广播系统等，整治提升面积约1.7万平方米，完成工程前期及施工、监理招标工作。新荣水库管理处至青云宾馆上山旅游公路提升工程道路全长约8.0千米，对部分存在视距不足、纵坡较大的路段进行改造、路面“白改黑”和沿线两侧绿化景观、亮化提升等，完成该工程施工图设计服务招标并启动设计工作。

景区管理　2022年，平和县灵通管委会与大溪镇、安厚镇党委政府沟通协调，建立灵通景区森林防火三地联防机制，加强景区森林消防应急救援队伍建设，投入资金约50万元，采购建设森林防火自动报警系统、完善监控设备和安全标志标识牌；与县检察院联合成立检察官联络室。年内，新荣水库2次超出汛限水位，在县水利局指导下，采取应急措施，放水腾库。全年完成有效灌溉面积666.67公顷次，灌溉供水约820万立方米。

（张倩）

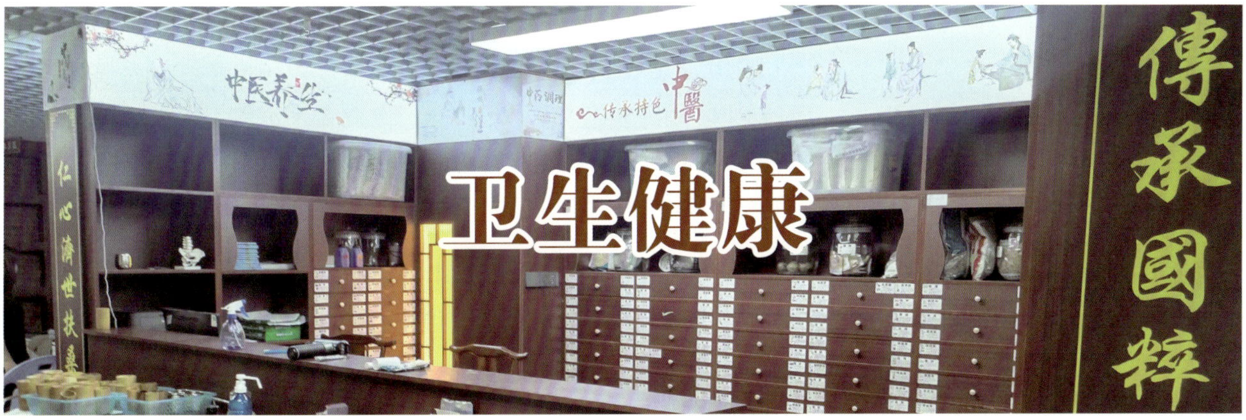

卫生健康

综述

【公立医院综合改革】 2022年，平和县卫健局履行医疗卫生系统行业主管责任，推动公立医院运行机制改革，组织公立医院绩效评价，落实院长年薪，核定医院工资总额，推动县医院实行“工分制”管理，合理控制医疗费用；按照《乡镇卫生院激励机制实施方案》，推动基本公共卫生服务和基本医疗同步发展；制定出台《平和县深化医药卫生体制改革2022年重点工作任务及分工方案》，按照部门职责将重点工作任务逐条分解，细化到具体部门，推动落地见效；落实推进平和县公立医院高质量发展工作，医疗服务收入占比36.52%，按病种付费占比56.6%。平和县医院定期下派专家团队到卫生院进行医疗与基本公共卫生业务。

【医疗卫生资源补短板】 2022年，平和县加强与县外三甲医院建立协作关系，建立名医工作室，通过邀请专家到平和坐诊、远程会诊、业务指导等方式，充实县域优质医疗资源供给；县医院达到国家卫健委县级公立医院推荐标准，12家卫生院达到福建省“优质服务基层行”评审基本标准，15家卫生院中医馆实现全覆盖，霞寨中心卫生院完成中医馆内涵提升改造。拨付公卫补助经费3510.31万元，为各基层医疗卫生机构开展国家基本公共卫生服务项目提供坚强的资金保障；举办基本公共卫生服务项目暨家庭医生签约服务业务培训班，有201人参训。推进全民健康信息化建设，做好漳州市医疗急救协同平台、检验检查互认等项目建设的对接工作以及关于信息网络安全日常工作的落实部署；县医

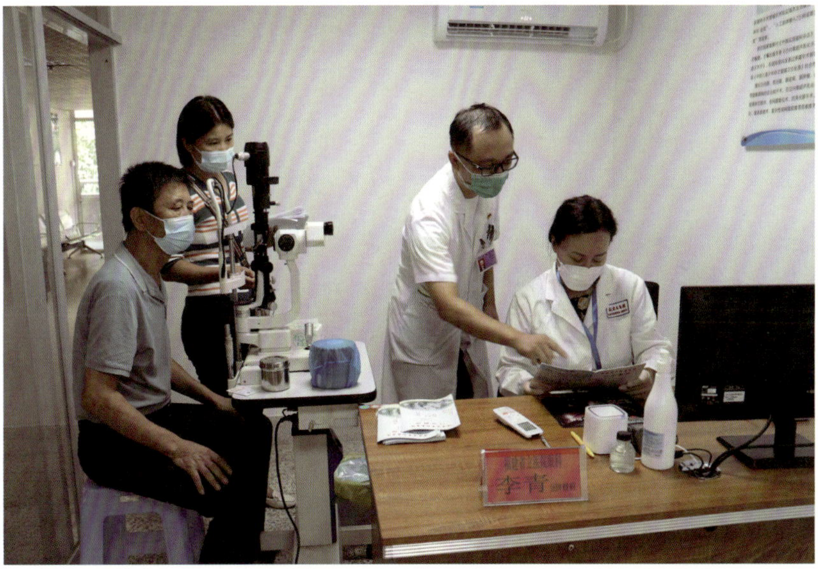

2022年9月23日，平和县医院邀请专家到平和县医院坐诊。图为省立医院眼科专家李青（右一）在县医院眼科坐诊（县医院 供图）

院配备一辆救护车与市急救平台完成对接；推进医学检验、医学影像检查结果互认，开展检查、检验可互认项目 19928 次，互认 3348 次。

【医政管理】 2022 年，平和县卫健局加强医疗机构院感管理，建立院感巡查机制，做好疫情常态化工作。组织县医院急救等相关专家开展疫苗接种医疗救治培训，确保疫苗接种工作有序进行。平和县医院加强重症医疗救治服务能力建设；运用中医药，妥善应对疫情，县医院中医药防治新冠工作经验与做法在全市推广。设置批准 10 家医疗机构，办理医师执业注册 120 人、护士执业注册 159 人。平和康瑞医院 2022 年 7 月 13 日取得医疗机构执业许可证，8 月 1 日开始收治患者。

【中医药工作】 2022 年，平和县推进乡镇卫生院中医科、中药房建设，依托县医院成立中医门诊部，谋划筹建县办公立中医医院；加强公办村卫生所中医建设，规范中医诊疗设备的配备。推进中医药传承创新发展，弘扬中医药文化，开展基层中医药知识和技能培训；医院配置中医特色医疗设备，拓展中医诊疗范围，扩大中医药宣传“治未病”推进中医“治未病”工作。县医院中医药专家团队结合平和县区疫情态势、季节变化等特点制定防治新冠病毒感染本土化的中药协定方，广泛用于普通门诊、发热门诊、病房等患者的临床治疗。2 月 21 日县医院曾金陵选入 2022 年全国基层名老中医药专家传承工作室建设项目专家名单。

【卫生人才队伍建设】 2022 年，平和县公立医疗机构招聘 53 人，定向委培生入编 30 名。医院采取“请进来、派出去”的方式进行人才培养，县医院邀请福建省儿童医院儿内科、儿外科和厦门大学附属第一医院血液科、胸外科等专家坐诊、业务指导，平和安康中医院邀请联勤保障部队第 909 医院骨科、内科等专家坐诊和市医院外科、妇产科专家坐诊、业务指导；选送 38 名卫技人员到上级医院进修学习，安排 42 名医疗卫生机构在岗人员进行临床医师规范化培训（含全科和助理全科），委托省内医学院校培养定向委培大专生 5 个、本科生 8 个在读。组织做好 2022 年度全国卫生专业技术资格考试工作，其中报考护士 28 名，中初级 212 名，高级机考 25 名、高级评审 13 名；组织全县医疗卫生单位的卫技人员参加 2022 年度继续医学教育、远程继续医学教育；开展 2022 年全县乡村医生规范培训；入选市级 D 类高层次人才 13 名，漳州市名中医 1 名，漳州市突出贡献中青年医疗专家 1 名，全国基层名老中医药专家 1 名，漳州市名中医赖林俊工作室 1 个，全国基层名老中医药专家曾金陵传承工作室 1 个，高素质医疗卫生人才 4 名，紧缺急需专业人才 4 名；新增 3 个省级“名医工作室”，全县有 10 个“名医工作室”，其中国家级 3 个、省级 7 个。

（陈毓涵）

妇幼保健

【概况】 2022 年，平和县做好省、市“妇儿两纲”工作，组织开展对基层妇幼健康工作业务指导和督导，做好孕产妇系统、儿童系统管理，妇幼卫生监测及妇幼卫生信息工作管理；持续开展艾滋病、梅毒、乙肝母婴阻断工作并组织召开专题培训会、开展艾梅乙筛查，做好免费“两癌”筛查、免费产前筛查、免费地中海贫血筛查、免费婚前医学检查及孕前优生优育检查；做好孕产妇死亡监测、5 岁以下儿童死亡监测、出生缺陷监测、危重孕产妇医院监测、儿童营养与健康监测等国家“五网”监测工作的质量管理，组织全县适龄女性免费接种 HPV（人乳头瘤病毒）疫苗 2730 人。全县孕产妇系统管理率 93.08%，7 岁以下儿童系统管理 95.05%，3 岁以下儿童系统管理率 93.64%；12 月，投入 181 万元建成“平和县妇幼保健院新冠肺炎核酸检测 PCR 实验室”，建筑面积 138 平方米。

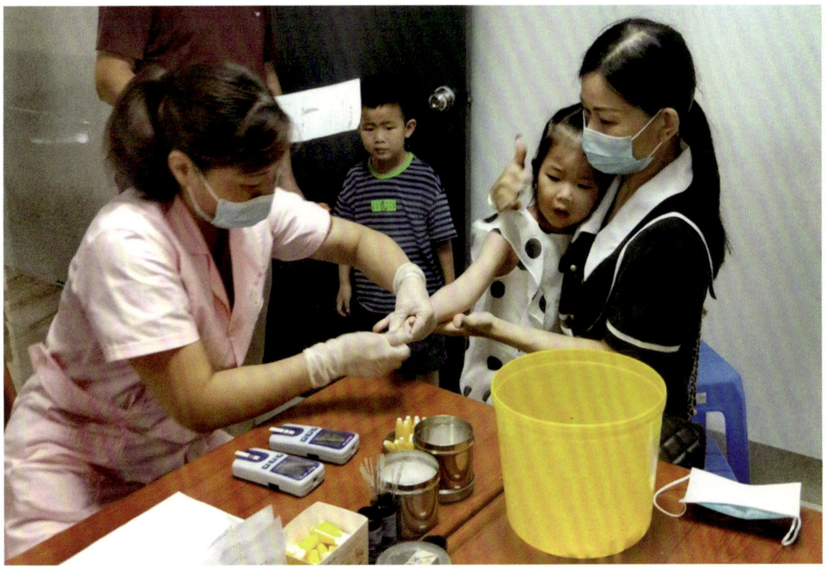

2022年8月22日，平和县妇幼医务人员在为新入幼儿园儿童做健康检查 （县妇幼 供图）

【优生优育】 2022年，平和县妇幼保健院免费开展婚前医学检查及孕前优生优育检查服务，提供免费孕前优生健康检查1051名；完成免费产前筛查血清学标本采集518人次；免费地中海贫血筛查547对，完成率136.75%，血红蛋白分析180对，地中海贫血基因检测16对；免费发放叶酸2974人，叶酸服用率94.12%，目标人群发放率140.1%；孕产妇艾滋病、梅毒、乙肝表面抗原检测人数1293人，检测率100%，孕早期检测人数1293人，孕早期检测率93.12%；完成新生儿遗传代谢性疾病筛查1244人，完成率95%。

【妇幼公共卫生服务】 2022年，平和县妇幼保健院继续做好35—64岁非干部职工医保城乡居民妇女“两癌”筛查工作，宫颈HPV（人乳头瘤病毒）检测3430人，乳腺癌彩超检查3363人；加强对托儿所幼儿园的卫生保健指导，为新入幼儿园儿童健康检查1335人，托幼机构工作人员健康体检948人。

【妇幼健康教育】 2022年，平和县妇幼保健院持续开展妇女保健、儿童保健等妇幼保健咨询、健康知识宣传教育和现场义诊3次以上，宣传面91%；牵头组织开展适龄女性HPV（人乳头瘤病毒）疫苗接种等妇女健康科普知识宣传。

（林惠萍）

公共卫生

【基本公共卫生服务】 2022年，平和县向城乡居民提供12大类基本公共卫生服务，逐步促进基本公共卫生服务均等化。全县建立电子健康档案率93.13%，高血压建档规范管理率90.67%，糖尿病建档规范管理率88.74%，65岁以上老人接受健康管理率81.57%，重性精神疾病建档规范管理率100%，65岁及以上老年人接受中医药健康管理率81.39%；0—36个月儿童接受中医药健康服务率83.73%。

【爱国卫生运动】 2022年，平和县卫健局持续开展爱国卫生运动，在县城区统一开展以除“四害”为主的病媒生物防制工作，强化环境卫生综合整治，申报创建2个省级卫生乡镇，25个省级卫生村，改善人居环境，筑牢疫情防控卫生屏障，推进健康机关、健康村、健康社区、健康促进医院等健康细胞建设，开展健康科普活动、健康知识讲座、健康义诊进社区、进农村、进校园活动21场。

【老龄健康】

养老医疗服务 2022年，平和县15个乡镇卫生院（社区卫生服务中心）均与当地养老服务机构签订医养结合服务协议，定期为乡镇敬老院、农村幸福院和社区居家养老服务站的老年人提供健康养老指导及基本公共医疗卫生等服务，建立老年人健康档案，对失能、独居老人定期上门访视；选派县医院医护人员定期到县福利中心，为老年人提供体检、义诊、健康咨询等服务；东方医院与山格镇敬老院合作，成立康乐养护中心（护理站），开展医养结合养老服务工作；南胜镇卫生院与敬老院签订契约式服务协议，全科医生服务前移，为敬老院老人免费提供医疗服务和健康咨询；城关社区卫生服务中心为城南社区老年日间照料中心医疗室配备医生1人，为社区老年人提供医疗服务。

老年健康管理 2022年，平和县做好老年人群重点慢性病和心理健康问题的早期筛查、早期干预及分类管理，开展慢性病预防、风险评估、跟踪随访、干预指导，做细做实老年人家庭医生签约服务，以高血压、糖尿病等常见慢性病患者和建档立卡贫困人口为重点，为签约老年人提供基本医疗、基本公共卫生等健康管理服务；2022年为辖区内65周岁及以上常住居民建立健康档案65150人，为142名失能老年人提供健康评估与服务。

老年友善医疗机构建设 2022年，平和县卫健局制定《平和县卫生健康局关于开展建设老年友善医疗机构工作的实施方案》，全县开展老年友善医疗机构创建工作。优化老年医疗服务，平和县医院、安康中医院优化服务流程，建立方便老年人挂号就诊的绿色通道，采用电话、网络、现场等多种预约挂号方式，畅通老年人预约挂号渠道，为老年患者提供优先挂号、就诊、检查和取药的“四优先”服务；设置老年患者“无健康码”绿色通道，缩短老年人在诊区外的等候时间；县医院设立老人病床10张。平和县医院、安康中医院门急诊、住院病区配备轮椅、平车等辅助移乘设备；主出入口处设置方便老年人上下车的临时停车区和安全标识；所有出入口、门、台阶、坡道、转弯处、轮椅坡道及信息标识系统等的设置均符合国家标准《无障碍设计规范》；平和县医院适老性病房配有“起床三步曲”“防跌倒、坠床”等提示板；安康中医院与联勤保障部队第909医院协作，联勤保障部队第909医院医生定期进驻安康中医院，满足老年人就近就医。

老年健康教育 2022年，平和县卫健局组织以“改善老年营养，促进老年健康”为主题开展2022年全国老年健康宣传周活动、以“反诈防骗，敬老助老”为主题开展2022年全国“敬老月”活动等，通过老年健康宣传、义诊和举办保健讲座等方式，提高老年群众养生保健意识，维护老年人合法健康权益。

【群众性应急救护】 2022年，平和县卫健局全面推进AED（自动体外除颤器）群众性应急救护项目。4月联合红十字会等部门出台《关于印发〈“十四五”公共场所配置群众性应急救护公益培训项目实施方案〉的通知》；6月协调相关部门召开工作安排推进会，明确AED配置场所以及培训人员名额分配，全年开展44期培训班，培训1778人次，安装20台AED设备。

（陈毓涵）

疾病防控

【概况】 2022年，平和县落实国家免疫规划政策，推进计划免疫规划工作，有效巩固实施卡介苗、乙肝、百白破、乙脑、A群流脑、甲肝、脊灰、含麻疫苗、流脑A+C等儿童基础免疫的接种率。加强疫苗和预防接种规范管理，各预防接种点严格按照预防接种规范要求开展预防接种。落实麻疹、百日咳、AFP等疾病监测、疑似预防接种异常反应监测工作；抓好结核病防治、艾滋病防治、慢病防治和职业安全；强化食品卫生监测工作、食源性疾病监测。2022年4月25日为第36个“全国预防接种宣传日”，开展主题为“及时接种疫苗保障生命健康”的现场咨询活动；规范各预防接种点的管理，严格按照预防接种规范要求进行预防接种。平和县卫生健康局获“福建省红十字会99公益日爱心单位”“全市食品安全工作先进集体”等荣誉称号，并获“漳州市抗击新冠肺炎疫情集体嘉奖”。

【结核病防治】 2022年，平和县落实《全国结核病防治规划》，实行结核病新型防治体系，把项目真正落到实处，接诊初诊病人355人，完成活动性结核病人发现180人，完成年度任务的100%。其中涂阳结核病人发现80例，病原学阳性率47.6%，治愈率达92.8%，DOTS（直接观察下的短期化疗）覆盖率达100%。开展“3·24”世界防治结核病日的宣传活动，受疫情影响，采取线上宣传，通过腾讯微信平台发送宣传信息10万人次，重视学校结核病防治工作，对新发现结核病人员密切接触者及时开展疑似症状、PPD（纯蛋白衍化物）实验、X胸片筛查。

【艾滋病防治】 2022年，平和县组织相关专业人员对公共娱乐场所开展艾滋病知识宣传和行为干预，干预对象2222人次，发放宣传材料3160份；对平和县监管场所新收押、收教人员常规HIV（人类免疫缺陷病毒）抗体检测服务，检测164人，全部阴性；开展自愿咨询检测服务，咨询检测432人，经市疾控中心HIV（人类免疫缺陷病毒）确诊1份阳性，其余全部阴性。

【麻风病防治】 2022年，平和县根据麻风病防治工作要求，定期对麻风病人开展随访工作，报告疑似麻疹风疹病例10例，排除10例。无新增麻风病人。

【免疫规划】 2022年，平和县卡介苗应种2029人，实种2029人，接种率100%；乙肝应种2869人，实种2869人，接种率100%；脊灰应种2742人，实种2742人，接种率100%；百白破应种2723人，实种2722人，接种率99.96%；乙脑应种3147人，实种3144人，接种率99.90%；A群流脑应种3171人，实种3170人，接种率99.97%；甲肝应种3682人，实种3674人，接种率99.78%；含麻疫苗应种2970人，实种2969人，接种率99.97%；流脑A+C应种5211人，实种5208人，接种率99.94%。

【鼠疫监测】 2022年5—10月，平和县开展鼠疫监测工作，对家栖鼠（夹笼法）布放有效鼠笼1777笼次，捕获鼠类103只，捕获率5.80%；家栖鼠（逐日捕鼠法）布放有效鼠笼2967笼次，捕获鼠类137只，捕获率4.62%；室外布放有效鼠笼893笼次，捕获野栖鼠类35只，捕获率3.92%。对捕获鼠类进行分类鉴定，对所检集蚤类经鉴定分类，以印鼠客蚤为绝对优势蚤种，其指数2.19。全年采集鼠血清标本277份，以间接血凝试验检测F1抗体，结果均为阴性；采集鼠类肝、脾标本152份，以反向间接血凝试验检测F1抗原，结果均为阴性。

【地方病防治】 2022年，平和县落实地方病综合防治措施，围绕碘缺乏病监测、地氟病监测，以指导平和县地方病防治工作。

碘制缺乏病监测 2022年，平和县碘缺乏调查结果显示：8—10岁学生尿碘水平总体处于适宜范围；碘监测甲状腺肿大率1.33%，达到国际组织甲状腺肿大率＜5%的消除标准；孕妇尿碘、盐碘含量结果分析，定量检测盐碘含量，碘盐中位数25.8毫克／千克，碘盐覆盖率、碘盐合格率与合格碘盐食用率保持在较高的水平；孕妇尿碘中位数为83.5微克／升，比适宜水平明显偏低，大部分孕妇存在碘摄入量不足情况。

地氟病监测 2022年，平和县15个病区自然村全部改水，完成改水工程的自然村数为15个，改水率为100%，受益人口为3225人；调查15个病区村降氟改水工程，调查改水工程运行情况，覆盖自然村15个，覆盖人口3225人；水氟含量监测结果均小于1.2毫克／升，均符合国家卫生标准，合格率100%；在15个改水村开展儿童氟斑牙的病情监测，检查8—12岁儿童126人，无疑似氟斑牙病例。

【慢性病防治】 2022年，平和县开展慢性病防控知识宣传和监测工作，实施高危人群发现和行为干预。对严重精神障碍患者等在档重点人群进行动态健康管理，每季度对15个乡镇进行严重精神障碍性疾病患者的管理进行督导；严重精神障碍性疾病建档2860人，在册患者2479人，管理率96.05%；死因监测上报的死亡卡审核829例，报告死亡率7.852‰；按照死亡原因进行分类，死亡原因数量最多的是心脏疾病1076例，肿瘤1003例，脑血管疾病615例，损伤和中毒411例。推进各类健康支持性环境新建工作，完成健康主题公园和健康步道2个新建环境建设任务。

【卫生监测】 2022年，平和县对15个乡镇，36个农村饮用水监测点和城区市政供水开展水质监测，其中农村饮用水监测132份，市政供水水质监测106份，合计监测238份；开展食品污染物及有害因素监测工作，完成8批次采样，采集21份食品样本送市疾控检测；全县17个哨点医院上报食源性疾病768例，完成总任务的100%；全县各类食品、医药、美发等从业人员体检8187人，发证8048人，合格率98.3%；5—9月，每月监测2次，每次进入居民户100户开展布雷图指数监测，及时全面掌握辖区内蚊媒密度；完成20家工作场所职业危害因素监测工作，未发现职业禁忌；2022年福建省重点人群职业健康素养监测，完成27家，1100人次；完成学校卫生“双随机”检测，抽查8所学校，教室人均面积检测结果合格率87.5%，黑板面照度合格率100%，黑板下缘与讲台地面的垂直距离合格率75%；学校供水色度、臭和味和肉眼可见物均正常，合格率100%，浑浊度合格率96.15%，pH值合格率87.5%，消毒剂余量合格率87.5%；根据《2022年全国学生常见病和健康影响因素监测方案》的文件要求，全县调查7所学校，对抽查的小学、初中和高中所有年级1900人进行体格检查；对小学四至六年级，初中、高中1643人进行影响学生健康的行为等相关影响因素监测；针对小学四年级及以上中、小学生儿童青少年近视高发状况以及脊柱弯曲异常严重情况，调查与之密切相关的行为和环境因素，调查1643人；对2所幼儿园进行视力检测，检测163人；对每所监测学校随机选择6间有代表性班级教室进行教学环境卫生监测，监测30间教室。做好传染病监测报告工作，采集手足口病标本62份，送市疾控中心检测62份，59份为阳性，3份为阴性；采集麻疹风疹标本10份，送市疾控，中心检测10份，均为阴性；采集疟疾标本50份，镜检50份，均为阴性。

【健康教育宣传】 2022年，平和县根据国家卫生日开展各种健康知识和传染病防治法科普活动，运用多种方式组织线上和线下宣传，发送短信200万条，朋友圈转发50万人次，多媒体信息50万条，开展2场大众知识讲座，2场学校健康科普讲座，现场咨询活动9场，入工厂20家，入户宣传一次600户，开展2次高危公共场所艾滋病干预，印发各类宣传材料2万份、宣传品3000余份；在全县范围内15—69周岁常住居民中开展健康素养监测，完成问卷200份，通过SPSS（统计产品与服务解决方案）统计，平和县样本健康素养值为25.5%；每个季度对15个乡镇卫生院（社区卫生服务中心）健康教育工作负责人进行业务指导，组织健康教育工作人员进行业务能力培训；指导全县75个机关单位开展无烟党政机关创建工作，实现全县100%全面建成无烟党政机关。

（林小军）

新冠疫情防控

【概况】 2022年，平和县坚持抓常态化疫情防控，科学防控、精准施策，规范开展预防性消杀和场所消毒指导，每周对重点场所开展预防性消杀；对各冷链食品集中监管仓进行消毒指导，开展对医院、快递物流场所的消杀工作及企业复工复产、学校复学复课、进口冷链食品相关企业（仓库）、快递物流场所进行消杀技术指导。

2022 年 9 月 30 日，平和县疾控中心到平和县实验幼儿园开展关爱未成年人口腔健康讲座。图为讲座现场　　（县疾控中心 供图）

【疫苗接种】 2022 年，平和县配备医用冷库、冷藏运输车，满足储藏疫苗最大针剂量及日可转运疫苗量，全县配备接种点、接种台、移动疫苗接种车。建立县总医院与乡镇分院救治双重保障防线，统筹调度救护车到各接种点做好新冠疫苗接种医疗救治保障。

【院感防控全闭环】 2022 年，平和县各医疗机构做好发热门诊设置、分区管理，降低医疗机构内感染风险。定点医疗机构平和县医院规范设置发热门诊，发热门诊独立配备 CT，实现门诊挂号、检验、检查、取药、治疗、留观“六不出门”；建立全县可疑发热病人专人专车转送机制以及可疑病人报告制度，全县划分片区，统筹调度专用车辆，第一时间转送发热患者和可疑病人至上级医院就诊。

（林小军　陈毓涵）

医疗服务

【概况】 2022 年，平和县以县总医院为龙头，推进紧密型医联体建设，促进“基层首诊、分级诊疗、双向转诊”模式，定期下基层巡诊、义诊，开展技术培训、医疗质量检查、用药指导、慢病督导，提升基层医疗服务能力及公共预防管理能力。3 月 29 日，平和县医院入选国家卫生健康委确定首批“千县工程”县医院综合能力提升工作县医院名单。

【公立医院上下联动】 2022 年，平和县开展“千名医师”下基层活动，制定相关工作方案及考评制度，重点加强技术支援和管理指导，开展多种形式的帮扶以及疾病诊疗、健康宣教等巡回医疗工作，缓解边远地区群众看病难、看病贵、看病远等问题，推动优质医疗资源扩容和均衡布局，助推医疗资源下沉；抽调 15 名中级以上职称医师进驻城关社区卫生服务中心和各乡镇卫生院，全年诊疗量 1252 人次，开展学术讲座 35 次，培训 565 人次；组织专家医务人员到芦溪镇、秀峰乡等开展边远地区大型义诊活动；结合“千名医师万人次下基层”对口支援活动，实行“对接卫生院、团队合作、责任到人”的机制，平和县医院组建一支以 15 名派驻人员为主要技术骨干的签约服务团队，分别指导并参与 15 家乡镇卫生院（社区服务中心）开展家庭医生签约服务，提供技术支持和业务指导，开展巡诊、培训带教、双向转诊衔接等工作；全年为基层医疗机构出具诊断 105.04 万人次，下派医师 111 人次，接收进修人员 4 人次。

【乡村医生保障】 2022 年，平和县卫健局出台《关于进一步完善乡村医生养老保障的实施方案》，投入 419.7109 万元，为 240 家公办村卫生所办理医疗责任险及乡医购买个人意外险、兑现乡村医生的养老生活补助和养老保险补助。

2022年8月19日，平和县医院组织内科、外科、五官科、妇产科等多名专家医生，组团式到秀峰村开展“千名医生万人次下基层”义诊活动。图为义诊现场（县医院 供图）

【卫生监督】 2022年，平和县开展公共场所卫生、职业健康、放射卫生、生活饮用水卫生、学校卫生、医疗卫生监督和传染病防治监督等各项卫生监督执法工作。定期组织开展医疗机构的医疗废物处置和登记情况进行专项检查以及新型冠状病毒感染肺炎防控常态化检查，规范医疗废物处置。全年检查280家次医疗机构传染病防治工作，查处非法行医4起，查处公共场所卫生监督3起；完成70家医疗卫生机构的综合评价。

【家庭医生签约】 2022年，平和县卫健局建立家庭医生签约进展月报制度，做好签约服务费个人缴费部分收费工作，落实做细重点人群和慢病签约服务；在“5·19”世界家庭医生日期间组织开展“与家医相约和健康相伴”世界家庭医生日主题宣传活动。2022年，全县家庭医生签约服务完成签约23.31万人，全人群签约率51.46%，其中为65岁以上老人、慢性病病人、0—6岁儿童、孕产妇等重点人群签约14.94万人，重点人群签约率80.76%。截至2022年12月31日，为脱贫人口开展家庭医生服务签约17429人，做到应签尽签；继续落实脱贫人口定点医疗机构住院“绿色通道”“一站式”结算和“先诊疗、后付费”机制，推动健康扶贫大病救治落实到人、措施精准到病。

（陈毓涵 吴毅芬）

人口与家庭

【概况】 2022年，平和县有户籍人口600452人、180055户。做好人口工作，优化家庭教育，开展早教、青春健康教育、流动人口健康教育等服务。

【人口流动】 2022年，平和县全县流出人口108421人，流出已婚育妇27460人；流入人口2973人，流入已婚育龄育妇943人。

【婚姻收养登记】 2022年，平和县完成婚姻登记3574对（件），其中结婚登记2361对，离婚登记732对，补发结婚登记证413对，补发离婚登记证62件，完成涉外涉港澳台、华侨人员婚姻登记6对。收养登记1件。

【人口监测与家庭发展】 2022年，平和县15—49周岁育龄妇女152057人，已婚育龄妇女105988人；出生3808人，出生率为5.88‰，死亡人口3358人，死亡率为5.19‰，人口自然增长率为0.69‰，人口信息统计准确率为97.77%；县卫健局简化办证手续，受理一孩登记989人次、二孩登记869人次、三孩登记386人次；落实流动人口计生服务均等化，全面实行免费婚前保健和孕前优生健康检查“一站式”服务；加大政策宣传力度，围绕卫生健康重要节日、宣传日，开展各种主题宣传服务活动；全县发放部分计划生育家庭奖励扶助、农村独女贡献奖、计划生育特别扶助资金失独家庭一次性紧急救助金、新农合补助、农村二女夫妇奖励、独生子女法定奖励等奖励扶助资金1383.94万元，惠及24642人次。

（陈毓涵 张永发）

劳动就业

【就业创业】 2022年，平和县城镇新增就业1903人，净增498人，城镇下岗再就业229人，困难人员实现就业250人；平和县人力资源和社会保障局落实就业创业担保贷款政策，审核通过3人创业担保贷款60万元，其中审核通过1位大学生创业担保贷款30万元；发放一次性创业扶持补贴4人4万元；选拔8个项目参加第五届“中国创翼”选拔赛暨海峡两岸（漳州）第一届“水仙花杯”创业创新大赛，其中营养团餐·智慧央厨获服务业主体赛二等奖；二手电商助残项目获优胜奖；举办“马兰花创业培训”5期，发放符合创业培训补贴人数145人29万元；新认定3个青年见习单位，设置118个见习岗位，组织22名青年参加见习，落实“见习补贴”18.46万元；全县聘用142个保洁保绿员和24个助老员，优先安置不稳定脱贫人员、临时困难脱贫人员、突发困难的脱贫人员，发放公益性岗位补贴251.85万元；开发基层公共管理和社会服务岗位，重点安置毕业年度离校未就业原建档立卡贫困家庭、城乡低保家庭、零就业家庭高校毕业生、特困人员未就业高校毕业生和退役大学毕业生士兵，在岗就业困难高校毕业生，“三支一扶”在岗高校毕业生37人。

【惠企惠民政策】 2022年，平和县人社局持续执行失业保险降费政策，严格按降低后费率1%征缴，征缴失业保险费389.26万元，减征194.63万元；发放春节当月一次性稳就业奖补企业4家5.15万；发放吸纳一次性就业补贴企业1家0.2万元；发放一次性引工奖补企业1家21人1.05万元；发放一次性扩岗补助企业33家68人10.2万元，一次性留工培训企业1家4人0.2万元，落实吸纳省外脱贫人员就业的9家企业跨省务工奖补4.63万元；完成611人符合就业困难人员社保补贴审核，需发放补贴230万元。审核发放符合2021年度普惠性稳岗返还企业161家166.15万元。

【重点群体就业】 2022年，平和县申报市级高层次人才10人，审核通过10人；申报主导产业技术人才3人，初审通过3人；新增大学生就业创业人才申报335人；考录引进研究生7人；新认定紧缺急需人才5名，高素质医疗卫生人才2名；申报台湾优秀毕业生1人；推荐10个项目参加大中专毕业生省级、市级创业项目评审力度，其中，漳州市卓恬园农产品有限公司获省级资助3万元；通过漳州市2022年中青年领军人才和急需紧缺专业人才访学进修申请6人；选派市级高层次D类人才和市级高层次E类人才各1名参加漳州市高层次人才国情省情市情研修。

【技能培训】 2022年，平和县人社局举办家政、早教、电商、互联网营销师等就业技能培训14期，符合培训补贴924人，发放培训补贴55.07万元；组织6家企业开展岗位技能提升（互联网+）培训，符合培训补贴人数762人，发放培训补贴76.2万元；落实399人取得技能等级证书“见证补贴”45.69万元，发放81名失业人员技能提升补贴9.92万元。

【劳动维权】 2022年，平和县人社局劳动保障监察大队受理各类举报投诉327件，涉及劳动者1345人，为劳动者追讨欠薪299.97万元；受理全国欠薪线索核处平台案件116件，涉及劳动者495人；受理小程序“福建人社”平台案件13件，涉及劳动者60人；受理涉及“点题整治”在建项目线索、投诉件9件，为888名劳动者讨回工资550.88万元。严格落实企业重大劳动保障违法行为“黑名单”制度，实行失信联合惩戒，将23家用人单位2021年度工资支付行为信用等级评价在县政府网站进行公示；对27家企业的上一年度信用记录进行诚信等级情况进行评定，其中，A级企业25家，B级企业1家，C级企业1家。做好劳动人事争议调处，立案受理劳动争议案件83件，作出不予受理10件；立案受理的案件全部结案，结案率100%；处理全国劳动人事争议在线调解管理平台的案件11件；联合总工会、司法局、法院在平和县工业园区成立职工法律服务一体化基地，为园区企业、职工劳动争议提供“一体化、一站式”服务，确保第一时间、第一地点化解矛盾纠纷，实现“小事不出厂，大事不出园（区）”。完成20家有行政许可劳务派遣单位年检；做好工资宏观指导，完成51家企业薪酬调查。完成申报确认省级“和谐工业园区”“和谐企业”“劳动关系金牌协调组织”，组织申报国家级“和谐工业园区”。

（林志东）

收入与支出

【概况】 2022年，平和县居民人均可支配收入29704元，居民人均生活消费支出18434元，分别比上年增长7.9%、7.2%。

【居民收入】 2022年，平和县城镇居民人均可支配收入39540元，比上年同期增长7.0%；农村居民人均可支配收入25134元，比上年同期增长9.3%。

【居民消费】 2022年，平和县全体居民人均城镇居民人均生活消费支出26590元，比上年同期增长9.5%；农村居民人均生活消费支出14743元，比上年同期增长18.3%。

（许颖秋）

社会保险

【职工养老保险】 2022年平和县加快社会保险服务保障效能，构建和谐稳定劳动关系，全县城镇职工基本养老保险参保职工51049人，离退休人员14478人。

【机关事业养老保险】 2022年，平和县机关事业单位养老保险单位338家，参保职工8726人，离退休人员4844人；丧葬补助金领取3051人，补助金额817.01万元。

【城乡居民养老保险】 2022年，平和县城乡居民社会养老保险参保28.57万人，待遇发放9.74万人；“困难群体”参保15997人，代缴保费7653人，代缴153.06万元；代发全县2838人次无力参保老年生活保障金198.61万元；代发全县62人次高龄职工老年生活保障金4.61万元。

【失业保险】 2022年，平和县人社局执行失业保险降费政策，征缴失业保险389.26万元；失业保险参保14165人，失业保险基金支出183.75万元，其中失业保险126.09万元，基本医疗保险费34.98万元，失业补助金22.68万元。被征地农民养老保险发放1063人，发放金额520.20万元。

【工伤保险】 2022年，平和县工伤保险参保职工34362人，有678人次享受工伤保险待遇，工伤保险基金支出1192.33万元；平和县人社局劳动保障监察大队受理各类举报投诉327件，涉及劳动者1345人，为劳动者追讨欠薪299.97万元。

（林志东 江翰波）

2022年12月6日，平和县人社局社保中心窗口在为群众办理职工退休及企业参保业务 （县人社局 供图）

人才资源管理

【人事管理】 2022年，平和县人社局组织公开招聘录用55名教师，包含4名省级、5名市级免费师范生，设置3个专门职位招聘期满“支教”高校毕业生；开展141个卫生及其他事业单位岗位工作人员招聘，含3个专门岗位，面向服务期满“三支一扶”“服务社区”等服务基层高校毕业生及退役大学生士兵，2714名考生报名参加笔试，126名考生通过考录程序，125个上岗工作、怀孕缓检未聘用1名；组织参加“2022年漳州市春季专项公开招聘紧缺急需医卫技人才”和“2022年漳州市春季专项公开招聘紧缺急需教育人才”，招聘医卫技人才1名、教育人才1名、引进医疗类选优生1名；完成30名定向乡镇卫生院高职高专层次医学专业毕业生聘用工作。重新核定事业单位岗位设置，全县事业单位286家，其中，副处级单位1家，正科级单位4家，副科级单位62家，股级单位219家，经核定设置管理岗位720个、专技岗位5891个、工勤技能岗位555个；审核确认教育、农林水、建设工程等系列初级专业技术职务确认114人；审核推荐评审中级专业技术职务187人；审核推荐评审高级专业技术职务58人；审核备案九级管理岗8人；审核推荐97位工勤技能人员参加岗位技能等级晋升考试；及时备案回告15份受党纪、政纪处分的事业单位工作人员；办理事业单位工作人员辞职备案23人。

【人才档案管理】 2022年，平和县人才交流服务中心接收新到档案2898份，调出到全国各地档案632份，年末档案寄存23092份。梳理3878份档案里没有身份证号码的毕业生档案，以应采尽采的原则，联系本人并及时进行补录；手机端“闽政通”App开通“流动人员档案服务”和微信小程序“福建省流动人员档案公共服务平台”，毕业生可通过“福建省流动人员人事档案公共服务平台”查询档案存放情况、办理档案接收和转递、出具相关证明申请等业务。为89名非应届本科毕业生报考研究生提供政审服务；协助平和县委组织部核查890份大学生流动党员的档案。启动档案数字化工作，按计划完成档案数字化23092份。

【工资福利】 2022年，平和县人社局完成2021年度事业单位及全县工勤人员工资统计汇报工作；完成2021年普通事业单位工作人员7115人工资标准调整工作；完成2021年普通事业单位工作人员2620人的奖励性绩效工资和教育系统2021—2022学年4479人奖励性绩效工资审批工作，以及事业单位过渡性补贴发放标准的测算，协助完成落实教师工资待遇不低于当地公务员待遇的测算发放；完成2022年全县在职事业人员的薪级工资晋升、职称聘任、岗位等级晋升、辞职、工作调动等日常变动的审批工作；完成2022年8月新录用教师56人、2022年8—9月3批次其他事业新录用人员126人和定向培养医学类人员30人及部队转业士官等工资待遇核定。

（林志东）

医疗保障

【概况】 2022年，平和医疗保障局紧紧围绕“医保基金安全”这一目标，实施开展“医保基金安全管理攻坚年”活动，统筹疫情防控和医保改革发展，提前实现医保基金扭亏为余，全面扭转连续3年医保基金“双亏”的局面；5月，平和医保局与平和医保分中心进行深度融合，全县医疗保障管理工作迈入新阶段，按照市医保局关于县（区）级医保部门深度融合的工作方案，平和医保局统筹县级医保行政管理和经办队伍力量，出台《漳州市平

2022年8月12日，平和医保驻县政务中心窗口工作人员为群众办理业务

（平和医保局 供图）

和医疗保障局关于调整局务会成员工作分工的通知》，建立完善管理制度和工作规定，切实提高医保基金管理能力和公共服务能力。2022年办理职工医保退休618件，新增参保企业195家；其中，7—9月对中小微企业实施阶段性缓缴职工医保单位缴费部分，推行“免审即享”经办模式，全县有606家企业享受医保缓缴政策。

【基本医疗保险】 2022年，平和县职工医保参保39812人，参保率99.16%；城乡居民医保参保481060人，参保率96.42%。全年办理职工医保退休618件，新增参保企业195家；城镇职工医保可使用医保基金2757.97万元，实际使用2464.9万元，基金节支率10.63%；医疗救助对象32196人参保，受理办结第一、二类住院124人次，救助金额133527.7元，门诊特殊病种147人次，救助金额81272.8元。

【医保基金监管】 2022年，平和县按总额预算管理的平和县医院、安康中医院、东方医院、城关社区卫生服务中心及安厚、霞寨、九峰中心卫生院等7家医疗机构可使用城乡居民医保基金8542万元，实际使用7957.9万元，基金节支率6.84%；城镇职工医保可使用医保基金2757.97万元，实际使用2464.9万元，基金节支率10.63%；4月，平和医保局开展“打击欺诈骗保维护基金安全”集中宣传月活动，营造医保基金监管态势。2022年，完成26家医疗机构现场检查全覆盖，稽核定点医疗机构21家，收回违规资金229.96万元，解除平和明亮眼科医院和平和振文朱君口腔诊所两家医疗机构的医保协议，暂停医保医师处方权6个月2人、3个月1人；对74家定点药店现场检查全覆盖、视频监控检查全覆盖，稽核扣款388元，解除平和县信特药房1家定点药店协议，暂停8家定点药店医保结算，处违约金3万元；医保零星报销受理2822件，统筹基金支出962.80万元，生育津贴申领受理220件，基金支出324.73万元，均按时完成受理办结。

【巩固医保扶贫】 2022年，平和医保局根据建立防止返贫监测和帮扶机制的文件要求，每月开展专项筛查，提出监测对象初步名单报送乡村振兴办；2022年，医疗救助对象32196人参保，受理办结第一、二类救助对象：住院124人次，救助金额133527.7元，门诊特殊病种147人次，救助金额81272.8元；第三类救助对象94人次，救助金额21万元；第四类救助对象3人次，救助金额10099.32元；精准落实贫困人员的医疗保障问题、点对点宣传及家庭签约医生的考核机制等扶贫工作，挂钩帮扶人员每月开展1次挂钩帮扶活动，每季度对五寨乡侯门村地帮扶成效进行跟踪，确保稳定脱贫。

【医保服务】 2022年，平和医保局受理全市通办门诊特殊病种4923人，受理门诊特殊病种登记4512人、变更2359人，异地就医备案3101人次，转诊登记22人次，意外伤害审批1525人，受理手工报销2634件，新单位参保171件，灵活就业参保1231件，在职转退休618件，医疗救助402件，医保政务系统办件评价10150件，好评率100%。

（江翰波）

民政事务

【概况】 2022年，平和县民政局实施“提高效率、提升效能、提增效益”行动，让人民群众获得感更强、幸福感更可持续、安全感更有保障。平和县是全省唯一的全国殡改试点县，生命公园建设完成4个村级试点建设，在各县中最多。市级界线（平和—永定）联检工作于7月20日完成内、外业联检工作，顺利完成省、市民政部门下达的联检工作任务，漳州、龙岩市间界线联检暨“平安边界”工作总结会议在平和县召开。

【社会救助】 2022年，平和县城乡居民最低生活保障标准从最低工资标准的42%提高到45%，低保标准从每人每月659元提高到815元；适度提高城乡低保人均补助水平，农村人均补助水平从361元/月提高至380元/月、城市人均补助水平从440元/月提高至453元/月；特困人员分散供养全自理由每人每月1014元提高至每人每月1241元，半护理每人每月1250元提高至每人每月1513元，全护理每人每月1485元提高至每人每月1784元；特困人员集中供养全自理由每人每月1216元提高至每人每月1489元，半护理每人每月2250元提高至每人每月2421元，全护理每人每月3267元提高至每人每月3568元。全年城乡低保对象13144名，发放保障金6098.65万元；特困人员2633名，发放供养金3988.88万元；开展临时救助3565人次，支出救助金694.08万元；孤儿及事实无人抚养儿童生活补贴402.35万元。开展“社会救助政策宣讲进村（社区）”政策宣传活动，对乡镇民政工作人员开展政策解读和业务培训。

【儿童福利保障】 2022年，平和县民政局落实孤儿基本生活保障政策，全县有社会散居孤儿45人，其中分散供养44人，集中供养1人，发放基本生活补助金92.9万元；落实事实无人抚养儿童保障工作，通过入户走访、邻里访问、实地核查，把符合事实无人抚养儿童条件的儿童纳入保障，全县符合事实无人抚养儿童条件的儿童有252人，发放基本生活补贴309.45万元；落实社会救助和保障标准与物价上涨挂钩联动机制，为孤儿、事实无人抚养儿童发放价格临时补贴，7—10月、12月合计发放2.36万元；推进县级未成年人救助保护中心建设和乡镇未成年人救助保护站设立，设立1个县级未成年救助保护中心，15个乡镇级未成年人救助保护站，22个社区未成年人救助保护点。

【残疾人保障】 2022年，平和县民政局全面落实残疾人“两项补贴”政策，抓好残疾人“两项补贴”的发放审定工作，全县享受困难残疾人生活补贴4707人，发放生活补贴641.46万元；享受重度残疾人护理补贴5977人（其中，一级残疾1859人，二级残疾4118人），发放护理补贴811.74万元。

【临时救助】 2022年，平和县救助站救助18人次，其中男性15人、女性3人，寻亲成功1人次，护送精神病人、未保少年返乡等，受助资金、医疗费、护理费、护送费等累计支出2.49万元。

【殡葬服务】 2022年，平和县殡仪祭拜服务中心项目建设被列入县委县政府民生重要工程和省级民政系统“103重点工程”之一，项目概算总投资约1.76亿元，总建筑面积24350平方米，项目正式启动。全年平和县殡仪馆火化遗体3674具，骨灰移交各乡镇福寿堂管理3487例；撒散、海葬、深埋等不留骨灰不占土地葬法188例，落实殡葬惠民政策170例，每例补助1000元，发放补助金额17万元。

【基层政权和社区建设工作】 2022年，平和县打造共建共治共享的新型村（社区）治理体系，构建“无事常联系、有事共商量、邻里一家亲”的“近邻”社区治理模式，在各村（社区）设立“民主议事厅”。由村（社区）搭建议事平台，对居民在线上线下提出的需求建议进行汇总、分类梳理，研判村（社区）关切的热点、难点问题；指导各村、社区修订完善更具约束力和执行力的村规民约、居民公约；推进化肥减量增效行动。实施高校毕业生服务社区计划，招募高校毕业生服务社区人员7名，建立日常跟踪和定期跟踪工作制度，完善动态化的就业数据库，及时准确掌握就业情况，做好各项就业跟踪统计工作。

【区划地名管理】 2022年，平和县民政局指导各乡镇不断规范地名命名、更名管理，稳妥有序推进不规范地名清理整治。推进国家地名信息库质量建设，对陆地水系、陆地地形、行政区域、群众自治组织、居民点、道路街巷等十二大类6867条信息进行审核；建立健全地名信息资源共建共享机制。

【社会组织登记管理】 2022年，平和县登记在册的社会组织185家，其中民办非企业单位90家，社会团体95家。新成立社会组织登记8家（社团6家，民办非企业单位2家），注销3家；176家社会组织参与2021年度年报年检工作，其中，139家通过审查，14家填报不完整，23家未年报。

【社工服务】 2022年，平和县对全县社工站进行对照评估，评估结果合格。全年社工站常态化入户关爱建档完成约1.45万份，完成率88%；个案帮扶对象33个，完成率110%；镇级活动近64场，完成率140%。每个乡镇社工站分别组建一支近30个人的志愿者服务队，分别完成志愿者主题活动2场。平和社工站社工服务在县级媒体报道22次，市级媒体报道1次，省级媒体报道2次。

社工队伍建设 2022年，平和县民政局完成社工站项目年度计划，建设1个县级社会工作服务总站，3个片区社会工作服务中心（示范点），15个乡镇社会工作服务站；总站及片区社会工作服务中心各配置3名社工，人口5万人以上（含5万人）以上乡镇配置3名社工，人口5万人以下乡镇配置2名社工，配置社工46人全部落实到位；联合平和县委组织部人才办制定出台《关于做好2022年度社会工作者职业资格考试工作的通知》；4月26日，联合平和县委组织部人才办、人社局召开平和县2022年度社会工作者职业资格考试工作动员会暨平和县2021年社工考试颁奖仪式，发放人才发展专项奖励金28.8万元；联合平和县人社局举办线上线下公益培训班，聘请高校社工专业教师、专家集中面授，有1100人次参与线下培训。1185人报考2022年度社会工作者职业资格考试，575人通过考试；通过微信公众号、微信群、朋友圈等形式，对广大群众、机关干部进行社工知识及社工考试奖励政策普及。

2022年1月25日，平和县民政局、县（乡）社工总站到霞寨镇兴霞社区居家养老服务站开展“迎春接福包饺子，社工服务暖人心”——关爱敬老、爱老、助老社工服务项目。图为活动现场

（县民政局 供图）

【养老服务】 2022年，平和县有240个行政村，农村养老服务设施覆盖率达100%，其中农村幸福院201家，建设农村老年活动中心39个；17家社区居家养老服务站、3家社区居家养老服务照料中心、5个社区老年活动中心。全县有15家养老服务机构，其中县社会福利中心1家，乡镇敬老院14家，合计养老床位4180张。60周岁以上老年人口11.64万人，每千名老年人拥有养老床位35.91张。

养老机构建设 2022年，平和县南胜镇区域性养老服务中心完工建设，总投资300万元，建筑面积800平方米；山格镇敬老院实行“医养结合”模式改革创新获突破，为全市唯一一家乡镇敬老院医养结合试点单位；平和县康乐养护中心实现民政领域规上服务业企业“零的突破”，康乐养护中心与东方医院合作公建民营，年主营业务收入达519万元。

“长者食堂”项目建设 2022年，平和县民政局完成小溪镇宝善村居家养老服务中心长者食堂（助餐点）建设，总投资40万元，建筑面积336平方米，全部完工试运营，与平和禾康智慧养老服务有限公司接洽合作运行新模式；小溪镇溪州村长者食堂（助餐点）建设，总投资50万元，建筑面积104平方米，主体工程完成，相关设备正在采购中。

居家养老服务　2022年，平和县开展政府购买居家养老服务工作，线上服务发放手机6081部，线下实体服务8080人65674人次，紧急救援35起；加强对第二轮政府购买居家养老服务服务质量的监管，不定时组织工作人员采取电话回访、入户走访等形式进行抽查；对禾康居家养老实体服务电话抽查873人，入户抽查93人，第一季度抽查结果为对服务不满意人数8人，服务不满意率3.24%，第二、三、四季度抽查结果为对服务不满意人数0人，服务满意率达100%，达到合同“抽查结果不满意率低于5%”的标准要求。

完全失能老年人补贴　2022年，平和县做好两类特殊困难完全失能老人关爱工作和无工资性收入高龄老人的福利工作。发放两类特殊困难完全失能老人护理补贴、无工资性收入高龄老人的补贴，发放完全失能老年人护理补贴11人2.16万元；发放无工资性收入高龄老人补贴787.96万元，覆盖12281人。

（张永发）

民族宗教

【概况】　2022年，平和县委统战部助力少数民族村组乡村振兴，向上申请少数民族补助资金77万元，支持崎岭乡少数民族村合溪村漫步道、下午斗畲族新村道路硬化以及路灯等配套设施建设，秀峰乡龙岭村大仓组畲族村道路硬化等。开展文明进步和谐生态（美丽）寺观教堂创建活动，申报创建省级备案登记民间信仰活动场所2个、省级民间信仰活动场所联系点2个、市级优秀民间信仰活动场所2个。

【少数民族工作】　2022年，平和县推动民族工作发展，分别在崎岭乡合溪村下午斗和山格土田村畲族特色大门楼前建设一座“铸牢中华民族共同体意识”民族团结石榴雕塑造型；以“喜迎二十大，看我畲乡新变化”为主题，举办平和县2022年秀峰乡畲族民族文化节暨移风易俗农民运动会；组织开展“福籽同心爱中华”第十五个民族团结进步宣传月系列宣传活动；拍摄“喜迎二十大，看畲乡变化”平和县民族工作成果展示宣传片。

【宗教事务管理】　2022年，平和县健全完善宗教工作县乡村三级宗教事务管理网络和乡村两级宗教工作责任制；重视宗教活动场所消防安全暨消防安全标准化达标创建工作，定期组织督查人员开展消防安全巡查、督改火灾隐患；组织开展“加强党史学习·增进‘五个认同’”主题教育、基督教各堂点“迎七一·学党史”暨消防安全培训会、道教各场所宗教事务条例暨财务管理办法培训会、宗教界崇俭戒奢教育活动。

（陈伟民）

老区发展

【概况】　2022年，平和县老区村“断头路”建设项目列入县委、县政府重大事项，全县规划109条，预计投资9000万元；新修缮峨嵋山干训学校、新四军圳心楼整编遗地、白匪焚村遗址、南胜镇欧寮村红三团指挥部旧址、国强乡松湖村碧野党支部遗址修缮、长乐乡乐北村刘永生在平和长乐垦荒的水田遗址修缮、霞寨镇高寨村良坑红军洞修缮、坝头村坝头党支部·苏维埃旧址修缮等8个革命遗址，并进行布展、开馆。平和县老区建设促进会、老区办获中国老区建设促进会授予的2022年度老区宣传工作三等奖。

【红色文化遗存保护与利用】　2022年8—11月，平和县老促会组织开展红色资源调研，形成“平和县红色文化遗存保护利用情况调研报告”和“加大红色文化遗

2022 年 8 月 19 日，平和县老促会组织 2022 年度考上大学的获奖学生 39 人参加漳州市老促会在漳州举行的 2022 年科华老区育才奖学金视频颁奖仪式。图为颁奖现场　　（县老促会 供图）

存保护力度，促进红色旅游做强做大调研报告”，得到县政府和有关部门的重视与采纳。三坪至欧寮 8.03 千米公路开工建设。做好“弘扬老区精神，传承红色基因示范基地”的申报工作，全县推荐平和暴动旧址、红三团与红九团会师纪念馆、中共闽粤边机关旧址等 14 家单位申报示范基地。

【老区助学】 2022 年，平和县老促会继续担负黄仲咸教育奖学金、科华老区育才奖学金的颁发工作，发放黄仲咸教育奖学金 127 人、12.7 万元，发放科华老区育才奖学金 60 人、12 万元。8 月 19 日，组织 2022 年度考上大学的获奖学生 39 人参加市老促会在漳州举行的“2022 年漳州科华老区育才奖学金视频颁奖仪式”，平和获奖学生奖学金共 18.5 万元。

（张永发　朱汉龙）

慈善事业

【概况】 2022 年，平和县慈善总会接受社会各界捐款 1317.62 万元，开展助学、助孤、助困和社会公益事等 25 项救助活动，支付 953.23 万元，受益群众 8008 人次。

【阳光助学】 2022 年，平和县慈善总会资助贫困大学生 67 人，助学金 37.884 万元，其中大一新生和研究生 38 名，助学金 16.62 万元，在校大学生 29 名，助学金 13.1 万元，资助在校孤儿 12 名，助学金 8.164 万元。

【情暖万家活动】 2022 年，平和县慈善总会走访慰问困难群众、病灾户 584 户，每户发放慰问金 300 元；中秋节活动期间，大世界商贸公司捐资 15 万元，慰问困难群众 60 多户；重阳节活动期间，英才集团捐资 14.4 万元，慰问全县 36 位百岁老人，每人 4000 元。合计资金 46.92 万元。

【慈善阳光救助】 2022 年，平和县慈善总会做好市县联动的面向因患重大疾病困难家庭、遭遇突发事故造成经济困难家庭和城乡低保残病边缘致贫户的慈善阳光救助项目，救助 30 户，每户获补助 5000 元，总额 15 万元。英才集团继续补助家乡东槐、高际村村民的医保补助、老人养老、大病救助、特困补助、奖学奖教等公益活动，受益 6000 多人，总资金 973.02 万元。

【慈善一日捐】 2022 年，平和县直机关、企事业单位和社会各界干部职工、爱心人士在“慈善一日捐”活动中，捐资 88.15 万元，包含大世界商贸有限公司林启明、平和县安康中医院邱家伟、厦门永鹭达纸制品有限公司叶永安各捐款 10 万元。

【慈善助力乡村振兴】 2022 年，平和县慈善总会搭桥厦门科华伟业股份有限公司捐资 30 万元，赞助平和县教育部门 6 套中小学人工智能与编程教学 AI 助手系统，助力乡村教育振兴。深圳雅肯净水设备有限公司，资助乡村放心饮水工程，优惠为群众安装净水器。

（周树海）

应急管理

综 述

【应急体系建设】 2022年，平和县建立健全突发性事件快速反应机制，平和县应急指挥中心建设项目建设完成并投入使用。执行24小时值班制度；开展应急演练，举行军地联合防汛抢险救生演练、危化品泄漏和火灾事故应急演练、专业森林消防队伍培训演练、消防灭火实战联合演练等。平和县应急管理局获“全省应急系统先进集体”称号。

【救灾和物资保障】 2022年，平和县建立完善防灾减灾救灾督促检查体系，公布救灾政策，明确救灾资金、物资管理使用规定，下发救灾工作督导服务及通报文件。下达2022年中央自然灾害救灾资金60万元。完成政策性农房保险总保费169.91万元、城乡居民自然灾害公众责任险69.54万元。联合纪检监察机关，组织40人次下沉17个乡镇（区）及救灾仓库，开展救灾工作及救灾资金督导。

【自然灾害综合风险普查】 2022年，平和县组织相关行业部门开展历史灾害和年度自然灾害调查数据核查，平和县第一次全国自然灾害综合风险普查工作的清查、家庭减灾能力调查经验得到国普办、省应急厅官方报道推广，代表漳州市通过省普查办的省级核查组核查验收工作，差错率1.82%，低于福建省差错率1.96%。完成《2022年平和县自然灾害趋势分析报告》。

【地质灾害防治】 2022年，平和县编制年度地灾防治方案，更新地质灾害点基础信息；开展汛前巡查排查工作，发放地质灾害防灾工作明白卡和地质灾害防灾避险明白卡各1100余份；做好地质灾害知识宣传培训，发放宣传资料5000余份；做好台风和强降雨期间地灾值班工作，各乡镇自然所配合乡镇对辖区内地灾隐患点进行隐患排查；完成省厅1∶5万地质灾害风险评估项目。

（庄澜 林毅芳）

安全生产管理

【概况】 2022年，平和县对照安全生产99条具体举措和三年整治40项重点内容，开展燃气、危化品、道路交通、自建房、工贸、建筑施工、消防安全、景区和非景区景点等重点行业领域安全大检查。平和县应急局每季度召开1次防范重特大安全事故会议。生产安全事故起数、死亡人数“双下降”，未发生因灾害亡人事故。

【安全风险源头治理体系建设】 2022年，平和县编制完成《平和县城市安全风险评估报告》《平和县城市风险源清单》《平和县城市安全风险评估管控实施方案》。在漳州城市安全风险管控信息平台填报企业694家。开展安全风险源头治理体系建设项目专家评审会，项目完成进度居全市前列。平和应急局、县气象局联合指导开展全国综合减灾示范社区创建和申报工作，国强乡延山村获“2021年度全国综合减灾示范社区”称号。

【隐患排查整治】 2022年，平和县深入排查隐患，制定整改措施，落实整改责任，专人跟踪、台账管理、对账销号，排查隐患数2089处，整改2089处，整改率100%；成立检查组389个，督导检查1636次，检查单位2459家，行政处罚485家，约谈警示1家，责令停产整顿12家。组织开展“安全生产大检查”和“安全检查百日大会战”专项行动，结合安全生产月活动，通过发送短信、宣传材料等形式宣传相关知识，预防和遏制各类安全生产事故的发生。

【重点领域整治】 2022年，平和县开展重点领域专项整治行动。危险化学品和烟花爆竹领域，制订对65家加油站、5家危险化学品不带储存贸易企业、1家危险化学品带储存企业的监管计划，检查企业85家次，开出责令限期整改指令书18份，发现隐患38条，全部整改。非煤矿山领域，检查指导生产经营单位36家次，出具责令限期整改指令书11份，发现一般隐患23项，整改18项，整改中5项。工贸企业领域，举办平和县工贸行业2022年度安全生产业务培训，参会150余人；聘请行业专家指导服务有限空间企业21家，排查隐患140余处；检查工贸企业35家，排查隐患51处。

2022年12月1日，平和县应急局开展危化企业安全检查。图为工作人员在现场检查 （县应急局 供图）

【安全文化公园建设】 2022年，平和县依托在建驯水公园，建设“五个一”安全应急保障提升工程，建成1个应急避灾示范点、配强1个应急物资储备站、设置1个微型消防站、提升1个安全宣教体验场所、打造1个安全文化公园；在园内规划公共安全体验区、安全生产体验区、应急救援体验区和防灾减灾体验区，每个区围绕一个主题，设计与环境相适应的宣传栏和小品。

（庄澜）

防汛抗旱

【概况】 2022年，平和县落实防汛抗旱责任，开展隐患排查整治，加强预警措施，完善工作机制。15个乡镇、262个村（社区）防汛预案全部完成修订并上报，57座小型水库的防洪抢险应急预案和防洪调度运用计划在汛前完成审查审批工作。

【防汛备汛】 2022年，平和县落实队伍物资，组建主要抢险队伍18支592人，备全备齐冲锋舟、编织袋、救生衣等防汛物资；开展防汛演练104次，参加演练人数1541人；排查整治隐患，出动1681人次，检查重要防洪防潮工程182次、城镇防涝排涝工程129次、地质灾害隐患点658次、避灾安置点626次。累计下沉干

2022年11月23日，平和县气象局在大溪镇赤坑村人工影响天气固定作业点开展人工影响天气作业。图为人工影响天气火箭弹发射现场

（卢达鹏 摄）

部7577人次，提前转移安置群众2127人次。

【人工增雨】 2022年，平和县开展人工增雨作业50场次，燃烧增雨焰条66根，发射火箭弹5枚，缓解平和县的旱情，改善土壤墒情，降低农业生产因干旱造成的损失。开展生态保护型人工影响天气业务，完成坂仔镇峨眉山、崎岭乡大粒山2个烟炉作业点项目建设，与现有作业点形成对不同方位天气系统的影响，提高增雨受益面积和作业科学性、精准性。

（庄澜 卓丽容）

森林防灭火

【概况】 2022年，平和县加强保障能力建设，实行防火网格化管理，组织开展林地（林区）野外火源专项整治行动，加强森林防火宣传教育和巡查，抓好森林防灭火各项工作。全年森林火灾案例没有超过省定指标，没有发生重大森林火灾。

【机制保障】 2022年，平和县应急局打造县级专业森林灭火队、乡镇专职消防队，县级专业森林灭火队有4支130人，由县森林防火指挥部统一指挥调度，建立县级财政投入为主的经费保障机制，定期培训演练，实行跨区域联动救援机制，提升专业化森林救援处置能力。春节、全国两会、清明节、国庆等重点时段，专业森林灭火队全部集中待命。组建18支由护林员组成的森林防火巡护和火灾早期扑救队伍。县森防指办公室成立3个督查组，采取明察暗访、突击检查和“四不两直”等方式，对各乡镇（场、区）开展森林防灭火督查工作。

【森林防火宣传与巡查】 2022年，平和县依托17个乡镇（场、区）

2022年4月26日，平和县应急局组织开展专业森林消防队伍演练。图为演练现场

（县应急局 供图）

及309个村级森林防火网格，出动宣传车866次，发放宣传单2.4万份，张挂宣传横幅567条，张贴标语2120张，设置警示牌578块，发放防火信封2万个，组织扫防火码323次，发送防火宣传短信、微信121.4万条，制作1条抖音短视频在全县范围内推送。排查风险隐患19个，完成风险隐患整治19个，整改率100%。

（庄澜 陈耿鹏）

消防救援

【概况】 2022年，平和县消防救援大队提请平和县人民政府召开消防工作会议4次、平和县领导带队检查3次、平和县人民政府印发文件4份、平和县安委会印发文件2份、平和县消安委办印发7份，与辖区15个乡镇签订《消防行政执法赋权事项承接确认书》。推动教育、民宗、民政、文旅（文物）、卫健等重点行业部门召开消防安全标准化管理现场会，指导消防安全标准化建设，全县15个乡镇成立消防安全委员会，完成率100%。推进风险隐患"自知自查自改"、公示承诺制度和"五查"（单位自查、行业排查、监督抽查、重点检查、专家协查）机制，每个乡镇指定1名分管消防工作领导及2名专职人员（编制内负责组织开展消防行政执法和消防宣传工作）。全县火灾形势总体平稳可控。全年大队接警出动279起，出动车辆464辆次，出动消防人员2678人次，抢救被困人员31人，抢救财产损失1447.8万元；成功处置"3·10"环盛（福建）新型建材科技有限公司火灾和"5·11"龙溪路292号自建房火灾等较大火灾任务。

【消防基础设施建设】 2022年，平和县消防救援大队与县民政局、残联、慈善总会等单位走访摸排"老弱病残"特殊群体218户，采购分发独立烟感等智能预警装置并完成安装。为五寨、秀峰、长乐3个较偏远或火灾频发的乡镇，各配备1辆2500千克小型水罐消防车及随车器材装备；为黄井消防救援站配备1辆小型抢险救援消防车。县消防救援指挥中心完成选址工作，初步规划2.13公顷。

【火灾隐患整治】 2022年，平和县消防救援大队紧扣消防安全整治三年行动、冬春火灾防控等重点工作，开展"拉网式"隐患排查整治工作，检查单位917家，发现火灾隐患或违法行为507处，督促整改火灾隐患或违法行为507处，下发责令改正通知书269份，行政处罚37家，临时查封13家，责令"三停"（停产、停业、停止使用）10家，罚款34.9万元；提请政府挂牌重大火灾隐患2家。开展"三合一"场所（住宿与生产、仓储、经营一种或一种以上使用功能违章混合设置在同一空间内的建筑）整治工作，全县排查出"三合一"场所215家，其中经营性210家、生产性4家、仓储性1家；清理住宿场所140家，共285人；落

2022年7月12日，平和县消防救援大队到平和县黄井工业园区企业开展消防安全宣传　　（县消防救援大队 供图）

实技术性改造75家，整治完成率100%。全县各乡镇对生产经营租住场所开展消防安全隐患排查，排查非自建房29处，发现并排查隐患12处；排查自建房410处，发现并排查隐患40处。

【消防宣传教育】 2022年，平和县消防救援大队落实消防宣传“五进”（进社区、进学校、进企业、进农村、进家庭）工作，针对典型“小火亡人”和电动车火灾案例，开展消防培训及疏散演练活动，发放各类宣传彩页；年内，结合“119”消防宣传月、“5·12”全国防灾减灾日、国际减灾日、安全生产月等主题及重要节假日，印制超3万份宣传材料，向移动用户发送80万条春节、清明节、“五一”国际劳动节、端午节、安全生产月等消防安全提示短信。

【消防演练】 2022年，平和县消防救援大队在辖区重点单位熟悉演练104次，修订完善数字化预案30余次，熟悉道路水源30余次，开展联合演练6次。组织开展消防安全专题培训200余场次。

（周小杰）

防震减灾

【概况】 2022年，平和县地震办公室编制出台《平和县“十四五”防震减灾规划》，明确到2025年，初步形成以现代智慧为标志的新时代防震减灾事业现代化体系；加强地震应急预案管理，坚持节假日和重点时段带班值守，实行震情零报告制度。全年开展集中宣传9场，科普讲座4场，发放宣传材料1万余份。县地震办获“漳州市第二届防震减灾科普讲解大赛优秀组织奖”。

【地震监测】 2022年，平和县地震办推进群测群防工作，加强地震预警信息发布终端管理。加强全县区域内4个地震监测台站和3个地震宏观观测点巡查，辖区内监测台及宏观观测点运行情况良好。督促指导各乡镇和学校做好预警终端的运行管理维护工作，对制定地震预警预案、预警终端安装结算方式及缴费情况、在线率、信息发布管理等情况开展巡查，全年地震预警终端在线率85%以上。

【地震灾害风险防治】 2022年，平和县地震办配合省地震局在平和县做好深地震反射探测工作，深地震反射探测项目设计布置测线在平和县境内有32.3千米，涉及山格、霞寨、崎岭、秀峰、九峰5个乡镇13个村，于6月18日开工，9月22日完成。县地震办对接好全国房屋设施抗震设防信息采集和管理平台，及时采集录入相关数据，录入加固工程43个，新建工程387个。服务省级重点项目建设，协调推进官峰水库项目的地震安全性评价工作；参加平和县新建项目建设规划汇报会、评审会36场；联合住建部门开展新建工程双随机监管检查和“互联网+监管”，涉及项目有崎岭乡卫生院职工周转宿舍、漳州亿宝工贸有限公司包装制品

2022年5月10日，平和县地震办在县第四实验小学举办平和县2022年防震减灾科普讲解大赛。图为大赛颁奖仪式（县地震办 供图）

建设项目2号厂房和新星幼儿园第二分园。

【地震应急疏散演练】2022年，平和县地震办指导学校、社区、单位和企业等开展地震应急疏散演练；在防震减灾宣传月期间，平和县地震办联合平和县教育局，以平和县第四实验小学为主场，全县各学校因时因地制宜开展地震应急疏散演练，开展演练195场；组织开展地震应急避难场所巡查，确保各项配套设施运行正常。引导社会救援力量——平和蓝天救援队与消防救援大队开展救援技能训练，参加防震减灾宣传等志愿服务活动。

【防震减灾宣传】2022年，平和县地震办举办防震减灾科普讲解大赛，选拔优秀选手参加漳州市第二届防震减灾科普讲解大赛。指导县第四实验小学和平和一中创建省级、国家级防震减灾科普示范学校。举办“喜迎二十大”平和县中小学生防震减灾书画作品征集大赛，评出优秀作品102幅，推荐19名学生的书画作品参加漳州市中小学生防震减灾书画作品征集大赛，有8名学生分别获一、二、三等奖。2022年5月10日，县地震办在县第四实验小学举行平和县2022年防震减灾宣传月启动仪式暨学校地震应急疏散演练主场活动，举办防震减灾宣传月防震减灾知识线上有奖竞答活动和防震减灾科普讲解大赛颁奖仪式。

（李达意）

文峰镇

【概况】 平和县文峰镇位于平和县东部，与龙海、南靖、漳浦接壤。作为平和县的东大门，省道“官九线”贯穿文峰全境，距平和县城仅14千米，漳州市区31千米，同三高速公路入口处35千米，漳州港65千米，厦门经济特区高崎国际机场85千米。2022年，全镇土地总面积215.11平方千米，设有8个行政村和3个居委会，全镇总人口20472人。全年财税收入8506.26万元，完成占比120.06%，超额完成全年奋斗目标。全镇规模以上工业企业26家，固定资产投资完成9.7亿元，比上年同期增长17.7%。新增入库固定资产投资项目19个。工业产值完成38.83亿元，比上年同期增长19.2%，新增新上规模以上工业企业11家，完成全年任务的137.5%。“七比一看”竞赛总分排名全县第一。龙山村（蜜柚）被列入2022年省级“一村一品”专业村名单。

【招商引资】 2022年，平和县文峰镇深化“一把手”招商，采用以商引商、产业链招商等方式，利用互联网平台开展线上洽谈签约，达成签约二、三产业15家，计划总投资11.07亿元。开展“千名干部挂千企”活动，为企业提供“妈妈式”服务。开展“四上”企业摸排工作，新增资质建筑业企业1家，限上贸易业企业2家，规模以上工业企业11家。培育年度新上规模以上工业企业10家，年度新上限上商贸企业4家，资质建筑业企业1家。

【项目建设】 2022年，平和县文峰镇深入企业督导150余次，全面掌握辖区企业防控工作动态。统筹调度盘活利用工业闲置土地和厂房，完成清理闲置厂房20.9万平方米，新建厂房13.2万平方米。新增固定资产投资项目19个，其中制造业项目12个。针对2021年未开工、未竣工项目实行“一个项目、一名干部、一个方案、一跟到底”的“四个一”推进机制，掌握项目进度情况，13个项目提前开工，9个项目竣工。实施退果还林工程，沿溪两侧退果还林完成15.33公顷。推进“园改耕”土地开发项目，完成“园改耕”11.33公顷。全镇春夏两季粮食播种面积达252.13公顷，产量145.7万千克。

【生态建设】 2022年，平和县文峰镇推进化肥减量增效，建立三级网格化制度，全程跟踪指导沿溪两侧1177户350.47公顷蜜柚园施肥情况。开展水质提升管控，在文峰溪沿溪8个村（社区）设置13个镇级水质监测点，完成南霞村、文美村、龟仔头社区等6个拦截沟、19个生态滤床。推行村庄规划编制，坚持村庄建设、规划先行，配合县级做好全镇国土空间总体规划多规合一工作。全年完成建房申请审批11

2022 年 9 月 29 日，平和县文峰镇组织开展“南霞村九九重阳节”活动
（文峰镇 供图）

宗，其中异地新建 4 宗，原址翻建和改扩建 7 宗。

【社会事业】 2022 年，平和县文峰镇投入 607.93 万元，在各村（社区）建设 18 个为民办实事项目，对生产生活道路、污水设施、饮水设施进行提升；投资 5000 万元，建设三平高速出口至三坪村沿线立面改造及环境提升工程项目，对高速出口至三坪村 17 千米沿线建筑外立面进行改造，对镇区部分路段进行“白改黑”工程，并加装景观照明及沿线人行道改造、弱电管线基础设施改造、苗木种植绿化景观等，年内，项目完成全部室外勘测，现转入市政、道路及园林设计阶段。

【“一村一品”产业建设】 2022 年，平和县文峰镇扎实推进“一村一品”产业建设，依托“党支部 + 电商 + 农户”“党支部 + 合作社 + 基地 + 农户”等方式，由党支部带企业进村、党员带群众进村，带动 3 个村村集体经济收入突破 50 万元。以三平祖师药签文化为依托，建设 0.24 公顷的药膳种植基地、药膳展示厅，由公司承包、党员带头、群众参与，在前埔村打造“药膳村”品牌。投资 600 万元推进现代农业产业园建设，在龟仔头社区、龙山村分别建成畜禽粪污资源化利用示范片 66.67 公顷、生态高标准果园示范片 133.33 公顷。

【平和县文峰镇获评“全省乡村治理示范乡镇”】 2022 年，平和县文峰镇调动网格员、乡村“110”等力量排查化解各类矛盾纠纷、民生诉求，全年办结民诉 212 件，办结率 100%。坚持“一排查一整改一销号”制度，累计收缴“黑气”56 瓶，没收销毁烟花爆竹 133 件，督促推动 131 家使用燃气的餐饮单位全部安装泄漏报警装置；开展摩托车、电动车违法安装遮阳伞（遮雨棚）整治工作，拆除遮阳伞（遮雨棚）2350 余顶。将全镇 10 个村（社区）以小组为单位，划分 45 个网格，明确网格范围、人员配备、工作职责等，落实重点对象“六包一”管理机制。建强基层治理风险底线，投资 976 万元，建设文峰镇“党建 + 社会综合治理”智慧平台；在综合指挥平台上通过运用无人机、高清摄像头、预警感应器等现代化智能设备，对“两违”、环保、水质监测、矿山资源等重点领域进行全程监控、实时预警。全年安装高空球 15 个（覆盖面积达 95 平方千米），水质监测仪 8 个，防盗采监控 13 路，无人机 1 架。2022 年，文峰镇获评“全省乡村治理示范乡镇”。

（蔡林宏）

山格镇

【概况】 平和县山格镇位于平和县的东大门，南接平和县城、北靠南靖县，东邻国家 AAAA 级风景区三平，省道牛旧线、官九线在此交会，交通便捷、区位优越，人杰地灵。2022 年，全镇总面积 177.72 平方千米，辖区设有

平和县山格镇铜中村集中育苗基地。摄于 2022 年 4 月 16 日

（山格镇 供图）

13 个行政村和 1 个居委会，全镇人口 44704 人。全年完成向上争取资金 950 万元，完成率 135.7%；固定资产投资额 13.8 亿元，比上年同期增长 26%。完成规模工业产值 29.3 亿元，规模以上工业企业 3 家。完成限额以上社会消费品零售总额 3.1 亿元，比上年同期增长 34.8%，新增限上贸易业企业 5 家。“七比一看”综合得分位列全县第一名，其中比工业攻坚、比项目攻坚连续多月保持第一。被中共漳州市委、漳州市人民政府授予“漳州市第七次全国人口普查先进集体”荣誉称号；敬老院“医养结合”模式成为全市唯一改革试点单位；入选阿里巴巴研究院“2022 年中国淘宝镇”。新陂村（设施蔬菜）被列入 2022 年省级“一村一品”专业村名单。

【农业发展】 2022 年，平和县山格镇坚决遏制耕地“非粮化”，保障粮食安全，补充耕地 30.4 公顷。打造 146.67 公顷山格镇退果还耕及农业种植结构调整示范片。开展化肥减量增效行动。投资 200 万元建设 2022 年山格镇新陂村高标准农田项目。举办 2022 年福建省农民丰收节山格镇农事体验活动。打造蔡家堡、土田畲族村全域旅游品牌，推介隆庆村蔡家堡参与“福平和”文旅系列主题宣传推介活动。开展农村集体“三资”整治，追回拖欠集体承包金及资金 22.64 万元，2 个试点村追缴率均 100%。

【招商引资】 2022 年，平和县山格镇深化“一把手”抓招商机制，党政主要领导远赴深圳、浙江、福州、厦门、泉州等地 10 余次，接待客商 6 批 40 余人次，新签约项目 10 个（其中亿元以上 6 个），总投资 22 亿元以上。加大“补链”招引力度，以商招商，在鑫富创园区先后引进年纳税 1000 万元以上的规上企业 4 家。

【项目建设】 2022 年，平和县山格镇完成佳柚佳、优森木业、谦谦木业、鸿源昌、星创木业新签约开工项目 5 个；鑫富创、谦谦木业，鸿源昌等竣工投产项目 12 个。完成市级重点项目 10 个，总投资 13.2 亿元；县级重点项目 20 个，总投资 17.7 亿元。深化“千名干部挂千企”帮扶服务活动，建立“四个一”服务机制，协调解决企业经营生产中遇到的重难点问题，实施平和县首个“拿地即开工”试点项目（裕华琳食品）。对瑞诗丹莲项目地块线路进行重新设计，解决联晨国际一期（原德健）地块批而未供历史遗留问题。

【乡村振兴】 2022 年，平和县山格镇投资 329 万元完成群众活动场所改造、基础设施提升、人居环境整治等蔡家堡乡村旅游项目。投资 150 万元完成隆庆村田间道路工程及农田防护与生态环境保持工程建设。投资 240 万元完成平和县山格镇隆庆村 2022 年县级土地开发项目 6.03 公顷。

【生态环境整治】 2022 年，平和县山格镇摸清高际溪流域超标点位，因点施策，采用“生态滤床+生态滤池+生物处理”模式建设6处水质整治环保设施。投入35万元对河道及高际溪6条主要出水口7.2千米进行清淤。投资476万元建设三美溪生态湿地环境修复项目。镇村干部下沉一线，入户推行定额制施肥、推广施用有机肥，242户党员签订《带头示范承诺书》，将化肥减量增效写进村规民约。

【平安建设】 2022年，平和县山格镇铜中村九组历史遗留“双田制”问题取得阶段性成效。开展电动车“清伞”行动、工贸行业安全生产专项整治“百日清零行动”。扎实做好法治宣传、社区矫正、调解等工作，对特殊人群开展走访及思想教育65人次。联合开展矛盾纠纷排查16次，调解案件35件，调解成功率100%。在镇区十字路口、重要街道等地段新增监控探头。建设15个新时代文明实践所（站），志愿活动总服务时长超3.4万小时，累计服务5万余人次。

【社会事业】 2022年，平和县山格镇新增低保62户75人，新增特困29户29人，纳入事实无人抚养儿童14人。落实各项拥军优属政策，重点帮扶现役军人、退伍老兵及军烈属。开展第三代社保卡换领工作。调解4起拖欠农民工工资案件。救助“两癌”患病妇女2名。登记蜜柚大棚106间。

【城乡建设】 2022年，平和县山格镇投资120万元完善镇区生活污水管网及雨污分离设施。投资1800万元建设山格镇三期污水管网，收集三美、铜中2个村的污水并把隆庆村污水接入主管。推进第二污水厂提标改造工作。整治迎宾大道（山格段）人居环境，在大众爷公园制作60个临时摊位作为临时农贸市场，拆除占用公共绿地违章搭盖一处300平方米。投资566万元完成内宝线Y808、铜草线、新东线等3个道路提升改造工程。强化“卫片图斑”整治。

【敬老院“医养结合”模式成为漳州市唯一改革试点单位】 2022年，平和县山格镇为全面健全养老服务体系，山格镇打通医养结合通道，突破养老服务与健康服务有效结合的“硬骨头”难题，提供更多更好的医养结合服务，与县里一家民营医院签订战略合作协议，将公建敬老院与民办医疗机构相结合，以山格镇敬老院为载体，医院成立平和县康乐养护中心，提供养老及医疗服务，推进医养结合型养老服务机构建设，提高医养一体化服务水平，破解当前农村地区老人养老面临的堵点难点问题。自运营以来，依托医养结合优势，吸引了山格、大溪、九峰、坂仔等15个乡镇50名老人入住。

（叶淑溶）

小溪镇

【概况】 平和县小溪镇位于九龙江西溪上游的花山溪畔，距漳州市区61千米，是平和县城所在地。主要河流有花山溪和牛头溪，两溪在境内中部的城区东南溪口处汇合，流经山格、南靖、漳州，汇入九龙江。省道郊柏线、牛旧线贯穿全境，并在城区交会。2022年，全镇总面积137.19平方千米，设有23个行政村和8个居委会，全镇总人口103388人。全镇生产总值完成79.2亿元，比上年增长7.8%，其中工业总产值54.2亿元，农业总产值16.15亿元，分别同比增长8.8%、6.7%；农民人均纯收入32081元，同比增长5.3%。财税入库1.22亿元。处置“两违”8.6万平方米，裸房整治218间。强化“卫片图斑”整治，有效遏制乱占乱建现象。编制村庄规划6个，授牌“美丽庭院”县级50户、市级12户、省级10户。小溪镇获“2022年中国淘宝镇”“2022年全国乡村特色产业产值超十亿元镇”称号。

【经济建设】 2022年，平和县小溪镇固定资产完成投资8.1亿元，新入库固投项目19家，总投资17.2亿元；规模以上工业12家，产值25.2亿元；社会消费品零售总额5.1亿元。新增入库制造业12家、限上贸易业9家、规上服务业2家、等级资质建筑业4家。打造种植业+农产品加工+文化旅游建设项目。将全镇沿花山溪两岸17个村4666.67公顷蜜柚园改造成高标准生态果园示范片（带）。加大对深加工产品企业在人才、政策、资金等方面的扶持和补助力度。

【项目建设】 2022年，平和县小溪镇推动中宝食品技改、乐其家私二期、林兴新能源等一批重点项目落地实施。向上级争取资金716.8万元。出让工业用地4.37公顷，清理闲置厂房10.3万平方米，新建厂房5.83万平方米，完成征迁土地89.07公顷，1276户。重点突破并解决平和县第六实验小学、新北环路、东环路、旧楼加油站、高南加油站、县行政服务中心、县人才公寓等征地遗留问题。

【民生建设】 2022年，平和县小溪镇新增低保238人，开展困难群众临时生活救助522人次，发放临时救助金额95.97万元。建立低保户、特困户、重度残疾人、困难老人、困境儿童信息档案2343份。建成宝善村、溪州村长者食堂，打造邻里养老新模式。改善9个村（社区）公共体育设施，配齐健身器材，举办全民健身活动。建成南山桥至污水处理厂污水管道，增加雨水管道15千米、污水管道9千米。

【生态建设】 2022年，平和县小溪镇按照“退、改、减、治、建”五项具体措施，完成第二自来水厂征地去青7.67公顷、官峰水库引输水线路工程永久用地和临时用地（小溪段）征地21.56公顷、自来水厂取水口上游“退果还耕”项目43.13公顷、“园改耕”项目7.31公顷、豆坪村和枫埔村严格管控类耕地退果还林19.91公顷。采购262.25万千克有机肥替代化肥，免费用于自来水厂取水口上游4个村沿花山溪两侧200米果园及内林村示范片244.27公顷生态果园。组织镇村200多名干部挂钩指导农资店148家，张贴“三级挂钩名单”，指导经营户化肥购销台账的规范建立。建成10座生物碳拦截坝、60张生态滤床；五村村、溪州村大三格污水处理项目完工投用。

平和县小溪镇联光村退果还耕示范片。摄于2022年4月23日

（小溪镇 供图）

【基层治理】 2022年，平和县小溪镇持续深化安全生产、道路安全等各类专项整治。出动安全整治车辆35辆次，人员150余人次，完成各行业隐患整改51处。开展消防“三合一”场所“回头看”行动，清理住宿场所56家，落实技术改造27家，整治完成率100%。开展道路交通安全专项整治，出动600多人次开展安全检查。完善公调、诉调、访调三项对接机制，坚持依法治访，化解一批信访积案。

【“退果还耕”项目】 2022年，平和县小溪镇镇政府实施城区饮用水取水口上游两侧“退果还耕”项目，在小溪镇联光村种下百亩红薯，该项目涉及小溪镇 4 个村，面积 43.27 公顷。其中，联光片区实施 9.5 公顷，从中选取 6.67 公顷种植红薯。

（曾泽津）

南胜镇

【概况】 平和县南胜镇位于平和县东南部，交通便捷，地处牛旧线省道边，东邻漳浦县，南界五寨乡，西毗国强乡和云霄县，北接坂仔镇、文峰镇，距离县城 19 千米。2022 年，全镇总面积 127.20 平方千米，设有 11 个行政村和 1 个居委会，全镇总人口 26795 人。全年固定资产投资累计完成 5.4 亿元，新增固定资产投资项目 9 个，计划总投资 4.19 亿元，其中工业固投项目 5 个，总计划投资 1.74 亿元；规模工业产值累计完成 8.11 亿元；限上贸易额累计完成 8.45 亿元，其中，限上批发额累计完成 3.53 亿元，限上零售额累计完成 4.92 亿元，全县排名第一；财税收入累计完成 1150.87 万元；进出口总额累计完成 6685 万元。南胜镇在“七比一看”竞赛中全县排名第五，获评“高质量发展成效”“比向上争取资金”先进集体称号。靖和浦边区苏维埃政府旧址被列为“福建省离退休党员干部传承红色基因学习教育基地”；“红色欧寮”党员教育教学点被纳入漳州市党员教育培训（主题党日活动）现场教学点名单；南胜镇获评“第二批省级乡村振兴治理示范乡镇”，法华村获评“第二批省级乡村振兴治理示范村”；欧寮村入选“漳州市基层党建品牌重点村”名单；南胜镇武装部获“基层人民武装部建设”三星荣誉牌匾，是平和首个获评市级“评星挂牌”荣誉乡镇。

【项目建设】 2022 年，平和县南胜镇围绕“一街、一河、一路”推进项目建设，完成镇区街道南北街立面改造提升工程的规划设计，沿街两侧的占道铁棚进行拆除，实现还路于民；实施闽粤边特委机关旧址红色旅游（Y817 南胜欧寮至三坪浦口段）工程，完成项目征地、招投标等前期工作，并开工建设。

【乡村振兴】 2022 年，平和县南胜镇建设红色欧寮景区，建成靖和埔苏维埃革命历史陈列馆、闽粤边区特委机关旧址和红三团指挥部旧址展馆，增设党风廉政文化主题布展，制作“平和县欧寮村红色文化基地”VR；举办“云上欧寮·清凉南胜”乡村旅游节，厦门卫视全程直播，“神摇漂流”旅游项目门票收入 400 多万元，年带动农副产品销售 150 万元；欧寮村《整村创业带动村民就业打造就地致富“新样板”》经验做法被省乡村振兴局推广。与省农科院在法华示范区推广优新水果苗木种植，推进农业种植结构调优。梨仔坑应急水源工程项目建设，完成测绘 60.27 公顷，其中，蜜柚等果园 42.8 公顷，阔叶林 17.47 公顷。完成去青 23.07 公顷，推进重山征地去青工作，挖掘子坑山水风光。

【生态建设】 2022 年，平和县

南胜镇欧寮村。摄于 2022 年 4 月 10 日　　（卢达鹏 摄）

南胜镇总投资120万元实施高标准“生态果园”工程，推广果园覆盖栽培技术应用4666.67公顷；实施畜禽粪污“资源化再利用”工程，建立约200公顷的示范基地，全镇推广应用达1400公顷；实施土壤改良工程，购买并发放55万千克土壤酸化改良剂，实施治理面积363.47公顷。开展7轮148点次加密监测河道断面水质，瞄准16条重点支流开展治理，得到市委决策督查组肯定；实施镇区污水管网提升和生态护岸建设工程，建成19个小流域治理工程及2个人工湿地公园。引进休闲农业家庭农场1个，总投资348.65万元，养殖大口黑鲈及其他淡水产品1.67公顷，种植福红李1.67公顷、其他水果3.67公顷。综合整治“两违”118宗，完成5.5万平方米，完成进度137.65%，全县排名第三。

【民生保障】 2022年，平和县南胜镇借助“智慧+”平台及卫生健康“三支队伍”创新机制，健康助理员和家庭签约医生提供上门服务，强化慢性病管理，提升妇幼服务水平，实现监管模式创新。推进低保（特困）对象救助，救助人口比例2.6%以上，位列全县前三；完成临时生活救助工作，累计发放救助金18万余元，超额完成任务指标。投资130多万元实施法华桥危桥改造项目，投资150万元实施乡道槛厝桥危桥改造项目，均完工通车；投资200万元启动云后桥危桥改造工程；投资520万元建设配套有“三厅九室”的农村区域性养老服务中心；投资76万元建设市级示范点——龙心村村级公益性生命公园；投入160万元改造中心小学运动操场及篮球场、南胜中学远程多媒体功能教室。狠抓电信网络诈骗，逼返滞留缅北人员4名，逼返率100%，逼返滞留金三角人员3名。

【“云上欧寮·清凉南胜”乡村旅游节举办】 2022年7月1日，平和县南胜镇启动“云上欧寮·清凉南胜”乡村旅游节。平和我家欧寮文旅发展有限公司与厦门建发国际旅行社集团有限公司、厦门海晞户外运动有限公司、厦门红豆户外运动有限公司、福建省平和三平旅行社等进行了战略签约。南胜镇欧寮村依托“红色资源+绿色生态”，盘活村集体资源参与“我家欧寮”乡村旅游开发建设，动员113户村民入股公司，累计提供就业岗位150多个，年带动农副产品销售30万元，辐射带动周边6个村集体经济薄弱村增收；动员村民以闲置旧瓦房入股“半山民宿”，按比例获得分红，有35栋175间民房参与改建民宿。

（邱诚）

五寨乡

【概况】 平和县五寨乡地处平和县东南部，东邻漳浦，西南与云霄毗邻，北连南胜镇。全乡整个地形是四面环山，中间杂以丘陵，海拔近千米的大帽山屹立于五寨乡北部，纵横东西，把五寨发育成中低谷小盆地，埔坪、优美、前岭、寨河、侯门、新美、新塘等7个村为山谷平原区，平均在海拔80—150米。高峰、联盟等2个村为山谷丘陵地。2022年，全镇总面积91.78方千米，设有9个行政村和1个居委会，全镇总人20760人。完成财政总收入824.45万元，规模以上工业产值2.94亿元，社会消费品零售总额1.07亿元；规划建设五寨生态木业产业园，规划总用地35.67公顷；农业总产值完成2.21亿元，增长4.5%；完成固定资产投资2.75亿元；办理人大代表建议2件，满意率100%。五寨乡获“福建省卫生乡镇”称号、平和县“2022年度乡村振兴先进集体”“2022年度高质量发展成效先进集体”等荣誉称号。

【农业种植结构调整】 2022年，平和县五寨乡优化农业种植结构调整，减少低产低效作物种植面积，发放耕地地力保护补贴100.67万元，种粮一次性补贴10.4万元；实施县级土地开发项

平和县五寨乡调整农业种植结构，探索推广"水稻+毛豆+马铃薯"和"毛豆+水稻+毛豆"轮作模式。图为"毛豆6号"种植园，摄于2022年4月10日　（五寨乡 供图）

目，推进"园改耕"建设，新增耕地面积32.77公顷；高位嫁接葡萄柚、红美人柑橘等优新品种达586.67公顷；推广"毛豆+水稻+马铃薯"轮作模式，完成粮食种植面积182.87公顷，产量116.7万千克；2022年4月15日，平和县春季农业生产暨农业种植结构调整现场会在五寨乡召开，五寨乡在会上作典型经验介绍；实施前岭村"一村一品"示范建设，硬化机耕路2.3千米，建设3个100立方米蓄水池等，受益果园近100公顷。

【招商引资】 2022年，平和县五寨乡充分利用融媒体和电商平台，发展"互联网+水果"模式，着力培育尤尼贞好电子商务、东硕农产品等公司成为"四上"企业，延长产业链，提升农产品附加值；引进俊丰木业、俊美木业、俊祥木业、敏芹木业、润百木业等5家木业企业落地产业园，其中，俊美木业、俊祥木业为市级重大招商项目。5家木业企业总投资8.6亿元，建成后可新增产值10亿元，年创税收2000万元，创造就业岗位500个。引进谦锋建筑、筑诚建筑2家资质等级建筑企业，实现五寨乡资质等级建筑企业"零的突破"。

【项目建设】 2022年，平和县五寨乡围绕"五个一批"项目建设，完成优侯线道路"白改黑"提升、寨严线道路硬化、3个批次7个"园改耕"项目等，新改扩建农村公路13千米；推进前岭小学建设、五寨生态木业产业园、寨河"神秘土楼"活化利用、平和县迁台记忆馆等项目前期工作；五寨生态木业产业园基础设施建设项目、五寨乡乡村振兴项目成功申报录入平和县2023年地方政府专项债券储备项目库。

【生态建设】 2022年，平和县五寨乡依托"西坑—寨河线"建设，完成镇区沿街立面整治一期项目，以及前岭村前坂、寨河村土楼周边等环境整治项目；完善前岭楼仔坪土楼文化馆修复；完成侯门村、埔坪村、联盟村3个村庄规划，实施裸房整治130户；实施辖区内鹿溪河段水质综合整治提升，在完成镇区"千吨万人"水源地整治保护基础上，完成2个千人以上、3个千人以下水源地整治保护，建成生态滤床2座、拦截过滤坝（沟）11座；推进化肥减量增效，科学指导农户定额施肥，建设千亩生态果园示范片，推行测土配方施肥、增施有机肥等措施，发放宣传单8000份，化肥使用量比上年同期减少30%以上；严格落实"河长制"，保持常态长效管控，提升鹿溪流域水质，水质全年均值达标；开展"两违"整治，对173宗往年"两违"图斑核查分类处置，完成拆违2.26万平方米。排查自建房171间，面积2.83万平方米。

【社会保障】 2022年，平和县五寨乡投资21万元完成乡敬老院提升改造，维护和管理各村农村幸福院；全乡城乡居民医保参保 16196 人，参保率 93.63%；城乡居民养老保险参保 5769 人，参保率 96.52%，均位居全县前列；受理核实审批新增低保、特困人员 50 人，发放临时救助金 48 户次 9.6 万元，发放残疾人补助金 38.56 万元，完成 401 户低收入群体的住房动态监测。

【平安建设】 2022 年，平和县五寨乡安装监控设备，接入乡综治中心管理平台，实现各村居治安环境集中监控；调解纠纷 54 例，处置“12345”便民服务平台以及上级有关部门交办的信访件 150 件；开展农资市场整顿，严厉打击农资市场无照经营、假冒伪劣、虚假宣传等违法经营行为，开展执法检查 12 次，出动人员 75 人次；打击治理电信网络诈骗、非法出入境从事跨境违法犯罪活动，持续开展巡山打假活动。全年未发生较大以上安全生产事故。

（林艺龙）

坂仔镇

【概况】 平和县坂仔镇位于平和县东半部，东连文峰镇，南接南胜镇，西接国强乡，北邻霞寨镇、小溪镇。系世界文化大师林语堂的出生地，2022 年，全镇总面积 133.7 平方千米，设有 14 个行政村和 1 个居委会，全镇总人口 39092 人。全年财税收入完成 1297 万元，同比增收 355 万元，增长 37.7%；向上争取资金 1478.88 万元，超额完成全年目标任务；社会固定资产完成投资 5.8 亿元，比上年同期增长 3.4%；规模以上工业总产值完成 9906 万元，批发业产值 7.93 亿元，比上年同期增长 35%，零售业产值 7460 万元，比上年同期增长 44.5%，餐饮业产值 1360 万元，比上年同期增长 64%。全年答复“12345”诉求平台诉求件 246 件，群众满意率 98%。2022 年，坂仔镇被福建省商务厅评为“商贸特色小镇”；平和琯溪蜜柚五星村基地入选 2022 年度“福建省巾帼示范基地”名单。

【招商引资】 2022 年，平和县坂仔镇开展“一把手”招商 6 次，招商项目 8 个，投资额超 20 亿元。参与厦门投洽会，引进外资企业福建华奔服饰有限公司 1 家，飞地工业企业吴江机械有限公司 1 家，签约平和数字乡村农业科技有限公司、平和县启柚电子商务有限公司等 2 家电商企业。

【项目建设】 2022 年，平和县坂仔镇推进林语堂故居周边环境综合整治项目、宝和线、宝西线道路提升项目、坂仔镇自来水管网改造及附属设施等 5 个镇级建设项目和 19 个村级“为民办实事”项目。另有 4 个市级重点、5 个县级重点项目开工建设，总投资约 36.71 亿元，年度计划投资 11.93 亿元。新增“四上”企业，完成限上贸易业 5 家，完成规模以上工业福建根动力生物科技有限公司 1 家；新引进资质建筑业福建语堂建设有限公司 1 家，漳

平和县坂仔镇山边村“园改耕”毛豆种植园。图为 2022 年 12 月 7 日农民在种植毛豆

（坂仔镇 供图）

州市内引进福建谷池建筑有限公司1家；培育服务业平和食刻娱乐有限公司1家，餐饮业林语花香餐饮有限公司1家。全镇推进项目18个。完成官峰水库引输水线路施工区及废渣场区征地6.1公顷、去青及内业资料整理等任务。推进平和职校迁建项目征地16.38公顷、东坑储备粮库项目征地1.44公顷、平和县西三线闽粤支干线和漳州LNG外输管道联通工程天然气管道建设项目征地2公顷。

【人居环境整治】 2022年，平和县坂仔镇完成乡村振兴精品示范线路2个，投资额710万元；农村卫生厕所改建4个，投资0.6万元，新建公厕2个；完成安全生态水系2.1千米，总投资140万元；新改建东坑村和宝南村农村公路2.56千米，投资226.3万元；改造东坑村农网10千伏线路1条，投资109万元；新建和改造东风村供电台区1个，投资23万元；创建县级“美丽庭院”50户，推优10户参评省级、市级“美丽庭院”。开展非正规垃圾堆放点排查整治，累计清理农村生活垃圾3780吨。“两违”综合整治案件23起，处置面积47523平方米，完成全年任务的110.05%。组织集中整治集镇区及农贸市场3次。

【“生态河道”管护】 2022年，平和县坂仔镇开展河长巡河128人次，河道专管员巡河5040人次。开展河湖“清四乱”暨妨碍河道行洪突出问题排查整治，集中处理河道边违法开荒种植24次，共计面积455平方米，清理河流垃圾125吨。对畜禽养殖禁养区进行全面清理，养殖污染达到零排放。处理蜜柚废果1.5万多吨，确保废果不入河。

【农业面污染源治理】 2022年，平和县坂仔镇实施果园土壤酸化治理，完成约3333.33公顷的生态果园建设；完成退果还林22.07公顷，退果还耕36.78公顷，200米内基本农田退果还耕完成退果57.87公顷，促进农业种植结构转型。全年建成1个多功能湿地公园、5个生态滤床、19个拦截坝、60个过滤床。

【社会保障】 2022年，平和县坂仔镇完成临时救助103人，发放救助金额18.81万元；表彰优秀教师84名，累计发放奖教金1.68万元；拨付平和五中、坂仔中心小学、坂仔学校3所奖教金2.6万元。

【基层治理】 2022年，平和县坂仔镇实现镇级和15个村（居）信访评理室全覆盖，调处各类矛盾纠纷68件；接待来信来访30起，办结30起；排查滞留缅北涉诈高危人员7人。开展辖区内“三合一”场所等有关单位和企业消防器材及设施消防安全专项检查、液化气市场专项整治工作；开展电动车综合整治活动20余次，拆除违法安装雨篷电动车1000余辆。

【“西坑品牌”打造】 2022年，平和县坂仔镇以“红色教育基地+乡村旅游运营企业+村委会+合作农户”的产业振兴“西坑品牌”，启动西坑红色文化旅游景区创建国家AAA级旅游景区工作。年内，西坑党校接待来访300多批次，参观学习2万多人，营业额73.52万元，带动村财收入达24万元。华能（福建）能源开发有限公司以西坑村为试点村，向西坑村委会捐赠建设资金156万余元，推进平和县分布式光伏建设。

【“一事一议”村级公益事业】 2022年开展“一事一议”村级公益事业，民主村、仁山村、东风村、心田村、东坑村及梨洋村完成道路硬化850米，安装路灯319盏，河堤绿化5500平方米，路桥改建1座，项目总投资210万元，其中村集体投入104万元，争取财政奖补106万元，全部完成建设。

（张彭梁）

国强乡

【概况】 平和县国强乡位于平和县中部地区，闽南第一高峰——大芹山麓东北面，是革命老区乡，也是“中央苏区县”的重要组成部

国强乡白叶村蜜柚种植地改造成的水稻田。摄于 2022 年 5 月 23 日（黄水成 摄）

分，为纪念革命烈士赵国强而得名。2022 年，全镇总面积 144.09 平方千米，设有 14 个行政村，全镇总人口 22390 人。全年固定资产投资项目新增 12 个，累计完成投资额 2.5 亿元，比上年同期增长 24.5%；商贸完成 4024.8 万元，其中批发业 2166.2 万元，零售业 2628.4 万元；新上限上企业新增入平和县嗨果匠果业有限公司、漳州春日悠商贸有限公司，超序时完成全年 2 家目标；向上争取资金年完成超 1000 万元，超额完成 250% 以上。国强乡白叶村获评“福建省第二批省级乡村治理示范村”，延山村获“2021 年度全国综合减灾示范社区”，梅仔村获“福建省森林村庄”。

【项目建设】 2022 年，平和县国强乡白叶深坑矿区二期建设项目、县级土地开发（园改耕）项目、集镇区环境整治品质提升工程、新建村环村道路硬化工程 4 个县级重点项目超序时完成进度。国强中学至延山村路段 2.28 千米“白改黑”工程、乡道（Y835）岩际线岩坑村路面改造工程提前竣工。

【招商引资】 2022 年，平和县国强乡组织外出招商 6 次，对接洽谈总项目 4 个。引进规模工业项目 2 家，其中越海沙石完成产值 1.15 亿元，漳州瑞辉木业有限公司完成产值 1450 万元。

【民生保障】 2022 年，平和县国强乡实施临时救助 72 人，发放救助资金 12.28 万元；建立健全儿童关爱保护机制体系，在各村设立儿童主任，解决未落户儿童 18 人。落实残疾人各项补贴发放，发放残疾人居家托养补贴 6 人、资金 1.2 万元，残疾人就业创业补贴 5 人、资金 1.5 万元。全乡建有 1 家敬老院、12 家农村幸福院、2 家农村老年人活动中心，农村养老服务设施覆盖率 100%。落实高龄补贴政策，全乡享受高龄补贴 80—89 周岁 428 人、90—99 周岁 79 人；落实革命“五老”人员和“五老”遗属补贴发放工作，全乡革命“五老”17 人、“五老”遗属 34 人。完成 6 处革命遗址修缮。

【生态建设】 2022 年，平和县国强乡针对花山溪饮用水水源地风险突出问题，科学引导施肥，化肥减量工作涉及农户 4146 户，面积 3786.67 公顷，全乡每棵蜜柚平均施肥低于 1 千克，政府补助采购有机肥 307.5 万千克、酸化改良剂 27.8 万千克。调整农业种植结构 130.41 公顷。其中，通过“园改耕”清退花山溪流域蜜柚种植 32.47 公顷，退果还林 44.07 公顷，果园赎买 15.87 公顷，退果还耕 21.33 公顷，果园套种金瓜 16.67 公顷。

【产业升级】 2022 年，平和县国强乡转换产业用地类型，推进种植结构调整 130.41 公顷，清退花山溪主干流域两侧 200 米违法占用基本农田 42.64 公顷。联合漳州诚农农业科技有限公司盘活白叶村土地资源 33.33 公顷，引入平和县优产种植专业合作社，发展水稻和大棚蔬菜，种植辣椒、茄子等农业优新品种。

【平安建设】 2022 年，平和县国强乡安装监控设备，配齐配强 14 个村 29 名网格长（员），推动各类矛盾纠纷化解 168 件，平安建设考评居全县第二；打击电信网络诈骗、非法出入境从事跨境违法犯罪活动，是全县唯一劝返率 100% 的乡镇；联合市管所开展农资市场整顿，开展执法检查 10 次，出动人员 46 人次；开展各项安全生产检查，处置道路、消防等安全隐患，全年无发生较大以上安全生产事故；开展电动车综合整治活动 86 人次，拆除违法安装雨篷电动车 323 辆。

（林超麟）

安厚镇

【概况】 平和县安厚镇位于平和县南部，东南与云霄县交界，西连大溪镇，北与国强乡相邻，安厚原名“庵后”，因圩场设在文殊庵后面而得名。2022 年，全镇总面积 122.34 平方千米，设有 22 个行政村和 2 个居委会，全镇总人口 66213 人。全年实现规模工业总产值 5.44 亿元、完成固定资产投资 4.4 亿元、限上商贸零售额 0.55 亿元、财税收入 690.87 万元。安厚镇妇联荣获福建省“三百五有”达标乡镇妇联称号。

【工业发展】 2022 年，平和县安厚镇完成工业用地出让 5.24 公顷，新建工业厂房 2.1 公顷，清理闲置厂房 4 公顷，新增入库制造业投资项目 8 个；主要领导 7 次赴厦门、泉州、漳州等地，开展“以商引商”“产业链招商”活动，引进一批龙头企业和引领型项目；加快安厚机械产业园建设进度，平整土地 16.67 公顷，落实项目 12 个，总投资 22.6 亿元。其中，签约项目 5 个，总投资 9.9 亿元，中达纺织机械制造、铭纺机械设备制造、邦晟机械配件生产等 3 个项目挂牌。全年投资 2496.52 万元建设 9 个镇级重点项目，投资 5.63 亿元建设 13 个市县重点项目。

2022 年 11 月 17 日，平和县安厚镇“福小宣”宣讲小分队开展党的二十大精神、“平安三率”、消防、法律等进社区、进校园、进家庭宣传活动

（安厚镇 供图）

【现代农业】 2022 年，平和县安厚镇以鑫华源家庭农场等 6 个省级家庭农场为牵引，整合 53 个龙头企业、家庭农场、合作社等新经济体，形成总面积 66.67 公顷的“新农业经济体联盟”，新增岗位 40 个，带动农民增收 570 万元；引进福建格霖农业开发公司入驻，推广 389 毛豆、脆蜜毛叶枣、南美白对虾等新品种，带动村财务增收 100 万元；投入 160 万元建设高标准农田 66.67 公顷；推动“园改耕”项目，新增耕地 31.48 公顷；推进果园种植“四项综合整治”，规范落实全镇 67 家农资店做好化肥进销台账和种植户化肥减量五级台账。

【生态环境】 2022 年，平和县安厚镇开展“千吨万人”水源地环境保护工作，在水源地保护区范围边线外设立界标 3 座、隔离围栏 850 米、警示牌 30 个，核心区域退果近百亩；投资 320 万元建设白石、三龙、大径等村污水管网，投资360万元建设三马村三斗坑、平和四中等河段生态滤坝22座、生态滤床11座，8个乡镇交界断面水质达标率62.5%。优化林分树种结构，完成白石村0.87公顷和大坑村3.34公顷松林改造提升工程；完成重点区位森林质量提升“绿色通道”造林任务14公顷，其他造林更新79.4公顷，完成率123.6%；完成森林抚育100公顷，封山育林103.27公顷；发放森林防火宣传彩页1.2万份，悬挂护林爱林宣传横幅30条，持续开展植树节赠树苗活动。

【脱贫攻坚成果巩固】 2022年，平和县安厚镇脱贫户人均纯收入17430元，比上年同期增长11.78%。年内，发放中央财政衔接推进乡村振兴补助资金42.83万元，新开发村级公益性岗位34个，带动41户建档立卡脱贫户增收37.4万元，6个建档立卡村村财收入均超过10万元，其中经营性收入达5万元以上。

【人居环境】 2022年，平和县安厚镇投入650余万元整治村容村貌，完成裸房整治218栋，完成经营性自建房安全隐患排查912宗，推选省级“美丽庭院”10户、市级“美丽庭院”10户、县级“美丽庭院”50户，经验做法在“新福建”平台发表。投入80万元采购垃圾桶、垃圾箱和扩建垃圾中转站，优化提升农村生活垃圾收集转运；推进“两违”治理，拆除“两违”总面积53.59公顷，完成率116.49%，拆后利用率100%。

【社会事业】 2022年，平和县安厚镇完成乡道Y840路面硬化2.4千米，投入580万元；打通“断头路”6.3千米。整合东寨小学、东川小学、大坑小学及官洋中学的教育教学资源，落实片区九年一贯制教学；加大奖学奖教力度，发放奖金超30万元，获奖师生410名。制作退役军人优待证，发放慰问金。发放临时救助金36.25万元，落实残疾人“两项补贴”210件，办理医保卡383张，城乡居民医保参保率98.9%。

【平安建设】 2022年，平和县安厚镇探索创新“五联五同”基层治理模式，加大社会治安立体防控体系建设力度，建成“平安乡村”高清视频监控、“平安家园”视频监控。全年化解纠纷140余件；检查各类生产经营单位（场所）150余家，发现隐患9处，整改9处；推动重点单位建设微型消防站5个。全年无发生较大以上安全生产事故。

（张诗琪）

大溪镇

【概况】 平和县大溪镇位于平和县西南部，东连安厚乡，西接九峰镇，北邻国强乡，南界云霄、诏安两县。大溪地势西北高，东南低。西北部山峦绵延起伏，海拔在500米以上，漳州市最高山峰大芹山，雄伟挺立，成为大溪的屏障。中部、东南部较平坦，海拔在200—300米。2022年，全镇总面积139.30平方千米，设有25个行政村和1个居委会，全镇总人口63168人。完成固定资产投资4.36亿元，向上争取资金5979万元，规模工业产值达1.18亿元。税收收入732万元，一般公共预算总收入完成2246万元，增长3.5%。大溪镇人民政府被市委、市政府评为“漳州市人口抽样工作先进集体”，获福建省“全域生态旅游小镇”称号。

【项目建设】 2022年，平和县大溪镇推进3个在建重大项目。其中，污水处理厂及配套管网工程（二期）投入使用，总投资2551万元，收集处理5个行政村的生活污水，服务3.3万人。庄上大楼修缮工程，完成部分主体重建、部分大楼外部和内部装修，完成总工程量的55%，总投资5800万元；中小流域治理（三合溪后时段）河道治理工程完成并投入使用，总投资2990万元。

【现代农业】 2022年，平和县大溪镇推进退果还耕、还粮，优化农业种植结构。全镇实施园地改耕地19.13公顷，盘活撂荒地16.47公顷，退果还粮17.33公顷、还耕64公顷；规模土地流转种植水稻25.67公顷，高标准农田种植结构优化种粮104公顷。

【产业建设】 2022年，平和县大溪镇探索“村企共赢路径”，举办乡贤恳谈会，实地推介本地特色产品。大芹陆宜酒业荣获世界威士忌大赛2022金奖、国际烈酒挑战赛2022银奖等八大奖项，年可实现产值20亿元，创税超1亿元，吸纳本地劳动力就近务工上万人次，人均纯收入1.4万多元，带动周边100公顷观光生态茶园、9.8千米旅游主干道、24千米茶园步道等产业配套设施建成投用。

【全域旅游】 2022年，平和县大溪镇布局灵通、大芹生态文化旅游圈，做大由六村（庄上、江寨、壶嗣、下村、大松、大芹）、一楼（庄上大楼）、二寺（高隐寺、朝天寺）、一田（大溪梯田）、一谷（灵龙谷）构成的多元旅游发展格局。灵通山、大芹山等特色旅游资源年均游客量超30万人次，灵通岩风景区接待游客18.87万人次，旅游总收入959.92万元。大溪镇被评为2022年福建省“全域生态旅游小镇”。

【镇村建设】 2022年，平和县大溪镇推进裸房整治177栋；投入2930.91万元用于治污基础设施建设，投入70余万元实施集镇建成区绿化提升工程，新增大灵线道路绿化1.8千米，投资387万元实施诏安东溪水质提升工程，投资392万元实施“大三格”化粪池项目。年内，创建省级“美丽庭院”示范户10户、市级“美丽庭院”示范户10户、县级“美丽庭院”示范户50户。

【民生工程】 2022年，平和县大溪镇完成“雨露计划”职业教育补助对象34人，补助资金11.1万元。做好中央财政衔接推进乡村振兴补助工作，向164户农户发放产业补助资金34万元。巩固脱贫小额信贷52户，助力脱贫户发展产业。全镇新增城乡低保144户238人、死亡及清退84人；无户籍低保金发放63536元；特困（五保）发放123006元；临时救助困难群众156人32.3万元。

【平安建设】 2022年，平和县大溪镇推进设立法官联络点暨台胞权益保障法官工作室、平和县交通事故线上调解中心大溪对接点暨服务重点项目建设司法行政调处中心，签约27家“一村一法律顾问”，全覆盖各村居。全镇受理和接转上级各类信访件16件，全部办结。完成漳州市社会治理智治平台基础网格划分，开通镇村网格员平台账户51个，认证使用100%。开展安全生产检查，对183家农资、工贸、危化、木业等企业督导检查48次，发现29处安全隐患，全部整改；开展“清伞”行动，查处电动车非法加装遮阳伞2000余个；组织观看消防宣传片1次，发放消防知识、森林防火、安全生产等宣传单1400余份。

【“青年氧吧”平台成立】 2022年2月22日，平和县大溪镇“青

2022年2月22日，大溪镇“青年氧吧”开班　（大溪镇 供图）

年氧吧”班开班。大溪镇党委结合“七比一看”竞赛一线实践，成立旨在提升青年干部能力的“青年氧吧”。该平台将聚焦青年干部能力提升，搭建和丰富开放、自治、内育的平台内涵；既设置乡镇业务等业务课程，又尝试干部“点课”“选课”等方式，增设思想政治、审美、礼仪等综合素养课程，增强针对性。平台还注重学用结合，聚焦乡镇干部多岗锻炼的实际，灵活开设各式沙龙、户外课题研讨、调研定期合辑等模式，打造一个有特色有温情的青年之家。

（杨超）

霞寨镇

【概况】 平和县霞寨镇地处平和县西部，东接小溪镇，西连崎岭乡，南与国强乡毗邻，北邻芦溪镇、山格镇。省道郊柏线穿境而过。整个地形是四面群山环抱，中间夹以丘陵、平川。小坪洋、大坪洋、霞寨洋三块小平川田连阡陌，粮蔗丰茂，是霞寨的膏腴之地。2022年，全镇总面积203.90平方千米，设有26个行政村和1个居委会，全镇总人口46118人。全年完成固定资产投资8.47亿元；完成规模以上工业总产值3.08亿元，比上年同期增长16%；商贸批发销售额完成5.66亿元，比上年同期增长8%；限上餐饮营业总额688万元，比上年同期增长20%；开工建设10个重点项目，其中4个市级重点项目；新增限上商贸企业2家，其中限上餐饮1家，限上零售1家（电商企业）；外出招商4次，完成新签约产业项目4个，计划投资额5.33亿元。霞寨镇获评“福建省卫生乡镇”。霞寨镇高峰谷景区确定为国家AAAA级旅游景区，高寨村、高峰谷入选“全国乡村旅游精品线路”。西安村入选“2022年中国淘宝村”名单。

【现代农业】 2022年，平和县霞寨镇在三合村开展高标准农田建设，在建设村开展“一村一品”示范建设，在古隆村、黄庄村、群英村等村开展高标准生态果园建设，完善果园道路、水池，建设水肥一体化微喷灌设施、拦截沟等生态缓冲区。开展霞寨镇土地开发项目，在西安村、建设村、村东村等村进行土地整治，补充较高等级的耕地，建设水利排灌设施，种植水稻等粮食作物。推进“园改耕”项目37.13公顷，开展高海拔退果还林96.67公顷，果园赎买38.87公顷，主要种植杉木、泡桐、沉香等林木。

【城乡建设】 2022年，平和县霞寨镇落实国土空间总体规划，完成彭林村、三合村等11个行政村村庄规划编制任务，完善路网建设，新扩建农村公路约6.1千米，完成村道560团点线公路改建工程、乡道钟腾线（Y862）路面拓宽工程和高寨村后湖仔至良坑道路提升工程。实施高寨村乡村振兴试点村示范项目5个，完成投资约300万元。设立“宅基地和建房申请”服务窗口，批准

2022年5月3日，平和县花山溪饮用水水源地风险突出问题整改工作推进会在平和县霞寨镇召开

（霞寨镇 供图）

30宗农村宅基地申请审批，办理30宗乡村规划建设许可证。开展房屋征迁和裸房整治，达成签约面积1.76万平方米，完成裸房整治161户。持续推进厕所革命，落实“一长两员”及公厕管理制度，推进户厕改造，完成4户三格化粪池改造。

【生态环境】 2022年，平和县霞寨镇在全县率先进行挂图作战，实施分级拦截治理，实施土壤酸化改良和全流域有机肥替代化肥，推进综合立体治理等，全力推动花山溪饮用水水源地风险突出问题整治。坚持立体治理理念，推广“山顶戴帽”“山腰系带”“山脚穿鞋”治理方法，推进山水林田湖草沙一体开发，提升水体重金属处理效果。坚持重点突破，开展高点位流域综合治理，将寨北小流域、黄庄小流域和中润小流域打造成平和县流域治理示范点。11个流域监测点位水质稳定达标。

【招商引资】 2022年，平和县霞寨镇累计外出招商4次，完成新签约产业项目4个，计划投资额5.33亿元。针对霞寨镇地域环境及工业用地限制等问题，转变招商思路，以引办“飞地企业”为招商引资的主攻方向，坚持“精准招商、精诚招商、精心招商”，引进2家企业落地工业园区，已完成清表及地下隐蔽工程初步挖掘工作。

【民生保障】 2022年，平和县霞寨镇加快推进霞寨大坪幼儿园建设进度，计划总投资1600万元，占地0.52公顷，拟建设一栋教学综合楼及附属配套设施，规划12个班级，可容纳学生360人。发放“雨露计划”助学资金15.6万元，发放产业补助资金57.6万元，发放公益性岗位资金13万元，霞寨镇341户脱贫户无一返贫。全面落实兜底保障，全年新纳入低保兜底251户274人，特困保障17户17人。强化退役军人权益保障，申报并发放优待证1020余张，发放“八一”退役军人慰问和“解三难”帮扶资金约2.5万元。

【社会治安】 2022年，平和县霞寨镇成立公调办联合律师工作室，深化以司法所、公安民警、村综治协管员为主体的“2+3”调解模式，巩固提升“一村一法律顾问”做法，全年受理113起矛盾纠纷，调解111起，调解率达98.2%，重复信访比上年同期下降16.7%。开展联合执法行动20余次，拆除摩托车装遮阳伞800余把，查处无证驾驶摩托车60余起。

【“百亩富硒生态产业园”项目】 2022年，平和县霞寨镇实施“百亩富硒生态产业园”项目，在黄庄村实施退果还耕7.07公顷，通过土地流转，因地制宜种植水稻、水果、玉米、地瓜等农作物，形成规模性、特色性的作物景观，打造集农业观光、农事体验、农业科普等于一体的农旅特色项目。

（吴琦璐）

芦溪镇

【概况】 平和县芦溪镇地处平和县北部山区，与南靖县书洋镇和龙岩市永定区湖坑镇交界。经济作物主要有晒烟、水果、蔬菜等。芦溪是革命老根据地。2022年，全镇总面积307.40平方千米，设有17个行政村和1个居委会，全镇总人口41938人。全年完成财税收入2511万元，位居全县第三；完成固定资产投资5.57亿元，固定资产投资额同比增长69.82%，在“看固定资产投资”评比中连续5个月（不分四镇一区、镇、乡层面）全县第一；完成规模以上工业总产值4.69亿元，同比增长10.61%；完成限额贸易销售总额4214.5万元，比上年同期增长286.04%，完成全年各项指标任务。芦溪蛙田米荣获“2022年全国优质渔米评比生态优质奖”“福建省渔米鉴评大赛金奖”。

【项目建设】 2022年，平和县芦溪镇有县级重点项目11个，项目计划投资3.14亿元，计划年度投资2.86亿元。重点项目年度实际完成投资3.16万元，超时序进度10.61%。投资582万元，实施芦丰至东槐道路提升

2022 年 9 月 1 日，平和县芦溪镇组织师生到阳明传习堂开展“家风家训”“乡土历史”等学习教育（芦溪镇 供图）

改造工程，全长 12 千米，辐射东线 1.8 万名群众。连益村后畲至出水仔道路硬化项目纳入预算内以工代赈投资计划。完成东槐等 12 个村村庄规划编制工作，完成连城村弄猴至坦坑道路硬化项目、连益村后畲节约自然村屋后崩塌地灾治理工程、秀芦村红色文化旅游提升、黄仔坑至大坑道路、九曲村“白改黑”、九曲留恩桥、乡村道水毁修复工程等；芦丰至东槐道路提升改造工程、安全生态水系（三期）等项目开工建设。完成 2021 年度高标准农田建设项目，实施 2022 年高标准农田建设项目。

【乡村振兴】 2022 年，平和县芦溪镇加快芦溪镇乡村振兴综合专项债项目推进力度，实施漳汀村乡村振兴项目、绳武楼周边环境整治、双峰村人居环境提升工程等，完成梨坑等村村庄规划编制工作。推进绳武楼保护修缮、小芦溪点编旧址修缮；实施丰作厥宁楼保护修缮、红军北上动员大会广场遗址项目。

【平安建设】 2022 年，平和县芦溪镇开展政法队伍教育整顿，扫黑除恶取得重大成果，推进平安建设“四大攻坚行动”；开展平安家园建设，搭建平安乡村监控平台，加强公共安全视频监控建设与联网，建设“网格化监控平台”，持续推进“全线设防”；打击治理电信网络诈骗、非法出入境从事跨境违法犯罪活动。

【人居环境】 2022 年，平和县芦溪镇向上争取项目资金，实施蕉路村乡村振兴项目，完成绳武楼周边环境整治、九曲村环境整治、秀芦村人居环境整治等。芦溪镇连益村、东槐村、漳汀村幸福院获“福建省五星级养老服务设施”称号。

【“稻田蛙”生态立体循环农业】 2022 年，平和县芦溪镇推动农业产业结构调整，探索实施“一地多用，一地多收”的“稻田蛙”生态立体循环农业，逐步转变蜜柚种植单一发展模式。全镇有 14.53 公顷养殖示范基地，种植的芦溪蛙田米荣获“2022 年全国优质渔米评比生态优质奖”“福建省渔米鉴评大赛金奖”。

（吴钰娜）

崎岭乡

【概况】 平和县崎岭乡位于平和县西部山区，东临霞寨，西接秀峰，南依九峰，北连芦溪，省道公路贯穿崎岭腹地。2022 年，全镇总面积 127.99 平方千米，设有 13 个行政村，全镇总人口 24802 人。全年完成固定资产投资 2.1773 亿元；完成规模工业总产值 1092.59 万元，规上贸易业总产值 5284.8 万元；财政收入 1109.31 万元，完成任务比例 100.39%，同比增长 74.14%；向上争取资金完成 666.75 万元，超额完成 600 万元的奋斗目标。彭溪村（白芽奇兰茶）入选 2022 年省级“一村一品”专业村，福建茶王谷有限公司和平和县闽山岩茶业有限公司等2家茶业企业获评“漳州市龙头企业”。

【现代农业】 2022年，平和县崎岭乡实施“园改耕”项目，在新南村、诗坑村改耕2.32公顷；探索“稻麦轮作”新模式，一年可种植三季农作物，拓宽村集体增收渠道，形成集种植、加工、销售产业融合发展新模式；推进退果还茶，在桂竹村试点实施退果改种清明茶，在彭溪村试点推进种植黄玫瑰等优新品种；举办白芽奇兰茶开采节、品鉴购销会、白芽奇兰茶丰收节等茶事活动3场，新推荐省级家庭农场1家、县级家庭农场2家、县级专业合作社1家，建立农村学法用法示范户13户，农业科技示范户22户。

【项目建设】 2022年，平和县省级重点民生项目官峰水库工程和水源地保护涉及的崎岭乡南湖村、桂竹村和合溪村的138.39公顷征地顺利完成征地去青工作。崎岭乡重点项目6个、投资额2.0778亿元，其中，完成市级重点项目福建奇兰茶王谷生态园区建设；县级重点项目崎岭乡卫生院宿舍楼、合溪村漫步道及道路亮化工程、纯隆生态茶业（一期）、高标准农田项目等4个项目建设均完工；天湖堂文化园康养项目有序推进。顶寨村茶园果园机耕

2022年5月14日，2022年崎岭乡白芽奇兰茶春茶品鉴购销会在平和县崎岭乡举办。图为颁奖现场　（崎岭乡　供图）

路延伸硬化项目及茶叶加工坊基础设施建设工程建成使用；推进官峰水库2号支洞口试验段、入库道路、桥上书屋周边环境整治等项目。

【城乡建设】 2022年，平和县崎岭乡完成合溪村漫步道1.6千米及配套路灯建设，完成下午斗环河路400米道路硬化及路灯等配套设施建设；顶寨村永利楼周边古村落群、漫步道环境整体提升工程项目建设有序进行；完成时坡、崎南、际头、下石、浮坪、诗坑、桂竹等7个村的村庄规划编制；规范农村建房审批29宗，推进裸房整治和天地网图斑处置，完成“两违图斑”整治55宗，其中，拆除违法违规建筑3宗。

【生态环境】 2022年，平和县崎岭乡完成诗坑村三组旱厕改水冲式厕所及周边环境整治，建立健全环境卫生保洁机制，配备和完善垃圾箱、摆臂式垃圾车等设施，利用公益性岗位新增聘请15名脱贫人口为村保洁员，每天2次收集转运主干道垃圾，村主干道一日一清运，清理生活垃圾1725吨，在南湖村、溪头村试点“积分制”乡村治理实施方案，杜绝垃圾胡乱堆放现象。

【脱贫攻坚成果巩固】 2022年，平和县崎岭乡巩固拓展脱贫攻坚成果，对244户脱贫户进行走访入户，确保脱贫户脱贫不脱政策。发放省级专项产业扶贫发展资金44.71万元帮助211户脱贫户产业发展；发放“雨露计划”补助46名学生13.65万元，办理脱贫户小额信贷42人99.64万元，发放临时求助89人次13.83万元，新增低保88户95人，新增特困10人。

【社会治安】2022年，平和县崎岭乡巩固提升网格化社会治理水平，推进禁毒、反邪教、防范打击新型电信网络诈骗、打击制售假冒卷烟、打击养老诈骗等专项治理工作，开展电动车、摩托车加装遮阳伞整治工作，进村入户发放《致电动车主的一封信》等宣传材料1.5万份，宣传车进村入组40多辆次。加大矛盾纠纷的排查化解力度，通过乡村两级化解矛盾纠纷17件。开展安全生产百日攻坚专项行动和森林防灭火应急演练，开展消防、道路交通、自建房、食品、学校及景区非景区景点等安全专项整治，整治交通违法行为，交通事故警情下降28.57%。

【民生保障】2022年，平和县崎岭乡文体公园及运动场地提升项目、溪头村至国强“断头路”畅连工程完成并投入使用，际头村、合溪村河道污水管网、农贸市场修缮、福寿堂提升和崎岭乡卫生院宿舍楼建设等工程项目稳步推进。发放残疾人补贴款8.21万元。

（黄掀）

九峰镇

【概况】平和县九峰镇位于平和县西隅偏南，九峰镇原名河头大洋陂。九峰这座千年天地精华孕育出的一座物华天宝、人杰地灵、民风淳朴、闽粤两省通衢的漳州市唯一省级历史文化名镇。九峰雄栖在闽南第一高峰，海拔1544.8米的大芹山山麓，位于中央苏区县——平和县的大西南。2022年，全镇总面积203.53平方千米，设有25个行政村和2个居委会，全镇总人口48509人。全年地区生产总值完成28.51亿元；固定资产投资8.4亿元；规模以上工业总产值9.74亿元；财税收入1221.99万元；向上争取资金2061.67万元；农民人均纯收入21017元。完成永隆庙省级优美宗教场所申报工作。九峰镇三坑村（白芽奇兰茶）被列入2022年省级“一村一品”专业村名单。九峰镇获平和县“向上申请资金先进集体”“生态文明建设先进集体”“乡村振兴先进集体”等荣誉称号。

【农业发展】2022年，平和县九峰镇完成下北片蔬菜种植基地土地流转25.33公顷，引进并规模种植“901号茄子”3.33公顷；新增国土开发项目44.13公顷、退果还耕项目45.33公顷；完成2019年度2.33公顷旧村复垦项目县级验收；完成2021年高标准农田建设项目153.33公顷，涉及5个村，总投资375万元。推进撂荒地重新利用，种植玉米、生姜、水稻、地瓜等作物，建设百亩生态茶园；推动环大芹山高海拔地区“退果还茶”，探索茶叶深加工，延展茶产业链条，带动留守妇女、在家青年等家门口就业；鼓励引导九徽茶业、皇兰茶叶等本地茶企参加各类茶王赛。

【工业发展】2022年，平和县九峰镇完成新增规上企业1家，新增限上企业4家，新增餐饮企业1家；固定投资入库项目数16个，超额完成8个，固定资产投资额达8.40亿元，同比增长52.7%；工业总产值完成9.47亿元，比上年同期增长10.89%；限上批发销售额完成2.83亿元，同比增长31.63%；限上零售额完成2.01亿元，比上年同期增长19.64%；餐饮业零售额完成789.7万元，同比增长110.9%；进出口贸易总额完成1209.7万元。

【文化旅游】2022年，平和县九峰镇以“建南复兴线”串点连线成片项目建设为契机，投资约3200万元建设朱思红色教育基地、朱熹文化公园、廉正公祠周边环境整治等12个乡村振兴项目；把澄溪村纳入乡村振兴重点村，将大芹山革命历史培训基地、印象半径景区、黄田古村落、城隍庙、崇福堂等“红、古、绿”景点串连起来，形成以“复兴—黄田—澄溪”为主线、示范带动周边的乡村旅游“内循环”。

【项目建设】2022年，平和县九峰镇有自动化服饰加工生产线、复兴村乡村振兴、九峰镇第一批次县级土地开发、黄田传统古村落开发、大芹山革命历史培训基地、镇区污水2期管网工程等6个县级重点项目，年度计划投资2.52亿元，完成投资约2.53亿元，序时进度为100.39%。

【民生保障】 2022年，平和县九峰镇向198户脱贫户发放乡村振兴补助资金39.04万元，为监测对象提供公益性岗位20余个，帮助脱贫户实现“家门口”就业；开展“雨露计划”职业教育补助工作，申报“雨露计划”40人，补助资金达11.85万元。组建以工作队长、村“两委”为主体的小额信贷工作队，主动对接农商银行九峰支行，完成脱贫人口小额信贷50户。

【乡村振兴】 2022年，平和县九峰镇重点打造黄田、复兴、澄溪等3个乡村振兴试点村，串点连线，辐射带动周边乡村振兴进程。完成平和县“串点连线成片”项目的黄田村下楼片环境整治、黄田村溪坝二组道路硬化、黄田村攸福组环境整治、复兴村基础设施提升、复兴村环境卫生整治等5个项目建设，总投资约298万元，全部完工。探索山田租赁、入股分红、园地改耕地等村财发展路径，盘活11个村47.6公顷耕地，结合茶产业优势领办创办茶叶加工基地，推动12个村村财突破50万元；建设“中共平和支部”旧址和朱积垒故居修缮及周边环境提升工程、朱思红色教育

平和县九峰镇广福路沥青罩面工程完工。摄于2022年12月28日

（九峰镇 供图）

基地、大芹山革命历史培训基地等，更新远教站点20处。

【社会事业】 2022年，平和县九峰镇完成办理老人证1378人，临时救助252人次，救助金额27.84万元，慰问困难户105户，慰问金额3.45万元；联合社区组织、爱心商家、志愿者等开展特困群体关爱活动，邀请医护人员对特困供养人员进行义诊，捐赠棉被10床、大米10袋；收到宗教场所、优秀企业家、乡贤等捐赠的奖教奖学资金24.6万元，防疫物资价值5万元。创建“一厅式办公、一站式服务”便民服务大厅，办理户籍业务1257件、市管所办理业务273件。新建农路2条3.43千米，总投资520余万元。建设苏洋村全民健身广场、陈彩村上楼组内道路硬化、新山村饮水工程等10个项目，惠及全镇约2.6万名群众。引导辖区蜜柚大棚增设次果、果皮垃圾桶198个，由专人定期清理；投资约50万元整治镇区垃圾中转站，垃圾处理量年约8200吨；投资约450万元在黄田、复兴、平等、军溪、陈彩等村实施人居环境整治项目，进行道路硬化、安装路灯、环境整治等。

【综合整治】 2022年，平和县九峰镇查处“两违”案件215起，拆除47宗，处置违法占用耕地图斑76宗；完成8个村的村庄规划编制工作及6400平方米的房屋征收；开展经营性自建房排查整治749间、裸房整治160间，拆违4.68万平方米，超额完成任务。完成植树造林165.4公顷，森林抚育421.33公顷，封山育林167.53公顷，超额完成年度造林绿化任务。更新县级河长制公示

牌1个、镇级22个，湖长制公示牌7个，打捞河漂物约320吨，处理河岸垃圾约21吨，清理占用河道种植约7000平方米；完成7个千人以下饮用水水源保护范围划定，9月通过专家评审；投资40余万元建设九峰溪碧楼点水质提升工程，建成主河道2座生态拦水坝及福坑村入河渠两级拦水坝。

【生态环境】 2022年，平和县九峰镇组织工作人员对全镇各村入河排污口进行摸排，聘请第三方水质检测公司对辖区流域十几个点位水质进行检测，根据排污口摸排和点位水质检测结果采取针对性的工程治理措施；推进九峰溪（九峰段）河道排污口整治项目及九峰镇镇区污水处理厂二期管网工程项目；联合上级环保部门加大对境内所有涉污企业的监管和整治力度。全年镇域生态环境质量总体良好，水环境质量稳步提升，辖区内长乐葵山国控断面跨类别提升至二类，碧楼省控断面、九峰出境断面水质达标率均为100%。

【社会治理】 2022年，平和县九峰镇建立五级责任链条，严厉打击电信网络诈骗。定期组织安全生产、消防安全等培训会和防汛救灾、消防应急等演练；常态化开展安全生产大检查大整治活动，检查单位（场所）300余家，发现一般隐患39个，全部整改完成；开展电动车加装遮阳篷清零行动，发放宣传手册3500余份，拆除非法加装遮阳篷2000余顶。开展平安九峰创建行动，制作“平安三率”宣传小视频，设置“平安九峰”电话彩铃，印制各类平安建设宣传单；2022年第一、二季度九峰镇群众安全感测评综合排名均并列全市第一。

【基层组织建设】 2022年，平和县九峰镇开展第二批农村发展党员违规违纪问题排查整顿工作，排查整顿农村发展党员177名，新发展党员22名，储备入党积极分子65名、入党申请人76名。举办新一届村（社区）“两委”业务培训会7场次，组织镇党委班子成员挂钩联系31个党支部；按照“三个一遍”做法对全镇27个村（社区）全面开展村级换届“回头看”，抓好各领域基层党支部达标创星，党委初步复核先进党组织13个，一般22个，为乡村全面振兴、推动九峰高质量发展提供坚强组织保障。

【“公调对接”多元调处】 2022年，平和县九峰镇建立健全初信初访首办责任制，第一时间做好信访件、“12345”便民服务平台件的受理办理，班子成员、工作队长、村支部书记都时刻保持头脑清醒，不拖1秒快速介入和处理矛盾纠纷，做到大事小事不出镇。以镇“公调对接”办公室为调解中心，发挥班子成员、工作队长、村支部书记的联系纽带作用，快速处置交通事故、邻里纠纷、土地纠纷、夫妻纠纷、打架斗殴等各类矛盾纠纷。镇“公调对接”办公室全年共受理各类矛盾纠纷案件321起，调解结案321起，调解成功率100%，日结率48%，群众满意率98.6%。

（林彦彤）

长乐乡

【概况】 平和县长乐乡位于闽粤两省交界处的长乐乡，与广东省大埔县、龙岩市永定区为邻，距县城64千米，境内崇山峻岭，是重点老区乡。2022年，全镇总面积60平方千米，设有9个行政村，全镇总人口13184人。全年完成财政总收入468.57万元，累计在库固定资产投资项目15个，总投资2.23亿元，其中工业固投项目5.5个，投资0.37亿元。限上企业方面，批发额累计完成0.46亿元，比上年同期增长63.99%；限上零售额累计完成0.15亿元，比上年同期增长92.68%。长乐“红军党校”被市委组织部确定为党员教育培训和主题党日活动现场教学点及谷文昌学校学员外教现场点。

【农业发展】 2022年，平和县

长乐乡完成县级土地开发项目10.75公顷，进出平衡完成17.04公顷，建设沿河生态果园80公顷；扩种甘薯、水稻等杂粮，推行“稻菜轮作”新模式，全乡种植粮食作物221.73公顷，总产量1304吨，比上年同期递增3.79%、7.85%。推行“以地定产、以产定肥”，施用适合蜜柚种管的配方肥，蜜柚果园年株施用化肥量控制在3.25千克以下，最大限度实现化肥减量化；抓好农产品质量安全监督，完成赋码102批次，超额完成县农业局下达任务。

2022年6月16日，漳州市首家电力爱心超市在长乐乡乐北村建成并投入试运营。图为爱心超市一角　（李炳华 摄）

【红色文化建设】 2022年，平和县长乐乡累计投入350万元，巩固提升乐北村红色美丽村庄建设，完成平和县革命委员会旧址和苏区党史讲堂及停车场等相关完善配套设施建设；与团县委共建，创建县级青少年革命传统教育基地、红领巾校外体验基地；投入450万元实施联三村乡村振兴实绩突出村项目，建设联三村红色美丽乡村旅游环村路、平和暴动广场、乡政府大门外红色教育基地参观点，重新布展罗明办公旧址，对纪念馆、纪念碑周边环境进行整治，投入310万元，实施葵山田格里红色氛围营造、红色街道氛围提升项目、南明组路口红军亭建设、南圩路口红色雕塑群等项目，打造红色景观带。撰写宣传稿件被市级媒体采用13篇，“学习强国”学习平台采用2篇；长乐客家山歌传唱党的二十大精神典型做法被福建省社科联、《闽南日报》、漳州纪委监委、漳州电视台、话说漳州等多家平台采纳报道；红色微电影《我的爷爷——陈彩芹》于2022年4月开播。

【民生保障】 2022年，平和县长乐乡发放乡村振兴补助资金221户45万元。拨付蜜柚价格指数保险赔偿金105户55万元，提供24个公益性岗位，发放补助金12万元。落实“雨露计划”职业教育补助工作，补助36名学生10.8万元。发放小额信贷42户82.3万元。

【乡村振兴】 2022年，平和县长乐乡巩固提升省级乡村振兴试点示范村建南村，投资50多万元发展产业项目；因地制宜引导村民发展蜜蜂养殖和小白兔养殖项目，规模化养殖小白兔1万多只，帮助村民年增加收入10多万元；有蜜蜂养殖基地1个，年产蜜500多千克，增加收入3万多元。投入20万元建成乐北村“电力爱心超市”，推行乡村治理积分制，提高乡村自治效能。投入100万元向第三方购买服务运营全乡环卫保洁，添置垃圾桶，倡导群众“门前三包”，做到垃圾日产日清。

【生态环境】 2022年，平和县长乐乡创建省级森林乡镇、乐北村省级森林村庄，完成植树造林60.87公顷，森林抚育134.53公顷，封山育林79.6公顷；完成梅潭河长乐段流域水浮莲整治工作，清理河道10千米；开展生猪养殖治理，对11户禁养区内的生猪养殖场进行关闭拆除；投入700多万元推进葵山、建南、联三3个村环境整治提升；完成裸房整治120栋，“两违”整治完成1.9683万平方米，完成率109.35%，均超额完成全年任务；耕地进出平衡任务指标14.53公顷，超额完成16.86公顷；省“天地网”月图斑完成整改80宗，部卫片图斑完成整改1宗，完成率100%。实施化肥减量工作，建立农业废弃物回收机制，累计减少化肥使用量326.4万千克、农药使用量11万千克，回收农药废弃物2223千克。

【民生项目】 2022年，平和县长乐乡投入50万元维修养护建南村、联三村、葵山村供水工程，解决1150多名群众的饮水难题；投入30万元实施建三村、乐北村张坑自然村路灯亮化工程；投资500多万元实施新建、改造提升道路16千米，对广福路、联秀线进行重修，打通农家村横家田—秀峰乡坪洄村农村“断头路”；打通乐北村张坑—西坑村、乐北村草子坪组内“断头路”；投入120万元完成秀山村休闲小公园、建三村污水处理设施、南庭村道路护坡、联胜村河贡头道路拓宽4个为民办实事项目；投入20万元完成便民服务中心改造，实现便民服务再升级；联合三大运营商，投资20多万元对乡区四大通信线路进行下地改造。谋划从联胜村朴树下到建南村址的道路“白改黑”建设，乡区红色遗址通过道路高质量建设形成连线闭环，为做好市级“四好农村路”示范乡镇建设打好基础。

【社会事业】 2022年，平和县长乐乡严格落实低保动态管理制度，抓好残疾人补助、城乡孤儿救助、大病患者救助，累计帮扶261人次25万元。向280名高龄老人发放无工资性高龄补贴10万元。拨付耕地地力保护补贴50.83万元。办理退伍军人优待证，办理老人优待证96张。抓好村级“一站式服务”，办理各类事项1265件。建成长乐乡奖学奖教基金会，筹集奖教奖学资金140万元。

【平安建设】 2022年，平和县长乐乡加强“平台乡村”联防联控平台建设，建设平安家园视频监控；开展打击整治养老诈骗专项行动、电动车加装遮阳篷清零行动等专项行动，粘贴海报200张，分发单页3500多份，发送短信1.5万条。强化基层矛盾纠纷化解，调处率100%；查结治安案件6起，破获刑事案件1起；举办集体宣传咨询活动4次，出动宣传车120多次，发放消防安全宣传资料3000余份，悬挂横幅33条；扎实开展安全隐患大排查大整治及应急防汛演练活动，发现隐患20处，整改20处；投入资金10万元对乐南水库进行维修养护。

（曾锦鹏）

秀峰乡

【概况】 平和县秀峰乡位于平和县西北部，闽粤两省三县交界，西北毗龙岩市永定区，北接芦溪，东与九峰、崎岭、长乐、广东大埔衔接，全乡以山地为主。2022年，全镇总面积87.42平方千米，设有10个行政村，全镇总人口18919人。全年完成财政收入378.46万元，固投新增入库6个，总投资额达1.45亿元；在库限上企业1家，总销售额达12093.2万元，其中批发零售额为1593.3万元；年内新增入库企业2家；招商引资完成新签约1家，在谈企业1家；完成进出口总额2000万元，实现进出口零的突破。

【产业发展】 2022年，平和县秀峰乡水稻种植面积约达106.67公顷，全年粮食产量1400吨。发放耕地地力保护补贴59.52万元，一次性种粮补贴7.87万元。推动农业结构调整，先后发展百香果、龙须菜、生姜、阳光玫瑰葡萄、芋头等高附加值的农产品，全乡特色农业种植面积达到94.45公顷。

【项目建设】 2022年，平和县

2022 年 7 月 21 日，平和县秀峰乡举行畲族民族文化节暨移风易俗农民运动会。图为活动现场（秀峰乡 供图）

秀峰乡项目总投资约 870 万元，建成秀峰乡生态环境保护治理工程，秀峰乡秀峰村拦水坝及步道路灯工程，秀峰乡中心幼儿园儿童活动配套工程等，平和县秀峰乡福塘幼儿园边坡支护工程在建中；加强民生工程建设，完成秀峰村、坪东村等 8 个民生设施建设项目；“白改黑”整治提升福塘村北环路段总长 1.3 千米；投资建设秀峰村公益性生命公园。

【人居环境整治】 2022 年，平和县秀峰乡扎实开展人居环境整治，“两违”整治 2.5282 万平方米，完成进度 140.46%；省“天地网”图斑完成整改 113 宗，部卫片图斑完成整改 21 宗，完成率 100%；裸房整治 75 栋；全年巡河 3433 人次，巡查发现并处理河道问题 385 个，受理群众诉求 12 件；完成 3018 公顷生态林和 940.2 公顷天然商品林管护工作。

【民生事业】 2022 年，平和县秀峰乡发放“雨露计划”补助金 8.25 万元，完成 227 个优抚证制证工作，发放救助金 121200 元，对 427 名无工资性高龄老人发放补助津贴 136050 元。举办畲族文化旅游节暨移风易俗农民运动会。修建龙岭廊桥畲族风情体验馆，完善老区基础建设，保护红色革命遗址，修缮坝头村党支部、苏维埃政府旧址。

【平安建设】 2022 年，平和县秀峰乡开展矛盾纠纷集中排查调处活动 5 次，排查出各类矛盾纠纷 20 件，调解成功 20 件。设置村级网格 10 个，小组网格 64 个。开展安全隐患排查 18 次，发现安全隐患 8 个，全部下发整改通知书，均完成整改。组织开展“安全生产月”活动，悬挂横幅 40 余条，设立户外大型广告 2 处，发放宣传材料 800 余份。

（张泽贤）

2022 年平和县获省部级以上表彰先进单位一览表

表 6

获表彰单位名称	获表彰名称	颁奖单位
平和县林业局	全国绿化先进集体	全国绿化委员会、人力资源社会保障部、国家林业和草原局
平和蜜柚科技小院	2022 年中国农技协“最美科技小院”	中国农村专业技术协会
平和县国强乡延山村	2021 年度全国综合减灾示范社区	国家减灾委员会、应急管理部、中国气象局、中国地震局
平和县小溪镇	2022 年全国乡村特色产业产值超十亿元镇	农业农村部
平和县小溪镇	2022 年中国淘宝镇	商务部
平和县大溪镇	2022 年福建省“全域生态旅游小镇”	中共福建省委、福建省人民政府
平和县科技服务中心	福建省科技进步一等奖	福建省人民政府

2022 年平和县获市厅级表彰先进单位一览表

表 7

获表彰单位名称	获表彰名称	颁奖单位
平和县统计局	第七次全国人口普查突出贡献集体奖	福建省统计局
平和县坂仔市场监督管理所	先进集体	福建省市场监督管理局
平和县应急局	全省应急系统先进集体	福建省人力资源和社会保障厅、福建省应急管理厅
平和县卫生健康局	2022 年度福建省红十字会“99 公益日”爱心单位	福建省红十字会
平和县卫生健康局	漳州市抗击新冠肺炎疫情集体嘉奖	中共漳州市委、漳州市人民政府
平和县交通运输局	漳州市抗击新冠肺炎疫情集体嘉奖	中共漳州市委、漳州市人民政府

续表 7

获表彰单位名称	获表彰名称	颁奖单位
平和县人民法院执行局	全省法院党的二十大期间信访安全保障工作成绩突出集体	福建省高级人民法院
平和县公安局	集体嘉奖	中共漳州市委、 漳州市人民政府
平和县公安局文峰派出所	五一先锋号	福建省总工会
平和县总工会	县级和基层工会财务资产工作先进单位	福建省总工会
平和县计划生育协会	2021 年计生家庭意外伤害保险工作先进单位	福建省计划生育协会、 中国人寿保险股份有限公司福建分公司
平和县红十字会	2022 年“99 公益日”优秀组织奖	福建省红十字会
平和县蜜柚协会	2021—2022 年度福建省“四好”商会	福建省工商联
平和县文峰镇	福建省乡村治理示范乡镇	中共福建省委农村工作领导小组办公室、 中共福建省委组织部、 中共福建省委宣传部、 福建省农业农村厅、 福建省民政厅、 福建省司法厅、 福建省乡村振兴局
平和县文峰镇三坪村	福建省乡村治理示范村	中共福建省委农村工作领导小组办公室、 中共福建省委组织部、 中共福建省委宣传部、 福建省农业农村厅、 福建省民政厅、 福建省司法厅、 福建省乡村振兴局
平和县山格镇人民政府	漳州市第七次全国人口普查先进集体	中共漳州市委、 漳州市人民政府
平和县山格镇白楼村	福建省第七次全国人口普查突出贡献集体	福建省统计局、 福建省第七次全国人口普查领导小组办公室
平和县山格镇白楼村	全省乡村治理示范村	中共福建省委农村工作领导小组办公室、 中共福建省委组织部、 中共福建省委宣传部、 福建省农业农村厅、 福建省民政厅、 福建省司法厅、 福建省乡村振兴局
平和县小溪镇商会	2021—2022 年度福建省“四好”商会	福建省工商联
平和县小溪镇东大社区退役军人服务站	退役军人服务保障体系建设“五有”先进单位	中共福建省委退役军人事务工作领导小组办公室

续表 7

获表彰单位名称	获表彰名称	颁奖单位
平和县南胜镇	第二批省级乡村治理试点示范镇	中共福建省委农村工作领导小组办公室、中共福建省委组织部、中共福建省委宣传部、福建省农业农村厅、福建省民政厅、福建省司法厅、福建省乡村振兴局
平和县南胜镇法华村	第二批省级乡村治理试点示范村	中共福建省委农村工作领导小组办公室、中共福建省委组织部、中共福建省委宣传部、福建省农业农村厅、福建省民政厅、福建省司法厅、福建省乡村振兴局
平和县南胜镇欧寮村	福建省离退休党员干部传承红色基因学习教育基地	中共福建省委离退休干部工作委员会、中共福建省委老干部局
平和县五寨乡	福建省卫生乡镇	福建省爱国卫生运动委员会
平和县五寨乡埔坪村	同名同宗村	福建省台湾同胞联谊会
平和县五寨乡前岭村	全省乡村治理示范村	中共福建省委农村工作领导小组办公室、中共福建省委组织部、中共福建省委宣传部、福建省农业农村厅、福建省民政厅、福建省司法厅、福建省乡村振兴局
平和县坂仔镇	福建省商务特色镇	福建省商务厅
平和县坂仔镇退役军人服务站	省级百家红色退役军人服务站	中共福建省委退役军人事务工作领导小组办公室
平和琯溪蜜柚五星村基地	福建省巾帼示范基地	福建省妇女联合会
平和县坂仔镇仁山村	全省乡村治理示范村	中共福建省委农村工作领导小组办公室、中共福建省委组织部、中共福建省委宣传部、福建省农业农村厅、福建省民政厅、福建省司法厅、福建省乡村振兴局
平和县大溪镇人民政府	漳州市人口抽样工作先进集体	中共漳州市委、漳州市人民政府
平和县安厚镇妇联	福建省“三百五有”达标乡镇妇联	福建省妇联
平和县国强乡白叶村	第二批省级乡村治理示范村	福建省农业农村厅
平和县国强乡梅子村	福建省省级森林村庄	福建省林业局
平和县霞寨镇人民政府	漳州市抗击新冠肺炎疫情集体嘉奖	中共漳州市委、漳州市人民政府

续表 7

获表彰单位名称	获表彰名称	颁奖单位
中共平和县大溪镇离退休干部支部委员会	省级离退休干部示范党支部	中共福建省委离退休干部工作委员会、中共福建省委老干部局
中共平和县崎岭乡离退休支部委员会	省级离退休干部示范党支部	中共福建省委离退休干部工作委员会、中共福建省委老干部局
平和县崎岭乡南湖村	福建省森林村庄示范村	福建省林业局
平和县崎岭乡南湖村	全省乡村治理示范村	福建省委农村工作领导小组办公室、中共杜建省委组织部、中共福建省委宣传部、福建省农业农村厅、福建省民政厅、福建省司法厅、福建省乡村振兴局
平和县九峰镇复兴村	全省乡村治理示范村	中共福建省委农村工作领导小组办公室、中共福建省委组织部、中共福建省委宣传部、福建省农业农村厅、福建省民政厅、福建省司法厅、福建省乡村振兴局
平和县长乐乡	福建省省级森林城镇	福建省绿化委员会
平和县长乐乡退役军人服务站	省级百家红色退役军人服务站	中共福建省委退役军人事务工作领导小组办公室
平和县长乐乡乐北村	福建省省级森林村庄	福建省绿化委员会
福建兴和投资发展集团有限公司	2022 年度突出经济贡献企业	漳州市人民政府
中国邮政集团有限公司福建省平和县分公司	2021—2022 年全省邮政代理金融“赛中赛”储蓄存款优胜县分公司	中国邮政集团有限公司福建省分公司
中国农业发展银行平和县支行	2021 年度业务经营十佳县级支行	中国农业发展银行福建省分行
中国人寿保险股份有限公司平和县支公司	2022 年度综合金融示范区（县级机构）	中国人寿保险股份有限公司福建省分公司
中共平和一中离退休干部支部委员会	省级离退休干部示范党支部	中共福建省委离退休干部工作委员会、中共福建省委老干部局
平和第二中学	福建省二级达标高中	福建省教育厅
平和县华美小学	省级义务教育管理标准化学校	福建省教育厅
平和县苏洋小学	省级义务教育管理标准化学校	福建省教育厅
平和县福山小学	省级义务教育管理标准化学校	福建省教育厅
平和县心田元保小学	省级义务教育管理标准化学校	福建省教育厅
平和县积垒小学	省级义务教育管理标准化学校	福建省教育厅
平和县三马小学	省级义务教育管理标准化学校	福建省教育厅
平和县新南小学	省级义务教育管理标准化学校	福建省教育厅
福建省平和第一中学	第二批省级平安校园	福建省教育厅

续表 7

获表彰单位名称	获表彰名称	颁奖单位
福建省平和职业技术学校	第二批省级平安校园	福建省教育厅
福建省平和广兆中学	第二批省级平安校园	福建省教育厅
平和县文峰学校	第二批省级平安校园	福建省教育厅
平和县芦溪中学	第二批省级平安校园	福建省教育厅
平和县五寨中学	第二批省级平安校园	福建省教育厅
平和县第三实验小学	第二批省级平安校园	福建省教育厅
平和县第四实验小学	第二批省级平安校园	福建省教育厅
平和县安厚中心小学	第二批省级平安校园	福建省教育厅
平和县九峰中心小学	第二批省级平安校园	福建省教育厅
平和县坂仔中心小学	第二批省级平安校园	福建省教育厅
平和县第五实验小学	第二批省级平安校园	福建省教育厅
平和县坂仔镇中心幼儿园	第二批省级平安校园	福建省教育厅
福建省百得利实业有限公司压延车间	福建省工人“五一”先锋号	福建省总工会

2022 年平和县获省部级以上表彰先进个人一览表

表 8

获奖人姓名	工作单位	奖项名称	颁奖单位
赖文达	平和县国强乡	入选 2022 年度乡村文化和旅游带头人支持项目名单	文化和旅游部办公厅

2022 年平和县获市厅级表彰先进个人一览表

表 9

获奖人姓名	工作单位	奖项名称	颁奖单位
陈木坤	平和县纪委监委	福建省纪检监察系统先进工作者	中国共产党福建省纪律检查委员会、福建省监察委员会、福建省人力资源和社会保障厅
蔡从龙	平和县纪委监委	福建省纪检监察系统嘉奖	中国共产党福建省纪律检查委员会、福建省监察委员会
吴伟龙	中共平和县委办公室	全省党委办公厅（室）系统先进工作者	中共福建省委办公厅、福建省人力资源和社会保障厅
李少杰	平和县司法局	全省司法行政系统先进工作者	福建省人力资源和社会保障厅、福建省司法厅
张文平	平和县应急局	全省应急管理系统先进工作者	福建省人力资源和社会保障厅、福建省应急管理厅
张历国	平和县水利局	党的二十大期间移民信访维稳保障工作成绩突出先进个人	福建省水利厅
林莉玲	平和县发改局	福建省最美基层执委	福建省妇女联合会

续表 9

获奖人姓名	工作单位	奖项名称	颁奖单位
赖警苗	平和县统计局	2022 年“产业发展项目建设攻坚年”活动个人嘉奖	中共漳州市委、漳州市政府
赖东泸	平和县统计局	第七次全国人口普查突出贡献个人	福建省统计局
卢育贤	平和县统计局	第七次全国人口普查突出贡献个人	福建省统计局
林敏华	平和县统计局	第七次全国人口普查突出贡献个人	福建省统计局
黄洋平	平和县市场监督管理局	先进个人	福建省市场监督管理局
张新燕	平和县妇联	全省妇联系统先进工作者	福建省人力资源和社会保障厅、福建省妇女联合会
卢亮宏	平和县公安局	个人嘉奖	中共漳州市委、漳州市人民政府
朱钦沛	平和县公安局	个人嘉奖	中共漳州市委、漳州市人民政府
马文昇	平和县公安局	个人嘉奖	中共漳州市委、漳州市人民政府
张舒铭	平和县山格镇	漳州市抗击新冠肺炎疫情嘉奖	中共漳州市委、漳州市人民政府
钟煜堃	平和县小溪镇	福建省第七次全国人口普查突出贡献个人	福建省统计局
张建树	平和县安厚镇	漳州市抗击新冠肺炎疫情嘉奖	中共漳州市委、漳州市人民政府
周育章	平和县大溪镇	全市抗击新冠肺炎疫情表现突出个人	中共漳州市委、漳州市人民政府
叶盛泽	平和县霞寨镇	福建省第七次全国人口普查突出贡献个人	福建省统计局、福建省第七次人口普查领导小组
叶　兰	平和县芦溪镇	2022 年全省优秀妇联主席	福建省妇女联合会
曾海山	平和县崎岭乡	漳州市第七次全国人口普查先进个人	中共漳州市委、漳州市人民政府
周良基	平和县九峰镇	平安建设先进个人	福建省平安建设领导小组
朱翰昌	平和县九峰镇	2022 年度“三星级义工”	中共福建省施善公益服务中心支部委员会、福建省施善公益服务中心
赖艺华	中国邮政集团有限公司福建省平和县分公司	2022 年全省邮政“营销争先”劳动竞赛先进个人	中国邮政集团有限公司福建省分公司
蔡毅芳	中国邮政储蓄银行平和县支行	2022 年福建省分行安全保卫工作先进个人	中国邮政储蓄银行福建省分行
张少波	中国农业发展银行平和县支行	五星级柜员	中国农业发展银行福建省分行
赖宇蓝	中国农业发展银行平和县支行	2020—2021 年度中国农业发展银行福建省分行优秀共青团员	中国共产主义青年团中国农业发展银行福建省分行委员会
赖伟山	国网福建省电力有限公司平和县供电公司运维检修部	福建省“五一劳动奖章”	福建省总工会
江兴达	平和县园通速递有限公司	福建省“五一劳动奖章”	福建省总工会
郑晓敏	平和县金华小学少先队总辅导员	福建省优秀少先队辅导员	共青团福建省委 福建省教育厅 福建省少工委
何小凤	平和县安厚中心小学少先队总辅导员	福建省优秀少先队辅导员	共青团福建省委 福建省教育厅 福建省少工委

2022年平和县机关部门、乡镇（场、区）和企事业单位正副职领导干部名录

（注：参考省、市做法，名单以2022年12月31日在职者为准，相同职务人员做适当归类，不作为排序，其中“★”为女性）

中共平和县委

书　记：蔡绿璇★
副书记：黄永健　郑炎山（正处长级）
常　委：王毅伟　郭毅置　李　真★　林炳仁
　　　　林丽玲★　林英强　王国东　戴永福

平和县人大常委会

主　任：朱新丰
副主任：朱顺忠　林慧颖★
　　　　钟育辉　张连清

平和县人民政府

县　长：黄永健
副县长：林英强　戴永福　吴映红★　林贵良
　　　　吴朝东　林琦志　林方晔　徐荣德
　　　　谢钟琛（科技副县长 挂职）

政协平和县委员会

主　席：李瑞林
副主席：林启明　曾文汉
　　　　蔡立保　谢伟宏

平和县纪检监察机关

县纪委书记、监委主任：林炳仁

县纪委

副书记：陈木坤　杨跃盛
常　委：张耀光　蔡劲楚
　　　　蔡冬梅★　张东升

县监委

副主任：陈木坤　杨跃盛
委　员：张耀光　蔡劲楚
　　　　林明生　蔡从龙

纪检监察组

驻县委办纪检监察组组长：蔡奇宏
副组长：罗文雄

驻县政府办纪检监察组组长：江伟平
副组长：赵琼琼★

驻县委组织部纪检监察组组长：何伟泉
副组长：刘剑旭

驻县委宣传部纪检监察组组长：黄金龙
副组长：林丽君★　周艺贞★

驻县文化体育和旅游局纪检监察组组长：朱仁山
副组长：杨坤章　朱保平

驻县农业农村局纪检监察组组长：吴锦程
副组长：黄周武

驻县人社局纪检监察组组长：杨祥隆

副组长：张志军

驻县市场监督管理局纪检监察组组长：胡梁铭
副组长：林周城

驻县交通运输局纪检监察组组长：黄志军
副组长：赖胜民　赖建兴

驻县公安局纪检监察组组长：曾跃明

驻县人民检察院纪检监察组组长：朱宏达

驻县人民法院纪检监察组组长：黄友三

县直机关纪检监察工委书记：曾培锋
副书记：林妙华★

中共平和县委工作机关及直属单位

县委办
主　任：蔡立保
副主任：江海清　黄燎原　吴伟龙
保密局局长：朱彩英★

人大机关
人大办主任：吴聪勇
副主任：李海明
人事代表委主任：石艺军
副主任：陈锦绣★
监察司法工委主任：黄镇城
财经委主任：赖伟民
农经委主任：黄良仕
副主任：叶明山
教科文卫委主任：曾春玉★
副主任：卢振德
侨台民宗委主任：黄松生
城建环保委主任：黄深泉
副主任：林绍东
信访办主任：吴茂长
副主任：曾卫军
社会建设委专职副主任：黄卫光

政协机关
政协办主任：杨锋滨
副主任：李惠生
经济与科技委主任：林坤和
副主任：张荣裕
社会法制委主任：张阳平
副主任：蔡成发
科教卫体委主任：林建水
副主任：黄志中
台港澳侨委主任：游佩静★
提案委主任：赖艺玲★
副主任：曾庆辉
文化文史和学习委主任：石江林
副主任：卢波思
农业农村委主任：李建文

组织部
部　长：王毅伟
副部长：李振忠　石艺军
　　　　杨龙峰　柯雅瑄★

宣传部
部　长：李　真★
副部长：黄荣军　张山梁　黄荣才

统战部
部　长：林丽玲★
分管日常工作副部长、民宗局局长：林智文
副部长：胡木清　曾韶光（正科长级）　曾玉城★

政法委
书　记：王国东
副书记：苏鹏华、叶斌

编办
主　任：陈　建
副主任：黄秀清★

台港澳办
主　任：龚奕斌
副主任：叶剑锋

县直机关党工委
书　记：王毅伟
常务副书记：吴振坤
副书记、纪工委书记：曾培锋
副书记：朱朝东　蔡志平

巡察办
主　任：张东升
副主任：童桂贤★　刘俊杰
巡察一组组长：曾小群
巡察一组副组长：黄镇平
巡察二组组长：叶志文
巡察二组副组长：林志远
巡察三组组长：陈维平
巡察三组副组长：周玉彬★

老干局
局　长：柯雅瑄★
副局长：朱秋城　庄新勇

党校
校　长：王毅伟
副校长：张群雄　周家庆

党史和地方志研究室
主　任：林丽红★
副主任：廖美清★

档案馆
馆　长：张茂成
副馆长：黄镇城

平和县政府工作部门及直属单位

政府办
主　任：张万土
副主任：卢鑫城　林　伟　叶银辉

发改局
局　长：杨武牧
副局长：杨绍文　何志德　陈高翔
粮储局局长：庄赞立

教育局
党委书记、局长：卢和强
副局长：曾庆生　黄增贤

公安局
党委书记、局长：徐荣德
副局长：陈志达　何成城　黄建安

民政局
党组书记、局长：罗少真
副局长：叶春华★　卢建福

财政局
党组书记、局长：赖志生
副局长：陈　喆　林　伟

司法局
党组书记、局长：陈耀勇
副局长：曾艺云★　吴小敏　赖思臻（挂职）

人社局
党组书记、局长：吴金成
副局长：周小龙　吴燕华★

自然资源局
党组书记、局长：吴志育
副局长：林建君　林元龛

住建局
党组书记：黄志雄
局　长：庄汉生
副局长：黄陆君　曾凡华

交通运输局
党组书记、局长：陈振平
副局长：杨振兴

水利局
党组书记、局长：赖建生
副局长：张炳辉　陈镇坤
　　　　曾　萍★（科技副局长，挂职）

农业农村局
党组书记、局长：李明聪
副局长：曾子文　陈晖津
　　　　王贤达（科技副局长，挂职）

农业机械站
站　长：黄毅军

供销社
副主任（主持）：庄泽勇
副主任：蔡贤达　罗小雨

二轻联社
主　任：杨慧全
副主任：黄启文

工信局
党组书记、局长：张少云★
副局长：张文昌　卢建昌　赖舒达
　　　　范必强（科技副局长，挂职）

科学技术局局长：林兹荣
贸促会会长：林明达

文体旅局
党组书记、局长：卢　胜
副局长：曾凡东　简易妮★

县融媒体中心
负责人：叶庚成
副主任：庄智洲　李润南　曾建彬

卫健局
党组书记、局长：陈苍山
副局长：叶志鹏　杨勇生
卫生监督所所长：叶夏顺

退役军人事务局
党组书记、局长：黄洪河
副局长：游南长　赖志雄　李宏明（兼）

应急局
党组书记、局长：张元清
副局长：卢位南　蔡小勇

审计局
党组书记、局长：周志平
副局长：卢佑泽

林业局
党组书记、局　长：林立武
副局长：曾力克　叶圣宏　潘清塔（挂职）

市场监督管理局
党组书记、局长：卢林海
副局长：周建斌　曾欢正　庄文琛

统计局
局长：赖警苗★

副局长：赖东泸　吴漳旺

地震办

副主任：李　惠★

信访局

局　长：卢鑫城

副局长：周松凯

城市管理局

党组书记、局长：李林城

副局长：周长发　周志荣

市容市政中心主任：陈建章

行政审批局

党组副书记：叶俊城

副局长：赖五洲　沈艺斌

行政服务中心

主　任：叶俊城

副主任：吴文珍★

三平管委会

党组书记、主任：卢文深

副主任：李云龙　朱培德

灵通风景区管委会

主任：林荣耀

副主任：叶河清　曾陈彬　叶文汇（挂职）

疾控预防控制中心

主　任：陈丽淑★

县总医院

党委书记：陈荣秋

院长：赖林俊

县妇幼保健院

院　长：黄跃平

福建兴和投资发展集团有限公司

董事长：林项利

总经理：沈艺斌

福建平和城市建设投资开发有限公司

董事长：张亚狮

总经理：叶文宪

福建平和旅游投资开发有限公司

董事长：赖文革

总经理（挂职）：林中伟

平和县交通发展有限公司

董事长（挂职）：张炳南

副总经理（兼职）：叶建民

平和县人民检察院

党组书记、检察长：黄国盛

副检察长：黄明生　黄佳鑫

平和县人民法院

党组书记、院长：高长江

副院长：沈蔚林　周德生　赖贤平

平和县群众团体

总工会

主　席：林丽玲★

党组书记、常务副主席：陈连明

副主席：林添才　杨丽娟★

共青团县委

书　记：黄杰文

副书记：林昕阅★　张　婷★（挂职）
吴锦林（兼职）

妇联

党组书记、主席：陈小红★

副主席：卢颖芳★　黄琳倩★

文联

主　席：林少鸿

副主席：王达理

科协

党组书记：赖捷民

主　席：林丽玉★

副主席：罗国欣　叶劲松

社科联

主　席：罗梓盈

副主席：林胜洁

工商联

党组书记：胡木清

侨联

主　席：江爱荣

副主席：游永烽

台联

会　长：林丽娜★

残联

理事长：黄茂林

副理事长：吴志城　蔡少锋

关工委

第一主任：王毅伟

主　任：张百忍

执行主任：庄新勇

红十字会

常务副会长：林跃忠

副会长：周宏雷

计生协会

会　长：林慧颖★

常务专职副会长：张思斌

专职副会长：张汉强

慈善总会

执行会长：周瑞民

副会长：李耕云　蔡新城

老促会

会　长：江益权

副会长：黄汉洋

驻平和中央和省、市属机关企事业单位

税务局

局长：洪文成

副局长：吴志江　朱泽清　吴世民

纪检组组长：陈　捷

医疗保障局

局　长：张国扬

副局长：张　欣

医疗保障监测中心平和分中心

主　任：林国信

住房公积金管理部

主　任：曾卫东

副主任：蔡宇凡

生态环境局

党组书记、局长：卢　立

副局长：朱永松　叶生华

气象局

局　长：罗淑英★

副局长：林建生

漳州市公路局平和分局

主　任：刘　架

副主任：张新禄

烟草专卖局（分公司）

局　长：陈艺惠

副经理：张永忠

副局长：陈　勇

国家平和县供电公司

党委副书记、总经理：林石生

党委书记、副总经理：杨高光辉

副总经理：江　毅　陈艺鑫　杨昆明

中国人民银行平和县支行

行　长：阮毅辉

副行长：郑上海　曾祥锋

中国银行保险监督管理委员会漳州监管分局平和监管组

组　长：苏顺庆

中国农业银行股份有限公司平和县支行

行　长：林宗明

副行长：黄艺平

中国银行股份有限公司平和支行

行　长：蓝亚忠

副行长：郑　力　陈志鸿

中国建设银行股份有限公司平和支行

行　长：赵子荣

副行长：张超煌　李木兴

中国工商银行股份有限公司平和支行

行　长：陈志刚

副行长：黄淑贞★

中国农业发展银行平和县支行

行　长：蔡建华

副行长：郑　立

福建平和农村商业银行股份有限公司

董事长：林文智

行长：卢松恋★

监事长：俞承安

邮储银行平和县支行

行　长：张栋材

副行长：李海平

中国邮政集团公司福建省平和县分公司

总 经 理：郑木昌

副总经理：朱钦清　钟勇文

中国电信平和分公司

总 经 理：曾　强

副总经理：魏志鸿　杨　霞★

中国移动通信集团福建有限公司平和分公司

总 经 理：黄秋生

副总经理：周炎生　卜兴建

中国联合网络通信有限公司平和县分公司

总经理：张小泳

中国人民财产保险股份有限公司平和支公司

经　理：林杉河

副经理：游立敏

中国人寿保险股份有限公司平和县支公司

经　理：郑海城

副经理：高　阳　连志勇

福建新华发行（集团）有限责任公司平和分公司经理

副经理：林荣强（主持）

乡镇（场、区）

文峰镇

党委书记：赖进杰
党委副书记、镇长：曾达文
人大主席：周　良
党委副书记：赖耿明
党委政法委员：林跃明
党委委员、纪委书记、监察组长：叶明智
党委组织委员：张　星
党委宣传委员：邹艺军
党委统战委员：黄碧洪★
副镇长：庄　昕★　卢和平
便民服务中心主任：张金碧★
综合执法大队大队长：黄长灵
农业农村服务中心主任：韩晓贤★

山格镇

党委书记：黄建鑫
党委副书记、镇长：林锦锋
人大主席：陈耀华
党委副书记：张清峰
党委政法委员：吴志强
党委委员、纪委书记、监察组长：卢镇辉
党委组织委员：杨　鑫★
党委宣传委员：曾景辉
党委统战委员：曾荣德
党委委员、副镇长：吴庆通
副镇长：李宗武　郑宇超　赖小能★
　　　　蓝艺华★（科技副镇长）
农业农村服务中心主任：张　勇
便民服务中心主任：吴艺丹★
综合执法大队队长：林秋伟

小溪镇

党委书记：赖文尧
党委副书记、镇长：林志坤
人大主席：陈联荣
党委副书记：李添元
党委政法委员：吴金溶
党委委员、纪委书记、监察组长：陈生福
党委组织委员：黄伟煌
党委宣传委员、统战委员：叶长虹
党委委员、副镇长：林绍昌
副镇长：朱坤林　江　莉★
农业农村服务中心主任：何志发
便民服务中心主任：何建国
综合执法大队大队长：林宗平

南胜镇

党委书记：杨龙坤
党委副书记、镇长人选：郑剑锋
人大主席：潘嘉贤
党委副书记：庄聪智
党委政法委员：蔡伟龙
党委委员、纪委书记、监察组长：陈小彪
党委组织委员：罗嘉沩
党委宣传委员：易芳芳★
党委统战委员：吴培游
副镇长：林勇银　林景荣
综合执法大队队长：朱英林
便民服务中心主任：林　绿★
农业农村服务中心主任：胡镇成

五寨乡

党委书记：陈志平
党委副书记、乡长：杨玉龙
人大主席：周水山
党委副书记：陈君武
党委委员、纪委书记、监察组长：卢娜萍★
党委组织委员：林美娟★
党委宣传委员：卢建平

党委统战委员：吴城洪
副乡长：叶淑霞★　黄景华
便民服务中心主任：叶淑霞★
农业农村服务中心主任：陈远彪
综合执法大队大队长：林顺鑫

坂仔镇

党委书记：杨镇源
党委副书记、镇长：叶庆南
人大主席：朱锡养
党委副书记：吴炎清
党委政法委员：游宇晖
党委委员、纪委书记、监察组组长：陈杰伟
党委组织委员：林桂梅★
党委宣传委员：蔡志光
党委统战委员：　林光辉
副镇长：黄智泓　林伟龙
便民服务中心主任：陈晓莹★
农业服务中心主任：吴广福
综合执法大队大队长：林圳晖

国强乡

党委书记：林志伟
党委副书记、乡长：卢艺铭
人大主席：杨俊生
党委政法委员：蔡小勇
党委委员、纪委书记、监察组组长：张文君
党委组织委员：吴晓游
党委宣传委员：黄鹏龙
党委统战委员：朱炼初
副乡长：　郑耿伟　沈佳臻★
农业服务中心主任：蔡林海
便民服务中心主任：周思静★
综合执法大队大队长：林韶清

安厚镇

党委书记：陈盛林
党委副书记、镇长：庄坤明
人大主席：吴秋发
党委副书记：叶文腾
党委政法委员：李瑞东
党委委员、纪委书记、监察组组长：曾鹏程
党委宣传委员：赖志强
党委统战委员：张建树
副镇长：黄　滔　林惠娇★
农业服务中心主任：张子龙
便民服务中心主任：李小真★
综合执法大队大队长：赖爱平

大溪镇

党委书记：林永金
党委副书记、镇长：赖志慧★
人大主席：赖文辉
党委副书记：朱智生
党委政法委员：吴长平
党委委员、纪委书记、监察组组长：李林源
党委宣传委员：石志军
党委统战委员：张高照
副镇长：陈金彪　刘国才
便民服务中心主任：陈碧美★
农业服务中心主任：张金霸
综合执法大队大队长：林建立

霞寨镇

党委书记：涂来顺
党委副书记、镇长：赖智平
人大主席：林清益
党委副书记：林文平
党委政法委员：李泽龙
党委委员、纪委书记、监察组组长：曾树金
党委组织委员：黄志聪
党委宣传委员：周艺燕★
党委统战委员：卢宥均
副镇长：郭艺斌　陈志斌
农业服务中心主任：吴坤元
综合执法大队大队长：张德城

便民服务中心主任：赖智清

芦溪镇

党委书记：刘伟宏
党委副书记、镇长：陈耀辉
党委副书记：朱景明
党委政法委员：朱林庄
党委委员、纪委书记、监察组组长：林洋海
党委组织委员：曾明杰
党委宣传委员：曾慧斌
副镇长：邓晓颖★
农业农村服务中心主任：庄荣玮
综合执法大队队长：张晓刚

崎岭乡

党委书记：林海光
党委副书记、乡长：曾明新
人大主席：周南辉
党委副书记：吴银川
党委政法委员、司法所所长：黄泽斌
党委委员、纪委书记、监察组组长：林艺煌
党委组织委员：石李菁★
党委宣传委员：李雅玲★
党委统战委员：曾安邦
副乡长：杨勇泉　曾建军
便民服务中心主任：曾维锋
农业服务中心主任：卢毅涌
综合执法大队大队长：黄林立

九峰镇

党委书记：张连清
党委副书记、镇长：傅炎民
人大主席：黄清流
党委政法委员：周良基
党委委员、纪委书记、监察组组长：陈　勇
党委组织委员：曾文淮
党委统战委员：朱松和
副镇长：曾建良　林柏峰
便民服务中心主任：林锦辉
综合执法大队大队长：曾国辉
农业农村服务中心主任：李文伟

长乐乡

党委书记：庄振坤
党委副书记、乡长：林晓锋
人大主席：罗林福
党委副书记：陈婧弘★
党委政法委员：张志金
党委委员、纪委书记、监察组组长：赵锦辉
党委组织委员：林泽鹏
党委宣传委员、统战委员：陈博鑫
副乡长：李艺文　何　琼★
便民服务中心主任：曾文杰
农业服务中心主任：林荣链

秀峰乡

党委书记：朱海波
党委副书记、乡长：赵　勇
人大主席：陈佳生
党委副书记：高靖祥
党委政法委员：朱永裕
党委委员、纪委书记、监察组组长：叶炜毅
党委组织委员：黄江鑫
党委宣传委员、统战委员：叶晓斌
副乡长：吕丹凤★
便民服务中心主任：卢林毅
综合执法大队大队长：张钦扬
农业农村服务中心主任：张金喜

安厚农场

党工委书记：赖荣章
副场长：赖文革　张志兴

工业园区

党工委书记：林琦志
党工委副书记、管委会主任：林江成
管委会副主任：吴鸿章　庄贤伟　蓝娇红★

附录

文献选编

踔厉奋发勇攻坚　以干得助谱新篇
奋力加快新时代新平和现代化建设

中共平和县委员会

2022年以来，平和县委坚持以习近平新时代中国特色社会主义思想为指导，认真贯彻落实党的十九大、十九届历次全会精神，深入学习宣传贯彻党的二十大精神，高效统筹疫情防控和经济社会发展，统筹发展和安全，纵深开展“产业发展项目建设攻坚年”活动和“七比一看”竞赛，持续推进“四区”建设、“五优”创建。2022年全县GDP完成302.89亿元、增长4.8%，一般公共预算总收入完成10.44亿元、增长21.9%，地方一般公共预算收入完成8.02亿元、增长29.3%。平和县成为为全省唯二、全市唯一县份入选全国农业现代化示范区创建名单，入选首批省级“数字乡村试点县”、“土地整治补充耕地”省级试点县，蝉联“省级双拥模范县”三连冠，获评省级平安县。

一、坚定不移抓学习、讲政治，全力营造细照笃行新风气。坚持在学思践悟习近平新时代中国特色社会主义思想和党的二十大精神上走前头，引导全县上下大兴学习之风，凝心聚力“补钙赋能”。一是掀起“学”的热潮，纵深推进党的二十大精神贯彻落实。紧密结合平和各项工作，组织开展系列主题宣传活动，动员全县党员干部踔厉奋发、勇毅前行，以实际行动迎接党的二十大胜利召开。大会胜利闭幕后，充分发挥“关键少数”作用，县委常委带头领学党的二十大精神，深入乡村一线、项目现场、干部群众中宣讲辅导，迅速掀起学习宣传贯彻热潮。精心组织专题党课、集中宣讲、现场培训120多场次，全县2万多名党员干部认真研读党的二十大报告和新修订的党章。开设“学习宣传贯彻党的二十大精神”“非凡十年”“二十大时光”等专题专栏，发挥县乡村新时代文明实践中心（所、站）等基层阵地作用，依托“新时代宣讲师”、20支“新思想耀八闽‘福小宣’在身边”特色宣讲小分队等队伍优势，以客家山歌、音乐快板等群众最喜闻乐见的形式开展全覆盖、无缝隙、全员全域宣讲，推动党的二十大精神进企业、进农村、进机关、进校园、进社区、进网络。二是提升“悟”的能力，更加自觉坚定做到“两个维护”。坚持在学深悟透习近平新时代中国特色社会主义思想上下功夫，组织召开县委常委会会议“第一议题”学习习近平总书记重要讲话重要指示批示精神58次。举办县管干部学习贯彻党的十九届六中全会精神、学习贯彻党的二十大精神专题研讨班。开展县委理论学习中心组学习18场次、涉及23个专题，围绕《习近平谈治国理政》第四卷、《闽山闽水物华新——习近平福建足迹》等内容组织集中研讨7次，引导各级党组织常态化开展“大学习、大研讨”活动，不断提高政治判断力、政治领悟力、政治执行力。三是抓实“严”的要求，推动上级决策部署工作要求落实。全面贯彻“疫情要防住、经济要稳住、发展要安全”重要要求，扎实推进“提高效率、提升效能、提增效益”行动，深入实施“产业发展项目建设攻坚年”活动和“七比一看”竞赛，突出“一季度一主题”，常态化开展落实督导，开展督查21次，办理领导批示件88件，确保执行不偏向、不变通、不走样，不折不扣落实上级各项部署要求，自觉推动党的二十大精神以及省市工作要求在平和落地生根、开花结果。

二、坚定不移抓攻坚、优结构，聚力构建产业转型新格局。完整准确全面贯彻新发展理念，坚持以产业转型升级为先导，以“产业发展项目建设攻坚年”活动和“七比一看”竞赛为抓手，加快建设现代化产业体系，推进经济结构调整更优化，推动经济实现质的有效提升和量的合理增长。一是新型工业集聚起势。深化“区地合一”改革，加快形成“一区多园”格局。完善黄井工业园区、科技产业园基础设施，加快安厚莲塘工业小区、五寨生态木业产业园建设，有效提升新型工业承载能力。全年新增工业项目110个，芹福茶叶、板顺长木业等24个项目建成投产。龙头（培育）企业是美艺陶、鸿星、宝罐等食品龙头企业创新发展、拓宽市场。坚持“亩均论英雄”，盘活圣大、宝达等闲置厂房，引入8家投产可达规模以上企业。一年来，新增新上规模以上企业24家，完成规模以上工业总产值248.91亿元，大工业用电量比增11.94%。扶持建筑业健康发展，新增建筑资质企业14家，资质建筑业产值完成6.97亿元，增长20.3%。二是特色农业提质增效。推进国家农业现代化示范区建设，持续推广稻菜轮作、蛙稻共生、绿色养殖等方式，调整优化农业种植结构。加快柚茶产业转型升级，构建“种好果、卖好价”发展新模式，优化柚类种植结构20.04万亩，琯溪蜜柚入选农业农村部“2022年农业品牌精品培育名单”；成功举办“福建省2022中国农民丰收节平和分会场”活动、第十五届白芽奇兰暨首届柚香奇兰茶王赛，柚、茶品牌评估值持续提升。出台“稳粮生产十四条措施”，开展“琯溪有点田”认领活动，新增立项高标准农田建设项目4000亩，完成高标准农田建设28700亩，持续推进“园改耕”，退果还耕还粮面积10982.57亩，完成粮食面积5.972万亩，产量2.36万吨，粮食安全保障能力不断提升，“耕地进出平衡”为全市作出贡献。三是现代服务业加快升级。组建工作专班推进省级全域生态旅游示范县创建，大力宣传精品线路，高峰谷景区获批国家AAAA级旅游景区、大溪镇入选“福建省全域生态旅游小镇”、灵通风景区入选2022年省级气候康养福地名单。积极参与“全闽乐购”“乐购漳州”等活动，新增限上商贸企业44家，社会消费品零售总额完成109.11亿元。推动房地产市场平稳健康发展，推进和瑞央筑、融邦外滩壹号等项目建设，出台购房补贴措施，商品房销售稳步提升。全面打开美国、日本、俄罗斯等国蜜柚销售市场，出口19.1万吨。全年外贸进出口额36524万元，比上年增长31.29%。

三、坚定不移抓项目、求突破，大力迈出奋进赶超新步伐。牢固树立“项目为王、项目为先”理念，持续“大抓项目、抓大项目”，不断推进资源向项目聚焦、要素向项目聚拢、力量向项目聚集，以高质量项目推动高质量发展。一是高质量推进项目建设。坚持把项目建设作为扩内需、促投资、稳增长的“主抓手”，注重策划生成重点项目，新增入库项目229个，计划总投资95.54亿元。滚动推进“五个一批”项目，全力推进乡村振兴产业孵化中心、分布式光伏整县推进工程等项目建设，固定资产投资完成104.69亿元，同比增长9.4%。破解一批项目遗留问题，推动县医院迁建项目另行选址、加快建设，完成闲置土地处置1101.45亩、批而未供土地处置1273.2亩。二是高水平强化项目招引。聚焦构建“3+X”产业体系，完成建材家居、食品加工、机械制造产业链招商地图，编制安厚莲塘工业小区飞地园区招商地图，开展招商主题季活动，引进新型大容量聚合物锂电池生产、豌豆加工、糖浆生产等一批大项目。开展一把手招商、产业链招商、龙头企业招商、第三方招商、驻点招商等，举办生态木业、机械制造、建材家居等专题招商推介会4场，新签约项目90个、总投资100.5亿元。三是高品质统筹城乡提升。实施城乡建设品质提升项目66个，完成投资27.34亿元，推进北环路延伸段道路工程一期、东环路一期等城区道路建设，生活垃圾焚烧发电厂建成投用。建设自来水水质在线监测系统，建设延寿山高排渠工程、南山桥至污水处理厂污水管道，增加供水管道15公里、城区污水收集管道8公里、雨水管道8公里。实施28个乡村振兴串点连线成片项目建设，完成投资额3147.64万元，打造提升4条线路。完成村庄规划编制151个，改造2座危桥，改造农村公路60.6公里、新增乡镇污水配套管网13.9公里，整治既有裸房2229栋。芦溪镇秀芦村入选第六批中国传统村落。

四、坚定不移抓改革、谋创新，着力提升县域发展新活力。加快改革攻坚和开放发展，突出标准化、突出规范化、突出便利化，坚持向改革要动力、要效率，努力做到让市场主体“法无禁止即可为”，让政府部门“法无授权不可为”。一是在推进重点领域改革上实现新突破。深入推进相对集中许可权改革，稳妥推进划转事项255项，行政审批效率有效提升。推进“一件事”改革，梳理出16个“一件事”主题套餐，涉及45个事项，实现跨部门、跨层级、跨区域无缝对接、集成办理。建立全省首个“审管互动”系统，获省职转办发文推广。开设全省首个县级“助企纾困”专栏，设立“模拟审批办”，提升项目前期办，提高服务效率，加快重点工程及重大项目前期。组建平和现代农业发展有限公司，优化国企产业布局。二是在优化营商环境上实现新提升。持续深化“百名干部挂百企”帮扶活动，提供“妈妈式”服务，帮扶企业纾困解难。30名处级干部、106名科级干部挂钩企业146家，累计走访245人次，企业反馈问题均已解决，同时为企业提供司法咨询、维护合法权益774件次。坚持“要素跟着项目走、资源围着项目配、服务盯着项目干”，全力做好用地、用林、用能、资金等要素保障，持续为企业减负松绑，不断增强企业的获得感和满意度。高标准落实好减税降费政策，减轻实体经济负担，落实退、减、缓税费共计24212.4万元，比增488.5%。做好“通”“惠”“情”文章，设立台商台胞政务服务专窗，成立台胞权益保障法官工作室、涉台检察联络室，建设“迁台记忆”馆，提升台胞台企服务能力。三是在深化科技创新上实现新成效。推进科技型中小企业和高新技术企业培育计划，深化科技特派员工作，培育高新技术企业6家，成功申报福建省第三批龙头培育企业2家。全县共36家企业合计投入研发资金1.39亿元。积极推进平和县“智汇柚都·才聚平和”行动，拓展科技小院产才融合模式，深化与福建农林大学合作，成立“平和蜜柚研究院”，为蜜柚产业高质量发展提供支撑。

五、坚定不移抓环境、促发展，致力推进生态整治新实践。坚持以习近平生态文明思想为指引，认真践行“绿水青山就是金山银山”的发展理念，超常规措施攻坚花山溪综合治理，全县生态环境质量持续向好，生态文明建设水平持续提升。一是综合施策攻坚花山溪整治。落细落实各级环保督察反馈问题整改工作，从省市领导高位推动中、从市委书记“十一赴平和”中扛起责任、汲取力量，突出花山溪流域综合整治攻坚。调整充实指挥架构，探索“6+8+N”的水土兼治方法，开展“百日攻坚”专项行动，闭环保障县城区群众饮用水安全，官峰水库应急工程顺利开工，梨仔坑水库应急水源启动实施。今年来，全县大力推行“定额制”施肥、有机肥替代，推行化肥实名制购销、溯源化监管，化肥施用减量30%；采取水土流失治理、农业结构调整、土壤污染防治、生态果园建设等措施，推进综合立体治理；精准实施拦截治理措施，建成拦截坝、生态滤床等治理设施713个。探索出水流域整治“平和经验”，“黄牌”警示如期解除，花山溪水质趋于稳定，饮用水源地风险隐患得到有效控制，花山溪的山更绿了，水更清了，柚子更甜了。二是精准发力强化环境改善。坚持精准治污、科学治污、依法治污，持续深入打好蓝天、碧水、净土保卫战。完成10个施工扬尘、10个重点裸露地块扬尘问题整治，环境空气质量优良率99.7%。1个国控断面、2个省控断面水质实现跨类提升，11个主要流域国省控断面水质全市排名靠前。持续推进南胜、崎岭、芦溪三个安全生态水系建设项目，完成后时片区防洪工程、水土流失综合治理2万亩、土壤酸化治理17.4万亩。三是多措并举紧抓低碳转型。全面推进“林长制”改革，稳步完成造林绿化8.95万亩，退果还林验收合格面积2522.9亩，创建5个省级森林村庄，县林业局被授予“全国绿化先进集体”荣誉称号。开展生态损害赔偿案件12件，投入生态损害赔偿资金4.12万元补植复绿263平方米，矿山新增恢复治理面积20亩。

六、坚定不移抓稳定、补短板，倾力交出民生保障新答卷。坚持以人民为中心的发展思想，用心用情用力做好各项民生工作，持续深化共建共享共治，全县社会治理效能明显提升，群众获得感幸福感安全感持续增强。一是构建“健康平和”。（略）建设区域性养老服务中心，突破山格镇敬老院“医养结合”模式改革创新，为全市试点单位。二是打造“惠民平和”。稳步推进巩固脱贫攻坚成果同乡村振兴有效衔接，全县3207户脱贫户均没有发生返贫现象。兜牢“三保”底线，优先保障民生支出，完成10个年度为民办实事项目。总投资3.35亿元推进12个教育教设项目建设，全面落实义务教育教师收入水平政策，实施一校一策，中高考成绩同比去年有较大提高。AED群众性应急救护项目全面推进，15家卫生院中医馆实现全覆盖；联合9家省直单位举办“送医药、送科普、送技能、送健康”大型义诊活动，惠及3000多人。持续落实普惠性失业保险、稳岗返还等政策“免申即享”，发放公益性岗位补贴218万元，城镇登记失业率控制在4.5%。实施全民参保计划，城乡居民基本养老保险参保率达99.68%。新修缮革命遗址8个，建设4个村级生命公园，建设平和县智慧体育公园。基本实现县、乡（镇）、村三级公共文化服务网络全覆盖，开展线上线下惠民公益演出68场次，《潮剧（平和）》和《漳州白皮饼制作技艺》入选省级第七批非遗代表性项目。正式开通平和汽车站到南靖动车站跨县区直通公交502线路。县城共增设机动车停车位100余个，非机动车停车位340余个。三是建设“平安平和”。纵深推进扫黑除恶斗争，广泛发动“乡村（社区）110”巡防队、平安志愿者等群防群治力量，滞留缅北涉诈高危人员数全国排名下降到263名，“平安三率”居全市前列，平安建设考评为优秀等次。坚持依法治访，打击“非访”，今年来国家交办2批117件信访积案全部化解，省、市共交办我县第二批重复信访积案105件，已全部化解，整体信访秩序良好。创建全国首个县域大型金融知识普及基地，通过“诉前调解+司法确认”模式化解金融纠纷347件，经验成效被《福建改革情况》刊发推广。建成应急指挥中心综合平台，深入开展重点行业领域专项整治，打造4支130人的县级专业森林灭火队，打造1个安全主题公园。全年未发生生产安全亡人事故，未发生因灾害亡人事故。国强乡延山村入选全国综合减灾示范社区。

七、坚定不移抓党建、转作风，有力展现自身建设新气象。 始终牢记全面从严治党永远在路上，加强党的全面领导和党的建设，推动全面从严治党向纵深发展、向基层延伸。一是党建引领，强化有方。政治建设抓紧抓实。健全完善全面从严治党主体责任落实机制，召开专题会议及时研究推进管党治党方面工作，实现“常抓长效”“推动工作”转变。突出政治纪律和政治规矩的监督，严肃党内政治生活，着力提高党员干部参加“三会一课”、组织生活会、主题党日活动等党内政治生活的自觉性和主动性。持续抓好选人用人工作监督，严格执行“凡提四必”“带病提拔”倒查等制度。聚焦“关键少数”，出台对县直部门、乡镇“一把手”及其领导班子监督的实施方案，针对村主干“一肩挑”新情况，探索构建“12345”基层监督体系，把监督延伸到村（社区）“一把手”。探索采用“巡审联动”推进巡察工作，已开展4批次常规巡察，2批次县级交叉巡察，完成对县发改局等26个单位党组织的全面“政治体检”。思想建设对标对表。严格落实党委（党组）意识形态工作责任制，用好“6112”全媒体传播矩阵，筑牢守牢宣传文化阵地。全力做好“闽盾-2022”网络安全应急演练，切实做好网络舆情管控、网络舆论引导和网络安全服务保障等有关工作。不断擦亮“阳明传习堂”社科讲堂名片，受众已经超过5万人次。扎实推进文明县城创建工作，大力开展“社会主义核心价值观进教材、进课堂、进头脑”和“爱学习，爱劳动，爱祖国”活动以及移风易俗“三好”活动，加强“乡村学校少年宫”建设，拓展思想道德教育阵地。组织建设有力有序。实行党建工作“项目化”管理，15个乡镇分别打造1—2个符合本地实际，具有引领作用和辐射带动作用的基层党建品牌。建立县属国企全面运营平和乡村振兴党建学院机制，布局提升西坑党校、长乐红军党校等4个实践教学点并成功申报为市级党员教育培训示范基地。“靖和浦苏区革命历史纪念馆”入选第四批省级“离退休干部党员传承红色教育基地”。实行村干部绩效激励机制，选派党政干部担任乡村振兴指导员，实现240个村全覆盖。开展干部“大交流、大轮岗”专项行动，有序推行事业单位管理岗位职务与职级并行，全县共有109名来自乡村振兴、维稳处突、疫情防控等工作一线干部得到提拔使用或职级晋升。深入实施年轻干部全链条梯次培养工程，相关经验做法在《八闽快讯》等刊载交流，并得到市委领导批示肯定。二是作风建设，转变有效。统筹推进干部作风“五不”问题专项整治，推行“1+N”工作机制。深入开展“整肃纪律作风、优化营商环境”专项行动，严肃查处不担当、不作为、乱作为、假作为等突出问题，共查处形式主义官僚主义问题13人。常态化开展干部专业化能力提升培训班，提升各级干部抓项目、抓经济、护生态等方面工作能力。持之以恒纠治“四风”，查处违反中央八项规定精神9起15人，通报典型案例5起5人。认真实施“五个一”工程，推动监督下沉，建立“一本手册、两个清单”，推动解决一批群众急难愁盼问题，及时发现处置一批问题线索，今年来，查处群众身边腐败和作风问题18起29人。深入推进廉洁文化建设，分地域分领域创建提升王阳明廉政文化教育中心等“四大廉洁教育阵地”，开展各类警示教育、廉洁教育

897场，教育党员干部群众3.3万余人，实现乡镇、村（社区）领导班子接受教育全覆盖；探索家风家训馆“六个有”标准化建设，开展“十大家风家训馆”评选、授牌活动，用“好家训、好家风”涵养好作风。三是肃纪反腐，推进有力。充分发挥监督机构促落实作用，运用“五单工作法”监督推动中央环保督查反馈平和花山溪问题整改工作，督促问题整改89个，责任追究60人次。对平和国家现代农业产业园项目开展专项监督，发现问题17个，追责问责党员干部29人。强化纪法震慑，今年来，共立案100件，其中科级立案15件，派驻纪检监察组、乡镇纪委100%自办案件。全县纪检监察机关运用“四种形态”批评教育帮助和处理434人次，第一形态占77.4%，坚决打赢反腐败斗争攻坚战持久战。建立案后整改“四个一”机制，持续抓好粮储系统、政法系统等典型案件案后整改。在全市率先出台惩腐打伞“三专班”工作机制，开展镇村两级党员干部专项教育和自查自纠，推动扫黑除恶“打伞破网”常态化。抓好“后半篇文章”，坚决落实省委巡视、市委巡察、审计反馈等未完成事项整改，集中力量推进市委涉粮专题了解、市纪委政治生态分析报告和监察建议等方面反馈问题整改。四是民主法治，保障有为。县委专题到县人大常委会、县政协宣讲党的二十大精神并听取意见建议。召开县委人大工作会议，今年来县人大常委会开展工作视察、调研、执法检查49次。贯彻《中国共产党政治协商工作条例》，支持县政协建言资政、凝聚共识，撰写调研视察报告、社情民意信息43篇。召开县委统战工作会议、民族工作及全县宗教工作会议，组建成立15个乡镇商会和7个异地平和商会，加强党外知识分子和新的社会阶层人士、港澳台侨海外统战工作，统战力量进一步凝聚。出台法治政府、法治社会等实施方案和加强新时代检察机关法律监督工作的若干措施，建设文博中心法治文化广场，开展“美好生活 民法典相伴”等普法活动，法治平和建设扎实推进。同时，工会、共青团、妇联等群团工作不断强化，“双拥”共建工作持续深化，团结各方面力量推动全方位高质量发展。

在看到成绩的同时，我们也清醒地认识到工作中存在的问题和不足，主要是：产业发展仍不平衡、民生短板仍有不少、干部能力仍需提高等。在今后的工作中，县委将认真贯彻落实省、市党代会部署要求，进一步解放思想、踔厉奋发、真抓实干，认真落实省委“深学争优、敢为争先、实干争效”行动，全力推进“产业发展项目建设提升年”活动，高质高效推进“四区”建设、“五优”创建，在奋勇拼搏中进位赶超，在乘风破浪中扬帆远航，切实凝聚起“奋进平和、奋发平和、奋斗平和”的思想共识和强大合力，奋力将平和建设成为高质量发展的“进步之星”“后起之秀”。

政府工作报告

——2022年12月21日在平和县第十九届人民代表大会第二次会议上

平和县人民政府县长　黄永健

各位代表：

现在，我代表平和县人民政府向大会作政府工作报告，请予审议，并请县政协委员和列席同志提出意见。

一、2022年工作回顾

今年来，在市委、市政府和县委的坚强领导下，面对经济下行、疫情反复、环保整治等叠加影响，我县坚持以习近平新时代中国特色社会主义思想为指导，认真开展迎接党的二十大召开和学习宣传贯彻党的二十大精神各项工作，坚决落实省委省政府、市委市政府、县委工作要求，坚决落实“疫情要防住、经济要稳住、发展要安全”的重要要求，高效统筹疫情防控和经济社会发展，较好地完成了各项目标任务。

这一年，我们踔厉奋发、以干图强。扎实开展“三提三效”① 行动，深入实施“产业发展项目建设攻坚年”活动，全面推进“七比一看”② 竞赛，全县地区生产总值完成289.6亿元、增长5.2%（预计数，下同），农业总产值完成108亿元、增长6.95%，一般公共预算总收入完成10.32亿元、增长15.52%，地方一般公共预算收入完成7.7亿元、增长20.78%，城镇、农村居民人均可支配收入分别完成40078元、25420元，增长8.5%、10.5%，多项指标增幅居全市前列。

这一年，我们直面困难、以干得助。省市大力支持花山溪综合整治，领导高位推动，多方协调联动，全县上下敢于实践探索、勇于攻坚克难，全面落实“6+8+N”③ 水土标本兼治方法，开展“百日攻坚”专项行动，全流域水质自10月中旬起持续稳定达标，官峰水库先行试验段开工建设，“黄牌”警示如期解除，探索出流域整治“平和经验”。

这一年，我们敢拼会赢、以干得赞。坚持以奋进之志、奋发之姿、奋斗之力，推动经济社会发展取得新荣誉：平和农业现代化示范区成功入选全国创建名单，是全省唯二、全市唯一入选县份；琯溪蜜柚入选农业农村部“2022年农业品牌精品培育名单”；我县荣获“全国绿化先进集体”称号，入选首批省级“数字乡村试点县”，蝉联“省级双拥模范县”三连冠。

（一）产业发展持续向好。一是工业经济平稳增长。坚持突出工业、突破工业，克服疫情和经济下行影响，完成规工总产值255.3亿元，增长1.6%；规工增加值增长1.4%；工业用电量累计6.57亿千瓦时，比增9.57%。协德高新建材等落地建设，宝丽发石业等建成投产，新增规模以上工业企业24家，比增19.5%。建筑业产值完成7.55亿元，增长33%，新增建筑资质企业14家，比增41%，其中一级建筑企业实现“零”的突破。累计落实退、减、缓税费2.72亿元，比增559.9%，减轻市场主体负担。二是现代农业提质增效。推动国家现代农业产业园二期项目建设。开春即着力构建“种好果、卖好价”新模式，推广廖红团队、蜜柚科技小院绿色种植技术，建设生态果园17.2万亩，优化柚类种植结构20万亩以上；打造“平台＋公司＋合作社（果农）＋科技小院”联结机制，全面扩大欧盟、恢复俄罗斯、新开拓美国等蜜柚销售市场，出口17.2万吨；蜜柚品质提升，价格为近几年最高，真正实现农民丰产增收。发展壮大“柚香奇兰”茶，作为福建省“一县一品”典型代表参与厦门“9·8”乡村振兴产业展推介，产量突破10万斤，比增翻番，在奶茶市场和电商平台打出知名度，深受年轻消费者喜欢，潜力巨大；白芽奇兰茶品牌价值突破32亿元，相关茶产业技术体系获全国“农业技术推广成果奖一等奖”。全力保障粮食安全，出台“稳粮生产十四条措施”，退果还耕还粮10982亩，粮食播种面积6.5万亩、产量1.13万吨；新建高标准农田4000亩，霞寨“五彩稻田”登上央视等主流媒体，芦溪“蛙田米”获全国优质渔米评比生态优质奖，“琯溪有点田”成为全省典型。成功举办“福建省2022中国农民丰收节平和分会场”活动、第十五届白芽奇兰暨首届柚香奇兰茶王赛。新增市、县级农业产业化龙头企业共22家。三是商贸旅游融合发展。积极参与“全闽乐购”“乐购漳州”等活动，激发消费新动能，社会消费品零售总额完成110.3亿元，增长5.5%，新增限上贸易企业44家；小溪镇、心田村等入选中国淘宝镇、村④。鼓励扶持出口企业“回归工程”，蜜柚出口创汇增长50%以上。出台购房补贴政策，商品房销售面积10.5万平方米、增长6.9%，销售额6.5亿元、增长3.7%，增幅位居全市前列。推动全域旅游示范县创建，制作智慧旅游地图，开发“云上平和”软件，举办主题旅游季、旅游讲解员培训竞赛活动；高峰谷创4A、灵通山创3A级旅游景区顺利推进，绳武楼等4个景点⑤入选全国乡村旅游精品线路，大溪镇入选省“全域生态旅游小镇”，灵通风景区入选“省级气候康养福地名单”。辖区各项存款余额213.4亿元、贷款余额146.7亿元，不良贷款余额2.11亿元、占比1.44%，总体风险可控。

（二）发展基础持续巩固。一是项目建设稳扎稳打。调整充实项目前期办，由县政府主要领导任前期办主任，完善项目全过程闭环管理平台。乡村振兴产业孵化中心、城乡供水一体化等181个县级重点项目完成投资100%，固定资产投资完成105.98亿元，增长10.74%。新增入库项目248个，总投资90亿元，项目数居全市前列；地方政府专项债券项目10个、资金4.27亿元，一般债券项目21个、资金1.26亿元。坚持“亩均论英雄”，盘活圣大、宝达等闲置厂房，清理闲置土地958亩、批而未供土地1150亩。实施“园改耕”占补平衡5751亩、耕地“进出平衡”4814亩，成为全省“土地整治补充耕地”试点县。破解一批项目遗留问题，推动县医院迁建工程另行选址、加快建设。二是招商引资有力有效。开展“一把手”招商13次，编制产业链招商地图，举办生态木业、机械制造等专题招商推介会，新签约项目77个、总投资88.8亿元，引进新型锂电池、豌豆糖浆等生产项目。深化“区地合一”改革，推进工业园区污水处理厂提标扩建、纵三路至上峰路道路改造等项目，持续加快安厚机械产业园、五寨生态木业产业园建设，提升园区承载能力。三是改革开放向优向强。深入推进相对集中许可权改革，承接划转事项234项。建立全省首个“审管互动”系统、“助企纾困”专栏，设立“模拟审批办”、台商台胞政务服务专窗，优化“百名干部挂百企”活动，全力服务重点项目、企业。深化与福建农林大学合作，成立“平和蜜柚研究院”，新认定市高层次人才24名，引进“扬帆计划”大学生378人；蜜柚科技小院荣获中国农技协“最美科技小院”称号。优化国企产业布局，兴和集团、城投公司分别参投和瑞央筑、生活垃圾焚烧发电厂，新组建平和现代农业发展有限公司。

（三）城乡面貌持续改善。一是县城形象不断提升。积极创建省级文明县城，实施城乡建设品质提升项目66个，完成投资27.34亿元，北环路延伸段道路工程一期、东环路一期等有序推进，生活垃圾焚烧发电厂建成投用。建设自来水水质在线监测系统，雨水、污水管道分别增加15公里、9公里。改造提升老旧小区2个⑥。城区保洁面积扩展至121万平方米。强化“卫片图斑”整治，处置“两违”76.64万平方米，有效遏制乱占乱建现象。二是乡村建设提档升级。实施特色乡镇、试点村示范项目97个，完成投资1.8亿元；乡村振兴“串点连线成片”[⑦]项目28个，完成投资3228万元。16个民生项目得到省总工会、省水利厅等省直单位及闽侯县的对口帮扶。编制村庄规划147个，改造危桥3座[⑧]，新建改造农村公路61公里，整治裸房2229栋。创建5个省级森林村庄[⑨]。芦溪镇秀芦村入选第六批“中国传统村落”。持续推进后时片区防洪工程，以及南胜、崎岭、芦溪安全生态水系建设，水土流失综合治理2万亩。三是生态环境不断优化。落细落实各级环保督察反馈问题整改，有序推进花山溪流域综合整治，推行化肥施用定额制、购销实名制，5个重点乡镇施用化肥比减30%以上。精准实施水处理拦截治理措施，建成拦截坝、生态滤床等设施651个，11个主要流域断面水质排名位居全市前列。加强企业控排、施工扬尘等治理，空气质量优良率达99.6%。受污染耕地、污染地块安全利用率100%。造林绿化89503亩，退果还林3260亩，引进泡桐试种300亩，初见成效。

（四）民生福祉持续增进。一是疫情防控有序有效。（略）二是民生事业全面进步。完成为民办实事项目10个。有序推进前岭小学教学楼、新星幼儿园第二分园等项目建设；优先保障义务教育教师收入水平不低于公务员政策，追加奖励性绩效工资1.17亿元，推进力度在全市靠前；平和开放大学揭牌；实施一校一策、校长上课任教等措施，中高考成绩实现较大提高，外流生源回流增加。建成15家卫生院中医馆，全面推进AED群众性应急救护项目。加快庄上大楼修缮工程，建设“迁台记忆”馆；《潮剧（平和）》《漳州白皮饼制作技艺》入选省级第七批非遗代表性项目。落实稳健就业政策，城镇登记失业率控制在4.5%以内。成立康乐养护中心，山格镇敬老院成为全市唯一“医养结合”模式改革试点单位。修缮革命遗址8个[⑩]。建设村级生命公园4个[⑪]。开通县城到南靖动车站公交专线。三是社会治理全面提升。推进常态化扫黑除恶斗争，深化“百日攻坚”行动，建立公安执法监督管理中心、智慧执法办案中心，平安三率居全市前列。坚持依法治访，打击“非访”，有效化解一批信访积案。推广公调对接“九峰模式”，文峰镇“党建联盟+社会综合治理”智慧平台投入运行，国强乡延山村入选全国综合减灾示范社区。扎实开展道路交通、自建房等重点领域安全检查，安全环境良好。

（五）自身建设持续加强。坚持和加强党的全面领导，深刻领悟“两个确立”的决定性意义，坚决做到“两个维护”。严格执行中央八项规定及其实施细则精神，坚持过好“紧日子”，兜牢兜实“三保”底线。扎实开展干部作风“五不”问题专项整治[⑫]、“整肃纪律作风、优化营商环境”专项行动，干事创业氛围逐步形成。大力加强法治政府建设，68件人大代表议案建议、63件政协提案全部办复。严格落实意识形态工作责任制，扎实提升保密工作能力。强化重点领域、关键环节的审计监督，推进政府信息公开，营造清正廉洁、公开透明的政务环境。

此外，工会、妇女儿童、慈善、红十字会、残疾人等事业取得新进步，外事侨务、机构编制、老干老龄、档案史志、民族宗教、老区移民、对台港澳、防震减灾、气象等工作取得新成绩，国防动员、支前、退役军人服务保障及双拥、国防教育和后备力量建设得到新加强。

各位代表，成绩的取得，是市委、市政府和县委坚强领导，县人大和县政协大力支持，全县人民奋进、奋发、奋斗的结果。在此，我代表县人民政府，向全县干部群众，向各位人大代表、政协委员，向各民主党派、人民团体、社会各界人士及离退休老同志，向驻平和武警官兵、消防救援队伍，向所有关心、支持平和发展的海内外朋友，表示衷心的感谢和崇高的敬意！

在总结成绩的同时，也要清醒地看到，我县经济社会发展仍然存在一些困难：一是经济总量小，财政基础薄弱，发展不平衡不充分凸显；二是产业层级不高，土地和环保要素制约明显，县域公路等级比较低，发展后劲支撑乏力；三是城镇建设相对落后，优质教育、医疗供给与群众期望还有差距；四是少数工作人员干事激情不足，治理能力有待提高。对此，我们将正确面对，敢于担当，切实解决，不负人民重托。

二、2023年工作安排

2023年是全面贯彻落实党的二十大精神的开局之年，也是“十四五”规划承上启下之年，更是我县全方位推进高质量发展、加快新时代新平和建设的关键一年。政府工作指导思想是：以习近平新时代中国特色社会主义思想为指导，全面贯彻落实党的二十大精神，按照上级党委、政府和县委的工作部署，坚持稳中求进工作总基调，完整、准确、全面贯彻新发展理念，加快构建新发展格局，着力推动高质量发展，更好统筹疫情防控和经济社会发展，更好统筹发展和安全，紧扣“四个更大”重要要求，深入开展“产业发展项目建设提升年”活动，实施“七比一看”竞赛，加快“四区”⑬建设、统筹开展“五优”⑭创建，以奋进之志、奋发之姿、奋斗之力，将平和建成高质量发展的“进步之星”“后起之秀”，在建设漳州现代化滨海城市中展现平和担当、贡献平和力量。

经济社会发展的主要预期目标是：GDP增长6.5%，农业总产值增长6.9%，规模以上工业总产值增长9.8%，固定资产投资增长10%，社会消费品零售总额增长6.5%，一般公共预算总收入增长8.4%，地方一般公共预算收入增长6.1%，城镇、农村居民人均可支配收入分别增长8%、8.5%；完成省市下达节能减排降碳约束性指标任务。

实现明年的目标任务，重点是抓好六个方面工作：

（一）抓项目、促投资，持续增强发展后劲

一是强化项目带动。全力以赴拼经济、搞建设、谋发展，实施省市重点项目61个、年度计划投资74.3亿元，加快山水林田湖草沙、福泰工贸等项目建设，力争全年固投完成116亿元。发挥前期办牵头抓总的作用，细化“两单一表”，全力破解前期审批、要素制约等难题，加快签约、落地、开工、投产等各阶段转化。用好专项债、一般债，积极盘活存量国有资产，拓宽融资、筹资渠道。持续深化“亩均论英雄”，力争处置批而未供土地700亩、闲置土地300亩，批地1000亩、收储1200亩。

二是强化招商引资。聚焦食品加工、建材家居、机械制造、全域旅游等领域，精准引进一批牵动性大、支撑性强和科技含量高的产业项目，推动招商引资逐步由招企业向招产业转变。强化“一把手”招商、以商招商、回归招商，积极探索产业招商、第三方招商，力争全年新签约招商项目63个、总投资88亿元以上。吃透上级各项扶持政策，放大“苏区”效应，在城乡建设、基础设施、生态环保等领域储备一批大项目、好项目，争取更多项目纳入上级盘子。

三是强化园区支撑。突出园区建设主战场，力争在新型工业聚集区建设上有新突破。重点加快工业园区纵七路、横六路、自来水厂等建设，推进污水处理厂提标扩建、污水管网提升。全力完善安厚机械产业园、五寨生态木业产业园基础设施，加强跟踪服务，尽快实现项目落地。建设一批标准厂房，处置一批闲置厂房，提高已批建设用地利用率。

（二）抓培育、促升级，完善现代产业布局

一是做大工业经济。提升工业项目服务中心服务水平，持续推进福熠食品等项目建设，加快印美陶瓷等落地开工，力争工业固投完成41亿元，增长5.6%。大力扶持百得利、西蝉木业、领峰食品等龙头企业，力争新型建材、生态木业、食品工业等主导产业完成产值180亿元，规工总产值达276亿元。全力延伸重点产业链条，着力推动木业企业主攻高档板式家居、智能家居等方向，引进并扶持蜜柚、柚花和茶叶等深加工项目，打造具有一定规模的生态木业、食品加工产业链。强化企业创新主体地位，鼓励建材家居、机械制造等行业企业开展技改，提高产品竞争力；引进一批智能加工设备生产项目，带动高端装备制造业发展。

二是做精文旅经济。积极创建省级全域生态旅游示范县，建设文化旅游度假区。强化龙头带动，实施三平旅游基础设施改造提升工程，推进灵通山旅游公路提升、游客服务中心建设，支持高峰谷、灵通山创建国家4A、3A级旅游景区；提升灵龙谷、印象半径等建设水平，打造环大芹山旅游带。深化与省旅游发展集团等企业对接，完善智慧旅游平台，推出两日游精品线路，增加过夜游客量。推动五寨乡寨河旧楼、坂仔镇宾阳楼的“土楼活化”，修缮保护庄上大楼、绳武楼，谋划打通芦溪、南靖土楼道路连接线，把平和土楼有机融入“福建土楼”发展大局。

三是做优商贸经济。推进生产性、生活性服务业发展，实现总量扩大、档次提升，力争服务业增加值增长8%。引进、培育一批物流企业，引导龙头企业实施工贸、农贸等主辅分离，计划新增限上贸易企业50家以上。培育电商市场主体，优化电商产业布局，力争电商交易额36亿元以上。支持本地建筑企业提档升级、外地建筑企业就地发展，建筑业产值完成8.2亿元、增长18%。建设数字信息基础设施，大力发展数字经济。搭建政银企平台，促进金融与实体经济良性互动，防范化解金融风险。

（三）抓特色、促转型，全面推进乡村振兴

一是推进农业高质高效。积极创建现代农业示范区，推进农产品标准化交易市场、生态茶园农旅结合等项目建设。建立蜜柚原产地核心区、生态示范片区，继续推广廖红团队、蜜柚科技小院绿色种植技术，坚持推行“落实卡”定额制施肥，落实化肥减量、有机肥替代、土壤酸化改良等措施，实施“种业创新”，积极构建“平台＋公司＋银行＋合作社（果农）＋科技小院＋保险”联结机制模式，持续实现“种好果、卖好价”。完善茶叶质量分级与营销体系，快速发展壮大“柚香奇兰”茶，促进茶产业提档升级。抓好“米袋子”“菜篮子”工程，坚决遏制耕地“非农化”，防止“非粮化”；建设9个农田系统修复示范片、1万亩高标准农田，恢复部分农田基础设施，稳定粮播面积。

二是促进乡村宜居宜业。集中优势资源，建设15个省级乡村振兴试点示范村和实绩突出村，打造提升4条“串点连线成片”项目⑮，推行“绣花式”微改造，形成若干个特色鲜明、环境优美、人文气息浓厚的和美乡村。抓好“四项工程”⑯，推进人居环境整治，加快农村建设品质提升。科学编制村庄规划，保护传统村落和乡村风貌。严格落实“一户一宅”“拆旧建新”，规范农村宅基地审批和建房管理。联合福建农林大学，共建乡村振兴研究院；发挥“驻村第一书记”、乡村振兴指导员、科技特派员帮扶作用，强化智力支持。

三是增进农民富裕富足。严格落实“四个不摘”要求，持续巩固脱贫攻坚成果。积极引进农业龙头企业，发展订单农业。鼓励因地制宜发展特色农业产业，推广“稻田综合种养”，创建“蛙田米”、水果玉米等种植基地，推动芋头种植与深加工企业融合发展，培育高优农业示范区，提升亩产效益。高起点打造山格、霞寨等“美丽田园”，推动农旅融合发展。

（四）抓统筹、促宜居，推进城镇协调发展

一是建设生态闲适新城区。坚持新城区做加法，旧城区做减法，持续推进乡村振兴产业孵化中心、融邦·外滩壹号等建设，稳步推进高南、西环等片区和9个老旧小区改造⑰。优化中心城区基础设施，实施十大城建攻坚项目⑱。加快打通一批“断头路”，提高城区道路的通达性。持续推进城乡供水一体化、琯城水厂、雨污分流管网建设，新增公共停车泊位100个。实施南山古城综合开发，建成一批口袋公园、立体绿化带、夜景提升工程，拓展提升城市休闲空间。

二是打造秀美活力新城镇。全力推动全县主干道整治提升，突出抓好文峰三平高速出口至三坪村、九峰高速出口至闽粤边界、芦溪芦丰至东槐等道路改造，打造特色路域环境。支持坂仔镇、五寨乡两个乡村振兴整镇推进特色项目，提高九峰历史文化名镇、大溪旅游生态环境、长乐红色文旅建设水平，推动山格、芦溪、九峰等农贸市场和安厚集镇综合体、东坑储备粮库扩建等项目建设，实施霞寨镇区综合提升、秀峰福塘太极村建设等工程。建立耕地整治储备库，实施“园改耕”5000亩，引入社会资本推进旱地开发，保障耕地占补平衡。

三是提升城区管理新水平。坚持规划先行，完成国土空间总体规划编制、报批，启动相关专项规划编制。强化“三线一单”⑲源头管控，严格落实国土空间保护与开发。常态长效推进省级文明县城创建，建设“智慧城管”二期，加强重点路段立面整治，新建、改造农贸市场，推广生活垃圾分类，提升主城区环境品质。用好网格化巡查、智能监管平台，坚决遏制新增“两违”。

（五）抓环境、促改革，厚植赶超发展优势

一是优化营商环境。稳步推进行政审批制度改革，完善“审管互动系统”“助企纾困”等平台，打造“办事不求人、审批不见面、最多跑一次”和“全程服务有保障”的“妈妈式”服务环境。深入实施“智汇柚都•才聚平和”“十大人才工程”⑳，形成“1+N”㉑人才政策体系。建设人才孵化基地，拓展科技小院产才融合发展模式。深化国企改革创新，完善国有资产经营管理机制，拓展投资发展新空间。

二是改善生态环境。抓好中央和省级环保督察反馈问题整改，深入打好蓝天、碧水、净土保卫战。全面治理扬尘污染、露天焚烧，实现空气质量稳步提升；统筹推进花山溪流域综合整治，以及安厚溪、九峰溪等流域水生态环境综合治理，策划实施一批城乡生活污水治理项目，提升污水处理设施运营管理水平；加强土壤分类管控和农业面源污染治理。继续实施退果还林，积极创建国家级森林城市；深化林改，开展碳汇试点。

三是提升基础环境。道路交通方面，实施安厚溪尾至白石段公路、三平上境至楼脚公路等5个项目建设㉒，谋划推动一批国省干线提升改造。水利水保方面，推进官峰水库前期，加快主体工程、先行试验段等建设；持续推进梨仔坑小流域综合整治、7个安全生态水系项目建设㉓。电力能源方面，加快推进35千伏芦溪变增容、110千伏霞寨输变电扩建、分布式光伏整县推进发电等工程建设；加强属地协调，持续推进闽粤联网换流站送出线路、西气东输闽粤支干线工程建设。

（六）抓民生、促共享，不断提升幸福指数

一是发展社会事业。改善办学条件，加快推进金华小学扩建、第六实验小学、职校新建等项目建设；优化教育管理，努力提高教育质量。科学精准落实疫情防控措施，最大程度保护人民生命安全和身体健康；持续深化医药卫生体制改革，推进县医院迁建，筹建公办中医院。推进7个公建民营“医养结合”模式养老机构㉔和一批长者食堂；加快殡仪祭拜服务中心、生命公园建设。推动林语堂文化核心区运营，实施崇福堂、向文书院等文物修缮保护。常态化开展新时代文明实践活动，加强爱国主义教育，践行社会主义核心价值观。持续做好“通、惠、情”文章，深化“平台”两地各领域融合发展。

二是强化社会保障。积极实施稳岗扩岗行动，加大重点群体就业帮扶，强化劳动维权，保障劳动者合法权益。实施全民参保计划，稳步推进医社保扩面，实现参保人数和基金征收同步增长。完善社会救助、社会福利等制度，切实保障妇女儿童和老年人权益，大力发展红十字、慈善公益、残疾人事业。强化食品药品安全监管，创建国家食品安全示范城市，保障老百姓“舌尖上的安全”。持续扩大公交线路覆盖面。

三是维护社会稳定。深化“平安平和”建设，常态化开展扫黑除恶斗争，持续深化打击整治电信网络诈骗、养老诈骗等专项行动。完善矛盾纠纷多元化解机制，依法依规推动积案化解。优化社区网格化服务管理，提升社区治理水平。深入开展安全生产大检查，坚决遏制重特大事故。加强国防动员、后备力量建设，完善退役军人服务保障体系。发挥工青妇作用，做好档案、党史和地方志、气象、防震、老龄、外事、侨务、台港澳、民族宗教、关心下一代等工作。

三、努力建设人民满意的政府

坚定不移推进政府治理体系建设，进一步转职能、优服务，抓落实、出实绩，打造人民满意的新时代有为政府。

一是忠诚为民，务实干事。深入落实新时代党的建设总要求，深刻领悟“两个确立”的决定性意义，坚决做到“两个维护”，自觉用党的二十大精神统一思想和行动，坚决贯彻落实上级党委政府、县委工作要求。聚焦高质量发展，强化业务学习，树牢数据意识，增强谋划能力，提升工作水平。树立“以干得助”的意识，让干部敢为、地方敢闯、企业敢干、群众敢首创，激发全社会干事创业活力。

二是高效施政，依法干事。坚持“一线工作法”，实化责任挂钩机制，健全专班攻坚机制，完善效能督查机制，高效推进经济社会发展。坚持依法行政，严格落实民主集中制、“三重一大”决策制度。深化政务公开，自觉接受县人大及其常委会监督和县政协民主监督，自觉接受司法、群众和舆论监督，积极办理人大代表建议和政协提案。全面推进“八五”普法各项工作，夯实依法治县基础。

三是清廉为本，干净干事。主动扛起全面从严治党主体责任，锲而不舍落实中央八项规定及其实施细则精神，驰而不息纠“四风”、树新风。强化廉政风险防控，用好王阳明廉政文化教育中心等本土廉洁文化阵地集群，坚持“不敢腐、不能腐、不想腐”一体推进。突出重点领域监管，扎实推进审计全覆盖。坚持政府过紧日子，将更多财力用于改善基本民生和支持市场主体发展。

各位代表，空谈误国，实干兴邦。让我们更加紧密团结在以习近平同志为核心的党中央周围，在市委、市政府和县委的坚强领导下，团结带领全县人民踔厉奋发、勇毅前行，奋力加快新时代新平和现代化建设！

名词解释

①“三提三效”行动：“提高效率、提升效能、提增效益”行动。

②“七比一看”竞赛：比征地拆迁与耕地保护、比项目招商、比工业攻坚、比项目攻坚、比争取资金、比乡村振兴与生态建设、比新增“四上”企业，看高质量发展成效。

③“6+8+N”的水土兼治方法：6个短期治理措施：官峰水库项目、入河小流域治理工程、“园改耕”项目、水源地环境保护专项整治、水源地加密监测、供水突发事件应急管理；8个长期治理措施：加强宣传引导、农业产业结构转型升级、化肥减量化行动、水土流失治理、建设生态果园、退果还林工程、耕地土壤污染防治、化肥市场执法监管，以及后续增加自选措施。

④2022年中国淘宝镇、村：小溪镇、山格镇入选“2022年中国淘宝镇”，心田村、西安村入选“2022年中国淘宝村”。

⑤4个景点：高寨村、林语堂故居、高峰谷、绳武楼。

⑥2个老旧小区改造：教师新村、果树园套房。

⑦“串点连线成片”线路：建南复兴线、西坑寨河线、蕉路高寨线、前埔欧寮线等4条线路。

⑧3座危桥改造：法华桥、糠厝桥、流因桥。

⑨创建5个省级森林村庄：安厚镇龙门村、坂仔镇山边村、大溪镇石寨村、南胜镇糠厝村、山格镇双田村。

⑩革命遗址8个：峨眉山干训学校、新四军圳心楼整编遗地、前埔村白匪焚村遗址、欧寮村红三团指挥部旧址、松湖村碧野党支部遗址、高寨村良坑红军洞、坝头村坝头党支部·苏维埃政府旧址、乐北村刘永生在平和长乐垦荒的水田遗址。

⑪4个村级生命公园：秀峰乡秀峰村、安厚镇龙门村、文峰镇文美村、南胜镇龙心村。

⑫干部作风“五不”问题专

项整治：整治“履职不担当、工作不碰硬、落实不见效、能力不适应、内心不敬畏”等突出问题。

⑬“四区”建设：新型工业聚集区、现代农业示范区、文化旅游度假区、生态闲适新城区。

⑭“五优”创建：县域经济发展“十佳县”、省级文明县城、全域旅游示范县、生态文明建设示范区、国家农业现代化示范区。

⑮4条“串点连线成片”项目：巩固提升西坑－侯门－前岭－寨河线、建南－黄田－复兴线，重点打造蕉路－钟腾－高寨线、前埔－三平－欧寮线，新增“大松－庄上－白石－美峰线”。

⑯四项工程：农村水环境治理工程、农村居住环境整治工程、农村风貌管控工程、农村基础设施提档工程。

⑰9个老旧小区：城中花园、文成中学套房、育英小学套房、农用车厂套房、税务局套房、河滨花园、电信局套房、财政新村、粮食小区。

⑱十大城建攻坚项目：北区市政路网一期工程、旧县路道路工程（北环路至正兴大道）、新南路道路工程、坑平路（河滨路至三林路）道路工程、三林路道路工程（阳光路至坑平路）、银河路（平和一中新校门至西环路），嘉瑞·芳华园建设项目、宝善花园建设项目、平和县人才公寓项目以及延寿山公园建设项目。

⑲“三线一单”：生态保护红线、环境质量底线、资源利用上线和生态环境准入清单。

⑳“十大人才工程”：高端人才集聚工程，柔性聚才汇智工程，教育人才引育工程，医疗卫生人才引育工程，乡村人才振兴工程，柚都英才回归工程，青年人才筑梦工程，两岸人才融合工程，人才素质提升工程，人才服务优化工程。

㉑“1+N”人才政策体系：围绕平和县“智汇柚都·才聚平和”行动计划，出台的一系列人才政策。

㉒225个项目：安厚溪尾（云霄界）至白石段公路、三平风景区上境至楼脚公路、安厚农场至安厚互通连接线、闽粤边特委机关旧址红色旅游公路（Y817南胜欧寮至三坪浦口段）、红军三坪会师纪念馆红色旅游公路（X584三坪浦口至楼脚段）等。

㉓7个安全生态水系项目：南胜镇、崎岭乡、芦溪镇、花山溪干流（城区段）、安厚镇二期、国强乡白叶溪、小溪镇枫埔溪等安全生态水系项目建设。

㉔7个公建民营“医养结合”模式养老机构：小溪镇福利中心，南胜镇、五寨乡、山格镇、文峰镇、崎岭乡、霞寨镇。

媒体关注平和

中共平和县委十四届四次全会召开

12月7日，中国共产党平和县第十四届委员会第四次全体会议召开。全会由县委常委会主持，县委书记蔡绿璇讲话。

全会听取和讨论了蔡绿璇受县委常委会委托作的工作报告，审议通过了《中共平和县委关于深入学习宣传贯彻党的二十大精神，加快新时代新平和现代化建设的决定》。

全会充分肯定县委十四届二次全会以来县委常委会的工作。一致认为，县委常委会坚持以习近平新时代中国特色社会主义思想为指导，认真贯彻落实党的十九大、十九届历次全会和党的二十大精神，坚决落实党中央、国务院决策部署和省委、省政府以及市委、市政府工作要求，坚定拥护“两个确立”、坚决做到“两个维护”，坚决落实疫情要防住、经济要稳住、发展要安全重要要求，弘扬伟大建党精神，坚持稳中求进工作总基调，高效统筹疫情防控和经济社会发展，统筹发展和安全，围绕全方位推进高质量发展、加快新时代新平和现代化建设的目标，开展“产业发展项目建设攻坚年”活动和“七比一看”竞赛，扎实做好稳增长、防疫情、守底线、惠民生、转作风、优环境、强党建各项工作，不断提高效率、提升效能、提增效益，推动经济社会发展和党的建设取得新成效。

全会指出，党的二十大是在全党全国各族人民迈上全面建设社会主义现代化国家新征程、向第二个百年奋斗目标进军的关键时刻召开的一次十分重要的大会，是一次高举旗帜、凝聚力量、团结奋进的大会。习近平同志代表十九届中央委员会所作的报告，是党团结带领全国各族人民夺取中国特色社会主义新胜利的政治宣言和行动纲领，是马克思主义的纲领性文献。党的二十届一中全会选举产生了以习近平同志为核心的新一届中央领导集体，充分体现了全党共同意志，充分反映了亿万人民共同心愿，充分展现了我们党朝气蓬勃、兴旺发达、奋发有为。要从国家战略全局深刻认识党的二十大的重大意义，坚定自觉用党的二十大精神统一思想、统一意志、统一行动。

全会强调，要准确把握党的二十大精神实质和丰富内涵，对照“五个牢牢把握”重要要求，学思践悟蕴含其中的重要思想、重要观点、重大战略、重大举措，始终沿着以习近平同志为核心的党中央指引的方向阔步前进。要牢牢把握总目标、总方向、总要求，找准切入点、着力点，进一步细化、实化、具体化，落实到新时代新平和现代化建设的全过程各方面，以实实在在的发展成果检验贯彻落实的成效。要把坚定拥护“两个确立”、坚决做到“两个维护”作为最高政治原则和根本政治责任落到实处，不断提高政治判断力、政治领悟力、政治执行力，坚决维护以习近平同志为核心的党中央权威和集中统一领导，深学细照笃行习近平新时代中国特色社会主义思想，严明党的政治纪律和政治规矩，切实把对习近平总书记的深厚爱戴之情转化为干事创业的强大动力。

全会提出，要紧紧围绕新时代新征程党的使命任务，深刻领会和把握中国式现代化的中国特色、本质要求和重大原则，把握总体要求，明确目标安排，以习近平新时代中国特色社会主义思想为指导，全面学习贯彻党的二十大精神，深入落实习近平总书记重要讲话重要指示精神，围绕统筹推进“五位一体”总体布局、协调推进“四个全面”战略布局，立足新发展阶段、贯彻新发展理念、服务和融入新发展格局，紧扣“四个更大”重要要求，全方位推进高质量发展，加快新时代新平和现代化建设，努力将平和建成高质量发展的“进步之星”“后起之秀”。

全会提出，要坚持以推动高质量发展为主题，把新发展理念贯穿到新时代新平和现代化建设的全过程和各领域，把发展经济的着力点放在实体经济上，加快产业体系现代化，全面推进乡村振兴，统筹加快城镇建设，持续优化营商环境，全方位推进高质量发展。全面推进科教兴县，坚持科技是第一生产力、人才是第一资源、创新是第一动力，完善“1+N”人才政策体系，全面推进“智汇柚都•才聚平和”十大人才工程，不断塑造发展新动能新优势。全面落实人民当家作主制度，推进协商民主发展，加强新时代统一战线工作，凝聚团结奋斗的智慧和力量。坚持依法治县、依法执政、依法行政共同推进，坚持法治平和、法治政府、法治社会一体建设。持续补齐民生短板，促进居民增收，落实就业优先政策，健全社会保障体系，加快健康平和建设，繁荣发展文化事业，不断提高人民生活品质。持续推进生态县建设，构建绿色低碳发展机制，统筹保护修复生态系统，筑牢平和生态安全屏障。坚决维护国家安全和社会稳定，贯彻总体国家安全观，筑牢国家安全防线，完善社会治理机制，强化公共安全治理，建设更高水平的平安平和。发挥对台独特优势，探索平台融合发展新路，坚持以通促融、以惠促融、以情促融，深化平台各领域融合，助力漳州加快打造台胞台企登陆的第一家园。

全会提出，要弘扬伟大建党精神，坚持和加强党的全面领导，坚持党要管党、全面从严治党，强化思想政治、干部队伍、基层组织建设，从严正风肃纪反腐，为经济社会发展提供坚强组织和政治保证。

全会要求，全县各级党组织和广大党员干部要把学习宣传贯彻党的二十大精神作为当前和今后一个时期的首要政治任务，在全面学习、全面把握、全面落实上下功夫，把学习宣传贯彻党的二十大精神不断引向深入，确保在平和落地生根、开花结果。

全会号召，全县各级党组织和广大党员干部要坚持以习近平新时代中国特色社会主义思想为指导，在省委、市委的坚强领导下，自信自强、守正创新，踔厉奋发、勇毅前行，全方位推进高质量发展，加快新时代新平和现代化建设，在中国式现代化、新福建建设和现代化滨海城市建设新征程中展现平和担当、贡献平和力量。

（注：本文 2022 年 12 月 14 日刊发于《闽南日报》，撰稿人：林泽霖）

蜜柚之乡的生态转型之路

金秋十月，柚果飘香。漳州平和县又迎来了蜜柚采收和旅游的丰收季，在漫山遍野的果园里，果农们正在采摘一颗颗金黄色的蜜柚，脸上洋溢着幸福的笑容。

平和是琯溪蜜柚的原产地，是我国最大的柚类生产基地，有“世界柚乡、中国柚都”之誉，此外还拥有茶叶、香蕉、百香果、芭乐等绿色产品。近年来，平和县在推动化肥减量增效、做好蜜柚提质的同时，对一些高海拔山区果园实行退果还耕还林，调整优化农业种植结构，持续改善提升花山溪流域水质，开始了一场生态转型之路。

化肥减量 蜜柚提质增效

“多亏了蜜柚科技小院，这几年我家的蜜柚品质都很好，每斤能比别人多卖几毛钱。”日前，位于平和县坂仔镇五星村的蜜柚科技小院里，举办了一场蜜柚提质增效现场试吃大会，五星村柚农林新民谈起自家蜜柚收成，很是满足。

平和是蜜柚种植大县，过去，不少柚农错误地认为，只要多施化肥，蜜柚的产量就可提高，能够带来较好的经济效益。然而，多年的实践证明，盲目施用化肥，既增加种植成本、降低经济效益，也在一定程度上影响生态环境。这几年，当地开始推行化肥减量增效和优化农业种植结构，推动农业绿色高质量发展。

2016 年，福建农林大学副教授吴良泉带着学生来到五星村，下到田间地头，深入研究，根据蜜柚养分需求规律和土壤养分供应特征，提出“减肥压酸，补镁增效”技术。当时，有着 25 年蜜柚种植经验的老柚农林新民抱着试一试的心态，划了 110 棵柚子树进行试验，放手交由吴良泉及其学生进行施肥管理。事实证明，科技小院的“减肥”技术是可行的。改变了施肥位置，施肥量从 8 公斤减到了 2 公斤以内，试验基地里的果树反而长得更加健壮，果肉汁多饱满，口感和甜度都提升了一个档次。闻讯而来的收购商以高出周边果农每公斤 0.4 元的价格当场收购，110 棵蜜柚树增收 3000 元。林新民乐了，就按照同样的方法为自家剩下的 1000 多棵蜜柚树实行了“减肥政策”。

林新民的成功引起许多果农

的争相效仿，于是以五星村长期定位试验示范基地为辐射点，平和全县掀起一场蜜柚“减肥”的生态种植热潮。2022年7月，平和县的调研数据显示，平和全县肥料投入实现减量60%。

“生态种植的效果显现出来了，目前三红蜜柚的收购价每公斤为2.5～3.6元，质优的可以售出每公斤4元，而白肉蜜柚收购价为每公斤2元左右，比前两年同期都有所提高。”平和县蜜柚协会会长林启明告诉记者。

多措并举 调整种植结构

秋日的上午，在平和县崎岭乡彭溪村“茶王谷”连片的白芽奇兰茶园中，茶香沁人，许多茶农正背着箩筐采收秋茶。

白芽奇兰作为平和县除蜜柚外的重要农业经济作物，是最具漳州本土特色的原生茶，荣获国际茶博会金奖等近百个奖项，目前全县白芽奇兰茶种植面积约6万亩，总产值超20亿元，品牌评估价值达29.6亿元。

近年来，平和县在做好蜜柚提质的同时，对一些高海拔山区果园实行“退果还茶”工作。“高海拔地区还是种茶有前途。”果农朱财发告诉记者，2015年他承包了崎岭乡彭溪村250亩山地，种植琯溪蜜柚。由于海拔高达930米，蜜柚成熟期晚，果肉偏酸、偏硬，口感不佳，价格较低，导致经济效益差。于是响应政府号召，改种白芽奇兰茶，“今年第一年采茶，仅春茶毛茶就收了1500多公斤，销售额达20多万元，秋茶再收一波，估计还能再卖30万元，比种柚子好多了”。

农业种植结构调整是近年来平和县持续紧抓的主线工作，主要包括退果还耕、退果还粮、退果还林、优化种植结构等。

在毗邻的霞寨镇，“七彩稻田”也迎来了丰收。阵阵稻香扑鼻而来，片片稻田伴着山谷的风泛起阵阵涟漪，串串饱满的稻穗在秋日照耀下，异常亮眼。

“以前我们这里是种蜜柚，现在改成种水稻后，收益比种蜜柚更好。今年水稻丰收，产量高，我们农民的收入能增加不少。”村民黄日焕说。

伴随着轰隆隆的机器声，洋溢着丰收喜悦的农户们挥洒着汗水，在稻田间来回穿梭，割稻、脱粒、捆扎，一系列动作快速而娴熟，另一旁的收割机也在助力收割，稻田间呈现一派繁忙的丰收景象。

多管齐下 筑起生态“保护墙”

平和处于九龙江西溪支流花山溪上游，农业产业的发展给当地带来经济效益的同时，也改变了贫困县的面貌，但过度追求产出和市场效益的生产模式使得生态环境，尤其是平和县主要河流花山溪水质受到不同程度的影响。

近年来，当地政府通过大力推广拦截坝、生态滤床等有效措施，统筹水土治理“一盘棋”，筑起生态“保护墙”，持续改善提升花山溪流域水质。

为加快完善水流域生态修复工作，进一步提升花山溪流域水质，连日来，霞寨镇抢抓晴好天气，持续推进生态滤床项目建设。该生态滤床项目共建设8段，采用的是“生物富集法+吸附法+植物吸收法”相结合的环保系统。

“生态滤床里面装满了特别筛选的沸石，加上铺设多孔循环管道，并在滤床的上端盖上生态保护毯，这样微生物就可以在里面‘安家落户’。”项目负责人黄龙福说，一段时间后，该滤床上方会长满草，草会从滤料中吸收重金属成分，大大提升水体的自净能力，使出水口水质达到国家标准排放，有效改善水质。

而在坂仔镇的花山溪支流入河口处前端，由生态滤床和湿地公园组合而成的多孔循环管道正在运行。

“生态滤床上方后续将会种植苔藓及蕨类水生植物，在水体中放养田螺等水生动物，能够起到吸附水体中杂质的作用，从而达到水体自净能力。”坂仔镇党委统战委员林光辉说。

一条条支流就像“毛细血管”，在“控源、减排、循环、利用”的高效治理模式下，促进花山溪流域生态环境逐步改善。

花山溪饮用水水源

“花山溪饮用水水源地综合整治是一项重大政治任务、重大民生工程，也是一个系统工程。”近日，在平和县召开的花山溪饮用水水源地综合整治工作推进会上，平和县委书记蔡绿璇表示，要坚持系统思维、源头治理，制定水源地保护区蜜柚退果方案，保障城区安全供水和提升饮用水水源地整治等工作落到实处，齐心协力加快流域治理工程，持续推进化肥减量增效，坚决依法退果还林还耕，推进农业种植结构调整和转型升级、实施水土流失综合治理，持续深化土壤酸化治理和打造综合整治示范点等工作，全力确保水质提升。

（注：本文 2022 年 10 月 20 日刊发于《福建日报》，撰稿人：萧镇平 黄水成 赖桂碧 张芯昕）

平和县以“园地改耕地”为突破口，采用市场化手段探索补充耕地长效机制
低效果园变良田

果树开挖、土地平整、田坎新筑、坡面加固……连日来，在平和县安厚农场“园地改耕地”建设现场，工程机械在果园里开垦农田，原先的山坡果园筑起了层层梯田，为春耕时节水稻播种做好准备。

今年来，平和县聚焦补充耕地问题，以“园地改耕地”为突破口，采用市场化手段探索补充耕地长效机制。截至目前，平和县已经完成 67 个补充耕地项目，全县新增耕地 3380.87 亩，其中新增水田 3380.46 亩，新增粮食产量 275.48 万公斤，三项指标均位居全省前列。

低效园地改耕地

作为漳州市的农业大县，从上世纪 80 年代末开始，平和县就号召全县农民大力种植蜜柚。在花山溪流域，田间地头蜜柚遍植，但随之而来的是土壤酸化、化肥使用过度等生态环境问题。单一的农业产业结构，也扼制了当地经济发展。

“曾经的致富果——蜜柚由于产能过剩，价格持续走低。何不将产值低、效益差的园地改造成耕地？”平和县自然资源局局长吴志育说，这样不仅能够落实耕地占补平衡政策，还有助于推进平和农业产业结构调整，提高农民收入。

今年年初，平和县有关部门请来省地质测绘院专业技术人员，对全县土地情况进行摸底。“将园地改造成耕地，需要经过选址论证、项目立项等复杂流程。在选址论证时，就要牢牢守住生态原则，确保开发地坡度不能大于 25 度，不能在一级水源保护区、生态保护红线和自然资源保护区的核心范围内。”福建省地质测绘院工程师邓锋介绍。

按照规定，项目验收后，新增水田每年必须至少种植一季水稻，剩余时间可根据市场和地方特征，种植其他粮食、油料、蔬菜等农作物。“稻菜轮种”的模式，不仅保障了老百姓的“米袋子”“菜篮子”，还有助于改善土壤结构、增强土壤肥力。

“经过基础设施完善和后续管护，我们新增耕地的等别至少能提升一等，现在基本都在六、七等，最好可以达到五等。”平和县自然资源局耕地保护与生态修复股股长周伟奇说，园地改耕地后，原本板结的土地逐渐变得松软，青蛙、泥鳅、蚯蚓来了，还引来了成群结队的白鹭。

社会资本注“活水”

政策落实过程中，当地政府也有烦恼：项目验收后，政府对新增耕地每年每亩拨付 5000 元管护费，连续支付 10 年，再加上耕地改造等，需要一大笔费用。钱从哪儿来？如何防止新增耕地“非

农化”“非粮化”？

平和县的答案是：“国企+民企”，社会资本注“活水”。

“我们前期进行项目评估和融资。青苗补偿费、工程建设直接费、水利及相关基础设施维修及管护费由我们统一负责募集和拨付。”当地国企福建平和佳和建设有限公司负责人赖凯鹏说，等乡政府、村集体、村小组、村民签订四方协议，完成土地流转后，公司与国土、农业等部门互相配合，全程负责“园地改耕地”建设项目的统筹部署，规范前期手续，把控施工质量，做好建设管理。

“新增耕地备案入库后，县政府支付国企每亩20万元。国企每亩地可以获得约2万元的提存，作为乡村振兴项目发展基金，服务全县乡村振兴。”平和县副县长林方晔说。

改造后的耕地要有造血功能，让村民有活干、有钱赚。为此，平和县国强乡引入漳州诚农农业科技有限公司承包乡里的流转土地，从事农业生产经营管理。

“目前公司在国强乡白叶村盘活土地资源500亩，引入平和县优产种植专业合作社种植水稻和大棚蔬菜，包括辣椒、茄子等农业优新品种。”漳州诚农农业科技有限公司负责人陈建明介绍，茄子和辣椒亩产量都超过5000公斤，亩产值超3万元，每亩净利润约2万元。

鼓起农户“钱袋子”

好政策让村民尝到“甜头”，但一开始许多人并不认可。“不种柚子我们还能种什么？”“把柚子园改成耕地后，政府会不会就不管了？”……村民顾虑重重。

面对村民的顾虑，白叶村党支部书记黄明华跟村民算了笔账：签订土地流转承包经营四方协议书后，除了获得去青补偿费、土地流转费外，闲暇时还可以到承包土地的合作社打工；村里有专业技术人员和专门的销售渠道，指导村民种植适销对路的高质量蔬菜，小组村民还能获得分红。

“跟村民把账算明白，把政策利好讲清楚，大家都非常支持。从项目选址、测绘到去青完成，只用了一周左右。”黄明华说。

“我家6亩柚子园改为耕地后，我每年可以额外获得土地流转租金2000元。今年种植的水稻已经收割了两季，现在正在种芥菜，能赶在明年3月水稻播种之前收成。”平和县山格镇铜中村村民林文山说，待芥菜收成后，村集体经济合作社会统一销往隔壁的芦溪镇和本镇的罐头厂，制成芦溪咸菜、梅菜笋丝、菜心罐头等。

铜中村党支部书记王志鹏介绍，以往种植蜜柚需要耗费较大体力，不少老年人干得很吃力。现在农民到村集体经济合作社务工，摘摘菜、浇浇水、施施肥，60多岁的老年人也能在家门口打工挣钱，每个月有3000～4000元的收入。

今年来，在平和县的试点带动下，漳州市华安、南靖、云霄等县纷纷通过“园地改耕地”的创新方式，引入社会资本力量，补充耕地工作取得阶段性成效。截至10月，漳州市补充耕地入库5924.26亩、完成年度任务4100亩的144.49%，补充水田及旱改水入库5655.01亩、完成年度任务3100亩的182.42%，增加粮食产能3285.57吨，三项指标均位居全省第一。

（注：本文2022年12月13日刊发于《福建日报》，撰稿人：赵文娟 苏益纯 黄水成）

平和县各级文物保护单位一览表

表 10

芦溪镇共有文保单位 65 家：国家级 1 家、省级 1 家、县级 10 家

序号	名称	地址坐落	级别	类别	保护范围	建设控制地带
1	绳武楼	芦溪镇蕉路村	国家级	古建筑	建筑四周向东延伸 43 米，向西延伸 24 米，向南延伸 33 米，向北延伸 24 米	以保护范围边界各向外延伸 20 米
2	小芦溪点编旧址秀芦陈氏家庙	芦溪镇秀芦村	省级	古建筑	东至祖厝柚园上农田，西至池塘东岸小村道；南至供销仓库前小水沟，北至秀芦小学后侧墙	以保护范围边界向东、西、北各延伸 10 米，向南延伸至民宅
3	大理寺正卿陈新野墓	芦溪镇东槐村	县级	古墓葬	墓地周围 20 米	以保护范围边界各向外延伸 10 米
4	叶氏家庙	芦溪镇蕉路村	县级	古建筑	前至小河道，后至龙华山脚下（各 30 米）；左至叶亚辉民宅，右至护厝外 3.2 米	北至民宅滴水，西至保护范围外 10 米，南至民宅，东至保护范围外 5 米
5	植璧楼	芦溪镇蕉路村	县级	古建筑	以楼外环外滴水线向四周各延伸 10 米	北至民宅北侧，东至修文堂东侧，南至民宅混房南侧，西至小路坎边
6	正寿叶公墓	芦溪镇蕉路村	县级	古墓葬	以古墓碑为中心，向东 22 米，向西 20 米；向南 36 米，向北 30 米	以保护范围边界各向外延伸 10 米
7	厥宁寨	芦溪镇芦丰村	县级	古建筑	整座建筑	北至叶氏宗祠滴水，东、南、西至民宅滴水
8	朝光宗祠	芦溪镇芦丰村	县级	古建筑	前至六房公出租店前、后至大平民宅、左至二房祖祠、右至小路	以保护范围边界各向外延伸 5 米
9	联辉楼	芦溪镇芦丰村	县级	古建筑	楼外四周滴水线向外各延伸 5 米	以保护范围边界各向外延伸 5 米
10	碧水岩	芦溪镇芦丰村、蕉路村	县级	古建筑	碧水岩现有建筑	以保护范围边界各向外延伸 15 米
11	漳汀城隍庙	芦溪镇漳汀村	县级		东至陈加发宅、西至民宅石沟巷、南至戏台后小路、北至庙后山脚下	以保护范围边界各向外延伸 5 米
12	芦丰叶氏祖墓	芦溪镇芦丰村	县级	古建筑	墓葬斗池池前外延伸至 30 米处，墓葬花台后延伸至 50 米处，墓葬左右各向外延伸至 30 米处	以保护范围边界各向外延伸 10 米

续表 10

霞寨镇共有文保单位 41 家：国家级 0 家、省级 1 家、县级 12 家						
序号	名称	地址坐落	级别	类别	保护范围	建设控制地带
1	铜陵黄氏宗祠	霞寨镇钟腾村	省级	古建筑	祠周边各外延 20 米	自保护范围向东延伸 20 米，向西延伸 20 米，向南延伸 10 米，向北延伸 10 米
2	官峰窑	霞寨镇官峰村	县级	古遗址	村东南向，下楼墩山及柿仔脚、虎爪山古窑址	以保护范围边界各向外延伸 100 米
3	新寨庙	霞寨镇建设村	县级	古建筑	庙周围各 10 米（包括文化中心）	以保护范围边界各向外延伸 10 米
4	聚德楼	霞寨镇建设村	县级	古建筑	楼四周各向外延伸 10 米	以保护范围边界各向外延伸 5 米
5	松溪岩	霞寨镇彭林村	县级	古建筑	庙前至戏台及“老年协会关工委楼”，庙前及两侧各 20 米处	以保护范围边界各向外延伸 10 米
6	周碧初故居	霞寨镇群英村	县级	古建筑	前至龙文路街道，后至院落围墙；左至周水波民宅，右至镇食品站大楼	东至龙文街道东侧，北至民宅北侧滴水，西至保护范围外 7 米，南至镇食品站大楼南侧墙体
7	追远堂	霞寨镇岩岭村	县级	古建筑	前向外延伸 10 米；后至花台外 3 米；左右向外各 2 米	以保护范围边界各向外延伸 5 米
8	霞山兴宗堂	霞寨镇寨里村	县级	古建筑	建筑四周向外各延伸 5 米	以保护范围边界各向外延伸 5 米
9	朝阳楼	霞寨镇钟腾村	县级	古建筑	楼四周及附属文物向外各延伸 10 米	东至水沟，北至永平楼，西至民宅滴水，南至保护范围外 7 米围墙
10	余庆楼	霞寨镇钟腾村	县级	古建筑	东至博济戏台；西、南至古驿道外 5 米；北至泮池外 5 米	以保护范围边界各向外延伸 5 米
11	卢氏黄妈墓	霞寨镇钟腾村	县级	古墓葬	以古墓碑为中心，向东 20 米、向西 18 米、向南 20 米、向北 18 米	以保护范围边界各向外延伸 10 米
12	古铜崆	霞寨镇钟腾村	县级	古建筑	以铜崆洞遗址为中心，半径 50 米方圆为保护范围	以保护范围边界各向外延伸 10 米
13	石晶宫	霞寨镇黄庄村	县级	古建筑	东至石晶圣水洞；西至芳名阁管理房前；南至晶宫艺戏台前；北至原大路脚下竹林山	以保护范围边界各向外延伸 10 米

续表 10

小溪镇共有文保单位 27 家：国家级 0 家、省级 1 家、县级 14 家						
序号	名称	地址坐落	级别	类别	保护范围	建设控制地带
1	侯山宫	小溪镇西林村	省级	古建筑	东至西林小学围墙和西林村委，西至大坂路，南至侯山宫门楼向外 20 米，北至侯山宫后滴水线向外 20 米	自保护范围边界向东延伸 20 米，向西延伸 20 米，向南延伸 20 米，向北延伸 20 米
2	琯溪大庙	小溪镇九一七社区	县级	古建筑	整座建筑	东至民宅滴水，北至小庙巷 5 号民宅北侧墙体，西至保护范围外民宅西侧墙体，南至保护范围外 3 米
3	张御史墓葬	小溪镇旧县村	县级	古墓葬	墓葬周围 20 米	以保护范围边界各向外延伸 10 米
4	蔡氏大宗	小溪镇坑里蔡氏村	县级	古建筑	建筑前后各 5 米	以保护范围边界各向外延伸 5 米
5	霞苑黄氏家庙	小溪镇坑里村	县级	古建筑	四周各至围墙外 1 米	以保护范围边界各向外延伸 5 米
6	葫芦山古墓	小溪镇联星村	县级	古墓葬	墓地周围 30 米	以保护范围边界各向外延伸 10 米
7	拱西楼	小溪镇内林村	县级	古建筑	楼四周外滴水线各向外延伸 10 米	以保护范围边界各向外延伸 5 米
8	西山居士墓	小溪镇西林村	县级	古墓葬	以古墓碑为中心，向东 12 米、向西 12 米、向南 26 米、向北 23 米	以保护范围边界各向外延伸 10 米
9	西山墓葬群	小溪镇西林村	县级	古墓葬	看守所后山起，沿公路两侧 2 万平方米山坡	以保护范围边界各向外延伸 10 米
10	天妃宫蛇仔墓	小溪镇新桥村	县级	古墓葬	墓葬周围 20 米	北、西、南至保护范围外 5 米，东至保护范围外 10 米花圃
11	牛头城遗址	小溪镇新桥村	县级	古遗址	遗址的整段城墙	东至砖房滴水，北至城墙外 5 米，西至围墙，南至混房
12	红三团北上集中处	小溪镇中山公园内	县级	近现代重要史迹及代表性建筑	凉亭周围 10 米	以保护范围边界各向外延伸 5 米
13	公园石雕	小溪镇中山公园内	县级	石窟寺及石刻	石雕周围 10 米	以保护范围边界各向外延伸 5 米
14	平和县鼎建王文成祠牌	小溪镇县文博中心	县级	石窟寺及石刻	原王文成公祠已毁，碑刻由县文博中心县博物馆收藏	
15	延安楼	小溪镇新桥村	县级	古建筑	土楼四周巷道，前从楼门至巷道 20 米，后从楼墙外至巷道 6 米处；左至巷道 4 米处，右至巷道 3.6 米处	前至保护范围外 11 米混房滴水，后至保护范围外 5 米，左至保护范围外 11 米巷道，右至保护范围外民宅

续表 10

序号	名称	地址坐落	级别	类别	保护范围	建设控制地带
坂仔镇共有文保单位 24 家：国家级 0 家、省级 2 家、县级 6 家						
1	薰南楼	坂仔镇东风村	省级	古建筑	建筑四周各向外延伸 30 米	自保护范围边界向东延伸 50 米向西延伸 50 米向南延伸 50 米向北延伸 50 米
2	林语堂故居	坂仔镇宝南村	省级	近现代	四周屋檐滴水位向东外延 10 米，向西、南各外延 30 米，向北外延 20 米	自保护范围向东延伸 10 米，向西延伸 10 米，向南延伸 10 米，向北延伸 10 米
3	铜壶宫	坂仔镇东风村	县级	古建筑	宫前 5 米至水渠，后及两侧各 30 米	以保护范围边界各向外延伸 10 米
4	宾阳楼	坂仔镇东风村	县级	古建筑	以楼外环外滴水线向四周各延伸 10 米	北至民宅，东、西、南至保护范围外 10 米
5	环溪楼	坂仔镇东风村	县级	古建筑	以楼外环外滴水线向四周各延伸 10 米	以保护范围边界各向外延伸 10 米
6	何氏节孝坊	坂仔镇东坑村	县级	古建筑	整座建筑前后各 10 米	以保护范围边界各向外延伸 10 米
7	心田宫（包括赖氏家庙）	坂仔镇心田村	县级	古建筑	心田宫前后各 20 米，家庙前后各 10 米	心田宫及赖氏家庙以保护范围边界各向外延伸 10 米
8	林潜文古墓	坂仔镇和平村	县级	古墓葬	以坟墓为中也，各向四周延伸 20 米	以保护范围边界各向外延伸 10 米
国强乡共有文保单位 14 家：国家级 0 家、省级 0 家、县级 4 家						
序号	名称	地址坐落	级别	类别	保护范围	建设控制地带
1	碧岭宫	国强乡碧岭村	县级	古建筑	前至戏台后围墙，后至石龟造像后花台 10 米；左至碧岭溪岸，右至护厝后滴水	以保护范围边界各向外延伸 5 米
2	六成楼	国强乡高坑村	县级	古建筑	以楼外环外滴水线向四周各延伸 10 米	东、北至保护范围外 15 米，西至水泥埕与柚子地交界处，南至民宅
3	陈氏大宗（侯卿宗祠）	国强乡高坑村	县级	近现代重要史迹及代表性建筑	整座建筑	以保护范围边界各向外延伸 5 米
4	黄梧宗祠	国强乡乾岭村	县级	古建筑	宗祠周围 30 米	以保护范围边界各向外延伸 10 米

续表 10

大溪镇共有文保单位 40 家：国家级 1 家、省级 1 家、县级 6 家						
序号	名称	地址坐落	级别	类别	保护范围	建设控制地带
1	庄上大楼	大溪镇庄上村	国家级	古建筑	建筑四周向外延伸 5 米	以保护范围边界各向外延伸 45 米
2	报本堂	大溪镇后时（壶嗣）村	省级	古建筑	宗祠四周向外延伸 30 米	自保护范围向东延伸 15 米，向西延伸 15 米，向南延伸 15 米，向北延伸 15 米
3	高隐寺	大溪镇赤安村	县级	古建筑	前后两侧各 30 米	以保护范围边界各向外延伸 20 米
4	总兵府（及诰封亭）	大溪镇店前村	县级	古建筑	府第前后及两侧各 5 米	诰封亭：以保护范围向北至民宅滴水，向东北至斗角庙，向东南至民宅滴水，向南至民宅，向西至民宅；总兵府：东、南至保护范围外 5 米，西至民宅滴水，北至坎上砖房
5	济阳堂	大溪镇江寨村	县级	古建筑	建筑前后两侧各 5 米	东至水泥埕，北至水井，西至民宅滴水，南至保护范围外 10 米民宅滴水
6	笃庆堂	大溪镇庄上村	县级	古建筑	前向外延伸 15 米；后至花台外 5 米；左右至护厝滴水线外 2 米	以保护范围边界各向外延伸 5 米
7	“擎天”等摩崖石刻	大溪镇灵通山	县级	石窟寺及石刻	灵通山全部摩崖石刻	佛石刻周围 20 米，通天岩石刻向北 21 米，向东 33 米，向西 28 米；擎天石刻向北 29 米，向东 21.6 米，向南 20.6 米，雷神石刻向南 31 米，向西 21.6 米；知恩报恩石刻向东 22 米，向北 20.6 米
8	笃庆堂	大溪镇下村村	县级	古建筑	北至笃庆堂前厅大门外 15 米；南至堂后花台外 10 米；东、西各从堂东、西山墙滴水线外 5 米	以保护范围边界各向外延伸 10 米
安厚镇共有文保单位 37 家：国家级 0 家、省级 1 家、县级 4 家						
序号	名称	地址坐落	级别	类别	保护范围	建设控制地带
1	向文书院	安厚镇白石村	省级	古建筑	建筑四周各向外延伸 20 米	西、北至围墙，南至民宅，东至保护范围外 10 米

续表 10

2	狮子嘴山摩崖石刻	安厚镇东川村岩下组	县级	石窟寺及石刻	以石雕像为中心，向四周各延伸 50 米为保护范围	以保护范围边界各向外延伸 10 米
3	岩下石将军雕像	安厚镇东川村岩下组	县级	石窟寺及石刻	以石雕像为中心，向四周各延伸 50 米为保护范围	以保护范围边界各向外延伸 10 米
4	振峰庙	安厚镇龙头	县级	古建筑	前至操场边，右至戏台，左至庙附属建筑扩厝及庙后 15 米处	以保护范围边界各向外延伸 10 米
5	林氏宗祠	安厚镇龙头村顶厝	县级	古建筑	祠前 5 米，两侧各 3 米，祠后 15 米	东至保护范围外 5 米，西、南、北至围墙，南至护厝滴水
九峰镇共有文保单位 76 家：国家级 1 家、省级 6 家、县级 15 家						
序号	名称	地址坐落	级别	类别	保护范围	建设控制地带
1	平和城隍庙	九峰镇东门	国家级	古建筑	建筑四周向外延伸 10 米	以保护范围边界各向外延伸 50 米
2	平和文庙	九峰镇城中村	省级	古建筑	平和二中围墙内	自保护范围边界向东延伸 45 米，至西延伸 35 米至西街，向南延伸 95 米操场外围墙，向北延伸 25 米至教学综合楼前
3	中湖宗祠	九峰镇大洋陂	省级	古建筑	祠前埕向外延伸 10 米，后至后花台外 5 米，左右至两侧护厝外檐滴水向外延伸 10 米	自保护范围边界向东延伸 30 米向西延伸 30 米向南延伸 30 米向北延伸 30 米
4	九峰追来堂	九峰镇城西村	省级	古建筑	堂周边各外延 10 米	自保护范围边界向东延伸 10 米，向西延伸 10 米，向南延伸 10 米，向北延伸 10 米
5	九峰崇福堂	九峰镇复兴村	省级	古建筑	东、南、北各向外延伸 20 米处，向西延伸 60 米	以保护范围边界各向外延伸 30 米
6	黄田土楼群	九峰镇黄田村	省级	古建筑	建筑四周向外延伸 20 米	以保护范围边界各向外延伸 20 米
7	中共平和县委旧址	九峰镇积垒村	省级	近现代	静逸公祖祠四周墙体东扩 60 米至村道，南扩 65 米至村道，西扩 20 米至村道，北至县道秀秀线南侧红线	以保护范围边界各向外延伸 20 米
8	记俞大猷摩崖石刻	九峰镇九峰村	县级	石窟寺及石刻	周围 50 米	以保护范围边界各向外延伸 10 米

续表 10

9	威惠庙	九峰镇城东村	县级	古建筑	前至塘 60 米，左侧至戏台 40 米、后 40 米、右侧 20 米	东至小路，北至保护范围外 10 米，西至城东村委会，南至小路土地庙
10	朱氏祖祠	九峰镇城东村	县级	古建筑	前至中山东路，后至朱新发、新辉、德平宅；左至朱景秋宅，右至朱景和、景忠宅	东、北至保护范围外 10 米，南至中山东路东侧，西至民宅滴水
11	紫阳进士第	九峰镇城东村	县级	古建筑	东至埕及朱唤然宅；西至后花台街巷道；南至南通巷；北至北通巷	北至保护范围外 7 米，东至民宅滴水，西至道路西侧，南至保护范围外 10 米
12	惜纸塔及白石庵	九峰镇城东村、城中村	县级	古建筑	惜纸塔及白石岩四周各 100 米	惜纸塔及白石岩以保护范围边界各向外延伸 10 米
13	紫阳大宗（包括义祠）	九峰镇城东村县后	县级	古建筑	大宗及义祠四周 30 米内	以保护范围边界各向外延伸 10 米
14	东门头牌楼	九峰镇城中村	县级	古建筑	整座牌坊	东、西至保护范围外 10 米，南、北至民宅
15	曾氏家庙	九峰镇城中村	县级	古建筑	整座建筑	东、北、南至保护范围外 10 米，西至道路西侧
16	萃文堂	九峰镇城中村	县级	古建筑	堂后及两侧各 2 米，堂前 10 米内	东、北、南至民宅，西至保护范围外 5 米
17	孝经堂（福田家庙）	九峰镇福田村	县级	古建筑	堂前后各 20 米，左右侧各 5 米	东、西至保护范围外 10 米，北至道路北侧，南至保护范围外 10 米福田小学操场
18	八卦井	九峰镇黄田村	县级	古建筑	井四周各 3 米	以保护范围边界各向外延伸 10 米
19	霞田六湖公祖祠堂	九峰镇九峰村霞田组	县级	古建筑	前至照壁，后至后花台；左右各自巷道	东、西、北至民宅滴水，南至水井外 5 米
20	贞烈坊	九峰镇上仓村	县级	古建筑	石牌坊周围 30 米	以保护范围边界各向外延伸 10 米
21	兴仁堂	九峰镇黄田村	县级	古建筑	东、南至泮池外围 5 米；西、北至后花台外 5 米	北至小路，南至道路，东、西至保护范围外 10 米
22	赤草埔陶窑遗址	九峰镇下坪村	县级	古遗址	窑址方园 50 米	以保护范围边界各向外延伸 10 米

续表 10

崎岭乡共有文保单位 20 家：国家级 0 家、省级 1 家、县级 3 家						
序号	名称	地址坐落	级别	类别	保护范围	建设控制地带
1	天湖堂	崎岭乡南湖村	省级	古建筑	建筑四周各延伸 20 米	自保护范围边界向东延伸 30 米至泮湖外廊道外沿，向西延伸 30 米至山脚下水渠，向南延伸 10 米至南湖小学教学楼后，向北延伸 60 米至戏台后柚园
2	孝思堂	崎岭乡诗坑村中寨	县级	古建筑	堂前 10 米，两侧 2 米，后 5 米	北至教学楼滴水，东至民宅边小路，南至水泥路，西至保护范围外 5 米
3	慎追堂	崎岭乡新南村	县级	古建筑	四周各至围墙外 5 米	以保护范围边界各向外延伸 10 米
4	追远堂	崎岭乡新南村	县级	古建筑	东至新南小学操场；西、南至祖祠墙；北至新南小学宿舍前	东、西、北至保护范围外 5 米，南至保护范围外 10 米
长乐乡共有文保单位 18 家：国家级 0 家、省级 1 家、县级 6 家						
序号	名称	地址坐落	级别	类别	保护范围	建设控制地带
1	平和暴动遗址	长乐乡联三村	省级	近现代	旧址周围 30 米内	自保护范围边界向东延伸 80 米，向西延伸 100 米，向南延伸 30 米，向北延伸 30 米
2	敦睦堂	长乐乡乐北村	县级	近现代重要史迹及代表性建筑	建筑四周往外各延伸 10 米	以保护范围边界各向外延伸 10 米
3	方头墩摩崖石刻	长乐乡乐北村	县级	石窟寺及石刻	石刻周围 30 米	以保护范围边界各向外延伸 5 米
4	瓦窑岗遗址	长乐乡联三村	县级	古遗址	瓦窑岗山	以保护范围边界各向外延伸 15 米
5	平和暴动烈士纪念碑	长乐乡联三村	县级	近现代重要史迹及代表性建筑	以主碑为中心，向四周各延伸 50 米	以保护范围边界各向外延伸 10 米
6	少尹第	长乐乡联三村	县级	近现代重要史迹及代表性建筑	建筑前往外 15 米；后至巷道；左右各自山墙外 2 米	东至保护范围外 8 米，北至民宅滴水，西至保护范围外 5 米，南至水泥路

续表 10

7	光裕堂	长乐乡南庭村	县级	古建筑	东至护厝外 10 米；西至护厝外 10 米；南至后花台外 5 米；北至后花台；西北向至戏台及泮池	以保护范围边界各向外延伸 5 米
秀峰乡共有文保单位 23 家：国家级 0 家、省级 1 家、县级 1 家						
序号	名称	地址坐落	级别	类别	保护范围	建设控制地带
1	福塘建筑群	秀峰乡福塘村	省级	古建筑	聚奎楼：向东延伸 40 米，向南延伸 30 米，向西延伸 55 米，向北延伸 30 米；茂桂园、留秀楼、观澜轩、万顺大厝为成片保护区：向东延伸 40 米，向南延伸 30 米，向西延伸 55 米，向北延伸 30 米；亲睦堂：向东延伸 15 米，向南延伸 10 米，向西延伸 8 米，向北延伸 17 米；寿山耸秀楼：向东延伸 22 米，向南延伸 13 米，向西延伸 19 米，向北延伸 9 米；旭日东升厝：建筑四周向外延伸 5 米	以保护范围边界向外延伸 15 米
2	水尾潭摩崖石刻	秀峰乡秀峰村	县级	石窟寺及石刻	石刻周围 20 米	以保护范围边界各向外延伸 10 米
五寨乡共有文保单位 32 家：国家级 1 家、省级 1 家、县级 9 家						
序号	名称	地址坐落	级别	类别	保护范围	建设控制地带
1	南胜窑址（田中央窑址）	五寨乡新美村	国家级	古遗址	窑址主体四周向外延伸 100 米	以保护范围边界各向外延伸 67.22 米
	南胜窑址（二垅窑址）	五寨乡新塘村	国家级	古遗址	窑址主体四周向外延伸 100 米	以保护范围边界各向外延伸 100 米
	南胜窑址（洞口陂沟窑址）	五寨乡寨河村	国家级	古遗址	窑址四周向外延伸 100 米	以保护范围边界各向外延伸 200 米
	南胜窑址（大垅窑址）	五寨乡新塘村	国家级	古遗址	窑址主体四周向外延伸 100 米	以保护范围边界各向外延伸 100 米
2	埔坪林氏宗祠建筑群	五寨乡埔坪村	省级	古建筑	林氏大宗建筑向西 1.8 米，向北 3.4 米；花砖宗祠建筑向东 4.6 米，向南 19 米；绥丰宗祠建筑向东 12 米，向南 19 米	以保护范围边界各向外延伸 20 米
3	特委机关	五寨乡红仔山	县级	近现代重要史迹及代表性建筑	红仔山洞四周 100 米	以保护范围边界各向外延伸 10 米

续表 10

4	泥鳅崆瓷窑遗址	五寨乡新美村	县级	古遗址	窑址方圆 3 华里	以保护范围边界各向外延伸 100 米
5	狗头瓷窑遗址	五寨乡新美村	县级	古遗址	窑址方圆 2 华里	以保护范围边界各向外延伸 100 米
6	窑仔山瓷窑遗址	五寨乡新美村	县级	古遗址	窑址方圆 3 华里	以保护范围边界各向外延伸 15 米
7	内窑仔瓷窑遗址	五寨乡新美村	县级	古遗址	窑址方圆 2 华里	以保护范围边界各向外延伸 15 米
8	扫帚金瓷窑遗址	五寨乡新美村	县级	古遗址	窑址方圆 1 华里	以保护范围边界各向外延伸 15 米
9	螺仔山瓷窑遗址	五寨乡新美村	县级	古遗址	窑址方圆 1 华里	以保护范围边界各向外延伸 15 米
10	庄氏大宗	五寨乡优美村	县级	古建筑	建筑两侧各 5 米，前程 20 米内	西北至民宅滴水，东北、东南、西南至保护范围外 5 米
11	浮山孔雀墓	五寨乡寨河村	县级	古墓葬	墓地周围 50 米	以保护范围边界各向外延伸 5 米
南胜镇共有文保单位 19 家：国家级 1 家、省级 1 家、县级 9 家						
序号	名称	地址坐落	级别	类别	保护范围	建设控制地带
1	南胜窑址（花仔楼窑址）	南胜镇龙心村	国家级	古遗址	窑址主体四周向外延伸 100 米	以保护范围边界各向外延伸 200 米
	南胜窑址（田坑窑址）	南胜镇法华村	国家级	古遗址	窑址主体四周向外延伸 100 米	以保护范围边界各向外延伸 100 米
2	前山胡氏家祠	南胜镇前山村	省级	古建筑	向东延伸 15 米、向南延伸 10 米、向西延伸 10 米、向北延伸 20 米	以保护范围边界各向外延伸 20 米
3	九昆船山遗址	南胜镇龙心村	县级	古遗址	九昆船山	以保护范围边界各向外延伸 10 米
4	南胜城隍庙	南胜镇南胜村	县级	古建筑	东至南胜中学围墙；西至杨茂新宅；南至中学路；北至杨溪川宅	东至保护范围外 5 米，北至民宅混房北侧，西至土地庙东侧，南至道路南侧民宅
5	焦山窑	南胜镇欧寮村	县级	古遗址	焦山窑遗址四周 250 米内	以保护范围边界各向外延伸 10 米
6	红三团团部旧址	南胜镇欧寮村	县级	近现代重要史迹及代表性建筑	团部遗址	以保护范围边界各向外延伸 10 米
7	保宁庵	南胜镇义路村	县级	古建筑	前至戏台后民居，后至庵后墙外 18 米；左至民宅后滴水，右至山墙外 5 米（石坝）	东、西至保护范围外 10 米，南至义路村委会，北至混房北侧滴水
8	敌天龙宫（内、外庵）	南胜镇云后村	县级	古建筑	外庵：前至埕外 6 米，后至后墙外 16 米；左至戏台，右至山墙外 20 米内庵：前至戏台，后至墙外 12 米，左至围墙、右至水泥路	以保护范围边界各向外延伸 10 米

续表 10

9	南胜暴动革命烈士纪念碑	南胜中学	县级	近现代重要史迹及代表性建筑	以主碑为中心，向四周各延伸 10 米	以保护范围边界各向外延伸 5 米
10	天龙岩	南胜镇前山村	县级	古建筑	东至岩前柚园，西至”火烧岭”，南至花楼坑，北至寨仔山	以保护范围边界各向外延伸 10 米
11	云后林氏宗祠	南胜镇云后村	县级	古建筑	东至公园，西至护坡，南至林清笋厝地，北至林平智厝地	以保护范围边界各向外延伸 10 米
山格镇共有文保单位 26 家：国家级 0 家、省级 0 家、县级 3 家						
序号	名称	地址坐落	级别	类别	保护范围	建设控制地带
1	慈惠宫	山格镇山格村米市街	县级	古建筑	前至戏台 60 米，后与兴发厂房接壤，左侧 5 米，右侧 7 米	以保护范围边界向北延伸 5 米，向西延伸 5 米，向南延伸至 15 米，向东延伸 10 米
2	承德堂	山格镇新陂村	县级	古建筑	祠堂四周滴水线外各延伸 50 米	以保护范围边界各向外延伸 10 米
3	霞山林氏家庙	山格镇铜中村	县级	古建筑	东至林木林宅基地；西至林国兴宅基地；南至祠堂坑巧；北至林志雄蜜柚园	东至保护范围外 5 米，西至保护范围外水泥道路西侧，南、北至保护范围
文峰镇共有文保单位 31 家：国家级 0 家、省级 1 家、县级 5 家						
序号	名称	地址坐落	级别	类别	保护范围	建设控制地带
1	三平寺塔殿	文峰镇三坪村	省级	古建筑	三平寺寺院围墙左右各 20 米，前后各 100 米红军会师地点四周个向外延伸 50 米	1. 三平寺塔殿自保护范围边界向东延伸至广济溪西岸外延 10 米，向西延伸至九层岩山脚线外延 40 米，向南延伸至龟山溪上流段 100 米，向北延伸至虎林山脚线外扩 50 米。2. 红军会师地点：自保护范围边界向东延伸 30 米，向西延伸 30 米，向南延伸 30 米，向北延伸 30 米
2	水口摩崖石刻“漳南佛国”等	文峰镇黄井村	县级	石窟寺及石刻	后溪水口方园 1 公里	以保护范围边界各向外延伸 100 米
3	山兜瓷窑	文峰镇南虾村	县级	古遗址	窑址方园 2 公里	以保护范围边界各向外延伸 100 米
4	曹岩	文峰镇前埔村	县级	古遗址	遗址及周围山脉摩崖石刻各 15 米	以保护范围边界各向外延伸 50 米
5	树坑村摩崖石刻	文峰镇前埔村	县级	石窟寺及石刻	石刻周围 80 米	以保护范围边界各向外延伸 10 米
6	虎尾山大厝	文峰镇三平村	县级	古建筑	东至三坪村道；西至虎尾山脚；南、北至护厝滴水线外 2 米	东至三坪村道右侧边线，保护范围向西延伸 5 米，南、北至民宅

资料提供单位

县委办
县人大机关
县政协机关
县委统战部
县委台港澳办
县档案馆
县残联
县科协
县侨联
县工商联
县台联
县委党史方志室
县人武部
武警平和中队
县政府办
县自然资源局
县信访局
三平管委会
灵通管委会
县行政审批局（行政服务中心）
平和住房公积金管理部
县纪委监委
县委组织部
县委巡察办
县委机关党工委
县委编办
县委老干局
县委党校
县总工会
团县委
县妇联
县委宣传部（文明办）
县教育局
县文体旅局
县融媒体中心
县卫健局
县总医院
县妇幼保健院
县疾控中心
县计生协会
县文联
县红十字会
县慈善总会
县新华书店
县老体协
县委政法委
县法院
县检察院
县公安局（交警大队）
县司法局
县民政局
县老促会
县消防救援大队
县退役军人事务局
县发改局（粮储局）
县住建局（人防办）
县人社局
县统计局
平和生态环境局
县地震办

县城管局
县水务公司
县农业农村局（农机站）
县林业局
县水利局
县供销社
县气象局
县工信局（科技局
二轻联社）
县交通运输局
县应急局
平和公路分中心
中国邮政平和分公司
中国电信平和分公司
中国移动平和分公司
中国联通平和分公司
广电网络平和分公司
县供电公司
县财政局
县审计局
县市场监管局
县税务局
县烟草专卖局
平和医保局
福建兴和集团
县城投公司
县旅投公司
县交投公司

人民银行平和支行
县银保监组
农业银行平和支行
中国银行平和支行
建设银行平和支行
工商银行平和支行
邮政银行平和支行
平和农商银行
农发行平和支行
人保财险平和支公司
人寿保险平和支公司
文峰镇
山格镇
小溪镇
坂仔镇
南胜镇
五寨乡
国强乡
安厚镇
大溪镇
霞寨镇
芦溪镇
崎岭乡
九峰镇
长乐乡
秀峰乡
安厚农场
平和工业园区

说 明

一、本索引采用主题词分析法，按主题词首字汉语拼音字母顺序排列。

二、栏目、分目标题用黑体字。“专记”“大事记”“人物”“附录”内容不作索引。

三、索引主题词后的数字表示页码，用 abc 分别表示左中右栏。

“99 公益日”网络募捐 87a

A

艾滋病防治 187a

爱国卫生运动 185c

“爱乡爱企促发展 同心同行兴万村”行动启动 82a

安厚农场 136b

安厚镇 217a

安全风险源头治理体系建设 200c

安全生产管理 200c

安全生产监管 119b

安全生产监管与宣传 149c

安全文化公园建设 201c

安置帮教 97b

案件办理 73a

案件执行 96b

B

白芽奇兰茶春茶品鉴购销会举行 139c

“百亩富硒生态产业园”项目 221b

坂仔镇 214a

办文办会 34b

保 险 158a

保密工作 34c

保障性住房管理 120b

殡葬服务 196b

博物馆 172c

不动产登记服务 125c

部队建设 99b

C

财 政 111a

参谋辅政 34c
残疾人“两项补贴”政策落实 61c
残疾人保障 196b
残疾人就业 86b
残疾人康复 86a
残疾人权益保护 85c
残疾人社会保障 86a
残疾人文体活动 86c
残疾人证办理 85c
测土配方施肥 130c
茶产业绿色高质量发展专题协商 69a
茶农茶企技术培训 139b
茶叶产业 139a
产学研成果转化 170c
产业发展（综述） 55a
产业发展（秀峰乡） 228c
产业建设 219a
产业升级 216c
产业升级保障 111a
常规调查培训和指导工作 114a
常规巡察 42c
长乐乡 226c
潮剧（平和）和漳州白皮饼制作技艺入选第七批省级非物质文化遗产代表性项目 175b
潮剧《辞郎洲》 177c
潮州大锣鼓《福鼓福音》在中央电视台少儿频道播出 174c
成人教育 168c
城区卫生保洁 122a
城市管理 121b
城市精细化管理工作视察 70b
城市口袋公园建设 61c
城市特色 26a
城乡公共体育设施建设调研 70a
城乡供水一体化项目 133c
城乡规划 118a
城乡建设 118
城乡建设（综述） 56a
城乡建设（山格镇） 209b
城乡建设（霞寨镇） 220c
城乡建设（崎岭乡） 223b
城乡建设管理 118b
城乡居民基本养老保险基础养老金标准提高 62a
城乡居民养老保险 193b
城镇老旧小区改造 61b
城镇燃气管理 122c
储备粮管理与轮换 150b
畜牧业 132b
传统古村落保护与开发工作调研 69c
慈善事业 199b
慈善阳光救助 199c
慈善一日捐 199c
慈善助力乡村振兴 199c
促消费活动 149a
村级“四员”联动监督 74a
村庄规划编制 118b

D

“打造平和生态木业产业集群的建议”提案办理 70c
大气污染防治 127a
大溪镇 218b
大溪镇被评为2022年福建省“全域生态旅游小镇” 181b
“大学习、大研讨”专项行动 42a
代表工作 54b
代表建议督办 54c
党的建设 29b
党建述职评议考核 42b
党史和地方志工作 48a
党校工作 46c
党员先锋模范作用 37b
档案安全管理 49b

档案查阅服务　49a
档案工作　49a
档案规范化管理和执法检查　49c
档案文献征集　84a
档案宣传　49b
档案征集　49a
道路交通安全管理　93a
道路交通安全隐患路段整治　61b
道路交通管理　161c
道路网格优化　118c
“稻田蛙”生态立体循环农业　222c
地方病防治　187c
地貌　20a
地震监测　204b
地震应急疏散演练　205a
地震灾害风险防治　204c
地质灾害防治　200b
第十五届平和白芽奇兰茶王赛举行　139c
电　力　145b
电力服务　146a
电子商务　148c
电子商务交易　148c
动物资源　21c
督查督办　34b
对台协调服务　102b
对外合作交流　101b
对外宣传　178c

E

儿童福利保障　196a
儿童早教服务　87c

F

法　院　95c
法　治　89
法律监督　52b
法律援助　97b
法治服务保障　90a
法治政府建设　91a
反腐肃纪　73a
防汛备汛　201c
防汛抗旱　201c
防震减灾　204a
防震减灾宣传　205b
房地产市场监管　120a
房地产业　120a
非公有制经济领域统战工作　39c
非物质文化遗产活动　174c
非遗潮剧进校园　177c
非遗传承人培养　175b
非遗代表性项目申报　175a
风险防范　112b
凤竹（漳州）纸业有限公司　145b
服务效能提升　92c
服务业发展　103c
“福”文化主题系列活动　174b
福建彩联陶瓷有限公司　144c
福建广电网络集团平和分公司　165c
福建农林大学平和蜜柚研究院成立　138b
福建平和城市建设投资开发有限公司　106b
福建平和旅游投资开发有限公司　108c
福建平和农村商业银行股份有限公司　155a
福建省2022年中国农民丰收节平和分会场活动举行　129b
福建省华诚陶瓷发展有限公司　144c
福建兴和投资发展集团有限公司　105a
福建优诺包装有限公司　145a
福文化建设　39b
妇女儿童公益服务　79a
妇幼保健　184c
妇幼公共卫生服务　185a

妇幼健康教育 185b

G

改制企业后续服务 141c
干部纪律作风整肃 73b
干部监督管理 36b
干部教育培训 35c
干部全链条梯次培养工程 36a
干部人事档案管理 36c
干部选拔任用 35c
干部作风“五不”问题专项整治 36c
工 业 141
工程质量提升 120a
工伤保险 193c
工业发展（安厚镇） 217a
工业发展（九峰镇） 224c
工业和建筑业 27b
工业企业培育 141b
工业园区 146c
工业园区生态环境保护 147a
工业园区土地资源盘活工作调研 70a
工业园区招商引资 146c
工资福利 194b
工作监督 52b
公 安 92a
“公调对接”多元调处 226b
公共安全防控 89b
公共投资审计 110c
公共卫生 185b
公共文化 172a
公共资源交易全程电子化 65a
公立医院上下联动 189b
公立医院综合改革 183a
公路建设 160a
公路养护 160b
公路运输 161a
公路整治 160b
公益诉讼检察 94a
公证事务 97c
供排水管理 123a
供水 123b
供销合作 149b
巩固医保扶贫 195b
共青团平和县委员会 77a
固定资产投资 27c
关心下一代工作 44b
“关于推进平和县全域旅游发展的建议”提案办理 71a
关注民生福祉改善 50b
官峰水库项目建设 133c
“琯溪有点田”党员志愿活动 42b
“琯溪有点田”项目建设 136a
国防教育 98c
国强乡 215c
国有企事业单位财务审计 111a
国有资产管理 105a

H

河湖长制落实 134a
红色平和 26a
红色文化建设 227a
红色文化遗存保护与利用 198c
“红五月”人口文化宣传 88c
宏观经济管理 103a
后勤保障 62b
花山溪饮用水水源地综合整治 127a
华侨联络联谊 101c
“化肥增效减量”行动 137b
环境质量 125a
惠企惠民政策 192a
婚姻收养登记 191a

火灾隐患整治　203c
货币政策工具管理　152a

J

机构编制　40c
机构编制资源配置　41a
机关党建　41c
机关党组织建设　42a
机关事业养老保险　193a
机关效能建设　62c
机制保障　202c
积案化解　65b
基本公共卫生服务　185b
基本医疗保险　195a
基层党建　36c
基层党员服务技能提升　37a
基层党组织及党员队伍状况　35b
基层妇联组织建设　79b
基层工会组织建设　76c
基层侨联组织建设　83c
基层政权和社区建设工作　196c
基层政务服务建设　64b
基层组织建设　226b
基层治理（小溪镇）　210c
基层治理（坂仔镇）　215b
基建投资保障　111b
绩效管理（机关效能建设）　63a
绩效管理（财政）　112a
疾病防控　186c
计生家庭帮扶　87b
计生健康宣传　88b
纪检 监察　72
纪检监察队伍建设　72c
技能培训　192b
家庭医生签约　190b
价格管理　114a
价格监测　114b
监督执纪　73b
减税降费　112c
检 察　93b
检察监督　94c
检察助力乡村振兴　95b
检察助力营商环境优化　95a
检察助推社会治理　95b
建置沿革　23c
建筑企业培育　119c
建筑业　119c
健康教育宣传　188b
交 通　159
交通安全生产管理　159c
交通安全宣传　162c
交通和邮电　28a
交通基础设施建设　159a
交通违法打击　161a
交通隐患整治　162b
交通秩序整治　161c
教 育　166a
教学培训　47a
教育 科技　166
教育　28a
教育培训基地提升　35c
教育设施建设　169b
结核病防治　187a
“巾帼红 绿色行”志愿服务活动　79c
巾帼宣讲活动　78c
金融　27c
金融风险管控　153a
金融服务管理　152b
金融服务乡村振兴　153c
金融监管　153b
金融监管督导　153c

金融解纷　96b
金融纠纷多元化解　153b
金融业　152
经济管理　103
经济建设　209c
经济社会发展　26c
经济责任审计　110a
经营管理　146b
精神文明建设　45b
警务机制创新　92b
敬老院“医养结合”模式成为漳州市唯一改革试点单位　209b
“静夜守护”专项行动　123a
九峰镇　224a
救灾和物资保障　200a
救助慰问　86c
就业创业　191b
居民收入　192c
居民消费　193a
决议决定　50a
军　事　98
军事训练　98a

K

科　技　170a
科技动员　170b
科技管理　170a
科技慰问宣传　81b
科技宣传　170b
科技志愿服务　80c
科技助力乡村振兴　80c
科特派工作　170b
科研咨政　47c
客运运输　161a
空间规划编制　118a
空气质量　125a
库区移民后期扶持　134c
“跨省通办”新模式探索　64b
矿藏资源　21c
矿产资源管理　125b
矿山生态环境保护　126c

L

劳动就业　191b
劳动维权　192b
老干部待遇落实　43c
老干部工作　43b
老干部思想学习　43c
老龄健康　185c
老年体育　179c
老区发展　198c
老区助学　199a
离退休干部党建　44a
理论宣讲　47b
理论学习　38b
廉政建设　74b
廉政教育基地建设　74b
廉政宣传教育　74c
粮储应急保障　150b
粮食和物资储备　150a
粮食种植　130a
“两把钥匙管理村级公章”制度　74a
“两品一械”安全监管　116a
“两违”综合治理　121b
林　业　131a
林长制工作　131b
林政管理　131b
临时救助　196b
灵通风景区管理　182a
零售终端建设　151a
领导接访　65b

流域综合整治　133c
“六一”志愿服务活动　46c
芦溪镇　221c
路域整治专项行动　161b
路政执法　160c
旅　游　180b
旅游　27c
旅游宣传营销　181a
旅游业态　180c
旅游资源　22a
履职平台建设　54c
绿色仓储提升行动　150b
绿色平和　26b

M

麻风病防治　187a
慢性病防治　187c
矛盾化解机制创新　90b
矛盾排查　65c
免疫规划　187b
民商事审判　96a
民生保障（经济社会发展）　28b
民生保障（南胜镇）　212a
民生保障（国强乡）　216b
民生保障（霞寨镇）　221b
民生保障（崎岭乡）　224a
民生保障（九峰镇）　225a
民生保障（长乐乡）　227b
民生工程　219b
民生建设　210b
民生事业（综述）　56b
民生事业（秀峰乡）　229c
民生项目　228a
民生支出　112a
民生资金和项目审计　110c
民事检察监督　94a
民政事务　195c
民主监督　68c
民族　26a
民族宗教　198b
模拟审批办公室成立　65a
木业产业　144a

P

南胜镇　211a
内河水上安全整治　160a
能源交通项目建设　103c
农产品成本监审　114c
农产品寄递　163c
农产品质量安全监管　128b
农场工作　136b
农村电子商务服务站体系建设　149a
农村青年致富“种子工程”　140b
农村人居环境提升　119a
农村人居环境整治　135a
农村饮水安全　134a
农机购置补贴政策　133a
农机化作业　133b
农贸市场管理　122a
农业　农村　128
农业　27a
农业发展（山格镇）　208b
农业发展（九峰镇）　224b
农业发展（长乐乡）　226c
农业机械　132c
农业监测　128b
农业结构转型升级　128c
农业面污染源治理　215b
农业气象服务　171c
农业社会化服务　149c

农业信贷担保工程实施　128c
农业执法　128a
农业种植结构调整　212c
农用车厂片区改造提升调研　69a
农资经营管理　149b
农资市场专项执法行动　117a
排水　124a
平安建设（山格镇）　209a
平安建设（五寨乡）　214a
平安建设（国强乡）　217a
平安建设（安厚镇）　218b
平安建设（大溪镇）　219c
平安建设（芦溪镇）　222b
平安建设（长乐乡）　228b
平安建设（秀峰乡）　229c
平安平和创建　90c
平和“1+2+17”支宣讲队伍　39a
平和护农狩猎队成立　132a
平和蜜柚科技小院获2022年中国农技协“最美科技小院”称号　138c
“平和青创”省级人才驿站　37c
平和县“中建·大世界杯”篮球邀请赛举办　180b
平和县2022年“安康杯”劳动技能竞赛举办　76c
平和县残疾人联合会　85c
平和县妇女联合会　78c
平和县工商业联合会　81b
“平和县工业园区职工法律服务一体化基地”投用　147c
平和县归国华侨联合会　82c
平和县国家现代产业园入选“国家级农业现代化示范区创建名单”　137c
平和县红十字会　86c
平和县计划生育协会　87b
平和县交通发展有限公司　107c
平和县科学技术协会　80b
“平和县廉洁文化地图”启用　74c
平和县人民代表大会　50
平和县人民政府　55
平和县社会科学界联合会　82a
平和县水务有限公司划归福建漳龙集团有限公司　124c
平和县台湾同胞联谊会　83c
平和县文峰镇获评“全省乡村治理示范乡镇”　207b
平和县文学艺术界联合会　84c
平和县职工乒乓球比赛举办　77a
平和县总工会　75a
平和与台湾民间交流　102c
普法宣传　91c
普通高中教育　167b

Q

崎岭乡　222c
企业创新支持　104b
企业登记一窗办　64c
企业信用监管　115b
气候　20b
气候品质认证　171a
气象防灾减灾　171b
侨　务　101b
侨建宣传　83a
侨商投资　83b
侨文化研究　83b
侨益维护　83b
禽畜检疫管理　132c
禽畜疫病预防　132c
青春护航行动　78a
青春家园行动　77c
青春新风行动　78a
青春振兴行动　78b
“青年氧吧”平台成立　219c
青少年关爱帮扶　45a
青少年奖学助学　45a
青少年科教　81a

青少年思想道德建设　44c
青少年体育　180a
情暖万家活动　199b
区划地名管理　196c
全国重点文物保护单位南胜窑维护、保护、利用情况视察　70b
全面从严治党　31c
全面从严治党主体责任检查　42a
全民健身工程提升　61c
全民健身运动会　179c
全县农业产业种植结构调研　70a
全域旅游　219a
全域旅游发展调研　69b
群众团体　75
群众文化　174a
群众性应急救护　186b

R

人才档案管理　194a
人才服务保障机制落实　37c
人才工作　37b
人才资源管理　193c
人大代表构成　50a
人防工程　99b
人防警报设备维护管理　100a
人防宣传　99c
人防演练　99c
人工增雨　202a
人居环境（安厚镇）　218a
人居环境（芦溪镇）　222b
人居环境整治（坂仔镇）　215a
人居环境整治（秀峰乡）　229b
人口　24c
人口监测与家庭发展　191a
人口流动　191a
人口与家庭　191a
人民调解　97a
人民防空　99b
人民武装　98a
人事管理　193c
人事任免　53a
人文地理　23c
日常监督　73b
融媒体　178a

S

“三保”落实　112a
三平风景区管理　181c
扫黑除恶斗争常态化　89a
森林病虫害防治　131b
森林防火宣传与巡查　202c
森林防灭火　202a
山格镇　207c
商　贸　148a
商标品牌建设　116b
商会组织建设　81c
商贸流通　148
商事登记制度改革　115a
少数民族工作　198b
社工服务　197a
社会保险　193a
社会保障（五寨乡）　213c
社会保障（坂仔镇）　215b
社会监督　94c
社会救助　195c
社会救助和保障标准与物价上涨挂钩联动机制启动　114c
社会生活　191
社会事业（文峰镇）　207a
社会事业（山格镇）　209a
社会事业（安厚镇）　218b
社会事业（九峰镇）　225b
社会事业（长乐乡）　228b

社会治安（霞寨镇） 221b
社会治安（崎岭乡） 224a
社会治理 226a
社会组织登记管理 197a
社科活动 82b
社科知识普及 82b
社区矫正 97a
涉侨公共服务 101c
涉外营商环境优化 101a
“深化科技特派员服务百企千村工程”实施 62a
审 计 109b
审管互动系统完善 64a
“生态河道”管护 215a
生态环境 125
生态环境（安厚镇） 217c
生态环境（霞寨镇） 221a
生态环境（崎岭乡） 223b
生态环境（九峰镇） 226a
生态环境（长乐乡） 227c
生态环境监管执法 126c
生态环境整治 208c
生态检察 94b
生态建设 126b
生态建设（文峰镇） 206c
生态建设（小溪镇） 210b
生态建设（南胜镇） 211c
生态建设（五寨乡） 213c
生态建设（国强乡） 216c
生态优化 56c
生态柚园建设 138a
失业保险 193b
师资队伍建设 169a
食品安全管理工作调研 69c
食品安全监管 115c
史志编研 48b
史志服务乡村振兴 48c
史志宣传教育 48b
市场监督管理 115a
市容市貌整治 121c
市政生活污水管网建设 61b
事业单位登记管理 41b
视察调研 52c
视察调研 69a
收入与支出 192c
首届平和县教育系统教职工气排球联赛举办 180b
鼠疫监测 187b
数字城管建设 122c
数字经济发展 104a
数字转型 150c
“双联”工作深化 50c
水果种植 129c
水环境治理 127b
水环境质量 125a
水利建设 133b
水土保持 133c
水源地保护（生态建设） 126b
水源地保护（水利建设） 134a
水政执法与灾害防御 134b
水资源 21b
税 务 112b
税收征管 113a
司法监督 68c
司法行政 96c
“四多”村提级监督 73c
“四上”企业新增入库 113c
松林改造提升 131c
诉求受理 63a

T

台胞服务 84a
台港澳联络联谊 40b
台港澳事务 102a
台港澳同胞企业服务 102a

“碳汇＋女科技特派员联盟”平和小分队成果　80a
特色乡镇和试点村创建　135b
特殊教育　168c
特种设备安全监管　116a
提案工作　70b
提案监督　68c
体　育　179a
体育 旅游　179
体育设施建设　179b
通信服务　164a
同名同宗村授牌　84b
统　计　113b
统计宣传　114a
统计执法　113c
统一战线工作　39c
图书馆　172a
土地执法　125c
土地资源　21b
土壤环境质量　125a
土壤污染防治　127c
团结联谊　67b
“退果还耕”项目　210c
退果还林　132a
退役军人就业服务　100b
退役军人事务　100a
托育服务机构建设情况调研　69b
脱贫攻坚成果巩固（乡村振兴）　135c
脱贫攻坚成果巩固（安厚镇）　218a
脱贫攻坚成果巩固（崎岭乡）　223c

W

外　事　101a
外汇服务管理　152b
外贸新业态新模式发展　104b
外事 侨务 台港澳事务　101
违法犯罪打击　92b
维权法治宣传　79b
维修驾培行业　161a
委员企业营运情况视察　69a
委员职能发挥　67a
卫生　28b
卫生监测　188a
卫生监督　190a
卫生健康　183
卫生人才队伍建设　184b
为民办实事　61a
未成年人检察　94b
未成年人司法保护　95a
未成年人思想道德建设　46b
位置面积　20a
文　化　172
文电办理　62a
文峰镇　206a
文化创作演出　177a
文化馆　173b
文化活动　39a
文化旅游　224c
文化平和　26c
文化市场综合执法　173c
文化遗产保护　175a
文化艺术作品交流展　174c
文明创建　45c
文物古迹　22b
文物修缮　175c
文艺成果　85a
文艺服务　85a
文艺活动　84c
污染治理　127a
五寨乡　212c
武装警察　99a
物流运输　161a

X

西蝉木业　144a
“西坑品牌”打造　215c
霞寨镇　220a
县城区污水处理项目建设　124b
县第十九届人大常委会会议　51a
县第十九届人民代表大会第二次会议　51a
县第十四届委员会全体会议　32a
县级“助企纾困”专栏开设　64a
县级交叉巡察　42c
县纪委十四届二次全会　72a
县情概貌　20
县人大重要会议　51a
县十九届人大常委会第二次会议人事任免事项　53a
县十九届人大常委会第六次会议人事任免事项　54a
县十九届人大常委会第七次会议人事任免事项　54a
县十九届人大常委会第三次会议人事任免事项　53b
县十九届人大常委会第四次会议人事任免事项　53c
县十九届人大常委会第五次会议人事任免事项　53c
县十九届人大常委会第一次会议人事任免事项　53a
县委常委会会议　32b
县委重要会议　32a
县政府常务会议　57b
县政府重要会议　57b
县政府专题会议　60a
县政协十一届常委会会议　68a
县政协十一届二次全体会议　67c
县政协重要会议　67c
现代农业（安厚镇）　217b
现代农业（大溪镇）　218c
现代农业（霞寨镇）　220b
现代农业（崎岭乡）　223a
现代农业提质增效　137a
乡 镇　206
乡村旅游　180c
乡村医生保障　189c
乡村振兴　135a
乡村振兴（山格镇）　208c
乡村振兴（南胜镇）　211b
乡村振兴（芦溪镇）　222a
乡村振兴（九峰镇）　225a
乡村振兴（长乐乡）　227b
乡村振兴保障　111c
乡村治理模式创新　90b
乡建乡创合作项目服务　102a
乡镇信访工作联席会议制度健全　65c
乡镇镇区污水治理　124c
乡镇综合行政执法改革　41a
相对集中行政许可权改革　63c
项目建设（综述）　55c
项目建设（电力）　145c
项目建设（文峰镇）　206b
项目建设（山格镇）　208c
项目建设（小溪镇）　210a
项目建设（南胜镇）　211b
项目建设（五寨乡）　213b
项目建设（坂仔镇）　214c
项目建设（国强乡）　216a
项目建设（大溪镇）　218c
项目建设（芦溪镇）　221c
项目建设（崎岭乡）　223a
项目建设（九峰镇）　224c
项目建设（秀峰乡）　228c
消防基础设施建设　203b
消防救援　203a
消防宣传教育　204a
消防演练　204a
消费者权益保护　116c
小区物业管理　122c
小溪镇　209c

效能督查　62c
“校地合作”“校企对接”战略合作　104c
校外培训机构监管　169c
校园安全　169b
校园安全保卫　93a
新的社会阶层人士及党外人士统战工作　40a
新冠疫情防控　188c
新华书店　173c
新机具推广应用　133a
新时代电力“双满意”工程推进　61a
新时代文明实践　46a
新闻作品创优　178c
新型建材产业　144c
新型农业经营主体发展　129a
鑫源祥木业　144b
信贷投放　153c
信访督查督办　65c
信访工作　65b
信访宣传　66a
信访秩序维护　66a
刑事检察　93c
刑事审判　95c
行业监管　141b
行政服务　63c
行政规范性文件监督管理　91a
行政监督　68c
行政区划　24a
行政审批制度改革　64a
行政执法　116c
行政执法监督　91b
秀峰乡　228c
宣传工作　38a
学会服务建设　81a
学前教育　166c
学校近视防控教室照明改造　61c
巡察工作　42b
巡察监督　73c
巡察整改督查督办　43a
巡审联动　43a

Y

烟草企业管理　151a
烟草市场监督执法　150c
烟草专卖　150c
阳光助学　199b
阳明文化研究推进　39b
养老服务　197c
养老诈骗整治　90a
野生动植物保护　131c
“一村一品”产业建设　207a
“一事一议”村级公益事业　215c
医保服务　195c
医保基金监管　195a
医疗保障　194c
医疗服务　189b
医疗卫生资源补短板　183b
医政管理　184a
依法监督　52b
依法治税　113a
移风易俗　45c
义务教育　167a
疫苗接种　189a
银　行　154a
“引入社会资本参与土地整治补充耕地”省级试点县　126a
“引入社会资本参与土地整治补充耕地”县级实施试点　136c
隐患排查整治　201a
应急管理　200
应急救护培训　87a
应急体系建设　200a
营商环境建设　104a
营商环境优化举措　64a

拥军优属　99a
优抚褒扬　100c
优生优育　185a
邮政 通信　163
邮政惠农合作　163a
邮政普服转型　164a
邮政业　163a
柚茶产业　137
柚类产业　138a
“柚香奇兰茶”品牌　140c
舆论引导　38c
预算执行情况及决算草案审计　110a
“园改耕”项目　126a
“园改耕”项目实施　131a
园林绿化提升　122b
院感防控全闭环　189a
“云上欧寮·清凉南胜”乡村旅游节举办　212b

Z

责任督学　169a
战备工作　99b
漳州市益达纸业有限公司　145b
“漳字号”鲜果标准化基地建设　138c
招商引资（经济社会发展）　27c
招商引资（商贸）　148a
招商引资（文峰镇）　206b
招商引资（山格镇）　208b
招商引资（五寨乡）　213a
招商引资（坂仔镇）　214b
招商引资（国强乡）　216b
招商引资（霞寨镇）　221a
镇村建设　219a
征兵宣传　98b
政策落实跟踪审计　109c
政法委与综治　89a
政府门户网站建设　57a
政务督查　62b
政务服务督导　63b
政务公开　62b
政务协调服务　62a
政务宣传报道　178a
政协平和县委员会　67
政协委员构成　67a
政治建设　29a
知识产权保护　116a
职工关爱活动　75c
职工技能培养　75a
职工权益维护　75b
职工文体活动　76b
职工养老保险　193a
职业教育　168b
植物病虫防治　130b
植物资源　21c
纸制品产业　145a
志愿者服务　46b
质量监督管理　115b
智能化交通审判　96c
中共平和县委员会　29
中国电信股份有限公司平和分公司　164b
中国工商银行股份有限公司平和支行　157c
中国建设银行平和支行　156b
中国联合网络通信有限公司平和县分公司　165a
中国农业发展银行平和县支行　154a
中国农业银行股份有限公司平和县支行　154b
中国人民财产保险股份有限公司平和支公司　158a
中国人寿保险股份有限公司平和县支公司　158b
中国移动通信集团福建有限公司平和分公司　164c
中国银行股份有限公司平和支行　155c
中国邮储银行平和县支行　157a
中医药工作　184a
种植业　129c

种子工程建设　130a
重点工作整治　72c
重点领域机构改革　41a
重点领域整治　201b
重点群体就业　192a
重点项目管理　103a
重要决策部署　30a
主要流域项目化管理　126c
住房公积金贷款管理　121a
住房公积金管理　120c
住房公积金归集管理　120c
住房公积金支取审批　121a
住宿餐饮业　148b
专项巡察　42c
专项整治　73a
资　源　21b
自建房安全保障　119a
自然地理　20a
自然灾害综合风险普查　200b
自然资源管理　125b
自然资源资产离任审计　110c
宗教　26a
宗教事务管理　198b
综　述（中共平和县委员会）　29a
综　述（平和县人民代表大会）　50a
综　述（平和县人民政府）　55a
综　述（政协平和县委员会）　67a
综　述（纪检 监察）　72a
综　述（农业 农村）　128a
综　述（柚茶产业）　137a
综　述（工　业）　141a
综　述（金融业）　152a
综　述（交　通）　159a
综　述（卫生健康）　183a
综　述（应急管理）　200a
综合党务　34a
综合行政执法体制改革　91a
综合整治　225c
组织工作　35a